मीराबाई

संरक्षक

योगी आदित्यनाथ

मुख्यमन्त्री उत्तर प्रदेश

अध्यक्ष

उत्तर प्रदेश ब्रज तीर्थ विकास परिषद

श्री जयवीर सिंह

माननीय मन्त्री

पर्यटन एवं संस्कृति, उ.प्र. शासन

मार्गदर्शक

श्री शैलजा कान्त मिश्र

उपाध्यक्ष

उत्तर प्रदेश ब्रज तीर्थ विकास परिषद, मथुरा

श्री मुकेश मेश्राम आई.ए.एस.

प्रमुख सचिव, पर्यटन एवं संस्कृति विभाग, उत्तर प्रदेश

निदेशक

श्री श्याम बहादुर सिंह

मुख्य कार्यपालक अधिकारी

उत्तर प्रदेश ब्रज तीर्थ विकास परिषद, मथुरा

मीराबाई

सम्पादक
श्याम बहादुर सिंह
मुख्य कार्यपालक अधिकारी
उत्तर प्रदेश ब्रज तीर्थ विकास परिषद, मथुरा

संकलन
उमेश चन्द्र शर्मा
गीता शोध संस्थान, वृन्दावन

वाणी प्रकाशन ग्रुप
भारतीय ज्ञानपीठ
upbtvp
वाणी प्रकाशन : भारतीय ज्ञानपीठ की पुस्तकों के एकमात्र प्रकाशक एवं वितरक
सांस्कृतिक धरोहर की पुनर्प्रतिष्ठा

vaniprakashan.com

सजिल्द पहला संस्करण : 2024

वाणी प्रकाशन

4695, 21-ए, दरियागंज, नयी दिल्ली-110 002

फ़ोन : + 91 11 23273167, 23275710

शाखाएँ

अशोक राजपथ, पटना-800 004, बिहार

कॉफ़ी हाउस कैम्पस, महात्मा गांधी मार्ग, प्रयागराज-211 001, उत्तर प्रदेश

महात्मा गांधी अन्तरराष्ट्रीय हिन्दी विश्वविद्यालय, वर्धा-442 001, महाराष्ट्र

sales@vaniprakashan.in
vaniprakashan@gmail.com

In Association with

सांस्कृतिक धरोहर की पुनर्प्रतिष्ठा

Uttar Pradesh Braj Teerth Vikas Parishad, Mathura
presents

Meerabai
Editor : Shyam Bahadur Singh

ISBN : 978-93-6287-379-8
Bhakti-Literature/Criticism

मूल्य : ₹ 847

आर. टेक ऑफ़सेट प्रिंटर्स, दिल्ली-110032 में मुद्रित

वाणी प्रकाशन का लोगो मक़बूल फ़िदा हुसेन की कूची से

भूमिका

भक्तिकाल हिन्दी कविता का स्वर्णयुग कहा जाता है। जिन भक्त कवियों ने इस काल को स्वर्णकाल बनाने में योगदान दिया, उनमें मीराबाई का प्रमुख स्थान है। वह भक्ति, संगीत और साहित्य की त्रिवेणी हैं। राजघराने में जन्म लेने वाली मीराबाई ने भक्ति का जो सन्देश लोकमानस में विस्तारित किया, वह पदों और भजनों की सरिता के रूप में हर तरह की सीमाओं का अतिक्रमण कर जगत् के सम्पूर्ण लोकजीवन में प्रवाहित होता रहा है। यही वजह कि मध्यकाल के सामन्तवादी माहौल में अवतरित मीराबाई के जीवनवृत्त एवं भक्ति पर ऐतिहासिक दृष्टि से विचार-विमर्श आज के समय की महती आवश्यकता प्रतीत होता है।

इसमें सन्देह नहीं कि मीराबाई प्रथम कोटि की भक्त व सन्त थीं, वे बाल्यावस्था से ही भक्ति-भावना से ओत-प्रोत थीं। उनकी भक्ति कान्ता-भाव या माधुर्य-भाव की भक्ति थी। उन्होंने गिरधर गोपाल को अपना स्वामी मानकर भक्ति की। उनके रचित पदों में विरह वेदना की व्याकुलता स्पष्ट दिखती है। उनके पदों में लोक-स्वर और सादगी सबसे बड़ी विशेषताएँ हैं। लेकिन एक समय ऐसा भी था जब इतिहास और साहित्य दोनों स्तरों पर उनकी उपेक्षा हुई, जिसके कारण इतनी सदियाँ गुजरने के बाद भी इस भक्त कवयित्री के जीवनवृत्त एवं पदों की प्रामाणिकता विवाद का विषय बनी रही। बावजूद इसके एक लम्बे कालखण्ड में सन्तों, भक्तों और साहित्य-संगीत-प्रेमियों ने उन्हें एक सांस्कृतिक विरासत के रूप में जीवित रखा, जो एक पीढ़ी से दूसरी पीढ़ी में हस्तान्तरित होती रही। मैं कह सकता हूँ कि उस विरासत का आज अगर उत्कृष्ट उदाहरण देखना है तो मीराबाई पर संगृहीत यह पुस्तक देखिए।

पाठक पढ़ेंगे तो जानेंगे कि इस पुस्तक में हिन्दी के महत्त्वपूर्ण समालोचकों द्वारा उनके जीवन और साहित्य पर जो गहन विचार किया गया है, मीराबाई की प्रासंगिकता को जिन सरोकारों के ज़रिये मूल्यांकित किया गया है, वह सब उल्लेखनीय तो हैं ही, अपने आप में संग्रहणीय भी हैं।

एक अन्तिम बात कि यह पुस्तक 'भारतीय भाषाओं में कृष्ण' पर प्रकाशित होने वाली हमारी एक वृहद् श्रृंखला की जो पृष्ठभूमि तैयार करती है, उससे श्रृंखला के प्रति न सिर्फ़ आकर्षण बढ़ाती है बल्कि हमें कृष्ण-भक्ति की ऐतिहासिक परम्परा और संस्कृति से भी गहरे जोड़ती है; सरोकारों के एक साथ कई उपादान प्रदान करती है।

—शैलजा कान्त मिश्र

उपाध्यक्ष

उत्तर प्रदेश ब्रज तीर्थ विकास परिषद

मथुरा, उत्तर प्रदेश

वसुदेवसुतं देवं कंसचाणूरमर्दनम्
देवकीपरमानन्दं कृष्णं वन्दे जगद्गुरुम्॥ 1॥

आतसीपुष्पसंकाशम् हारनूपुरशोभितम्
रत्नकण्कणकेयूरं कृष्णं वन्दे जगद्गुरुम्॥ 2॥

कुटिलालकसंयुक्तं पूर्णचन्द्रनिभाननम्
विलसत्कुण्डलधरं कृष्णं वन्दे जगद्गुरुम्॥ 3॥

सन्त मीराबाई के 525वें जन्मोत्सव के शुभ अवसर पर 'ब्रजरज उत्सव' में पावन कृष्णभूमि पर समवाय आयोजित किया गया है। इस ब्रजधाम से बढ़कर और कोई धाम नहीं है, जहाँ भगवान कृष्ण ने स्वयं प्रकट होकर अनेक लीलाएँ रची। उनसे प्रभावित होकर, आकर्षित होकर बहुत सारे सन्तजन इस वृन्दावन में आये; जैसे—चैतन्य महाप्रभु, हरिदास, सूरदास, वल्लभाचार्य, रसखान और मीराबाई।

मीराबाई का जीवन लौकिक होते हुए भी अलौकिक था। उन्हें भारत की सबसे महान महिला सन्त के रूप में देखा जाता है। मुझसे कई लोग पूछते हैं कि मीराबाई से मेरा लगाव कब से और कैसे हुआ। मैं कहना चाहूँगी कि मेरी गुरुमाँ इन्दिरा देवी जी जो आजीवन भगवान कृष्ण की भक्ति में मीराबाई के भजन गाती रहीं, उन्होंने ही मुझे प्रोत्साहित किया, बहुत स्नेह दिया और बहुत सारी कहानियाँ मीरा जी के बारे में सुनायीं।

भगवान कृष्ण के प्रति श्रद्धा का ही सुफल है कि आज हम सब ब्रजवासी यहाँ इकट्ठे हैं। इस अवसर पर मैं आप सबको अपनी तरफ से सादर शुभकामनाएँ प्रेषित करती हूँ।

—हेमा मालिनी
लोकसभा सदस्य
मथुरा, उत्तर प्रदेश

सन्त मीराबाई के 525वें जन्मोत्सव पर उद्‌बोधन से उद्धृत।

अपनी बात

पौराणिक एवं धार्मिक आख्यानों के अनुसार ब्रज क्षेत्र यमुना नदी के अनुपम सौन्दर्य, वन, कुण्ड आदि के विविधतापूर्ण सुरम्य वातावरण के लिए प्रसिद्ध था। कालान्तर में विकास एवं अदूरदर्शितापूर्ण मानवीय हस्तक्षेपों के कारण इस क्षेत्र की सुरम्यता प्रभावित हुई। उत्तर प्रदेश ब्रज तीर्थ विकास परिषद, मथुरा अपने गठन के समय से ही ब्रज क्षेत्र के सांस्कृतिक धरोहरों की पुनर्प्रतिष्ठा के लिए प्रयत्नरत है। ब्रज तीर्थ विकास परिषद मुख्य रूप से पाँच क्षेत्रों में कार्य कर रहा है–1.जल–पुराने कुण्डों एवं जलाशयों की पुनर्प्रतिष्ठा। 2.वन–पौराणिक वनों की पुनर्प्रतिष्ठा एवं संरक्षण व संवर्धन तथा नये क्षेत्रों में हरीतिमा का विकास। 3.संरचनाएँ–धरोहर संरचनाओं का संरक्षण। 4.सुविधाएँ–रसोई, पर्यटक सुविधा केन्द्र, पार्किंग, सड़कें एवं प्रकाश व्यवस्था आदि। 5.साहित्य–ब्रज संस्कृति के संवर्धन हेतु नव साहित्य-सृजन।

ब्रज साहित्य की पुनर्प्रतिष्ठा के क्रम में ब्रज तीर्थ विकास परिषद 24 खण्डों में 'भारतीय भाषाओं में कृष्ण' के रूप में महत्त्वपूर्ण शृंखला निकट भविष्य में वाणी प्रकाशन के सहयोग से प्रकाशित कर रहा है। मथुरा में नवम्बर 2023 में 'ब्रजरज उत्सव' के एक अंग के रूप में 'सन्त मीराबाई का 525वाँ जन्मोत्सव' विषय पर एक राष्ट्रीय संगोष्ठी आयोजित की गयी। इस संगोष्ठी में सुधी विद्वानों द्वारा व्यक्त विचारों एवं कुछ अन्य प्रतिष्ठित विद्वानों से लेख प्राप्त कर उन्हें लिपिबद्ध कर लोगों तक पहुँचाना ही 'मीराबाई' संकलन का उद्देश्य है। हम जानते हैं कि मीरा की भक्ति कान्ता-भाव की भक्ति थी और ईश-प्रेम की दीवानी इस भक्त ने अपने प्रेम की अनन्यता की घोषणा बहुत ही सहजता से की... ''मेरे तो गिरधर गोपाल दूसरो न कोई''। भक्ति के इस सरलतम मार्ग-स्मरण, नृत्य और गायन के दौरान मीराबाई द्वारा की गयी प्रेमाभिव्यक्ति ने हिन्दी साहित्य को अनेक कालजयी पद दिये। मीरा की भक्ति-साधना में कृष्ण के प्रति लालसा एवं बेचैनी, आनन्दातिरेक एवं आत्मबोध के रूप में एक धुँधला विकास-सा मिलता है। मीराबाई की भक्ति-साधना पर स्थापित भक्ति धाराओं के प्रभाव, उनकी भक्ति के गूढ़, उद्घाटित एवं अनुद्घाटित पक्ष आमतौर से लोगों तक कम पहुँचे हैं। यह संकलन ऐसे पक्षों को जनसामान्य तक पहुँचाने का एक प्रयत्न मात्र है।

उत्तर प्रदेश ब्रज तीर्थ विकास परिषद का मुख्य कार्यपालक अधिकारी होने के नाते मैं भाग्यशाली अनुभव करता हूँ कि इस कार्य में मुझे सहभागी होने का अवसर मिला। यह संकलन लोगों के ज्ञान एवं भाव को कुछ भी समृद्ध कर पाया तो मैं इस प्रयत्न को सार्थक समझूँगा।

–श्याम बहादुर सिंह
मुख्य कार्यपालक अधिकारी
उत्तर प्रदेश ब्रज तीर्थ विकास परिषद
मथुरा, उत्तर प्रदेश

अनुक्रम

मीरा की कविता

–विश्वनाथ त्रिपाठी

मीरा मध्यकालीन भक्त कवयित्री हैं। उनकी कविता में भक्तिभावना की अभिव्यक्ति हुई है। लेकिन वे मध्यकालीन सामन्ती व्यवस्था की पीड़ित नारी, भक्त कवयित्री हैं। इस पीड़ित नारीत्व को भूलकर उनकी कविता को हृदयंगम नहीं किया जा सकता। मध्यकाल का पुरुष कवि भक्त होने के लिए 'जाति-पाँति, धन, धरम, बड़ाई' छोड़ता था तो स्त्री को 'लोक-लाज, कुल-शृंखला' तोड़नी पड़ती थी। यह शृंखला मीरा की कविता में बहुत महत्त्वपूर्ण है। वे भक्तिभावना की अभिव्यक्ति करते समय, सुन्दर से सुन्दर दृश्य का, 'गिरधर नागर' की मोहकता का, चित्रण करते समय भी इस शृंखला में बँधे होने की अनुभूति को व्यक्त करती हैं। मीरा की रचनाओं में लोक-लाज, कुल को तोड़ने की बात बहुत बार आयी है। यह अकारण नहीं। यह उस बन्धनग्रस्त मध्यकालीन नारीमन की अभिव्यक्ति है जिसके विषय में तुलसी ने लिखा था–विधाता ने नारी को क्यों सिरजा, उस पराधीन को सपने में भी सुख नहीं मिलता–

कत बिधि सृजी नारि जग माहीं। पराधीन सपनेहु सुख नाहीं ॥

तुलसी नारी-पराधीनता का कारण सम्भवत: न समझते रहे हों, लेकिन वह पराधीन है और उसे सपने में भी सुख नहीं मिलता, यह देखते और महसूस करते थे।

मीरा ने कृष्ण के प्रति प्रेम का जो चित्रण किया है, वह ऐसी नारी का चित्रण है जिसके प्रेम में समाज कदम-कदम पर बाधा पहुँचाता है। वह मीरा को बरजता है, हटकता है और जब मीरा नहीं मानतीं तो उन्हें 'भटकी' या 'बिगड़ी' घोषित कर देता है–

थारो रूप देख्याँ अटकी
कुल कुटुम्ब सजण सलक बार-बार हटकी।
....
म्हारो मण मगण स्याम लोक कह्याँ भटकी। (पद 9)
मीरा गिरधर हाथ बिकाणी, लोग कह्याँ बिगड़ी। (पद 14)

(मीराबाई की पदावली)

मीरा की भावना उस समाज की नारी की भावना है जहाँ नारी अपने प्रेम की अभिव्यक्ति सहज तौर पर नहीं कर सकती। इस वर्जनापूर्ण समाज में मीरा के प्रेम की अभिव्यक्ति कैसे हो?

मैं अपने घर में खड़ी थी, मोहन आ निकले। उनका चन्द्रमुख प्रकाशित था, मन्द-मन्द मुस्करा रहे थे। सभी कुटुम्ब ने बरजा, बना:कर बोल बोला। चंचल नैनों ने अटक नहीं माना, वे पराये हाथ बिक गये। किसी ने भला

कहा, किसी ने बुरा। सब सीस पर चढ़ा लिया—

म्हां ठाढ़ी घर आपणे मोहन निकल्यां आय।
बदन चंद परगासतां, मन्द-मन्द मुसकाय।
सकल कुटुम्ब बरजतां, बोल्या बोल बणाय।
णेणा चंचल अटक णा माण्या; पर हाथ गयां बिकाय।
भलो कह्यां कांई कह्यां बुरोरी सब लया सीस चढ़ाय। (पद 13)

(मीराबाई की पदावली)

मीरा की कविता में बाधक स्थितियों और उन्हें पार करके प्रिय से मिलने की इच्छा का चित्रण अनेकश: मिलता है। घर की चारदीवारी में जकड़ी हुई वर्जित भावन जैसे बन्धनों को तोड़कर बाहर निकल आना चाहती हो—

हेली म्हासूं हरि बिनि रह्यो न जाय।
सास लड़े मेरी ननद खिजावै, राणा रह्या रिसाय।
पहरो भी राख्यो, चौकी बिठाइयो, ताला दियो जड़ाय।
पूर्व जनम की प्रीत पुराणी, सो क्यूं छोड़ी जाय। (पद 42)
रैण पड़ै तब ही उठि जाऊँ भोर गये उठि आऊँ। (पद 20)
मीरा तो गिरधर बिन देखे कैसे रहे घर बसि के। (पद 7)

(मीराबाई की पदावली)

मीरा की यह पंक्ति भी प्रसिद्ध है—

गली तो चारों बन्द हुई हैं मैं हरिसूं मिलू कैसे धाय।

घर में ताला लगा है, पहरा बैठा है, गली के दरवाजे बन्द हैं प्रिय से मिलना कैसे हो?

मीरा के यहाँ स्थिति प्राय: ऐसी मिलती है कि वे घर में ही रहती हैं, बाहर प्रिय दिखलाई पड़ता है, वे खुद उससे नहीं मिल सकतीं। प्रिय छोड़कर चला गया है, वे उसकी प्रतीक्षा कर रही हैं। वे स्वयं प्रिय के पास पहुँच नहीं सकतीं। ऊपर से सास, ननद और लोग बुरा-भला कहते हैं। यह दरद कोई और समझ नहीं सकता, वही समझेगा जो स्वयं घायल हो—यह सब स्थिति ठेठ मध्यकालीन भारतीय नारी की है। मीरा भक्त थीं। लेकिन नारी भी थीं। वह भगवान के पास अपने नारीत्व को छोड़कर नहीं, उसके साथ जाती हैं। अपने देश-काल की सामान्य नारी स्थिति के साथ जाती हैं। यह उनकी भावनाओं की प्रामाणिकता का सबसे महत्त्वपूर्ण लक्षण है।

मीरा अपने घर में ही रहने पर विवश हैं। ऐसी स्थिति में किसी प्रकार दूर से प्रिय को देखने की ही इच्छा की पूर्ति सम्भव है। आँखें शरीर से काफी दूर इधर-उधर जा सकती हैं। शरीर विवश हो तो भी आँखें तृप्त हो सकती हैं। हमारी जबान पर ताला पड़ा हो तब भी आँखें बोल लेती हैं। हम अपना दुख न कह पायें, आँखें कह लेती हैं। आँखें विवश और प्रतीक्षातुर व्यक्ति का बहुत विश्वसनीय साधन हैं। मीरा की कविताओं में प्रतीक्षातुर आहत नयनों का बहुत चित्रण है। घर में ही रहने के लिए विवश, बाहर दौड़कर प्रिय से न मिल सकनेवाली नारी की आँखों का वर्णन साहित्य में अकारण नहीं। नयनों की चंचलता, आतुरता के भी सामाजिक और सामाजिकता से जुड़े व्यक्तिगत वास्तविक कारण हैं। प्रिय से मिल न पानेवाली नारी के लिए आँखें बहुत बड़ा वरदान हैं। मध्यकाल की और आधुनिक काल की भी, सामान्य नारीस्थिति की भावनाओं को व्यंजित करनेवाली कविता में

नयनों की चेष्टा बहुलता का चित्रण लगभग अनिवार्य है—

बस्यां म्हारे णेणण माँ नन्दलाल। (पद 3)

तनक हरि चितवां म्हारी ओर।

हम चितवां थें चितवो णा हरि हिवड़ों बड़ो कठोर। (पद 5)

म्हारे णेणा निपट बंकट छब अंटके। (पद 10)

आली री म्हारे णेणां बाण पड़ी।

कब री ठाड़ी पन्थ निहारां, अपने भवण खड़ी। (पद 14)

निस दिन जोवां बाट मुरारी; कबरो दरसण पावां। (पद 69)

(मीराबाई की पदावली)

प्रतीक्षातुर व्यक्ति के लिए नयनों की ही तरह श्रवण भी बहुत काम की इन्द्रिय हैं। घर में रहकर अपने दरवाजे, छत पर खड़ी प्रिया अपने प्रिय को देख सकती है, उसकी बोली सुन सकती है। प्रिय यदि वंशी बजाता हो तब तो बहुत दूर से ही वंशी-ध्वनि सुन सकती है। कभी-कभी श्रवण, नयनों के स्थानापन्न हो जाते हैं। कहते हैं सूरदास ने कृष्ण की बाँसुरी की महिमा इसलिए भी बहुत गायी है क्योंकि वह देख नहीं सकते थे। नयनों के विषय को उन्होंने श्रवणों का विषय अधिक बनाया। भागवत में गोपियों को वेणुध्वनि में जो इतना तल्लीन चित्रित किया गया है, उसका भी बहुत बड़ा कारण भारतीय नारी की वह विवश स्थिति है जिसे गोपियों के द्वारा प्रकट किया गया है। गोपियाँ भी लोकलाज, कुल की मर्यादा उसी प्रकार तोड़ती हैं, जिस प्रकार मीरा। श्रवण और नयन दोनों कृष्ण की आवाज, वंशी की ध्वनि एवं उनका रूप सुनने तथा देखने को आतुर रहते हैं। यह और बात है कि श्रवण एवं नयन सुन-देखकर पहले से अधिक आतुर हो जाते हैं। सौन्दर्य हमें विक्षुब्ध करता है। सौन्दर्य का प्रत्येक विषय अमूर्त सौन्दर्य का प्रतीक बनकर रह जाता है और हमें अरूप की ओर उन्मुख कर देता है। यह अरूप भावलोक में रूपायित होता है

जमणा किनारे कान्हा धेनु चरावां, वंशी बजावां मीठ्ठा वाणी (पद 11)

बिन्द्रावण मां धेण चरावां मोहन मुरली वालो। (पद 154)

बंसी बजावां कान्हां, संग लियां बलवीर (पद 161)

मुरली धुण सुण बीसरां म्हारो कुणबो गेह। (पद 105)

(मीराबाई की पदावली)

घर की चारदीवारी में बन्द घुटनेवाली स्त्री को इच्छित रूप देखने का अवसर जितना ही कम मिलता है, देखने पर उसका प्रभाव उतना ही तीव्र होता है। प्रभाव की तीव्रता का प्रमाण रूप की विशिष्टता यानी चित्रात्मकता है। ऐसी चित्रात्मकता प्राय: स्थिर नहीं गत्वर होती है। गत्वर या सक्रिय बिम्ब स्थिर बिम्बों से अधिक विश्वसनीय, अत: प्रभावशाली होते हैं। मीरा ने कृष्ण का जो चित्र खींचा है वह कल्पित है। कृष्ण की वेशभूषा–पीताम्बर, मोहनमाला, वैजयन्ती माला, मुरली आदि तो उन्हें परम्परा से प्राप्त हुई थी, लेकिन उनकी चेष्टाएँ आदि का जागतिक आधार होगा। कृष्ण का परम्परागत चित्र तभी मीरा के अनुभव में जुड़ सका होगा। मीरा ने कृष्ण की जो रूपमाधुरी अंकित की है वह विशिष्ट और काफी मादक है। कृष्ण को स्थिर रूप में कम, चेष्टाशील रूप में अधिक चित्रित किया गया है। इससे रूपचित्रण में नाटकीयता आ गयी है। नाटकीयता से यहाँ तात्पर्य अभिनेयता

से है—अर्थात् मीरा ने कृष्ण को जिस रूप में चित्रित किया है उसका अभिनय किया जा सकता है। इस नाटकीयता का द्वन्द्व रूप से प्रभावित होनेवाले नारी मन में होगा। आकर्षण कृष्ण का रूप नारी की घुटती हुई जिन्दगी की कुरूपता के विरुद्ध स्थित होगा। मीरा की प्रेमासक्ति का आलम्बन जो कृष्ण रूप है, जिसमें उनके लोभी नयन अटक फिर वापस न आ सके, यानी उसी रूप में संलग्न रह गये, उसका अनुभव मीरा को जिस परिस्थिति में हुआ वह द्रष्टव्य है—

म्हां ठाढ़ी घर आपणे मोहन निकल्यां आय। (पद 13)

(मीराबाई की पदावली)

एक अन्य स्थान पर मीरा ने लिखा—

कब री ठाढ़ी पन्थ निहारां अपने भवन खड़ी। (पद 14)

(मीराबाई की पदावली)

मीरा ने प्रिय के नख-शिख सौन्दर्य को रोम-रोम से देखा। वे ललक-ललक अकुलाने लगीं। यदि बाहर निकलकर उससे मिल सकतीं तो ललक-ललक कर अकुलाने की तीव्रता इतनी सघन न होती। यह सघन संवेदन है इसलिए चित्र इतने विशेष रूप से हृदय में अंकित हो गया है—

बदन चन्द परगासता, मन्द मुसकाय। (पद 13)
मोर मुकुट मकराकृत कुण्डल रुण तिलक सोहां भाल।
मोहन मूरत साँवर सूरत णेणा वण्या विशाल।
अधर सुधारस मुरली राजा, उर बैजन्ती माल। (पद 3)
गहे द्रुम डारि कदम की ठाड़ो मृदु मुस्काय म्हारी ओर हँस्यो।
पीताम्बर कट काछनी काछे, रतन जटिल माथे मेकुट कस्यो। (पद 8)
हे मा बड़ी-बड़ी अँखियन वारो साँवरो मो तन हेरत हँसि के।
भौह कमान बान बांके लोचन, मारत हियरे कसि के। (पद 7)

(मीराबाई की पदावली)

इसी रूप से आकृष्ट होकर मीरा घर से बाहर निकलने पर विवश हो गयी थीं। कृष्ण गली में से निकल जाते हैं, घर में आते नहीं। उन्हें देखे बिना मीरा घर में कैसे पड़ी रहें—*मीरा तो गिरधर बिन देखे कैसे रहे घर बसि के।* घर से बाहर निकलने के कारण ही उन्हें खलों का कोपभाजन बनना पड़ा था। यह रूप भगवान का है, किसी लौकिक पुरुष का नहीं। यदि मीरा को भगवान के ही रूप की पूजा करनी थी तो वे घर में रहकर यह सब कर सकती थीं। इसमें किसी को कोई आपत्ति न होती। लेकिन मीरा भगवान का भजन भी करना चाहती थीं और साधु-संगति भी। इस साधु-संगति के कारण ही राणा को क्रोध आया होगा। इससे प्रकट होता है कि मीरा की भक्तिभावना उतनी वैयक्तिक या ऐकान्तिक नहीं थी जितना कि प्राय: समझ लिया जाता है। लोगों का ध्यान इस ओर कम गया है कि तुलसी, कबीर के समान मीरा में भी दुष्टों और भक्तिविरोधियों के प्रति तीव्र घृणा का भाव है। फिर वह विरोधी चाहे राणा ही क्यों न हों। मीरा ने मुक्तक रचे हैं, वे आत्मनिवेदन करने वाली कवयित्री हैं। लेकिन भक्ति ने उन्हें काफी सामाजिक बना दिया था। उन्होंने लिखा—मूर्ख लोग सिंहासन पर बैठकर राजा बने हैं, विद्वान् दर-दर भटक रहे हैं। राणा भक्तों का संहार करता है—

मूरख जण सिंघ सण राजा, पण्डित फिरता द्वारां
मीरा रे प्रभु गिरधर नागर राणां भगत संघारां। (पद 190)

(मीराबाई की पदावली)

मीरा केवल विरहिणी होतीं किसी रीतिकालीन नायिका की भाँति, तो वे सिंहासनासीनों को मूर्ख कहने की आवश्यकता न अर्जित कर पातीं।

निस्सन्देह मीरा ने आत्मनिवेदन किया है। लेकिन उनका 'आत्म' सामाजिकता और संघर्ष युक्त है। इसीलिए वह इतना प्रभावशाली है। सच्चाई की बहुत बड़ी पहचान यह है कि वह संघर्ष और विरोध आमन्त्रित करती है। यह संघर्ष मीरा ने भी झेला था—*निर अकुंश अति निडर रसिक जस रसाना गायो।*

मीरा का काव्य विरहप्रधान है। जगत्सुख यों भी मीरा को कम ही मिला था। कृष्ण से मिलने की आतुरता ही उनके काव्य का प्रधान विषय है। इस आतुरता की अभिव्यक्ति मुक्तक गेय पदों में ही सम्भव थी। मीरा के विरह का रूप प्रधानतः प्रतीक्षा है, जिस प्रियतम के रूप ने उन्हें विह्वल कर रखा है, वह मिलता नहीं। वह आने का वादा करके चला गया है, नेह की नौका मझदार में डाल कर चला गया, वह लगन लगा कर चला गया है, उसने अपना मन काठ कर लिया है। मीरा उसे कभी 'जोगी' भी कहती हैं। जोगी घर से विरक्त होकर चला गया है, वह किसी का मीत नहीं। उसे खोजने के लिए मीरा 'जोगन' हो जाना चाहती हैं, उनकी सूरत मन में बसी है और उसके बिना रात को नींद नहीं आती। उसके बिना जगत् निस्सार है। मीरा बार-बार उससे घर आने की प्रार्थना करती हैं। वह आता नहीं।

भक्त के लिए वह प्रियतम भगवान है। इस प्रियतम का रूप मीरा के यहाँ इतना आत्मीय है कि लगता है जैसे प्रिय विषयक उनकी कल्पना ने यथार्थ का रूप धारण कर लिया हो। जो मीरा का इतना आत्मीय हो गया है वह अरूप एवं निराकार हो भी, तो जिन गुणों, स्थितियों का आरोप भगवान पर किया गया है, वह किसी परिचित व्यक्तित्व का ही होना चाहिए। सम्भावना इसी बात की है कि या तो यह परिचित व्यक्तित्व उदात्तीकृत होकर भगवान के रूप में पर्यवसित हो गया है, या भगवान पर ही उसके गुणों का आरोप कर दिया गया है।

जो भी हो, परिचित स्थितियों एवं गुणों से युक्त प्रियतम का रूप मीरा के यहाँ निश्चित हो गया है। इसका परिणाम यह हुआ कि मीरा की विरह अनुभूति भी परिचित एवं लोकसामान्य हो गयी। इससे मीरा की अभिव्यक्ति विश्वसनीय तथा स्वाभाविक हो गयी है। स्वाभाविकता परिचित और विश्वसनीय स्थितियों से निर्मित होती है। इन परिस्थितियों का आधार अपरिचित एवं अरूप नहीं हो सकता। मीरा की रचनाओं का जो सीधा प्रभाव पड़ता है, जिसे निश्छल और अकुंठ अभिव्यक्ति कहा जाता है, वह इन स्वाभाविक स्थितियों की अभिव्यक्ति का ही दूसरा नाम है। इसीलिए इस अभिव्यक्ति का इतना सीधा प्रभाव पड़ता है। इस स्वाभाविकता का प्रतिफलन गेय पदों की रचनात्मक संगति और अन्विति में हुआ है जो इस विधा के उत्कर्ष का निर्णायक तत्त्व है इससे पंक्तियों में स्पष्टता और स्थितियों की तर्कसंगत परम्परा आ गयी है। यह अनुभूति की उपज है और अनुभूति उत्पन्न करती है। निरलंकृति इस अभिव्यक्ति की अनिवार्यता है। यह निरलंकृति गीत गोविन्द, कबीर, विद्यापति, सूर, तुलसी, मीरा सभी के गेय पदों की विशेषता है। जहाँ यह निरलंकृति नहीं रहती वहाँ गेय पदों का उत्कर्ष क्षीण हो जाता है। याद रखिए अनुभूति एक प्रक्रिया है जिसका निश्चित विधान होता है। यह विधान संगति के बिना नहीं निर्मित होता। इस प्रक्रिया में कहीं कुछ छूट जाता है तो वह सहृदय के चित्त में जुड़ जाता है। उत्कृष्ट स्थलों पर तो कुछ जरूर छूट जाता है। कुछ यानी रचनाप्रक्रिया की दृष्टि से अनावश्यक। अनावश्यक छूट जाने से अनुभूति

की सघनता अभिव्यक्त हो जाती है। यह संक्षिप्तता या अत्यन्त अनिवार्य कथनता सीधा एवं अचूक प्रभाव उत्पन्न करती है। अभिव्यक्ति ऐसे स्थलों पर परम सफल होती है। मध्यकालीन भक्तकवियों की रचनाएँ सरल हैं और हृदय पर सीधी चोट करती हैं। वे भावनापूरित हृदय की विवश अभिव्यक्ति हैं जो श्रोताओं, पाठकों को सीधे प्रभावित करती हैं–

हेरी म्हा तो दरद दिवाणां म्हारां दरद न जाण्यां कोय।
घायल री गत घायल जाण्यां हिवड़ो अगम संजोय।
जौहर की गत जौहर जाण्यां क्या जाण्यां जिण खोय।
दरद की मारयां दर दर डोल्यां बैद मिल्यां णा कोय।
मीरा री प्रभु पीर मिटांगा जब बैद साँवरो होय। (पद 70)

(मीराबाई की पदावली)

मीरा की ये प्रसिद्ध पंक्तियाँ बहुत सीधी-सादी हैं। लेकिन इतनी प्रभावशाली क्यों हैं? 'दरद-दिवाणां' के 'दरद' को कोई नहीं जानता, यही बात इस पद में कही गयी है। पद की पहली पंक्ति में कहा गया कि 'दरद-दिवाणां' का दरद कोई नहीं जानता। दूसरी पंक्ति में कहा गया घायल की गति घायल ही जानता है। 'दरद-दिवाणां' का 'दरद' अनुभूति है। अनुभूति अनिर्वचनीय है। सामान्यत: शब्द संकेतित या सूचित करते हैं। वे अनुभूति की जीवन्त थरथराहटों को ज्यों का त्यों सम्प्रेषित नहीं करते। सम्प्रेषित करने का मतलब यह कि सुननेवाले के मन में वही विक्षोभ नहीं उत्पन्न कर पाते जो कहनेवाले के मन में है। मनुष्य ने बहुत साधना करके जिस भाषा का विकास किया है उसके शब्द जीवन-जगत् को अमूर्त करते हैं इसलिए शब्द विचारों के समर्थ माध्यम हैं, अनुभूति के नहीं। मध्यकालीन कवियों ने शब्दों की इस असमर्थता और शब्दों का ही सहारा रखनेवाले काव्य-साधना के इस द्वन्द्व को बहुत अच्छी तरह व्यक्त किया है। कबीरदास ने कहा–भाई, मुझसे बोलने के लिए क्यों कहते हो। बोलने से तत्त्व नष्ट हो जाता है, विकार बढ़ता है; लेकिन किया क्या जाये? बोलने के अलावा विचार करने का कोई रास्ता भी तो नहीं, इसलिए बोलना पड़ता है–

बोलनां का कहिए रे भाई। बोलत बोलत तत्त नसाई।
बोलत बोलत बढ़ै बिकारा। बिनु बोलें क्या करहि बिचारा।

'तत्त' का अर्थ है–अनुभव में समाया हुआ सत्य।

तुलसी ने लिखा–कवि को तो 'अरथ' और 'आखर' का ही सहारा है। उसे निश्चित शब्दों के निश्चित अर्थ से ही अनुभूति की अभिव्यक्ति करनी होती है। नट 'ताल-गति' के ही सहारे नाचते हैं। अब जो शब्दों से व्यक्त नहीं हो पाता उसका क्या हो? शब्द और ताल-गति, अनुभूति सम्पदा की पूर्णता को नहीं, उसकी अपूर्णता को ही प्रस्तुत कर पाते हैं। इसकी कचोट कवि को न होगी तो किसे होगी?–

कबिहि अरथ आखर बलु सांचा। अनुहरि ताल-गतिहि भटु नांचा।

'दरद-दिवाणां' मीरा अपनी अनुभूति के विषय में केवल यही कह पाती हैं कि उसे कोई जान नहीं पाता। 'दरद' को मीरा जिस प्रकार अनुभव कर रही हैं उसे और कोई अनुभव नहीं करता। जब और कोई उस 'दरद' को मीरा की तरह अनुभव नहीं करता तो मीरा उसे प्रकट भी करें तो क्या होगा। इसलिए मीरा 'दरद' की पहचान निषेधात्मक रीति से करती हैं। यह 'दरद' वह है जो लोग अनुभव नहीं कर पाते। अनुभूति सूचित नहीं की जा सकती।

उपनिषद तक नहीं कर पाये थे इसलिए उन्होंने भी यही निषेधात्मक पद्धति अपनाई थी–'नेति नेति'। कला अनुभूति को बिम्ब और नाटकीयता के द्वारा सूचित नहीं चित्रित करने का प्रयास करती है। मीरा जब अनुभूति के विषय में कह रही हैं कि इसे लोग जान नहीं पाते तो वे इसकी पहचान ही बता रही हैं। लेकिन अगली पंक्ति में ही मीरा ने दूसरी बात कही है। मेरे 'दरद' को वह जान लेगा जो खुद मेरी तरह दिवाणां होगा। घायल की पीड़ा को–अनुभूति को घायल जान लेगा। मीरा ने कहा घायल जान लेगा क्योंकि उसके हृदय में अगम का संयोग हो रहा है। यह अगम अनुभूति है।

पहली पंक्ति में मीरा इस 'दरद' का चित्रण करने के चक्कर में नहीं पड़तीं। वह उस 'दरद' की पहचान पाठकों-श्रोताओं को यह कहकर बताती हैं कि वह बिना अनुभव के नहीं जाना जाता। अनुभूति अनुभव की स्थिति है। उस स्थिति में जो होगा उसे ही उस 'दरद' की अनुभूति होगी। वह अनुभूति को स्थिति से जोड़ती हैं। ऐसा करके वे पाठकों-श्रोताओं को उनके अनुभवों की स्मृति के माध्यम से अपने 'दरद' को सम्प्रेषित भी कर लेती हैं। यह जो पाठकों-श्रोताओं की अनुभूतियों को स्मृति के माध्यम से अपनी अनुभूति की पहचान बना लेने की शैली है, उससे मीरा का 'दरद' लोगों के 'दरद' से जुड़ जाता है। पहली पंक्ति का निषेध दूसरी पंक्ति का विधेय बन जाता है–बिना चित्रण के। चित्रण उपस्थित होता है लेकिन वह इन दो पंक्तियों में नहीं है। इन पंक्तियों के माध्यम से यह पाठकों-श्रोताओं के चित्त में उदित होता है। मीरा के तथा अन्य महान् मध्यकालीन भक्त कवियों के निरलंकृत काव्य की सरलता और अचूकता का यही नुस्खा है।

अभिव्यक्ति में उत्कर्ष असामान्य स्थितियों की योजना से नहीं, सामान्य स्थितियों की विशिष्ट योजना से आता है। मीरा ने विरह की उत्कण्ठा की या मिलनसुख की जिन स्थितियों का चित्रण किया है, वे बहुत सामान्य तथा स्वाभाविक हैं। पदों में जिन मनोस्थितियों की योजना की गयी है, वे पद में व्यक्त मुख्य भाव या विचार की संगति में है। इसलिए उनमें अन्तस्सम्बन्धता और केन्द्रोन्मुखता है। प्राय: ऐसा होता है कि पद के आरम्भ में जो पंक्ति टेक के रूप में आती है वह मुख्य बात होती है। बाद की पंक्तियाँ उसी का विस्तार होती हैं, उसी बात को विभिन्न उदाहरणों, अलंकारों, कथनों से पुष्ट करती हैं। इसी से सफल गेय पद गें एक विशिष्ट अनुभूति व्यक्त होती है। गेय पद की अनुभूति सघनता इसी अन्तस्सम्बन्धता, कथनसंगति एवं केन्द्रोन्मुखता पर आधारित है। ऊपर से देखने पर लगता है कि ये पंक्तियाँ यों ही अनायास पद में युक्त हो गयी होंगी। ये पंक्तियाँ बाहर और मन की निश्चित, विशिष्ट स्थितियों को पद में अन्वित करती हैं। अगर ये अनायास आ गयी लगती हैं तो रचना की बहुत बड़ी उपलब्धि है। लेकिन विचार करने पर पता चलेगा कि इस अनायासता के पीछे बहुत कशमकश छिपी है। यहाँ रचनाकार की कल्पना की समाहार शक्ति की परीक्षा होती है। रचनात्मक संघर्ष की सफलता संघर्ष को छिपा देने में है। यथार्थ की विषमता, असंगति का द्वन्द्व प्रकट करने में स्वयं भाषा को संगति से रहित नहीं हो जाना चाहिए। रचनाधर्मिता भाषा के उलझाव को सुलझा कर प्रकट होती है। संस्कारी पाठक और चिन्तक सुलझी हुई भाषा में नियोजित बाह्यान्तर स्थितियों द्वारा व्यंजित उलझे यथार्थ को पहचान लेते हैं और प्रभावित हो सकते हैं। जटिल परिस्थितियाँ रचनाधर्मिता के अनुशासन में बँधती हैं, वे कल्पना की समाहार शक्ति द्वारा सरल भाषा में प्रस्तुत होकर सहृदय के चित्त में पुन: बिखर जाती हैं, यानी अपने मूल रूप में आ जाती हैं। इसीलिए साहित्य में जीवन-जगत् मौजूद रहता है। रचनाकार की विशिष्टता बहुत कुछ उसे नियोजित करने में ही प्रकट होती है जहाँ इस पूर्ण प्रक्रिया की माध्यम भाषा इतनी महत्त्वपूर्ण हो जाती है कि छुरे की धार बन जाती है। रचना व्यापार में भाषा और अनुभूति एक-दूसरे रो अभिन्न होकर उस तत्त्व के सहारे गतिशील होते होंगे जिसे तुलसी

ने 'छाया' कहा है–

कहहु सुप्रेम प्रगट को करई। केहि छाया कवि मति अनुसरई।

मीरा का यह पद बहुत प्रसिद्ध है–

माई साँवरे रंग राची।
साज सिंगार बाँध पग घूंघर, लोकलाज तज नाँची।
गयां कुमत लयां साधां संगत स्याम प्रीत जग साँची।
गायां-गायां हरि गुण निसदिन, काल व्याल री बाँची।
स्याम बिणा जग खारा लागां, जगरी बातां काँची।
मीरा सिरि गिरिधर नट नागर भगति रसीली जाँची। (पद 19)

(मीराबाई की पदावली)

मीरा साँवरे के रंग में रच गयी हैं। यह इस पद का केन्द्रीय वक्तव्य है। अन्य पंक्तियाँ इसी वक्तव्य के स्रोत से उद्भूत हैं। वह विभिन्न स्थितियों की चित्रणयोजना के द्वारा इस वक्तव्य की पुष्टि एवं विस्तार करती हैं। रचना की प्रसिद्धि, मार्मिकता तक पहुँचने में बाधक भी होती है। यह पद इतना प्रसिद्ध, विख्यात एवं विश्रुत है कि इन पंक्तियों में सँजोए अनुभव पुंज का विश्लेषण दुष्कर है। श्रोता और पाठक इन पंक्तियों को इतनी बार सुन चुका है कि वह इनकी उपेक्षा करने लगता है। चित्रणयोजना में जो अनुभूतिजन्य संगति है उसमें निहित यथार्थ तक सहसा पहुँच नहीं पाता। यह प्रसिद्धि का अभिशाप है।

साँवरे के रंग में रची मीरा सिंगार कर पैरों में घुँघरू बाँधकर नाचीं। जिसके रंग में रची हैं उसके सामने कोई सिंगार कर घुँघरू बाँधकर नाचे तो कोई खास बात नहीं हुई। यह स्वाभाविक है। लेकिन इस स्वाभाविक स्थिति की शक्ति इस बात में है कि इसके लिए मीरा को लोकलाज तजनी पड़ी। लोकलाज तजकर मीरा सामान्य मध्यकालीन विरहिणी से जिसकी प्रतिनिधि रीतिकालीन नायिका है, भिन्न हुई। मीरा का साँवरे के रंग में रचना, आसान काम नहीं। इस लोकलाज तजने की स्थिति में सिंगार कर, घुँघरू बाँध नाचने की स्थिति की शक्ति विद्यमान है। साधुसंगति से कुमति गयी। कुमति जाने और साधुसंगति के कारण जग में श्याम के प्रति प्रेम की सत्यता का अनुभव हुआ। कृष्ण के प्रति प्रेम की अनुभवस्थिति स्वतन्त्र या स्वत:फूर्त नहीं। वह कुमति के जाने और साधुसंगति का परिणाम है। कुमति का नष्ट होना और साधुसंगति भी अन्योन्याश्रित हैं। यह नहीं कहा गया कि साधुसंगति के कारण कुमति गयी तो सुमति आयी। सुमति आने के फल को जरूर कह दिया गया। सुमति न आती तो जगत् में श्याम की प्रीति की सत्यता का अनुभव कैसे होता। यह अनुभव ही सुमति है। इस नाच के साथ हरि के गुणों का गान भी है। इस गान के फलस्वरूप मीरा कालव्याल से बच गयीं। इस काल का बोध प्राय: सभी भक्तकवियों को बहुत ज्यादा था। सर्वाधिक तीव्र कालबोध कबीर में मिलता है। काल सबको नष्ट कर देता है। उससे बचने का एक ही उपाय है–भगवद्प्रेम। भगवद्दप्रेम काल से कैसे बचा देता है?

प्रेम, अनुभूति–अनन्यता की अनुभूति है। अनन्यता शारीरिकता की नहीं हृदय की बात है। अनन्यता के ही कारण प्रेम मानवीय व्यापार है, पाशविक नहीं। पशु शारीरिकता में ही लिप्त रहते हैं। हृदय में बसने के ही कारण प्रिय भावसत्ता बन जाता है। यह भावसत्ता यथार्थ की उपज होने के बावजूद भौतिक यथार्थ के ऊपर होती है। यह भौतिक यथार्थ के ही नियमों से यन्त्रवत् परिचालित नहीं होती। इस भावसत्ता का भौतिक आधार बदल जाये, मिट जाये तो भी यह हृदय में बना रहता है। स्मृति, या ध्यान के सहारे इस भावसत्ता में लीन होने से कालबोध

नष्ट हो सकता है। यदि कोई किसी भावचित्र में तल्लीन है तो उसे अन्य विषयों की सुधि नहीं रहेगी। अन्य बातों के साथ-साथ वह काल को भी भूला रहेगा। इसीलिए तल्लीनता, अनन्यता कालव्याल से बचा सकती है। मीरा हरि के गुण गा-गाकर कालव्याल से इसी तरह बची रहती हैं। कोई फ्रायड के सिद्धान्तों को साहित्य में लागू करने का शौकीन हो तो व्याल रूपक की व्याख्या और तरह से भी कर सकता है।

मीरा को श्याम के बिना जग खारा लगता है। जग की बात कच्ची लगती है। इस कच्ची यानी झूठी बात का विरोध श्याम के प्रति प्रीति से है जो जग की सच्ची बात है। जिस जग की और बातें कच्ची लगती हैं उसी में श्याम की प्रीति है जो सच्ची है। श्याम के बिना जग खारा लगता है। तो उनकी भक्ति रसीली है। श्याम के बिना खारेपन के विरुद्ध भक्ति का रसीलापन मौजूद है। यथार्थ में कुमति है तो साधु-संगति भी है। कालव्याल है तो उससे बचने का तरीका हरि का गुणगान भी है। जगत् में खारापन और रसीलापन, कच्चापन और सच्चाई दोनों हैं। यथार्थ, विषमता या परस्पर विरोधिता से युक्त है। मीरा को यथार्थ के जिस पक्ष से लड़ने के लिए लोकलाज तजनी पड़ती है वह शक्तिशाली है, मीरा उसके विरुद्ध उसी पर आधारित भावपक्ष को प्रस्तुत करती हैं जो उनके हृदय में स्थित है।

मीरा का यह पद बहुत प्रसिद्ध है। इस प्रसिद्धि का कारण इसका काव्योत्कर्ष है। सरल और सुगठित पंक्तियों में जटिल जीवन और जगत् की परस्परविरोधी स्थितियों को चित्रित करके इसमें द्वन्द्व को उभारा गया है। सामान्य श्रोता-पाठक इस जटिलता की व्याख्या न कर सकता हो, किन्तु कहीं-न-कहीं यह पूरी प्रक्रिया उससे संवेदित हो जाती है। न हो जाती तो वह इस पद को इतना पसन्द न करता। कोई चीज हमें क्यों अच्छी लगती है, इसे समझना हमेशा आसान नहीं होता। प्राय: जो चीज हमें जितने ही सहज तौर पर अच्छी लगती है उसके कारणों का पता लगाना उतना ही मुश्किल होता है। माँ बच्चे को क्यों प्यार करती है, हरी दूब क्यों अच्छी लगती है, कोई चेहरा क्यों आकृष्ट करता है, संगीत क्यों अच्छा लगता है? इनका पता लगाना दुष्कर है। वैसे ही सहज पंक्ति की प्रियता का कारण पता लगाने में भी जटिल प्रक्रिया से गुजरना पड़ता है। हम प्राय: इस समूची प्रक्रिया के प्रति सतर्क नहीं रह सकते क्योंकि हमारी प्रियता और अप्रियता अत्यन्त सुदूर और असंख्य वासनाओं, संस्कारों, सामाजिक एवं व्यक्तिगत अनुभवों से निर्मित है।

भक्त कवियों की विचारधारा जो भी रही हो उनका साहित्य यथार्थ की विषमता को अंकित करता है। परस्परविरोधी पक्षों को प्रस्तुत करके वे द्वन्द्व का चित्रण करने की कला में निपुण हैं। जिसे आचार्य शुक्ल 'विरुद्धों का सामंजस्य' कहते हैं वह हिन्दी साहित्य में कहीं भरपूर मिलता है तो भक्तिसाहित्य में। कुछ लोग 'विरुद्धों का सामंजस्य' का अर्थ 'विरुद्धों का समझौता' समझकर आचार्य शुक्ल को अपने से पिछड़ा मानते हैं। 'सामंजस्य' का अर्थ 'औचित्य' होता है, समझौता नहीं। रचनात्मकता के विरुद्धों को उपयुक्त या उचित ढंग से नियोजित किया जाये ताकि वे उक्ति को मार्मिक बना सकें। यही 'विरुद्धों का सामंजस्य' है।

मीरा की कविता में ऐसी योजना पग-पग पर मिलेगी। इस परस्परविरोधी उक्तियोजना का बहुत गहरा सम्बन्ध मीरा के व्यक्तित्व से है जो विषम परिस्थितियों को झेल रहा था। मीरा का पैरों में घुंघरू बाँध कर नाचना अपने साथ किन स्थितियों को समेट लेता है यह द्रष्टव्य है—

पग बाँध घुंघर्‌या णाच्यां री।
लोग कह्यां मीरा बावरी, सासु कह्यां कुल नासां री।
बिख रो प्यालो राणां भेज्यां, पीवां मीरा हांसां री। (पद 36)

(मीराबाई की पदावली)

नाच की तरह गाने के साथ–

माई म्हां गोविन्द गुण गाणा।
राजा रूठ्यां नगरी त्यागां, हरि रूठ्यां कठ जाणा।
राणां भेज्यां बिख रो प्यालो चरणामृत पी जाणा। (पद 39)
मीरा मगन भई हरि के गुण गाय।
साँप पिटारी राणा भेज्यां मीरा हाथ दियो जाय। (पद 41)

(मीराबाई की पदावली)

मीरा का नाचना-गाना विषम स्थितियों की उपज था और उनके लिए विषम स्थितियाँ उत्पन्न करता था। इसीलिए यह नाच-गाना एक ओर सांसारिकता में लिप्त लोगों के नाच-गाने से भिन्न था और इसीलिए यह नाच-गाना रीतिकालीन नायिकाओं के नाच-गान से भिन्न था।

ऊपर कहा गया है कि गत्वर चित्रण, स्थिर चित्रण से अधिक प्रभावशाली होता है। गत्वरता चित्रित होकर बहुत कुछ अपने आप कह देती है। कवि को केवल चित्र खींचना पड़ता है, चित्र के प्रभाव के विषय में कह कर 'स्वशब्दवाच्यत्व' का दोषी नहीं बनना पड़ता। ऐसे चित्रों में भी अधिक मार्मिक एवं अचूक वे होते हैं जहाँ पात्रों की ऐसी चेष्टाएँ दिखाई जाती हैं जो आन्तरिक मनोस्थितियों के कारण तो होती हैं किन्तु सहसा उन स्थितियों से सम्बन्धित नहीं जान पड़तीं। ऐसे चित्रों में बाह्य चेष्टाएँ मात्र चित्रित होती हैं भावकथन नहीं होता। भावकथन से रहित ये चित्र गत्वर तो होते ही हैं, इनमें नाटकीयता भी होती है। यह नाटकीयता द्वन्द्व पर आधारित होती है–इसे बार-बार कहने की आवश्यकता नहीं–

आयो सावन भादवा रे बोलण लागा मोर।
मीरा कूं हरिजन मिल्यां रे ले गया पवन झकोर। (पद 59)

(मीराबाई की पदावली)

'हरिजन' कोई भक्त है। सत्संग पर कबीर, तुलसी ने बहुत लिखा है। लेकिन वह ज्यादातर नीतिपरक है। वह बुद्धि को प्रभावित करता है, विवेक को जाग्रत करता है–मार्मिकता कम उत्पन्न करता है। लेकिन मीरा का यह दोहा सत्संग को तीव्र अनुभूति की स्थिति तक पहुँचा देता है। यह हरिजन के बिछुड़ने से उत्पन्न पीड़ा का अचूक चित्रण करता है। लगता है हरिजन का वियोग न हो, प्रिय का वियोग हो। विवेक को यहाँ मीरा ने सौन्दर्य बना दिया है वह भी दोहे जैसे छन्द में। विवेक को सौन्दर्यानुभूति में पर्यवसित करने का काम प्रबन्धकाव्य करते हैं, मुक्तक यह काम बहुत कम कर पाते हैं। मीरा ने यह काम दोहे में कल्पना की समाहारशक्ति के अद्वितीय साहसपूर्ण प्रयोग से कर दिया। सावन-भादों का सन्दर्भ प्राय: नायक-नायिका के ही लिए प्रयुक्त होता है। एक लोकगीत में वर्षा का प्रयोग वात्सल्य के सन्दर्भ में हुआ तो आचार्य शुक्ल ने परम प्रशंसा की–

कउनौ बिरिछ तर भीजत हवैहैं राम लखन दूवौ भाई।

'हरिजन' नायक जैसा सावन-भादों के कारण हो गया है। उसे नायक के सन्दर्भ में डाल दिया गया है इसीलिए वह हरिजन प्रिय नायक जैसा लगता है। यहाँ सत्संग 'मिलन सुख' सा देता है और उसका चला जाना 'विरह' जैसा। सत्संग को हृदय के इतना निकट और कोई नहीं ला सका है। इसी साधुसंगति के लिए मीरा को लोकनिन्दा सहनी पड़ती थी।

वस्तुत: सावन-भादों हरिजन मिलन के बाद आये हैं। वे सत्संग-सुख की अनुभूतियाँ हैं जो सावन-भादों के रूप में अमूर्त से मूर्त हुई हैं। अनुभूतियों को ऐसा इन्द्रियबोध्य रूप देने में प्रसिद्ध फ्रांसीसी कवि बादलेयर परम कुशल हैं।

कुशल कवि अनुभूति को ऐन्द्रिक बिम्ब प्रदान करते हैं। सावन-भादों हरिजन के मिलने से अनुभूति सुख के बिम्ब कबीर का एक ऐसा दोहा याद पड़ता है—

सतगुर हम सूं रीझि कर कहा एक परसंग।
बादर बरसा प्रेम का भीजि गया सब अंग॥

मीरा और कबीर के उक्त दोहों में सत् आनन्द में पर्यवसित हो गया है। यह अकारण नहीं कि यहाँ ज्यों, मानों, 'इव' जैसे उत्प्रेक्षापरक अव्यय नहीं प्रयुक्त हुए हैं। यहाँ अनुभूति जो अशरीरी है, उसने एक गोचर रूप ग्रहण कर लिया। ऐसा रूप जो अनेक अंगों–चक्षु, गन्ध, श्रवण, त्वचा को एक साथ आनन्दित कर देता है। सावन-भादों में बादल देखने, वर्षा स्पर्श, पृथ्वी गन्ध, मोरध्वनि श्रवण और जल रस की दृष्टि से आनन्ददायक होकर हमारी पाँचों ज्ञानेन्द्रियों को सन्तुष्ट करते हैं। बिम्ब के सहारे अशरीरी शारीरिक सुख देने लगा है। सौन्दर्यबोध का माध्यम ज्ञानेन्द्रियाँ ही हैं। यह तब सम्भव होता है जब विवेक सौन्दर्य का रूप धारण कर सके। यह निष्ठा के बिना नहीं होता। यह रूपान्तर महान् उद्देश्य से परिचालित महामानवों के जीवन और महान् निष्ठा से स्फूर्त रचनाकारों की रचनाओं में ही पाया जाता है।

मीरा की रचनाओं में ऐसे रूपान्तरित बिम्ब पर्याप्त मिलते हैं। मन में जो पुलक समा गया है, अनुभूति की जो प्रक्रिया घटित हो रही है वह कैसे सम्प्रेषित हो? किसी अनुभव करनेवाले की समस्या सिर्फ सम्प्रेषण की नहीं होती। सम्प्रेषण की समस्या अपने ही मन में उठनेवाली अनुभूति को पहचानने की समस्या में गुँथी रहती है। जो अनुभूति मन में उठती है वह पहचान में अन्य अनुभूतियों के सन्दर्भ में आती है। एक अनुभूति अनेक अन्य अनुभूतियों एवं स्मृतियों, वासनाओं का परिणाम होती है। प्रयास करने पर इनमें से कुछ चेतन के धरातल पर उतर आती हैं, अन्य अवचेतन में दबी रहती हैं। अनुभूति सम्प्रेषण की प्रक्रिया में ही स्पष्ट भी होती है, पहचान में भी आती है। अनुभूति को सम्प्रेषित करके स्वयं रचनाकार भी उसे पहले से बेहतर तौर पर जान पाता है। मन में नन्दनन्दन की स्मृति उठी। यह स्मृति एक अनुभूति है क्योंकि उस स्मृति में प्रिय का चित्र स्थित है। जिससे मीरा का चित्र रचना सम्पृक्त है। अब यह अनुभूति कैसी है? यह बहुत कुछ नभ में बादलों के छा जाने के समान है। नभ हृदय, बादल श्याम। श्याम का रंग बादलों के समान। बादलों के नभ को आच्छादित कर लिया। हृदय में कृष्ण ही कृष्ण रह गये। लेकिन जो छा गया वह कृष्ण नहीं, कृष्ण-विषयक स्मृति है। बादल ठोस नहीं होते, उनका कोई स्थिर रूप नहीं होता, वे चंचल, चलते-फिरते हैं, स्मृति के समान। यह बादलों के छा जाने और नन्दनन्दन के याद आ जाने का आकारगत साम्य हुआ। यह सादृश्य विधान का आधार बना।

अनुभूति विशिष्ट तो होती है किन्तु विशिष्टता का आशय निरपेक्षता या पृथकत्व नहीं। वस्तुतः विशिष्टता अनेक सामान्य तत्त्वों के नवीन संयोजन का नाम है। इस विशिटता के संघटन अपने अनेक गुण छिपाकर अनेक गुण बचाकर जब नवीन ढंग से संयोजित होते हैं तब विशिष्टता निर्मित होती है। यह शब्दों के सामान्य अर्थ से संकेतित नहीं हो पाती, अत: चित्रित होती है। चित्रित होती है यानी इन्द्रियबोध्य होती है। यह जगत हमारी ज्ञानेन्द्रियों के माध्यम से हम तक संवेदित होता है। रूप, रस, गन्ध, ध्वनि, स्पर्श हमारी अनुभूतियों का निर्माण करते हैं और वे ही पहचान तथा सम्प्रेषण के माध्यम बनते हैं। एक प्रकार विभिन्न स्थितियों के साँचे में ढले ये ही सम्प्रेषित होते हैं। शब्दों में ये बिम्ब बन जाते हैं। बिम्ब शब्दों में ढले रूप, रस, गन्ध, ध्वनि, स्पर्श ही हैं। अनुभूति सम्पदा में ये सब एक-दूसरे से गुँथे रहते हैं। यहाँ विचार और दृष्टिकोण या विश्वदृष्टि की चर्चा फिलहाल नहीं की जा रही है—

नन्दनन्दन मण भायां बादलां नभ छायां।
इत घण गरजां उत घण लरजां चमकां बिज्जु डरायां।
उमड़ घुमड़ घण छायां पवण चल्यां पुरवायां।
दादुर मोर पपीहा बोलां कोयल सबद सुणायां।
मीरा के प्रभु गिरधर नागर चरण कँवल चित लायां। (पद 142)

'गरजां', 'दादुर मोर पपीहा बोलां', 'कोयल सबद सुणायां' में ध्वनि है, 'चमकां विज्जु' में वर्ण, 'पवण चल्यां पुरवायां' में स्पर्श, वर्षा के जल में रस व्यंजित है। 'गन्ध' बिम्ब को कहते हैं, भारतीय साहित्य में उच्चकोटि का बिम्ब नहीं माना गया। वह पृथ्वी का गुण होने के कारण शारीरिकता की ओर ले जाता है। आचार्य हजारीप्रसाद द्विवेदी ने अपने एक भाषण में एक बार बताया था कि गन्धबिम्ब का उपयोग कालिदास ने कुछ ऐसे ही प्रसंग में किया है। गन्धमादन पर्वत कोई शरीफों के विचरने की जगह नहीं। लेकिन कोई चाहे ही तो चरण कंवल के कंवल से वह भी गोचर कर सकता है। गिरधर के चरणकमल का गन्ध गन्धमादन से भिन्न व्यंजना करेगा।

ये सब तत्त्व सक्रिय एवं चेष्टाशील होकर एक सजीव एवं सक्रिय वातावरण उपस्थित करते हैं। यह वातावरण मानसिक चित्र का भी है। इसी सचेष्टता के सन्दर्भ में नन्दनन्दन की स्मृति है। यह वातावरण नन्दनन्दन के याद आ जाने से बना है। समूचा चित्र व्यापार सुसंगत एवं सुसम्बद्ध है और विशिष्ट अनुभूति सम्पदा का प्रतिरूप यानी शब्दरूप है। समूचा पद हमारे जीवन जगत् का एक अखण्ड अनुभूति चित्र प्रस्तुत करता है। वक्तव्य है 'नन्दनन्दन मण भायां'। शेष पंक्तियों में इसी मनभाने की स्थिति को इन्द्रियगोचर बनाकर विश्वसनीय बना दिया गया है। जो चित्र बनता है, वह सिर्फ श्रोता या पाठक के लिए ही नहीं, स्वयं रचनाकार के लिए भी बहुत विश्वसनीय है। इस चित्र को देखने और उससे प्रभावित होने के ही परिणामस्वरूप अन्तिम पंक्ति में मीरा का रचनाकार अपने ही बनाये शब्दचित्र में शमित होता है। मध्यकालीन भक्तकवियों के गेय पदों की अन्तिम पंक्ति नामोल्लेख सहित उनके व्यक्तित्व को शब्द निर्मित चित्र में समाहित कर देती है। गेय पद की प्रथम पंक्ति में कवि गेय पद का केन्द्रीय कथ्य प्रकट कर देता है। गेयता की दृष्टि से यह 'टेक' है। टेक बार-बार आती है और वही मुख्य है। बाद में जो पंक्तियाँ आती हैं वे इस केन्द्रीय कथ्य या टेक को व्याख्यायित-विस्तृत करनेवाली स्थितियाँ प्रस्तुत करती हैं। जब चित्र पूरा हो जाता है तो रचनाकार का व्यक्तित्व अपने ही बनाये भावजगत में लीन हो जाता है। यह गेय पदों की आन्तरिक अन्विति एवं स्वत: पूर्णता का प्रमाण है।

कुछ गेय पद ऐसे हैं जिनमें घटना परम्परा के ऐसे बिन्दुओं का उल्लेख कर दिया जाता है कि बीच का समूचा व्यापार व्यंजित हो जाता है। उल्लिखित घटना व्यापार जितना ही असम्बद्ध दिखलाई देता है उतना ही अचूक होता है, जटिल स्थितियों की योजना करके अनुभूति को व्यंजित कर देने में। ऐसे स्थल समाहारशक्ति या विभावन का उत्कृष्ट कौशल प्रकट करते हैं–

डारि गयो मनमोहन पासी।
आंबां की डालि कोइल इक बोले, मेरो मरण अरु जग केरी हाँसी।
बिरह की मारी मैं बन डोलूँ, प्राण तजूँ करवट ल्यूँ कासी।(पद 65)

मीरा वन में नहीं डोलती थीं, महल में या महल भी छोड़ा होगा तो नगर में ही रहती होंगी। यह 'वन' निराशा या विरह स्थिति का है। यह वन वह स्थल भी है जहाँ अनुदार समाज ने मीरा को लोकनिन्दा के द्वारा डाल रखा है।

आम की डाल पर कोयल के बोलने से मरण मीरा की तीव्र विरहवेदना का द्योतक है। लेकिन जग की हँसी क्या द्योतित करती है? मरण पर लोग सहानुभूति प्रकट करते हैं, आँसू बहाते हैं, रोते हैं। लेकिन मीरा के मरण पर जग हँसता है। मीरा का मरण यानी उनकी वेदना कितनी मानवीय है और जग की हँसी कितनी अमानवीय। इस वेदना की अनुभूति अमानवीय व्यंग्य से संयुक्त होकर बहुत मार्मिक हो गयी है। परम कुशल रचनाकार पीड़ा को व्यंग्य से संयुक्त करके उक्ति को इसी प्रकार परम मार्मिक बना देते हैं। किसी के दुख पर कोई हँसे तो देखनेवाले के मन में दुखी व्यक्ति के प्रति सहानुभूति के साथ हँसनेवाले के प्रति आक्रोश भी हो जायेगा और उसकी सहानुभूति और तीव्र हो जायेगी। 'ट्रायल' में काफ्का ने जब निरपराधी व्यक्ति के मरण दृश्य को 'कुत्ते की मौत' कहा तो बहुत कुछ इसी प्रकार की तीव्र अनुभूति व्यक्त की। कहते हैं प्राचीन रोम में बन्दियों को भूखे शेरों से लड़ाया जाता था। और यह रोमवासियों का विनोद था। उन बन्दियों की मनोस्थिति कैसी होती होगी–

मेरो मरण अरु जग केरी हाँसी।

प्रेमचन्द ने होरी की मृत्यु का जो दृश्यांकन किया है वह इस विषय में देखने योग्य है।

होरी की मृत्यु हो रही है। उसकी मृत्यु लगभग निश्चित है। मगर सब कुछ समझ कर भी धनिया आशा की मिटती हुई छाया को पकड़े हुए थी। आँखों से आँसू गिर रहे थे, मगर यन्त्र की भाँति दौड़-दौड़कर कभी आम भूनकर पन्ना बनाती, कभी होरी की देह में गेहूँ की भूसी की मालिश करती। क्या करे, पैसे नहीं हैं, नहीं किसी को भेजकर डाक्टर बुलाती।

ऐसे अवसर पर हीरा और अन्य लोग आवाज लगाते हैं। 'हाँ गोदान करा दो, अब यही समय है।' धनिया होरी को बचाने की असहाय दौड़-धूप कर रही है। वह मनुष्य से यन्त्र हो गयी थी। उसे रोने की फुरसत, पति की मृत्यु-आशंका से दुखित होने की फुरसत तक नहीं थी और कर्मकाण्ड के ठेकेदार 'गोदान' की आवाज लगा रहे थे। प्रेमचन्द ने लिखा है–धनिया ने उसकी (हीरा की ओर तिरस्कार की आँखों से देखा। इस आर्थिक असहायता और कर्मकाण्डी आवाज ने धनिया के दुख को कितना तीव्र बना दिया होगा।

निराला ने 'देवी' कहानी में अपने विषय में लिखा कि लोग मुझसे थोड़ी दूर अलग हटकर गहरे में हँसते हैं। 'गहरे में हँसना' यानी निराला की स्थिति पर हँसना। इस हँसी का सहृदय के मन पर जो प्रभाव पड़ता है उसे रोकर दूर नहीं किया जा सकता।

कहीं-कहीं मीरा ने अपनी ही दो विरोधी मनोस्थितियों का योग अनुभाव द्वारा प्रकट करके उत्कृष्ट भावव्यंजना की है। कृष्ण गली में आ रहे हैं। मीरा, जो घर के बाहर नहीं जा सकतीं, घर में ही कृष्ण की प्रतीक्षा कर रही थीं। लेकिन कृष्ण का आना देखकर वे लाज के मारे घर में घुस गयीं। जिसकी प्रतीक्षा में मीरा विह्वल थीं उसके आगमन पर घर में घुस गयीं। यह लज्जा का वास्तविक चित्रण है। जैसे काव्य में अनुभूति बहुत शब्दों में मुश्किल से अभिव्यक्त होती है वैसे जीवन में भी सच्चा भाव छिपने का प्रयास करता है। क्यों? इसका पता लगाना बहुत मुश्किल है। सम्भवत: इसका कारण प्रागैतिहासिक काल के जीवनविकास की प्रक्रिया के किसी रहस्य में छिपा है। प्रिय के दर्शन होने पर प्रेमी घबरा कर उससे छिपना या बचना क्यों चाहता है? मिलने की दुर्निवार इच्छा उससे दूर होने की प्रवृत्ति को क्यों साथ लिए रहती है? यह हम आज विश्लेषित नहीं कर पाते लेकिन है यह स्वाभाविक और सच्ची भावना की अचूक पहचान। कहीं इस परम व्यक्तिगत सहज प्रवृत्ति के पीछे भी कोई सामाजिक विधिनिषेधवाली नैतिकता तो नहीं है, जो हमारे संस्कार में बहुत गहरे बस गयी है। जो हो, यह स्वाभाविक है और मीरा ने इसका चित्रण किया है–

आवत मोरी गलियन में गिरधारी
मैं तो घुस गयी लाज की मारी। (पद 171)

मीरा की कविता में प्रेमविह्वलता का चित्रण प्राय: अनुभाव के द्वारा हुआ है। इसकी अचूक मार्मिकता की सुरक्षा तात्कालिकता और संक्षिप्ति के द्वारा हुई है। मीरा प्रेम की विह्वलता का बाह्य वर्णन कम करती हैं। वे विह्वलता का सहज रूप से कथन करती हैं। रीतिकालीन या अनेक भक्तकवि भी विह्वलता की स्थिति तक पहुँचने के पहले जिस ब्यौरे में पड़ते हैं, मीरा उस पचड़े में नहीं पड़तीं। उन्हें अनिवार्य कथन ही करना है, कविता का कोई रूप सायास निर्मित नहीं करना है। यह उस प्रेम की भी विशेषता है जो तड़ित गति से एक जरा-सा आधार पाने पर ही विवशता-विह्नवलता की स्थिति पर सीधे पहुँच जाता है। आन्तरिक स्थितियों को बाह्य स्थितियों के द्वारा, निराडम्बर ढंग से व्यक्त करती हैं। लाज के मारे घुस जाना भी अनुभाव के ही अन्तर्गत आयेगा, लेकिन यह इतना सहज और अनिवार्य है कि चेष्टाहीन लगता है। इसमें 'सौह करै भौंहनि हँसै दैन कहै नटि जाइ' वाली चतुर चेष्टाशीलता नहीं। बात यह है कि अनुभाव शारीरिक विकार में व्यक्त होता है, जबकि मीरा ऐसे अवसरों पर अन्तरव्यापार का संकेत कर रही होती हैं, बाह्य व्यापार उतना ही जितना कि अनिवार्य है।

कागद लै राधा बाचण बैठी भर आयी छाती। (पद 185)
सबदा सुणतां छतियाँ कांपां मीठो थारो वैण। (पद 103)
णेणा म्हारा कह्याणा माणा णीर झार्‌या निश जावां री। (पद 121)
धुण मुरली सुण सुध-बुध बिसरां जर जर म्हारो शरीर। (पद 166)
म्हारो काई णा बस सजणी, नैण झरयां दो नीर। (पद 155)

मीरा की कविता में सीमित चेष्टाशीलता है। उनमें बन्धन तोड़कर निकलने की व्याकुलता तो है किन्तु यह अनिवार्य बोध भी है कि इस बन्धन को तोड़ पाना दुष्कर है। उनकी कविता में प्रिय के प्रति जो समर्पण का भाव है वह उनके अबलात्व के बोध से युक्त है। वे जानती हैं कि वह पंखहीन पक्षी हैं। उनकी तीव्र इच्छा उन्हें व्याकुल ही बनायेगी। बन्धन की नियति के बोध ने उन्हें एक शान्ति भी दी है जिसके साथ वे कृष्ण के प्रति समर्पित होती हैं। कृष्ण इस जन्म में (जगत् में) तो उन्हें मिल नहीं सकते। अत: उनका प्रेम पूर्वजन्म का है। इस जन्म का नहीं, अनेकानेक जन्मों का है। विडम्बना यह है कि अनेकानेक जन्मों का प्रेम जितना तीव्र और दृढ़ है इस जगत् में उसका सफल होना उतना ही दुष्कर है। प्रेम की दृढ़ता और असफलता दोनों सत्य हैं। प्रेम की दृढ़ता भावजगत की चीज है और असफलता इसी जगत् की है। मीरा की कविताओं से उनके रचनाकार का जो रूप उभरता है वह पिंजरे में हताशा-बद्ध पक्षी का है जो दूरस्थ नीड़ के ध्यान में होकर नाच रहा है। उनकी कविता में प्रेम की व्याकुलता, असफलता, विवशता और प्रेम की निष्ठा से उत्पन्न भाव-तल्लीनता का आनन्द–सब कुछ विद्यमान है। मीरा घर में स्थित रह कर प्रिय की प्रतीक्षा करती हैं, उसे नयनों में बसा लेना चाहती हैं, उसकी छवि का चित्र बनाकर विभोर होती हैं, उसके न आने या उसके चले जाने की आशंका से विह्वल होती हैं, उससे न जाने की कातरता प्रकट करती हैं, उसके आगमन की सूचना पाकर नाचती हैं। कुछ पंक्तियों में मिलनसुख का भी वर्णन है। प्रिय आ गया है, यह मिलन मीरा के प्राय: वर्षा का रूपक ग्रहण कर लेता है। प्यासी धरती मीरा का व्यक्तित्व है जिसमें भावमिलन वर्षा है। प्रकृति वर्षा से हरी-भरी हो जाती है। आनन्द का रूपक मीरा के यहाँ प्राय: वर्षा में ही दिखलाई पड़ता है। मीरा ने सुना कि हरि आज आयेंगे–

सुण्यारी म्हारे हरि आवांगा आज।
म्हैलां चढ़-चढ़ जोवां सजणी कब आवां महाराज।
दादुर मोर पपी आ बोल्यां कोईल मधुरा साज।
उमग्यां इन्द्र चहूँ दिस बरसां दामण छोड्या आज। (पद 143)

या

बरसां री बदरिया सावण री। सावण री मण भावण री।
सावण मां उमग्यो म्हारो मण री; भणक सुण्या हरि आवण री।(पद 146)

मिलन सुख की कल्पना घनीभूत होकर वर्षा का रूपक धारण करती है, जो शामक है, जिसमें पाँचों ज्ञानेन्द्रियों को बहुविधि तोष प्राप्त होता है। मनोविश्लेषण करनेवाले इस वर्षा रूपक में बहुत कुछ ढूँढ़ सकते हैं। जागतिकता भगवद्विषयक रति का माध्यम मात्र है। उसमें अधिक शारीरिकता ढूँढ़ना उचित नहीं प्रतीत होता। हमें तो लौकिक प्रेम भी अनन्यता से युक्त होकर अशरीरी या शारीरिकता से परे प्रतीत होता है। फिर भी यह सत्य है कि भावजगत् में भी हम भौतिक जगत् के ही रूपं देखते और भोगते हैं, शरीर से नहीं चित्तवृतियों से।

भगवान की लीला का वर्णन भक्तकवियों ने प्रबन्ध और मुक्तक दोनों में किया। अधिकांश भक्तकवियों ने लीलागान किया, लीला को ध्यान में रखकर विशद प्रबन्धकाव्य तुलसी ने ही रचा। सूर ने मुक्तकों के ही द्वारा भगवान की लीलाओं का ऐसा गान किया कि प्रबन्धत्व भी आ गया। मीरा ने मुख्यत: आत्मनिवेदन और उसमें भी अपनी विरहाकुलता समर्पण, अनन्यता आदि ही प्रकट की। कृष्ण के जीवन से सम्बन्धित लीला के पद अपेक्षाकृत बहुत कम रचे। कृष्ण की लीलाओं में से भी वंशीवादन, चीरहरण, पनघट, दधिवेचन, फागलीला जैसी कोमल, मधुर लीलाओं का ही वर्णन किया है। उनका चित्त अधिकतर आत्मनिवेदन में लगा है। उन्हें 'स्वयं' गोपिका कहा गया है। फिर उन्हें अपने ही आत्मनिवेदन से फुरसत कैसे मिलती?

यह कुछ विचित्र ही लगता है कि ऐसी आत्मनिवेदिका मीरा ने सुदामा पर भी पद रचा। सुदामा की दीनता रो राजरानी मीरा प्रभावित हुईं गा कृष्ण की दीन-मित्र-प्रियता को मीरा ने उल्लेखनीय माना। मीरा ने अहल्या, भीलनी, शबरी, द्रौपदी, गणिका, करमा बाई सजातीय भक्त कवयित्रियों का उल्लेख अनकेश: किया है।

मीरा की कविता की सबसे महत्त्वपूर्ण शिल्पगत विशेषता निरलंकृति है, जिसे आज की आलोचनात्मक शब्दावली में 'सपाटबयानी' कहते हैं। अलंकारों का प्रयोग मीरा के यहाँ भी मिलता है किन्तु नाममात्र को। अलंकारों का प्रयोग मीराकाव्य की विशेषता नहीं। स्त्रीसुलभ असहायता, प्रेमी की दृढ़ता, अनन्यता एवं पुरुषप्रधान समाज में उनके अबलात्व—इन सबने मिलकर उनकी अभिव्यक्ति को बहुत सीधा और सपाट बना दिया है। उनके सीधे कथन में बेचारगी और निरीहता की हृदयवेधक सरलता है—*अंसुवन जल सींच-सींच प्रेमबेलि बोई।* यह उनकी विशिष्ट अभिव्यक्ति की प्रतिनिधि पंक्ति है। मीरा सीधी-सपाट पंक्तियों में विह्वलता की अभिव्यक्ति करती हैं। जिन पदों में विरह-व्याकुलता वर्णित-चित्रित की गयी है, उनकी प्रथम पंक्ति या टेक ऐसी है कि मानो वह हृदय में रह नहीं पायी; मीरा ने उसे दबाने, छिपाने की बहुत कोशिश की है, लेकिन वह विवश चीत्कार मनोस्थिति को प्रकट करती हुई बरबस बाहर निकल ही पड़ी है जैसे उसे रोक पाना मीरा के वश में नहीं था। निरलंकृति और संक्षिप्तता इन टेक पंक्तियों का प्राण है। कोई नारी अबला क्लेश सहते-सहते, घुटते-घुटते न रह पायी हो और पुकार उठी हो। प्रिय को सम्बोधित करते हुए अपनी असह्य पीड़ा चीत्कार कर उठी हो—इस विवश स्थिति में अलंकारप्रियता, वाग्चातुर्य का कोई अवकाश नहीं। यहाँ टूटना ही काव्यसृजन को व्यवस्था देने का काम करता है—

हो जी! हरि कित गये णेह लगाय!

जो जानेवाला है उससे न जाने की अबलासुलभ कातर याचना है—

छोड़ मत जाज्यो जी महाराज। (पद 48)
ऐसी लगन लगाइ कहाँ तू जासी। (पद 49)

ये सीधी-सादी पंक्तियाँ इतनी अनुभूति-स्पन्दित क्यों हैं? इनमें कोई काव्यकौशल नहीं। फिर भी ये सहृदय को इतना प्रभावित क्यों करती हैं? इसका कारण भारतीय पाठक और श्रोतावर्ग का भारतीय नारी की असहाय स्थिति से भरपूर परिचय है। कविता के प्रभाव के विषय में इस तथ्य की ओर समीक्षकों का ध्यान कम गया है कि कथन की मार्मिकता या प्रभावशीलता का बहुत बड़ा निर्णायक तत्त्व कहनेवाले की विश्वसनीयता भी है। जिस पर हमें विश्वास होता है उसकी बात से हम प्रभावित होते हैं। एक ही वाक्य गांधी जी बोलते थे और वही अन्य नेता। लेकिन लोग गांधी से अधिक प्रभावित क्यों होते थे? इसलिए कि उन्हें गांधी जी पर विश्वास था। इस विश्वास का कारण अन्धश्रद्धा नहीं थी, इसका कारण गांधी जी के व्यक्तित्व से भारतीयों का गहन परिचय था। इस गहन परिचय ने लोगों के हृदय में गांधी जी को और उनकी वाणी को इतना प्रभावशाली बनाया था। हम किसी की करुण स्थिति से परिचित हों तो उसकी पंक्ति उसका कथन हमें सहज ढंग से उद्वेलित कर देता है। आज अनेक समीक्षक विशुद्ध आलोचना के नाम पर रचनाकार के व्यक्तित्व को रचना से बहुत दूर रखना हितकारी समझते हैं। हितकर-अहितकर की बात का निर्णय तो आसान नहीं लेकिन हम इतना जरूर देखते हैं कि जीवन का यह नियम काव्यक्षेत्र में आकर एकदम से बेलागू नहीं हो जाता। हमारा विचार है कि कबीर, नानक, सूर, तुलसी, रैदास, मीरा की रचनाओं की लोकप्रियता का कारण उनके काव्योत्कर्ष के साथ-साथ इनके व्यक्तित्व के प्रति भारतीय जनता का अगाध विश्वास भी है।

भारतीय मानस नारीस्थिति की करुण दशा से बहुत परिचित है। मीरा की इस असहाय और विवश अभिव्यक्ति की सपाटबयानी उसके मानस में तत्काल उचित सन्दर्भों में जुड़ जाती है और वह अनुभूति-स्पन्दित हो उठता है। वे स्थितियाँ जिनमें रहकर नारी अपने मन की भावनाओं को दबाते-दबाते भी प्रकट करने पर विवश हो उठती है भारतीय पाठक की बहुत परिचित हैं। अत: उनके अकस्मात् जुट जाने में कोई बाधा नहीं पहुँचती और सन्दर्भ में समस्त विभावनव्यापार अपने आप विन्यस्त हो जाता है। हमारे विचार से मीरा की निरलंकृत काव्य पंक्तियों की मार्मिकता का यही रहस्य है। कबीर, सूर, तुलसी, रैदास की सीधी-सादी पंक्तियों की अचूक प्रभावशीलता का भी यही रहस्य है। *प्रभु मेरे अवगुन चित न धरो* सुनते ही हमारे मानस में सूरदास की पवित्रता, भक्ति, निरीहता, प्रणति, उनका समस्त बाह्यान्तर इस पंक्ति का सन्दर्भ जुटा देता है। हम महसूस कर लेते हैं कि *प्रभु मेरे अवगुन चित धरो* सूरदास कह रहे हैं। यही पंक्ति जब मन्दिर में सेठ छज्जूमल दुहराते हैं तब हमारे ऊपर भिन्न प्रभाव पड़ता है। अभिव्यक्ति की प्रभावशीलता को, सम्प्रेषण को सम्प्रेषक से काटकर नहीं समझा जा सकता। मीरा की सरल, सपाट, संक्षिप्त पंक्तियों के सामान्य अर्थ के पीछे जटिल स्थितियों से उत्पन्न जो भरपूर भावसम्पदा है वह अपनी सम्पृक्ति में पाठक-श्रोता के मानस में तत्काल भास उठती है।

निष्ठा शब्दजाल नहीं बुनती। वह अत्यन्त अनिवार्य कथनता में ही रमती है। शब्दजाल से बचने की प्रवृत्ति का दूसरा परिणाम सरल भाषा या परिचित शब्दों का उपयोग भी हो सकता है। लेकिन यह बात बहुत बलपूर्वक नहीं कही जा सकती। ऐसा लगता है कि रचनाकार के शब्द या छन्दचयन पर समकालीन रचना प्रवृत्तियों का बहुत गहरा प्रभाव पड़ता है और उसकी संवेदना का साँचा समकालीन रचनात्मक प्रवृत्तियाँ निर्मित करती हैं,

अवश्य ही इसमें उसकी व्यक्तिगत विशेषताएँ सक्रिय भूमिका निभाती हैं। छायावादी कवियों में निष्ठा की कमी थी–ऐसा कौन कह सकता है, लेकिन उन्होंने भक्तकवियों जैसी परिचित शब्दावली नहीं अपनायी। उन्होंने तत्सम पदावली का उपयोग किया। क्यों? सम्भवत: उनकी शब्दावली और छन्दप्रवृत्तियों पर मैथिलीशरण गुप्त और रवीन्द्रनाथ का संयुक्त प्रभाव है।

मीरा की शब्दावली सरल और परिचित है। इस सरलता का उनकी निरीहता से बहुत गहरा सम्बन्ध जान पड़ता है। निरीहता की अभिव्यक्ति अलंकृत नहीं होती। उनकी पंक्तियों का साँचा जनबोली का है। पंक्तियाँ गद्यात्मक हैं। उनका गठन ठेठ गद्य का है। आज की हिन्दी कविता में जो खण्डित और आहत वाक्यगठन दिखलाई पड़ता है, छायावादी कविता में जिसकी बहुलता है, वह मीरा की कविताओं में नहीं। प्राय: प्रत्येक पंक्ति गद्य का एक सुगठित वाक्य है। यह कहना बहुत कठिन है कि यह मीरा के काव्यकौशल का परिणाम है। मीरा ने काव्यकला का बहुत अधिक रियाज नहीं किया होगा। यह मँजाव और कसाव उन्हें अन्य भक्तकवियों की रचनाएँ पढ़कर और सुनकर मिला होगा। वस्तुत: जब हम किसी अच्छी कविता को पढ़कर-सुनकर प्रभावित हो रहे होते हैं तो क्या उसकी रचनाधर्मिता में भी शामिल नहीं हो रहे होते। रचना प्रक्रिया चाहे जितने खामोश या अघोषित रूप में खुले, वह सहृदय के चित्त में जरूर खिलती है। इसी से काव्य का संस्कार बनता है। अनुमानत: मीरा की कविताओं में कौशल का आधार उनके निरन्तर काव्यास्वाद का सघन संस्कार है।

मीरा और अन्य भक्तकवियों के गेय पदों पर जयदेव के गीत गोविन्द का स्पष्ट प्रभाव है। यह प्रभाव पदरचना, शब्दानुप्रास और स्थितियों के चित्रण से सम्बन्धित है। मीरा के पूर्व कबीर गेय पद लिख चुके थे। विद्यापति, सूरदास, तुलसीदास, थोड़ा आगे पीछे लगभग समकालीन थे। इन सबके गेय पदों में–सबसे ज्यादा कबीर की भाषा में गद्यात्मक, या सुविन्यस्त वाक्यगठन मौजूद है। इसलिए कहा जा सकता है कि मीरा के गेय पदों में जो सुविन्यस्त वाक्यगठन मौजूद है, शैलीरूप में वह विशेषता उन्हें परम्परा से प्राप्त हुई थी। मीरा के जो पद सखी, कृष्ण या किसी और को सम्बोधित हैं उनमें संवादात्मकता के कारण जनबोली का तेवर मौजूद है। यह भी देखने की बात है कि इन पदों में प्राय: स्त्रियोचित तीखापन और सरापने की मुद्रा भी दिखलाई पड़ती है। मीरा साधु-संगति में ज्ञान सुनती थीं। दुर्जनों ने यह देखकर उनकी निन्दा शुरू की। मीरा के प्रभु गिरधर नागर हैं। दुर्जन अँगीठी में जल जायें।

सतसंगति मां ज्ञान सुणै छी दुरजन लोगां नै दीठी।
मीरा रो प्रभु गिरधर नागर दुरजन जलो जा अँगीठी॥ (पद 33)

राणा तुम तो ऐसे हो जैसे वृच्छों में कैर लग जाती है–

ज्यों ब्रच्छन में कैर (पद 34)

राणा को मीरा के लोकलाज मर्यादा की बहुत चिन्ता थी। मीरा गलत रास्ते पर न पड़ जाये वही इसकी बहुत निगरानी रखते थे। ऐसी स्थिति में मीरा को जो कहना चाहिए था, कहती थीं–तुम मेरा खयाल मत करो, जरा अपने घर का भी पर्दा कर लो। दूसरों को बुरा कहनेवाले अपना घर नहीं देखते। मीरा ने कहा, मैं तो बावली अबला हूँ इसलिए चाहे जितना बुरा-भला कहो। फिर मैं तो बावली हूँ। मेरी क्या इज्जत। लेकिन तुम्हारी पत्नी तो इज्जतवाली है, फिर तुम्हारे जैसे पति की पत्नी है, इसलिए अबला भी नहीं है, तुम उसका खयाल करो। पता लगाओ वह क्या करती है–

अपणे घर का परदा करले, मैं अबला बौराणी (पद 38)

गिरधर! तुम मुझसे किस कारण नाराज हो गये? मेरी कोई गलती नहीं है। तुम बेकार रूठे हो। जरा मेरे अवगुण निकालकर बताओ। मैं भी तो कानों से सुनूँ कि मेरी खता क्या है—

गिरधर रीसाणा कोन गुणां
कछुक ओगुण हम पै काढ़ो मैं भी कान सुणां (पद 60)

मीरा की कविताओं का सौन्दर्य विशिष्ट ध्वनियोजना में भी है। उनकी पंक्तियाँ राजस्थानी की ध्वनिप्रवृत्तियों के अनुकूल हैं, इसीलिए उनमें प्रवाह है। इस प्रवाह में विशिष्ट ध्वनियों का चमत्कार और झनकार है। प्रवाह के कारण उन पंक्तियों की स्मरणीयता बढ़ती है। स्मरणीयता तब आती है जब पंक्तियों की ध्वनियोजना ऐसी हो कि एक ध्वनि से अगली ध्वनि तक जाने में यानी उच्चारण करने में उच्चारण अवयवों को असुविधा न हो। यही नहीं, वे उच्चारण में सहज प्रवृत्त हो जायें। ऐसा तभी होता है जब रचनाकार अपनी बोली की अन्तरंगता में पैठा होता है, वह बोली की अपनी ध्वनियोजना और वाक्यप्रवाह की ध्वनिगत प्रवृत्ति (इंटोनेशन) में खुद रचा-बसा हो। प्रत्येक बोली का अपना वाक्यप्रवाह और अपनी प्रिय ध्वनियाँ होती हैं। कविता की पदावली और उसके छन्दविधान का निश्चय इन्हीं ध्वनियों और इसी प्रवाह से होता है।

जिन पदों में मीरा का आत्मनिवेदन या प्रिय की मनोहारी छवि का अंकन हुआ है या भावविह्वलता व्यक्त हुई है, उनमें ध्वनियों के आवर्त बार-बार उठते हैं, उनमें विशिष्ट ध्वनियों की आवृति होती है—व्यंजन और स्वर दोनों की र, ल, स् ध्वनियाँ प्राय: सभी मध्यकालीन भक्तकवियों को प्रिय हैं—

मण थें परस हरि रे चरण।
सुभग सीतल कँवल कोमल, जगत ज्वाला हरण।
इण चरण प्रह्लाद परस्यां इन्द्र पदवी धरण।
इण चरण ध्रुव अटल करस्यां, सरण असरण सरण।
इण चरण ब्रह्माण्ड भेट्यां नखसिखां गिरि भरण।
इण चरण कालियां णाथ्यां, गोपी लीला करण।
इण चरण गोबरधन धार्‌यां गरब मघवा हरण।
दासि मीरा लाल गिरधर, अगम तारण तरण। (पद 1)

परस, हरि रे चरण, सरण, असण, सरण में 'र' और दूसरी पंक्ति में स, ल की आवृतियाँ हैं।

इसी प्रकार *अधर मधुर धर वंशी बजावां रीझ रिझावां ब्रजनारी* (पद 2) या *अधर सुधारस मुरली राजां उर बैजन्ती माल* में 'र' की आवृत्ति है।

एक गेय पद में तो 'ट' की इतनी छटा है कि मैथिलीशरण गुप्त के प्रसिद्ध गीत 'नट नागर आज कहाँ अटके' की सहज याद आ जाती है। सम्भवत: गुप्त के अवचेतन में मीरा का यही गेय पद काम कर रहा था—

निपट बंकट छब अंटके।
म्हारे णेणा निपट बंकट छब अंटके।
देख्यां रूप मदन मोहन री, पियत पियूखन मटके।
बारिज भवां अलक मतवारी णेण रूप रस अंटके।
टेढ्या कट टेढे करि मुरली, टेढ्या पाग लर लटके।
मीरा प्रभु रे रूप लुभाणी गिरधर नागर नट के। (पद 10)

अनुप्रास केवल अन्त्य नहीं, पंक्ति के बीच में भी अनुप्रास दो-दो या तीन शब्दों में। राजस्थानी भाषा की ध्वनिप्रवृत्ति के कारण 'ण' का प्रयोग बहुत ज्यादा मिलता है। ट, ण ध्वनियाँ तो कठोर मानी जाती हैं, फिर मीरा की कोमल भावनाओं की अभिव्यक्ति ये ध्वनियाँ कैसे कर लेती हैं।

ध्वनिगत कोमलता-कठोरता का बोध भाषानिरपेक्ष नहीं। कोमलता-कठोरता के बोध का निर्णायक ध्वनियों का प्रयोग-अप्रयोग या परिचय-अपरिचय होता है। जिस ध्वनि का प्रयोग हमारी भाषा में खूब होता है वह हमें कभी कटु नहीं लगेगी। ब्रजी, अवधी आदि में र, ल, त, द, ब, न, म, स आदि ध्वनियों का प्रयोग अपेक्षाकृत अधिक और ट, ड, ढ, ण आदि का कम होता है। ये ध्वनियाँ इसीलिए प्रवाह को बाधित कर देती हैं। अन्त्याक्षरी खेलते समय ट, ठ, ड, ढ, ण से शुरू होनेवाली पंक्तियाँ बहुत ढूँढ़ने पर मिलती हैं। इसी विरल प्रयोग के कारण हमें कटु या अपरिचित लगती हैं। कुछ और भी कारण हो सकते हैं। यह देखा जाये कि विशिष्ट क्षेत्र में फल, फूल, चाँद, उषा विभिन्न आकर्षक रंगों के बोधक शब्दों में कौन-सी ध्वनियाँ प्रयुक्त होती हैं। सम्भवत: ये ध्वनियाँ उस बोली की कोमल ध्वनियाँ बन जाती हैं। किन्तु यह मेरा अनुमान है। इस विषय में किसी निष्कर्ष पर पहुँचने के लिए बहुत काम की जरूरत है। कहने का आशय यह है कि मीरा के पदों की कोमलता 'ण', 'ट' ध्वनियों की बहुलता से नष्ट नहीं होती, सम्भवत: वह बढ़ जाती है, क्योंकि जिस बोली में उन पदों की रचना हुई है उसमें ये ध्वनियाँ बहुप्रयुक्त, अति परिचित, अत: सहज हैं।

व्यंजनों के अनुप्रास के साथ-साथ मीरा के यहाँ स्वरों की आवृत्ति भी कम नहीं होती। ह्रस्व स्वरों के प्रयोग भी मीरा के यहाँ प्रवाह उत्पन्न करते हैं जैसे 'मण थें परस हरि के चरण' वाले पद में। लेकिन मीरा में दीर्घ स्वरों का अनुप्रास अधिक मिलेगा। दीर्घ स्वरों का और सानुनासिक दीर्घ स्वरों का–

मोर मुकुट मा श्यां तिलक बिराज्यां कुण्डल अलकां कारी जी।
अधर मधुर धर वंशी बजावां रीझ रिझावां ब्रजनारी जी। (पद 2)
णाच्यां गावां ताल बजावां पावां आणद हाँसी। (पद 7)

अनुमानत: दीर्घ स्वरों की आवृत्ति की प्रवृत्ति मीरा के यहाँ सभी भक्तकवियों से अधिक है। हो सकता है यह राजस्थानी भाषा की ही प्रवृत्ति हो।

मीरा और गिरधर नागर

–**विश्वनाथ त्रिपाठी**

हमारे मध्यकालीन भक्तकवियों का प्रामाणिक जीवनवृत्त तो उपलब्ध नहीं, लेकिन उनकी कविता पढ़ते समय कविता में उनका व्यक्तित्व बार-बार उभर आता है। वे अपने व्यक्तित्व की विशेषताओं को लिए-दिये इष्ट को समर्पित होते हैं। अपने इष्ट की जो मूर्ति ये कवि अपनी वाणी द्वारा गढ़ते हैं, उसमें इनका व्यक्तित्व भी घुला-मिला होता है। मीरा ने अन्य महान् कवियों की तुलना में–कबीर, जायसी, सूर, तुलसी की तुलना में–कम लिखा है, किन्तु अपने विषय में उन्होंने पर्याप्त संकेत दिये हैं। केवल तुलसी ने ही अपने जीवन के विषय में मीरा से अधिक लिखा होगा।

मीरा की कविता में लोकलाज, कुल की मर्यादा को तोड़ने या लाँघने की बात बार-बार कही गयी है। यह अकारण नहीं। इसके सामाजिक कारण हैं। मीरा अपने इष्ट को समर्पित तो होती हैं लेकिन इस समर्पित होने की प्रक्रिया में जो विघ्न-बाधा आती है उसका संकेत भी वह दे देती हैं। यह भी देखने की चीज है कि तुलसी के समान मीरा की कविता में भी 'दुर्जन', 'खल' आते हैं। विषमता का बोध मीरा के यहाँ प्रकट है। कबीर, तुलसी ने अपने समकालीन किसी 'खल' का नाम लेकर उल्लेख नहीं किया। मीरा ने 'राणा' का नाम लिया है। मीरा की कविता में अमृत-विष साथ-साथ अक्सर आते हैं। कहा गया है कि उन्हें विष दिया गया था, उन्होंने पी लिया तो अमृत हो गया। पता नहीं यह सत्य है या असत्य, लेकिन इसका प्रतीकार्थ जरूर है। विषपान मीरा का–मध्यकालीन नारी का–स्वाधीनता के लिए संघर्ष है और अमृत उस संघर्ष से प्राप्त तोष है जो भावसत्य है। मीरा का संघर्ष जागतिक, वास्तविक है, अमृत उनके हृदय या भावजगत में ही रहता है।

मध्यकालीन समाज में अवर्णों को सवर्णों के समान होने के लिए जातिप्रथा से टकराना पड़ता था, तो नारियों को रूढ़िग्रस्तता और छद्म कुलमर्यादा से। भक्ति आन्दोलन में आर्थिक समानता की बात नहीं थी, बात केवल भक्ति की दृष्टि से समानता की थी। लेकिन इस भावजगत की समानता के अनुकूल आचरण करने पर जातिप्रथा और नारीपराधीनता की रूढ़ि रास्ता रोककर खड़ी हो जाती थी। मीरा जब कविता में बार-बार लोकलाज, कुल की मर्यादा को तोड़ने की बात कहती हैं तब वह उसी बाधा का संकेत करती हैं। ऐसे उल्लेख मीरा के यहाँ बहुत ज्यादा हैं। जैसे तुलसीदास को जहाँ अवसर मिलता है, भूख, अकाल, महामारी और कामदेव के प्रभाव का उल्लेख कर देते हैं, कबीर 'जाति जुलाहा मति का धीर' जैसा उल्लेख कर देते हैं, वैसे ही मीरा लोकलाज, कुल की मर्यादा तोड़ने का अदबदा कर उल्लेख करती हैं–

लोक लाज कुलरां मरजादां जग मां णेक णा राख्यां री। (पद 17)
साज सिंगार बाँध पग घूँघर लोकलाज तज नाची। (पद 19)
लोकलाज की काण न मानूँ। (पद 35)

लोक कह्यां मीरा बावरी सासु कह्यां कुल नासां री। (पद 36)
लोकलाज कुलकाण जगत की दइ बहाइ जस पाणी। (पद 38)
थारे कारण जग जण त्यागां लोकलाज कुल डारां। (पद 93)

(परशुराम चतुर्वेदी (सं.) मीराबाई की पदावली)

मीरा ने यह भी लिख दिया कि लोकलाज तो मैंने तोड़ दी, लेकिन इसके लिए लोग मुझे बुरा कहते हैं, निन्दा करते हैं, तरह-तरह की बातें करते हैं। सास लड़ती है, ननद खिजाती है, पहरा बिठला दिया गया है, ताला जड़ दिया गया है, ताकि मीरा बाहर न जा सके—

हेली म्हासूं हरि बिन रह्यो न जाय।
सास लड़े मेरी ननद खिजावै राणा रह्या रिसाय।
पहरो भी राख्यो चौकी बिठार्‌यो, तालो दियो जड़ाय। (पद 42)

(मीराबाई की पदावली)

सास-ननद ही नहीं, लोग भी कड़वे बोल बोलकर हँसी उड़ाते हैं—

कड़वा बोल लोक जग बोल्या करस्यां म्हारी हाँसी। (पद 45)
आबां की डालि कोइल इक बोले मेरो मरण अरु जग केरी हाँसी। (पद 65)

(मीराबाई की पदावली)

सास बुरी है, ननद हठीली है, लड़-लड़ के मुझे ताड़ती है—

सास बुरी अर नणद हतीली, लरि-लरि मोहि तारी। (पद 169)

(मीराबाई की पदावली)

कहा जा सकता है कि सास-ननद, ताला, चौकी, पहरा आदि का उल्लेख उस युग की स्त्रियों की अभिव्यक्ति का मुहावरा था। ठीक है, लेकिन यह तो पता चलता ही है कि मीरा की कविता उस युग के सामान्य नारी-मन की विवशता को प्रस्तुत कर रही है। यद्यपि मीरा ने जिस ढंग से यह बात लिखी है, उससे साफ पता चलता है कि यह मुहावरा नहीं मीरा की आपबीती है। सास-ननद, पहरा, चौकी, ताला मुहावरा है, 'राणा' तो मुहावरा नहीं—*सास लड़े मेरी ननद खिजावै राणा रह्या रिसाय।*

यह राणा मुहावरा नहीं बल्कि मीरा को पीड़ित करनेवाला शासक है। मीरा की कविता सम्बोधित कविता है। वह 'राणा' को अनेकशः याद करती हैं। कभी उसे सम्बोधित करती हैं, कभी उसके अत्याचारों का वर्णन करती हैं।

मीरा के आचरण में वह कौन-सी बात थी जो 'राणा' को नापसन्द थी, जिससे कुल की मर्यादा नष्ट होती थी। मीरा का व्यक्तित्व मध्यकालीन नारीजीवन को देखते हुए, इतना असामान्य है कि उनके विषय में नाना प्रकार की कहानियाँ और किंवदन्तियाँ प्रचलित रहीं। इतना तय है कि उनका गृहस्थजीवन उनके पति की मृत्यु के कारण छिन्न-भिन्न हो गया था। यह भी तय है कि वह घर की चारदीवारी में रहकर सामान्य विधवा जीवन ही नहीं बिताना चाहती थीं, साधुसंगति भी करना चाहती थीं।

मीरा भक्त थीं। भक्त होना न तो बुरी बात है, न आपत्तिजनक। यदि वह सभी लोगों की तरह घर में रहकर पूजा-पाठ करके भक्ति करके अपना वैधव्य काटती रहतीं तो राणा को क्या आपत्ति होती! आपत्ति का कारण

साधुसंगति ही ज्ञात होता है। मीरा केवल भक्त ही नहीं थीं, वह राणाकुल की वधू भी थीं। वह सामान्य भक्तिन की तरह सामान्य लोगों से मिलती-जुलती थीं, तो राणाकुल की मर्यादा कैसे न भंग होती?

मीरा ने लोकलाज, कुलमर्यादा की ही तरह इस साधुसंगति का भी उल्लेख अपनी कविताओं में अनेकश: किया है। वह 'राणाकुल' को श्रृंखला का प्रतीक मानती हैं और इस कुल से बाहर निकलकर दो काम करना चाहती हैं : साधुसंगति करना चाहती हैं और (कविताओं में) कृष्ण से मिलना चाहती हैं। साधुसंगति और कृष्णमिलन ये दोनों वस्तुत: एक ही उद्‌देश्य हैं। कृष्ण से मिलन का अर्थ भावजगत में कृष्ण का मिलन। अर्थात् साधु-संगति में कृष्णगुण कीर्तन। इस उद्‌देश्य की पूर्ति राणाकुल से बाहर आकर सामान्य जीवन में घुलने-मिलने से ही हो सकती थी। मीरा ने लिखा–

मीरा तो गिरधर बिन देखे, कैसे रहे घर बसिके। (पद 7)

(मीराबाई की पदावली)

मीरा का अपना कोई नहीं, केवल गिरधर गोपाल हैं। मीरा ने भाई-बन्धु सगे-साथी सब छोड़ा। साधुओं के साथ बैठ-बैठकर लोकलाज खो दी। भक्तों को देखकर वे प्रसन्न होतीं, जगत् को देखकर रोतीं। आँसुओं से सींच-सींचकर उन्होंने प्रेमबेल बोयी। राणा ने विष का प्याला भेजा। मीरा ने मगन होकर पी लिया। मीरा को लगन लग गयी अब जो होना है, हो–

म्यारां री गिरधर गोपाल दूसरा णां कूयां।
दूसरा णां कूयां साधां सकल लोक जूयां ॥ टेक ॥
भाया छांड्यां बन्धा छांड्यां छांड्यां सगा सूयां।
साधां ढिग बैठ-बैठ, लोकलाज खूयां।
भगत देख्यां राजी हुयां जगत देख्यां रूयां।
असवां जल सींच-सींच प्रेम बेल बूयां।
दध मथ घृत काढ़ लयां डार दया छूयां।
राणा विषरो प्यालो भेज्यां पीय मगन हूयां।
मीरा री लगण लग्या होणा हो जो हूयां। (पद 18)

(मीराबाई की पदावली)

इस पद में मीरा ने अपनी बाह्यान्तर स्थितियों का सम्यक् परिचय दिया है। वे इस जगत् में अकेली हैं। कोई उनका नहीं है, पति मृत हो चुका है। विधवा के साथ भाई-बन्धु-भतीजे कैसा व्यवहार करते हैं, यह विदित है। सभी को मीरा ने बाद में छोड़ा होगा, सभी ने मीरा को छोड़ना, उपेक्षित करना पहले शुरू किया होगा। इस जगत् को देखकर वे रोती हैं, इस दुखी और असंग जगत् में सार्थकता साधुसंग से ही सम्भव थी जिससे कि रिक्त हृदय में हरि को बसाया जा सके। जीवित रहते तो हृदय खाली रह नहीं सकता। कोई न कोई उसमें रहेगा ही। मीरा ने उसमें हरि को बसाया। साधुसंग इसका कारण और इसके लिए आवश्यक था। हरि के प्रति समर्पित हृदय ने बहुत वेदना सहकर और उस सहने की प्रक्रिया में ही प्रेम को पल्लवित किया। राणा इससे नाराज हुए, उन्होंने मीरा को दण्ड दिया, दुखी किया। लेकिन मीरा पथ की बाधाओं और संकटों को प्रसन्नतापूर्वक सहने के लिए तैयार हैं। इस जीवन की सार्थकता को उन्होंने पहचान लिया है। वह प्रेम में हैं, उनका साधन साधुसंगति है, राणा का महल नहीं।

कुमति गयी तो उन्होंने साधुसंगति ग्रहण की—*गया कुमत लयां साधां संगत श्याम प्रीत जग साँची।*

साधां संगत हरि सुख पास्यूं जगसूं दूर रह्यां अर्थात् मीरा जगत् से दूर रह साधु-संगति में हरि सुख पाती हैं। मीरा को राणा से यह शिकायत भी थी कि उसके देश में साधु नहीं हैं, बुरे लोग बसते हैं।

थारे देसां में राणा साध नहीं छै, लोग बसै सब कूड़ो। (पद 32)

(मीराबाई की पदावली)

मीरा को साधु अच्छे लगते थे। लेकिन दिक्कत यह थी कि जगत् में–जिस जगत् को देखकर मीरा को रोना आता था, उसमें–दुर्जन भी कम नहीं थे, शायद सज्जनों से कहीं ज्यादा संख्या में थे। मीरा ने साधुओं को ही नहीं इन दुर्जनों को भी याद किया–मैं सत्संग में ज्ञान सुनती हूँ। दुर्जनों ने यह देखा। देखकर क्या प्रतिक्रिया व्यक्त की इसे कहने की जरूरत मीरा ने नहीं समझी। कैसी प्रतिक्रिया व्यक्त की होगी–इसका अनुमान करना हम मध्यवर्गीय भारतीयों के लिए, विशेषत: हिन्दी क्षेत्र के मध्यवर्गीय भारतीयों के लिए, दुष्कर नहीं। *यथा स्त्रीणां तथा वाचां साधुत्वे दुर्जनो जन:* लिखनेवाले महान् करुणावान कवि भवभूति ने इसी देश के लोगों के विषय में यह पंक्ति लिखी थी। दुर्जनों ने जो कुछ किया, कहा, उसका निवारण मीरा ने गिरधर नागर की छाया-शरण में जाकर किया। उद्वेलित, लगता है, वह काफी थीं, इसलिए कटुता गिरधर नागर भी पूरी तरह समाप्त नहीं कर पाये, मुँह से निकल ही गया—दुर्जन जाकर अंगीठी में जल जायें—

सतसंगति मा ज्ञान सुणें छी दुरजन लोगां नै दीठी।
मीरा रो प्रभु गिरधर नागर, दुरजन जलो ना अंगीठी। (पद 34)

(मीराबाई की पदावली)

लोग कड़वे बोल बोलते हैं, हँसी उड़ाते हैं। यह नहीं देखते कि मीरा तो हरि के हाथ बिक गयी है, उनकी शरण में चली गयी है—

कड़वा बोल लोक जग बोल्या करस्यां म्हारी हाँसी।
मीरा हरि रे हाथ बिकाणी जणम-जणम री दासी। (पद 45)

(मीराबाई की पदावली)

सासु ने कहा–मीरा कुल का नाश करनेवाली है—*सासु कह्या कुल नासां री।*

मध्यवर्गीय भारतीय समाज की स्त्रियों के पीड़न में स्त्रियों का भी योगदान होता। सासु-पतोहू, ननद-भौजाई का कलह भारतीय स्त्रीसमाज की बहुत बड़ी विशेषता है। यह संयुक्त परिवार की विशेषता है। सासु-बहू, ननद-भौजाई में कलह ही नहीं होता, प्रेम भी होता है किन्तु विख्यात कलह ही है। मीरा के जीवन के विषय में जो लोकसाहित्य प्राप्त होता है, उससे मीरा ने 'सासु-ननद' या 'राणा' के विषय में जो लिखा है, वह समर्थित होता है। लोकसाहित्य को प्रामाणिक नहीं मान सकते। लेकिन इसका कुछ-न-कुछ आधार होना चाहिए। सम्भावना यही है कि मीरा के साथ जो कुछ घटित हुआ था वह लोकसाहित्य के माध्यम से अब तक लोकचित्त में सुरक्षित है। डॉ. पद्मावती 'शबनम' ने रूपक गायकों की शैली में प्राप्त ऐसे पदों का संकलन किया है जो उनके ग्रन्थ 'मीरा : व्यक्तित्व और कृतित्व' में प्रकाशित हैं। इन पदों में 'ऊदा' और 'मीरा' का संवाद कराया गया है। कहते हैं ऊदा मीरा की ननद का नाम था। डॉ. शबनम का विचार है कि ऊदा या ऊदौ मीरा की ननद नहीं मीरा के देवर का नाम था।[1] पदों में मीरा को भाभी का सम्बोधन किया गया है। 'मीरा' को भाभी देवर भी कह सकता था ननद भी। जो हो, इन संवादात्मक पदों का अध्ययन कम-से-कम इस बात को प्रकट कर देता है कि 'कुल' कैसा था

जिसकी 'शृंखला' तोड़कर मीरा बाहर आना चाहती थीं। यह भी द्रष्टव्य है कि मीरा ने आत्मनिवेदन के माध्यम से अपनी रचनाओं में जिन स्थितियों को अभिव्यक्त किया है, उनका ये संवादात्मक पद समर्थन करते हैं—

ऊदौ : थाणे बरज बरज मैं हारी, भाभी मानो बात हमारी।
राने रोस किया था पर साधो में मत जारी।
कुल को दाग लगे छै भाभी, निन्दा हो रही भारी।
साधो रे संग बन बन भटको लाज गमाई सारी।
बड़ा घरां में जनम लियो छै नाचो दे दे तारी।

(मीरा : व्यक्तित्व और कृतित्व)

तुम्हें बरज-बरज कर मैं हार गयी, भाभी मेरी बात मानो। राणा ने रोष किया था– तुम साधुओं में मत जाओ, भाभी, कुल को दाग लगता है, भारी निन्दा हो रही है, तुम साधुओं के संग वन-वन भटकती हो, सारी लाज गंवा दी है। इतने बड़े घर में तुम्हारा जन्म हुआ और तुम ताली दे-दे कर नाचती हो! (या तुम्हें ताली दे-दे कर इस प्रकार सबके बीच में नाचना शोभा नहीं देता।)

मीरा ने कुछ उत्तर दिया तो ऊदा फिर कहती है—

भाभी! बोलो बात बिचारी।
साधो की संगत दुख भारी, मानो बात हमारी।
छाया तिलक गलहार उतारो, सहिरो हार हजारी।
रतन जड़ित पहिरो आभूषण, भोगो भोग अपारी।
मीरा जी थे चालो महल में थाणो सोगन म्हारी।

मीरा ने उत्तर दिया—

ऊदा बाई मन समझ जाओ अपने धाम।
राज पाट भोगो तुम ही हमसे न तासूं काम।

(मीरा : व्यक्तित्व और कृतित्व, पृ. 202-3)

ऊदा ने मीरा को दुनियादारी समझाते हुए कहा—भाभी, तुम्हारी जात उत्तम है ऊँच-नीच में तुम्हारा बैठना ठीक नहीं, तुम्हें राणा-सा वर मिला है, जिसका नौ कोट (किले) में राज है। खीर-खांड का भोजन करो, दखिनी चीर पहनो। अगर तुम नहीं मानोगी (साधुसंगत करोगी और फलस्वरूप राणा तुम्हें छोड़ देंगे) तो बासी-कूसी टुकड़ा मिलेगा, खट्टी छाछ मिलेगी, भाभी, भूखी मर जाओगी। तुम्हारे भगवान नहीं आयेंगे तुम्हें सुखी करने—

ऊँचा नीचा बेचणा ये भाभी उत्तम तिहारी जात।
राणा सो वर पाइयो हे भाभी नौ कूंटा में थारो राज।
खीर खांड को भोजन जीमो भाभी ओढ़ो दिखणी चीर।
राणा सो बर पाइयो ये भाभी, सब महलायं थाँरो सीर।
बास्या कस्या टूकड़ा ये भाभी और मिलेगी खाटी छाय।
रो रो भूखा मरो ये भाभी, नहीं मिलेगो हरि आय।

(मीरा : व्यक्तित्व और कृतित्व, पृ. 205)

जातिप्रथा, स्त्रीपराधीनता, आर्थिक विषमता किस प्रकार परस्पर सम्बद्ध हैं यह हमारे अनेक आधुनिक चिन्तक नहीं समझ पाते। इन लोकगीतों के रचयिताओं ने समझ लिया था। उनकी यह समझ किताबें पढ़कर नहीं विकसित हुई है, समाज में जो कुछ होता है उसे देखकर आयी है—*तू कहता है कागद लेखी मैं कहता हूँ आँखिन देखी।*

जो दुर्जन मीरा को घर में कैद रखना चाहते थे या बाहर निकलने पर निन्दित करते थे, हँसी उड़ाते थे, कड़वा बोलते थे, उनके सिरमौर 'राणा' थे। पता नहीं ये 'राणा' कौन थे। इन्हें मीरा ने अपनी रचनाओं में अनेक बार सम्बोधित किया है। कई पद तो इन्हीं को सम्बोधित हैं। फिर भी पता नहीं चलता कि यह मीरा के रिश्ते में क्या लगते थे। पति तो नहीं ही थे क्योंकि यह मत प्राय: मान्य है कि मीरा के पति की मृत्यु जल्दी हो गयी थी। मीरा ने अपने एक पद में ऐसा संकेत भी दिया है कि वह पति की सेवा करनेवाली पत्नी को बहुत आदर की दृष्टि से देखती हैं। आगे चलकर हम यह दिखाने का प्रयास करेंगे कि मीरा पति प्रेम को सदाचार माननेवाली महिला थीं। मीरा के विषय में कभी-कभी जो अतिरिक्ति आधुनिक चिन्तन किया जाता है, वह बेहूदा है। ऐसे छद्म आधुनिक विचारक यह समझ ही नहीं सकते कि मनुष्य शारीरिकता से ऊपर उठ सकता है। मीरा के समय में ऐसे लोगों की कमी नहीं थी। जैसे छद्म आधुनिक वैसे छद्म भक्तखण्ड। मीरा को राणा के साथ-साथ एक अतिचारी, मूल्यान्ध अति क्रान्तिकारी (?) से भी टकराना पड़ा था। कुछ लोगों के सोचने-समझने में औदात्य का प्रवेश ही नहीं हो सकता। ऐसे ही एक विषयी साधु मीरा के पास पहुँचे—

विषयी कुटिल एक भेष धरि साधु लियो,
कियो यों प्रसंग मों सों अंगसंग कीजिए।
आज्ञा मोकों दई आप लाल गिरिधारी,
'अहो शीश धरि लई करि भोजन हूँ लीजिए।'
असभनि समाज में बिछाय सेजि बोलि लियो।
'सक अब कौन की निसंक रस भीजिए।'
सेत मुख भयो, विषै भाव सब गयो,
नयो पायन पै आय, 'मोकों भक्तिदान दीजिए।'

(भ. मा. वा. प्र., 478)

'वार्तिक प्रकाश' में इस पद का गद्यानुवाद इस प्रकार किया गया है—

> एक दिन की विचित्र वार्ता सुनिए, एक कुटिल विषयी दुष्ट साधु का भेष धारण किये हुए आके आपसे बोला कि मुझे गिरिधर लाल ने स्वयं आज्ञा दी है कि तुम जाके मीरा को पुरुष-संग का सुख दो। सो तुम मुझसे अंग-संग करो। श्री मीराजी ने उत्तर दिया कि 'आज्ञा मेरे शीश पर है, प्रथम आप प्रसाद भोजन तो कर लीजिए। मैं सेवा को उपस्थित हूँ।'
>
> आप सन्तों के समाज के मध्य में सेज बिछवाकर उस विषयी से बोलीं कि 'आप पर्यंक पर सुखपूर्वक विराजिए और मुझे जो आज्ञा हो। जब प्रभु की आज्ञा है ही तो अब किसकी शंका है। आइए नि:शंक रस-रंग में डूब के अंग-संग कीजिए।' श्री मीराजी के वचन सुन उसका मुख फीका पड़ गया; विषयभाव तज आपके चरण में पड़ गिड़गिड़ाने लगा और कहने लगा कि मुझे अब हरिभक्त दान दीजिए।[2]

कोई भी ऊँची साधना असामाजिक नहीं हो सकती, वह नितान्त व्यक्तिगत या समाज निरपेक्ष नहीं हो सकती। संयम साधना की पहली शर्त है।

लेकिन जिस दुर्जन ने मीरा को दण्डित और सबसे ज्यादा पीड़ित किया था, वह राणा थे। कहते हैं मीराबाई का विवाह महाराणा सांगा के पुत्र कुँवर भोजराज के साथ हुआ था। पं. परशुराम चतुर्वेदी के अनुसार–

> मीरा मेड़ते से अपनी ससुराल मेवाड़ आकर, प्रथानुसार महल में 'मेडतणी' कहला कर प्रसिद्ध हो चलीं। उनका वैवाहिक जीवन भी अपने पति के साथ सुखपूर्वक व्यतीत होने लगा–परन्तु कुँवर भोजराज अधिक दिनों तक जीवित न रह सके।...पतिदेव का वियोग होते ही उन्होंने सारे लौकिक सम्बन्धों के बन्धन सहसा छिन्न-भिन्न कर दिये और चारों ओर से चित्त हटाकर, अपने इष्टदेव के प्रति वे और भी अनुरक्त हो गयीं।[3]

चतुर्वेदीजी का यह मत सुसंगत और मान्य लगता है। मीराबाई पतिप्रेम का आदर्श निभानेवाली महिला थीं–वह कोई उच्छृंखल या मनोवैज्ञानिक दृष्टि से असामान्य महिला नहीं थीं। मीरा ने लिखा है–

छैल विराणो लाख को हे, अपणे काज न होइ।
ताके संग सीधारतां है भला न कहसी कोइ।
वर हीणो अपणों भलो हे कोढ़ी कुष्टी होइ।
जाके संग सीधारतां है, भला कहै सब लोइ। (पद 26)

(मीराबाई की पदावली)

मीरा को पीड़ित करनेवाले 'राणा' उनके पति नहीं, उनके देवर विक्रमाजीतसिंह थे। विक्रमाजीतसिंह के गद्दी पर बैठने के समय तक मीराबाई के पिता रतनसिंहजी की मृत्यु हो चुकी थी।[4] उनके पति और पिता दोनों की मृत्यु हो चुकी थी। मीरा निस्सन्तान थीं और देवर उद्दण्ड तथा परपीड़क था। महाराणा विक्रमाजीतसिंह यों भी अयोग्य और छिछोरे शासक थे।[5] वे क्षयिष्णु सामन्ती प्रवृत्ति के प्रतीक थे। मीरा को उन्होंने ही पीड़ित किया था। मीरा की कविताओं में सम्बोधित राणा 'महाराणा विक्रमाजीतसिंह' हैं। 'राणा' पर ही आरोप लगाना भी ठीक नहीं। वर्णव्यवस्था, जाति-पाँति का ऊँच-नीचपन, नारीपराधीनता की जो सामाजिक परम्परा उस समय विद्यमान थी उसमें देवर शासक अपनी युवती भाभी को साधुसंगति कैसे करने देता? सामन्ती व्यवस्था नारी को मुख्यत: शरीर ही समझती है। पृथ्वी और नारी दोनों भोग्या हैं। पृथ्वी माता है यह आदर्श सामन्त का नहीं होता। उसका आदर्श है–वीरभोग्या वसुन्धरा। इसलिए 'राणा' उस संकुचित और असहिष्णु व्यवस्था के प्रतीक थे–वह खुद अच्छे या बुरे थे, इस पर किसी बहस की जरूरत नहीं।

'राणा' से सम्बन्धित या राणा को सम्बोधित जो पद मीराबाई ने रचे हैं, उनमें व्यक्तिगत कटुता का भाव मौजूद है, वह उनका अनुभव था। मीराबाई ने विपुल साहित्य की रचना नहीं की, फिर भी उनकी रचनाओं में आत्मकथात्मक उल्लेख बहुत अधिक है। लगता है कि भक्तकवियों का जीवन अपेक्षाकृत अधिक विषम अनुभवोंवाला था। दुर्जन उल्लेख भी सबसे ज्यादा तुलसी और मीरा के यहाँ ही है। अस्तु।

मीरा बहुत निर्भीक-निडर रही होंगी। हम जानते हैं कि 15वीं-16वीं शताब्दी में उदयपुर के राणा कहना न माननेवाली विधवा के साथ क्या सलूक कर सकते थे। ऐसे अवसरों पर अच्छे लोग भी, ईमानदार लोग भी विनय, चातुर्य एवं नीति से काम लेते हैं। अन्य सन्त-भक्त कवियों ने भी तत्कालीन शासकों-सामन्तों की उपेक्षा की, आलोचना भी की है–लेकिन, नाम लेकर बिल्कुल नहीं। तुलसी ने लिखा–' *जांचै को नरेस देस-देस को कलेश*

करें" देश को कलेश देनेवाले नरेश से कौन याचना करे। लेकिन कौन-सा नरेश देश को क्लेश पहुँचा रहा है, यह नहीं लिखा। मीरा को एक नरेश क्लेश पहुँचा रहा था। उन्होंने साफ लिखा–सीसौदिया (राणा) रूठकर मेरा क्या कर लेगा। राणा रूठेगा तो अपना देश अपने पास रख लेगा। लेकिन हरि के रूठने से तो मैं कुम्हला जाऊँगी–

सीसोद्यो रूठयो म्हांरो काई कर लेसी
राणोजी रूठ्यां बांरो देश रखांसी।
हरि रूठ्यां कुम्हलास्यां, हो माई। (पद 35)

(मीराबाई की पदावली)

राणा! तुम मुझसे बैर क्यों रखते हो? तुम तो आदमियों में इतने गुणहीन लगते हो जैसे वृक्षों में कैर का वृक्ष–

राणा जी थे क्यांने राखो म्हांसूँ बैर।
थे तो राणा जी म्हांने इसड़ा लागो ज्यों ब्रच्छन में कैर। (पद 34)

(मीराबाई की पदावली)

मुझसे हरि के बिना नहीं रहा जाता। सास लड़ती है, ननद खिजाती है, राणा क्रुद्ध है, उसने पहरा बिठा रखा है, चौकी बैठा रखी है, ताला जड़वा दिया है–

हेली म्हांसू हरि बिन रह्यो न जाय।
सास लड़े मेरी ननद खिजावै, राणा रह्यो रिसाय।
पहरो भी राख्यो, चौकी बिठार् यो तालो दियो जड़ाय। (पद 42)

(मीराबाई की पदावली)

मीरा की कविता का परिवेश सीमित और व्यक्तिगत है। लेकिन वह इस व्यक्तिगत और सीमित परिवेश को तोड़कर बाहर आना चाहती हैं, बाहर आने से रोकी जाती हैं–बाहर न आ पाने की व्यथा का वर्णन-चित्रण करती हैं, तो परिवेश अपनी विषमता से युक्त बाह्य समाज का भी संकेत कर देता है। मीरा ने विधाता की सृष्टि की असंगति के विषय में भी एक पद लिखा है। यह विषय मध्यकाल का काफी प्रिय विषय प्रतीत होता है–प्रसिद्ध पंक्ति है–*नाम चतुरानन पै चूकते चले गये।* मीरा ने लिखा–मृग के दीर्घ नयन हैं, मारा-मारा फिरता है मृगजाल देखकर, बगुले को उजले पंख, कोयल काली, नदी का जल है निर्मल, समुद्र का खारा। सिंहासन पर मूर्ख बैठे हैं, विद्वान् द्वार-द्वार मारे फिरते हैं। फिर लिखा–राणा भक्तों का संहार करता है–

मूरख जण सिंघासण राजा, पण्डित फिरतां द्वारां
मीरा रे प्रभु गिरधर नागर राणा भगत संधारां। (पद 190)

(मीराबाई की पदावली)

मूर्ख सिंहासनासीन है–ऐसी सीधी और कटु उक्ति भक्तकवियों में से कम ने की होगी। मीरा को अन्य भक्तकवियों की अपेक्षा सिंहासनासीनों की मूर्खता को अनुभव करने का मौका अधिक निकट से मिला था। उन्होंने इस मूर्ख राजा की मूर्खता प्रत्यक्षत: झेली थी। सिंहासनासीन मूर्ख ही नहीं अन्यायी भी है। उसमें मूर्खता और नीचता का विरल संयोग है। वह मूर्ख भी है और भक्तों का संहारक भी। हिन्दी में लिखनेवाले ऐसे कई लोग हैं जो राजनीतिक इतिहास की तरह साहित्यिक इतिहास को भी साम्प्रदायिक दृष्टि से देखते हैं। ऐसे लोगों का मत हैं कि भक्त कवि विधर्मी शासन यानी मुस्लिम शासन के विरुद्ध थे। मुस्लिम शासन के विरुद्ध होना एक बात है और शासन के

विरुद्ध केवल इसलिए होना कि वह 'मुस्लिम' है दूसरी बात ऐसे साहित्य विचारकों का बहुत जोर इस बात पर है कि तुलसी ने रावण या राक्षसों का जो रूप खींचा है वह मुगल शासक का है। मुगल शासक भी अत्याचार करते थे इसमें कोई सन्देह नहीं, लेकिन उस समय देश में अनेक हिन्दू सामन्त शासक भी थे। वे कैसे थे? इसके विषय में विचारक कुछ नहीं कहते। तुलसी ने राक्षसों के विषय में लिखा है कि रावण के राज्य में राक्षसों के उपद्रव के कारण न कहीं भक्ति रह गयी न जप, तप, ज्ञान– *नहिं हरि भगति जग्य तप ग्याना।* मीरा ने गिरधर नागर से निवेदन करते हुए लिखा कि राणा भक्तों का संहार करता है– *मीरा रे प्रभु गिरधर नागर राणा भगत संघारां।*

स्पष्ट है कि रावण या राक्षस कौन है भक्तकवियों की निगाह में। सामन्ती शासक मात्र रावण और राक्षस हैं। हिन्दू-मुसलमान दोनों रावण-राक्षस बन सकते हैं। 'रावण' ब्राह्मण था–उत्तम कुल पुलस्त्य कर नाती, मुगल या मुसलमान तो वह नहीं था। ऐसे विचारकों की ही पंक्ति में वे विचारक भी आते हैं जो मुगल शासकों की आलोचना करने वाले को साम्प्रदायिक घोषित कर देते हैं। निराला ने 'तुलसीदास' में लिखा–'शासन करते मुसलमान' या 'मोगल दल बल के जलद-यान' बस शीघ्रगामी चिन्तकों ने घोषित कर दिया–निराला में भी साम्प्रदायिकता है।' यह निर्णय भी इतिहासबोध के अभाव के कारण है।

भक्तों, सूफियों, सन्तों को पीड़ा जो सामन्त देते थे–वे हिन्दू-मुसलमान दोनों थे। राणा विक्रमाजीत यदि मीराबाई को जहर का प्याला पिलाता था तो आलमगीर सरमदी सूफी को कत्ल करवाता था।

इसी से यह निष्कर्ष निकालना अनुचित नहीं कि भक्ति आन्दोलन सामन्ती व्यवस्था का समर्थक नहीं विरोधी था। भक्तकवियों ने मध्यकाल में सामन्ती व्यवस्था के विरुद्ध कोई राजनीतिक-सामाजिक संगठन नहीं खड़ा किया। वे ऐसा नहीं कर सकते थे। वे समाज का राजनीतिक-आर्थिक विश्लेषण करनेवाले सेमिनारशूर आधुनिक समाज-विज्ञानी नहीं थे जो अपने वैज्ञानिक ज्ञान से बैंकबैलेंस बढ़ाने में माहिर हैं। भक्तों की यह कमी बताना कि वे राजनीतिक संगठन नहीं करते थे, अनावश्यक है। विशिष्ट संगठन तब बनते हैं जब उनके उपयुक्त स्थिति और बोध उत्पन्न हो जाता है। भक्तकवि भावना की साधना करते थे। उनकी साधना मुख्यत: व्यक्तिगत थी। लेकिन चूँकि वे अपनी निष्ठा के अनुसार आचरण भी करते थे इसलिए ह्रासोन्मुखी रूढ़ियाँ उनका विरोध करती थीं। भक्तकवि इन विरोधों से टक्कर लेते थे। इस टक्कर का वर्णन-चित्रण उन्होंने अपनी कविता में कर दिया है। जो ह्रासोन्मुखी रूढ़ियाँ उनके सदाचार का विरोध करती थीं वे सामन्ती व्यवस्था की समर्थक थीं। हम भक्तकवियों को इसी दृष्टि से और इसी अर्थ में सामन्ती व्यवस्था का विरोधी कहते हैं और यह भी स्वीकार करते हैं कि इस विरोध का स्तर भावनात्मक था। यह कोई राजनीतिक-आर्थिक या सामाजिक व्यवस्था के स्तर पर स्थित विरोध नहीं था। इस विरोध का आधार भक्तकवियों का व्यक्तिगत अनुभव था, इसके पीछे कोई सजग व्यवस्थाविरोध नहीं था। वे विरोध उस अमानवीयता का करते थे जो भक्ति, सदाचार और करुणा के आड़े आती थी। सामन्ती राजदरबार में यदि वे नहीं जाते थे, उसकी उपेक्षा करते थे तो इसी करुणा के कारण। मीरा ने जन्म ही राजकुल में लिया था। यह भक्ति कैसी थी जिसने समस्त राजपरिवार को मीरा के विरुद्ध खड़ा कर दिया? वह भक्ति सामन्ती व्यवस्था की समर्थक थी या विरोधी जो भक्तकवियों को दरबारों में जाने से रोकती थी और यदि कोई राजकुल में जन्मा भी तो उसे राजकुल छोड़ने पर विवश कर देती थी। कच्चे समाजविज्ञानी सब कुछ समझ लेते हैं सिर्फ भावना की शक्ति और प्रवृत्ति नहीं समझ पाते। भक्ति इस भावना पर आधारित एक व्यापक आन्दोलन था, अत: वह सामाजिक भी था। सामाजिक न होता तो समस्त भारत को सहस्र वर्षों तक प्रभावित न किये रहता।

जनश्रुति है कि राणा विक्रमाजीत ने मीरा को विष दिया था। मीरा की रचनाओं में इसका बहुश: उल्लेख है। मीरा ने लिखा है कि वह विष मीरा के लिए अमृत बन गया। मान्य है कि मीरा के साधु समागम के कारण

होते लोकापवाद के कारण त्रस्त हो राणा विक्रमादित्य ने अपने बीजावर्गी मुसाहब की सलाह से उसी के द्वारा फूलों की डालियों में साँप-बिच्छू तथा चरणामृत के व्याज से विष का प्याला भेजा। एक मान्यता तो यह भी है कि मीरा की मृत्यु विषपान से हुई। मीराबाई का शाप बीजावर्गी कौम को अब तक लगा हुआ है और वे मानते हैं कि उस शाप से हमारी औलाद और दौलत में तरक्की नहीं होती है।[6]

स्पष्ट है कि विषपान से मीरा की मृत्यु हो गयी होती तो वह इस घटना का उल्लेख न कर पातीं। सम्भव है कि यह प्रयत्न कई बार हुआ हो और एक-दो बार बच जाने के बाद अन्ततः मीरा की मृत्यु विषपान से हो गयी हो। मीरा की मृत्यु के विषय में जो अनिश्चय है उसे देखते हुए यह असम्भव नहीं जान पड़ता। जो हो, इस विषय में केवल अनुमान लगाया जा सकता है। सच यही है कि मीरा को राणा ने बहुत प्रकार से पीड़ित किया था। विषपान मीरा के संघर्ष का प्रतीक बन गया है, अमृत भी।

मीरा को भारी लोकनिन्दा सहनी पड़ी होगी। संरक्षणशील और असहिष्णु भारतीय समाज के तत्त्वों ने क्या-क्या कहा सुना होगा—हम उसकी कल्पना कर सकते हैं। मीरा जब कहती हैं—मुझे यह बदनामी मीठी लगती है, चाहे कोई निन्दा करे चाहे स्तुति मैं तो अनूठी चाल चलूँगी—

राणी जी म्हाने या बदनामी लगे मीठी।
कोई निन्दो कोई बिन्दो मैं चलूँगी चाल अपूठी। (पद 34)

(मीराबाई की पदावली)

तो मानना चाहिए कि यह बदनामी उन्हें कड़वी भी जरूर लगती रही होगी। ऐसा न होता तो वह दुर्जनों को अंगीठी में जल जाने की कामना न करतीं। वह निन्दा करनेवालों का कुछ बिगाड़ तो सकती नहीं थीं। कभी-कभी स्त्रियोचित अबलामुद्रा में उन्हें सरापती हैं—निन्दा करोगे तो नर्ककुण्ड में जाओगे, आधे अपंग हो जाओगे—*निन्दा करसे नरककुण्ड मां जासे थासे आँधला अपंग रे।*

मीरा को अपनी असहायता का तीव्र बोध है। यह बोध जितना तीव्र है उतना ही हरि के प्रति समर्पण की भावना है। इस असहायता के बोध में कहीं न कहीं अबलात्व का बोध और यह एहसास कि स्त्री सचमुच अबला होती है, मिला है। पति की मृत्यु, सास-ननद की ताड़ना, पिता की मृत्यु, देवर राणा का पीड़न और ऊपर से दुर्जनों की लोकनिन्दा—इन सबने मीरा को बहुत असहाय मन:स्थिति में डाला होगा। लोकनिन्दा की हालत तो यह है कि विश्वप्रसिद्ध और भारत की सर्वाधिक प्रसिद्ध भक्त कवयित्री होने के बावजूद आज भी राजस्थान में ऐसे लोग हैं जो मीरा को अच्छी निगाह से नहीं देखते। पण्डित परशुराम चतुर्वेदी ने मीरा पर काम करने के सिलसिले में राजस्थान यात्रा का अनुभव बताते हुए लिखा है—हाँ, इस बात की सूचना मुझे अपनी उदयपुर की यात्रा के ही समय मिली थी कि वहाँ मीरा के प्रति आदरबुद्धि कम है। मुझसे इसकी चर्चा चित्तौड़ दुर्ग के रहनेवाले लोगों तक ने की थी।[7] यह हालत आज की है, जबकि मीराबाई के मन्दिर राजस्थान में ही निर्मित हो चुके हैं। मीरा के जीवनकाल में लोकनिन्दा का क्या रूप रहा होगा? इसीलिए मीरा कृष्ण को निवेदित पदों में यह कहना नहीं भूलतीं कि वह अबला हैं—

म्हा अबला बल म्हारों गिरधर। (पद 48)
मैं अबला बल नाहिं, गोंसाई, राखो अबकै लाज। (पद 132)
मुज अबला ने मोती नीरान्त थई रे। (पद 141)
अरज करां अबला कर जोर् यां स्याम तुम्हारी दासी। (पद 195)

(मीराबाई की पदावली)

इस अबलापन का स्वाभाविक परिणाम था कि मीरा अपनी सजातीय अर्थात् अन्य स्त्रीजनों का उल्लेख पुरुष भक्तकवियों की तुलना में अधिक करती हैं। मीरा आत्मनिवेदन करते हुए बार-बार 'द्रुपद-सुता द्रौपदी' को याद करती हैं। अहल्या, कुबजा, गोपियों गणिका भक्तिन को याद करती हैं। मीरा ने पौराणिक कथाओं पर स्वतन्त्र रूप से पद कम लिखे हैं। जो थोड़े-से पद लिखे हैं उनमें से पूरा एक पद 'भीलनी' शबरी पर है–

अच्छे मीठें चाख चाख बेर लाई भीलणी।
ऐसी कहा अचारवती रूप नहीं एक रती। (पद 186)

(मीराबाई की पदावली)

इस पद में मीरा दो बातें कहना नहीं भूलीं–एक तो यह कि भीलनी नीची जाति की थी, मैले-कुचैले वस्त्रोंवाली थी दूसरे यह वही प्रभु हैं जिन्होंने गोकुल की अहीरनों का मन पवित्र किया। अहीरन भी कोई ऊँची जाति की नहीं थीं–

नीचे कुल ओछी जात, अति ही कुचीलणी
पतित पावन प्रभु गोकुल अहीरणी। (पद 168)

(मीराबाई की पदावली)

मीरा ने मध्यकाल की एक अन्य भक्त कवयित्री 'करमाबाई' का सादर उल्लेख किया है– *करमाबाई को खींच आरोग्यो होइ परसण पाबन्द।*

इन भक्त कवयित्रियों के साथ मीरा जिस पौराणिक पात्र का नामोल्लेख बार-बार करती हैं, वह हैं सुदामा। शबरी के साथ-साथ सुदामा पर भी पूरा पद मीरा ने रचा है–

देखत राम हँसे सुदामा कूँ, देखत राम हँसे।
फाही तो फूलड़ियाँ पाँव उभाणे चलते चरण धँसे।
बांलपणे का मीत सुदामा, अब क्यूँ दूर बसे
कहा भावज ने भेंट पठाई, तन्दुल तीन पसे।
कित गयी प्रभु मोरी टूटी टपरिया, हीरा, मोती, लाल कसे।
कित गयी प्रभु मोरी गउवन बछिया, द्वार बिच हँसती फसे? (पद 187)

(मीराबाई की पदावली)

अन्तिम दो पंक्तियों में गरीब से धनी बने सुदामा के मन का आश्चर्य प्रकट किया गया है कि टूटा छप्पर, गाय-बछड़े कहाँ चले गये? मीरा ने भीलनी शबरी के साथ सुदामा पर भी एक पूरा गेय पद रचा तो इसमें आश्चर्य की तो कोई बात नहीं। लेकिन यह तो कहा ही जा सकता है कि निर्धनता के प्रतीक सुदामा की धनहीनता मीरा का ध्यान आकृष्ट करती थी। यह अकारण नहीं। भक्ति आन्दोलन मुख्यत: धार्मिक आन्दोलन जरूर था। लेकिन यह भी सच है कि वह लोकोन्मुख आन्दोलन था। सभी भक्तकवियों में जो बात समान मिलेगी वह है लोकोत्तर, असामान्य को सामान्य धरातल पर लाकर प्रतिष्ठित करना। भक्त कवियों ने राम और कृष्ण का जो रूप खींचा है उसमें इष्ट लोक के बीज घुले-मिले दिखाये गये हैं। राम दीनबन्धु है। जो जितना ही असहाय है वह राम के उतना ही निकट। भक्ति आन्दोलन इस दृष्टि से अत्यन्त लोकोन्मुख और करुणापूरित आन्दोलन है। कृष्ण के सर्वाधिक प्रिय ग्वालबाल हैं, वे दुर्योधन के घर का मेवा त्याग कर विदुर के घर साग खानेवाले सुदामा के मित्र हैं। तुलसी ने रामनाम की महिमा बताते हुए लिखा कि राम कुलीन के कुल, अभागे के भाग्य, अन्धे की आँख,

गरीब के गाहक, गुणहीन के गुण, पंगु के हाथ-पाँव, भूखे के माँ-बाप, बेसहारे के सहारे हैं—

सम्बल निसम्बल को, संखा असहाय को
भाग है अभागेह को, गुन गुन हीन को
गाहक गरीब को, दयालु दानि दीन को
कुल अकुलीन को, सुन्या है बेद साखि है
पाँगुरे को हाथ-पाँव, आँधरे को आँखि है
माय बाप भूखे को, अधार निराधार को...

(विनयपत्रिका)

भक्ति सांसारिक ऐश्वर्य की जो उपेक्षा करती है, उसका कारण सांसारिक धन-दौलत की कोई बुराई नहीं। बुराई इस बात में है कि उसमें लिप्त रहकर या उसे अर्जित करने के चक्कर में व्यक्ति परमार्थ को भूल जाता है। इसीलिए कनक और कामिनी दोनों की उपेक्षा भक्ति करती है। वरना पेट भरने भर का धन तो कबीर साफ-साफ माँगते हैं— *साँई इतना दीजिए जामें कुटुम समाय।* ये भक्त आर्थिक विषमता के वे कारण नहीं जानते थे जिन्हें आज के अर्थशास्त्री जानते हैं। लेकिन वे इस विषमता को देखकर उसकी पीड़ा सम्भवत: आज के अर्थशास्त्रियों की अपेक्षा अधिक अनुभव करते थे। आज ज्ञान के अनुसार आचरण नहीं। भक्त जानते कम थे, अनुभव ज्यादा करते थे और आचरण के क्षेत्र में तो उनकी आज के अर्थशास्त्रियों से क्या तुलना। सामाजिक विषमता पर शोधग्रन्थ लिखने वाले अनेक आधुनिक चिन्तक वस्तुत: पूँजीवादी व्यवस्था के पुरोहित हैं जो ज्ञान के बूते पर माल काटते हैं। इस ज्ञान की सामाजिक उपयोगिता अवश्य भक्तिकाव्य से अधिक है।

मीरा को भी यह राजवैभव छोड़ना पड़ा होगा। लोक में घुलने-मिलने के लिए, साधुसंगति करने के लिए उन्हें सामन्ती वैभव का मोह त्यागना पड़ा था। राणा के देश में सब कुछ था—गहना, गाँठी, हाथ का चूड़ा काजल, टीका, महल, अटारी, नगरनिवास; नहीं थे तो साधु। इसलिए वह देश कूड़ा था। मीरा ने यह सामन्ती वैभव त्यागकर भगवी चादर पहनी—

महल अटारी हम सब त्यागे, त्याग्यो थारो बसनों सहर
काजल टीकी राणा हम त्यागा भगवी चादर पहर। (पद 34)

(मीराबाई की पदावली)

लोकलाज कुल की मर्यादा त्यागने पर यह त्यागना अनिवार्य था। जाति-पाँति की व्यवस्था को तोड़ने पर आर्थिक दण्ड पाना अनिवार्य था। कुल, वर्ण, जाति-पाँति की व्यवस्था का आधार अर्थव्यवस्था थी।

ऐसी स्थिति में मीरा का सुदामा की कथा से प्रभावित होना आश्चर्यजनक नहीं, स्वाभाविक लगता है। भक्तव्यक्तित्व सांसारिकता से ऊपर उठने की बात जरूर करता है किन्तु संसार के दुखों की उपेक्षा नहीं करता। जितने भी प्रकार के – दैहिक, दैवी, भौतिक, ताप हैं, भक्त उन सबकी आँच से झुलसता है। इसीलिए मीरा द्रुपद-सुता, अहल्या, शबरी, गणिका के साथ-साथ सुदामा की कथा को भी महत्त्व और सहानुभूति देती हैं। नारी का दुख उसकी पराधीनता और दरिद्रता का दुख उनके बोध में अलग रहा भी हो तो उनकी भावपरिधि में सिमटकर वे एक हो गये। कभी-कभी अनुभूति बोध की कमी पूरी कर देती है। जैसे बोध अपने में अनुभूति को छिपाये रहता है, वैसे अनुभूति में भी बोध के सूक्ष्म तन्तु सक्रिय रहते होंगे।

मीरा ने यह सब सहने और त्यागने की शक्ति कहाँ से पायी? निस्सन्देह भक्ति भावना और भक्ति आन्दोलन से। मीरा की रचनाओं में भक्ति की भावना उनकी विरह भावना से अभिन्न होकर अभिव्यक्त हुई है। कहते हैं भगवान भाव का भूखा है। आपके जो मनोविकार हैं उन्हें उसको समर्पित कर दें तो वह उन्हें ग्रहण करके अलौकिक बना देता है। भक्ति का मेरी जानकारी में अभी तक मनोवैज्ञानिक अध्ययन नहीं हुआ। कहते हैं भक्त को भगवान के पास निश्छल होकर जाना चाहिए। निश्छल यानी जो कुछ तुम्हारे मन में अच्छा-बुरा है, उसे लेकर भगवान के पास जाओ। भक्तकवियों–विशेष रूप से सगुण भक्तकवियों की रचनाओं को देखने से पता चलता है कि उनके इष्ट की मूर्ति का उनके जीवनसंघर्षों से गहरा सम्बन्ध है। यह बात जीवनसंघर्षों के विषय में प्रचलित झूठी-सच्ची कहानियों और उन्हीं की रचनाओं में प्राप्त साक्ष्य दोनों से पुष्ट होती है। तुलसीदास अपनी रचनाओं में 'काम-बाय' से ग्रस्त होने की बात बहुत करते हैं–*मृगनयनी के नयन सर को अस जाहि न लाग* लिखते हैं, भूख की बात बहुत करते हैं तो उनके राम कामदेव *कोटि मनोज लजावन हारे* और पेट की अग्नि बुझानेवाले घनश्याम हैं–*तुलसी बुझाइ एक राम घनश्याम ही तें, आगि बड़वागि ते कठिन है आगि पेट की।* इसी प्रकार सूरदास अन्धे हैं तो वे बाँसुरी के बारे में बहुत ज्यादा लिखते हैं–*छबीले मुरली नैंकु बजाउ।* सूर की प्रार्थना की टेक है। मीरा के भी इष्ट की मूर्ति उनकी जीवनस्थिति के मेल में है। उनका काव्यसंघर्ष उनके जीवनसंघर्ष का सहचर है। उनके द्वारा प्रस्तुत विभाव, भाव और उनके अभाव में परस्पर सम्बन्ध है।

नाभादास ने 'भक्तमाल' में मीरा के विषय में लिखा–*सदृश गोपिका प्रेम प्रकट कल जुगहिं दिखायो।* गोपिकाएँ द्वापर में हुई थीं। द्वापर में गोपिकाओं जैसा अनन्य प्रेम, उसके लिए घर-द्वार, कुल, परिवार का त्याग होना सम्भव था। वह आदर्श था। मीरा ने कलयुग में वैसा कर दिखाया। जो आदर्श था–भावजगत की बात थी, उसे, जीवन-आचरण में कर दिखाया। नाभादास के महत्त्व प्रदान का आधार यह था।

मीरा का जीवनसंघर्ष उनके वैधव्य से प्रारम्भ हुआ। मीरा पति की मृत्यु पर सती नहीं हुईं और भक्तिन हो गयीं। उनकी रचनाएँ जो प्रधानत: विरहभावना की अभिव्यक्ति है, पति की मृत्यु और उनकी मृत्यु के बीच लिखी गयीं। मीरा ने जो अलौकिक विरहवर्णन किया है, उसका कोई लौकिक आधार अवश्य होगा। इस विरहभावना को बहुत तीव्र बना देता था राणा और दुर्जनों का अमानवीय व्यवहार। मीरा की कविताओं में अलौकिक प्रियतम को पाने की आतुरता, न पा सकने की व्यथा, उसके पास पहुँचने से रोके जाने का आक्रोश, अपनी असहायता, उसे भावजगत में प्राप्त कर लेने की पुलक–सब कुछ विद्यमान है। पता नहीं उन्हें जहर दिया गया था या नहीं, वह जहर अमृत बना था या नहीं; लेकिन उनका काव्य उनके दुख के सुख में परिणत हो जाने का दस्तावेज जरूर है। विष उनका लौकिक यथार्थ है और अमृत उनके भावजगत का परमार्थ है। मीरा की कविता में विष और अमृत अपना प्रतीकार्थ प्राप्त कर लेते हैं। विष मीरा के संघर्ष में तप कर अमृत बन जाता है। जिसे अन्य विष समझते हैं वह मीरा के लिए अमृत बन जाता है। मीरा की कविता में अमृत और विष के जो इतने उल्लेख हैं, वे निश्चित रूप से उनकी भावना और जीवन आचरण के संघर्ष से बहुत गहरे तौर पर जुड़े हैं। हमारे युग के कवि मुक्तिबोध के विष और अन्न से मीरा का विष और अमृत बहुत भिन्न नहीं–

मैं तुम लोगों से इतना दूर हूँ।
तुम्हारी प्रेरणाओं से मेरी प्रेरणा इतनी भिन्न है।
कि जो तुम्हारे लिए विष है, मेरे लिए अन्न है।

(मुक्तिबोध : 'चाँद का मुँह टेढ़ा है', 'मैं तुम लोगों से दूर हूँ')

मीरा का प्रेम अज्ञात प्रियतम–भगवान के प्रति था। लेकिन क्या दीर्घ वैधव्य में उन्हें मृत पति की याद बिलकुल न आयी होगी?

हम यह देख चुके हैं कि मीरा के मन में पतिव्रता के प्रति सम्मान की भावना थी। वह तुलसीदास की ही शब्दावली में कहती हैं–पति चाहे जैसा हो–विकलांग हो, हीन हो, कोढ़ी हो–उसी के साथ चलने में सभी लोग भला कहते हैं। बिराना छैल अपने काम का नहीं। यहाँ इस प्रसंग में मीरा सामाजिक या कुल की मर्यादा तोड़ने की बात नहीं करतीं। इस मर्यादा को वह शिरोधार्य समझती हैं। मीरा के साथ उनके पति का सम्बन्ध कैसा था, इस विषय में पं. परशुराम चतुर्वेदी का विचार है कि मीरा का वैवाहिक जीवन सुखी था। 'वार्तिक प्रकाश श्री भक्त माल सटीक' का खड़ी बोली में गद्यानुवाद करने वाले ने अपनी ओर से कोष्ठक में लिख दिया है कि मीरा के पति ने दूसरा विवाह कर लिया था।[8] मीरा के पति की अकाल मृत्यु लगभग सर्वमान्य है।

मीरा के विरह निवेदन में प्रिय का जो रूप सामने आता है उससे यही लगता है कि वह कहीं चला गया है, कहकर नहीं आया है, किसी दूसरी के घर चला गया है।[9] वह प्रियतम आया, आँगन में घूमकर लौट गया, जब वह आया तो अभागिन विरहिणी सो गयी।[10] मीरा ने प्रिय के लिए 'जोगी' का सम्बोधन भी किया है। उनके कई पद 'जोगी' को सम्बोधित हैं। यह 'जोगी' कौन है?

इस योगी से प्रीति करने पर दुख होता है, वह किसी का मीत नहीं। उसकी प्रतीक्षा मीरा रात-दिन करती हैं। वह नगर में आया, मीरा उसे रोककर रख नहीं पायीं, उसे रोकने से कोई लाभ नहीं, वह रुकेगा नहीं, बोलता मधुर है लेकिन प्रीति नहीं जोड़ता। धूर्त जोगी एक बार भी हँस कर बोल। इस जोगी को रोकने की प्रार्थना करती हुई मीरा ने प्रसिद्ध पद लिखा–*जोगी मत जा मत जा मत जा।* एक ही पंक्ति में न जाने की तीन बार कातर याचना–मत जा, मत जा, मत जा। पाँव पड़ूँ मैं तेरे। अगर जाना ही है तो मीरा को भस्म कर दे। उसी भस्म को अपने अंग लगा ले। इस प्रकार जोत में जोत मिल जायेगी।[11] उसके वियोग में काले केश श्वेत हो गये।[12]

निस्सन्देह इस 'जोगी' का वर्णन और इसके प्रति आत्मनिवेदन आत्मीयता के साथ किया गया है। डॉ. पद्मावती 'शबनम' ने इस विषय में साहसपूर्वक कहा है–'सम्भव है...प्राप्त सामग्री की मनोवैज्ञानिक विवेचना तथाकथित मीरा के पदों में प्राय: सर्वत्र प्राप्त किसी जोगी-विशेष के प्रति गहरे व्यक्तिगत दाम्पत्य-सम्बन्ध को व्यक्त करनेवाले अन्त:स्रोत का स्पष्टीकरण कर सके।'[13]

मीराबाई ने 'जोगी' के अलावा 'रावल' का भी उल्लेख किया है–*रावल कण बिलमाई राखा* 'रावल' को किसने बिलमा रखा है? चतुर्वेदी जी का कहना है–'रावल शब्द का अर्थ जोगी होता है और इस प्रकार के नाथपन्थी जोगी पंजाब, हैदराबाद, अफगानिस्तान आदि में पाये जाते हैं और उन्हें कभी-कभी नाथपन्थी भी कहते हैं। रावलपिण्डी सम्भवत: इन्हीं की बस्ती के कारण नाम पड़ा है।[14]

मीरा द्वारा स्मृत, चित्रित और सम्बोधित 'जोगी' परम प्रियतम कृष्ण हैं–यही मान्य लगता है। 'जोगी' उनकी साधना पर नाथपन्थी प्रभाव प्रकट करता है। लेकिन इस 'जोगी' को लेकर मीरा ने जो कुछ कहा है वह कुछ और भी संकेत कर सकता है। जिसके विरह में मीरा दुखी हैं और जिसे लेकर मीरा ने ऐसी अचूक अभिव्यक्ति की है, उसका लौकिक आधार नहीं होगा–यह मानना सम्भव नहीं लगता। जिसके विषय में मीरा ने यह सीधी पंक्ति लिखी–*था देख्यां बिण कल णा पड़तां जाणे म्हारी छाती।*[15] वह मीरा के अज्ञात प्रियतम का ज्ञात आधार न होगा?

मीरा ने जोगी के वियोग में जो कुछ कहा है वह विरहवर्णन की परम्परा में होते हुए भी किंचित् असामान्य है। जोगी की राह देखते हुए बहुत दिन बीत गये, वह आज तक आया नहीं। या तो जोगी जग में नहीं (मर गया है) या उसने मुझे भुला दिया–

कै तो जोगि जग मैं नाहीं कैर बिसारी मोइ (पद 44)

(मीराबाई की पदावली)

अगर यह 'जोगी' कृष्ण ही हैं तो वह आशंका कि वे जीवित न हों असंगत है।

उस जोगी के विषय में मीरा ने यह भी लिखा—मैं तो जानती थी कि जोगी साथ चलेगा, संग रहेगा। लेकिन वह अधबिच रास्ते में छोड़ गया—

मैं तो जांणू जोगी संग चलेगा छाड़ि गया अधबीच। (पद 55)

(मीराबाई की पदावली)

मीरा पति की मृत्यु पर सती नहीं हुई थीं। *अगर चन्दन की चिता बनाऊँ अपने हाथ जला जा। जल बल भई भस्म की ढेरी अपने अंग लगा जा।* उसी की प्रतिक्रिया तो नहीं है?

इन पदों को देखकर अनुमान लगाया जा सकता है कि मीरा ने अपने गेय पदों में अज्ञात प्रियतम कृष्ण का जो रूप उभारा है, उसमें कहीं न कहीं उनके मृत पति का रूप भी घुल-मिल गया है। पहले मीरा की ऐसी पंक्तियाँ उद्धृत की जा चुकी हैं जिनसे पता चलता है कि वे अपने पति के ही साथ चलने की मर्यादा को स्वीकार करनेवाली महिला थीं। मृत पति की स्मृति का कृष्ण के रूप में शामिल न होना अस्वाभाविक होगा।

मीरा के 'गिरधर नागर' का जो रूप निर्मित हुआ है उस पर मूर्ति की निर्मात्री का बहुत गहरा प्रभाव है। 'गिरधर नागर' स्थित भावजगत में है लेकिन जिन उपकरणों से उनका निर्माण हुआ है वे इसी जगत् के हैं। वे मीरा के जीवनसंघर्ष से उपजे हैं। उस मूर्ति में मीरा की पीड़ा शमित होकर रूपान्तरित हो जाती है। अभाव ही समाप्त नहीं होते। विष बुझता ही नहीं, अमृत में बदल जाता है।

मीरा की पदावली में प्रधानत: मीरा मन की तीन स्थितियाँ हैं। मीरा ने गेय पदों में ही रचना की। लेकिन इन्हें क्रमबद्ध करके सुविन्यस्त किया जा सकता है। पं. परशुराम चतुर्वेदी ने अपूर्ण सहृदयता का परिचय देते हुए इन्हें पूर्वराग, विरह और मिलन में विभाजित करने का स्तुत्य प्रयास किया है। फिर बच जाते हैं कुछ फुटकल पद।

विरह की स्थिति वह तापगृह है जिसमें पककर मीरा का लौकिक विरहभाव मिलन में, विष अमृत में परिणत होता है। पूर्व राग क्या है—कृष्ण की रूपमाधुरी का विविध चेष्टाओं में चित्रण-वर्णन है। इसमें नायिका संकोचवश कृष्ण के आमने-सामने नहीं हो सकती। नायिका प्राय: दरवाजे पर खड़ी प्रतीक्षा करती है, कृष्ण आते हैं, चले जाते हैं। वे आते ही हैं तो संकोच ऐसा है कि—

आवत मोरी गलियन में गिरिधारी
मैं तो घुस गयी लाज की मारी।

विरह की प्रक्रिया से गुजर कर मिलनसुख की प्राप्ति होती है। लेकिन प्रिय का यह रूप ऐसा है कि लोक का ताप—मीरा के वास्तविक जीवन का सन्ताप दूर कर देनेवाला है, वस्तुत: वह उसी सन्ताप से विपरीत प्रभाव उत्पन्न करने वाला उसी से सम्बद्ध रूप है। जिस प्रकार मीरा के सन्ताप का कारण तत्कालीन समाज और मीरा की बाह्यान्तर स्थितियाँ हैं, उसी प्रकार प्रिय के शामक एवं सुखद रूप के तत्त्व भी उसी समाज और मीरा की बाह्यान्तर स्थितियों में विद्यमान हैं। दोनों परस्पर विरोधी तत्त्व बाह्यान्तर यथार्थ में मौजूद हैं जिनसे मीरा का रचनासंसार सम्बद्ध है।

गिरधर नागर परम सुन्दर हैं। उनकी सुन्दरता मन को तत्काल मोह लेती है। वह मन्द-मन्द मुसकाकर देखते हैं तो मन सहसा आकृष्ट कर लेते हैं। उनकी छवि के विषय में मीरा ने विह्वलतापूर्वक अनेक पद लिखे हैं। इस बात को अलग से रेखांकित करने की विशेष आवश्यकता नहीं। वह मुरली-तो बजाते ही हैं, उनके वचन भी बहुत मधुर हैं। दुर्जनों की वाणी कड़वी है। उनकी कटु वाणी और हँसी का बयान भी मीरा ने बहुत किया है। मीरा को सास, ननद, देवर, जगत्, पण्डित-पुरोहित सबकी कड़वी वाणी सुननी पड़ी थी–

कड़वा बोल लोक जग बोल्या करस्यां म्हारी हाँसी। (पद 45)
सास लड़े मेरी नन्द खिजावै राणा रह्या रिसाव। (पद 42)
सासु कह्यां कुलनासां। (पद 36)

(मीराबाई की पदावली)

और तो और–मीराबाई के पुरोहित रामदासजी भी मीरा को गाली देकर चलते बने थे। मीराबाई का कसूर यह था कि उन्होंने पुरोहितजी से ठाकुरजी का कोई और पद गाने को कह दिया था–

सो एक दिन मीराबाई के श्री ठाकुरजी के आगे रामदासजी कीर्तन करत हुते सो रामदासजी श्री आचार्य जी महाप्रभून के पद गावत हुते तब मीराबाई बोली जो दूसरो पद श्री ठाकुरजी को गावौं तब रामदासजी ने कह्यो मीराबाई सो जो अरे दारी रांड यह कोन को पद है यह कहा तेरे खसम को मूंड है जो जा आज ते तेरी मुँहड़ौ कबहूँ न देखूँगो।

मीरा के प्रियतम मीठा बोलनेवाले हैं। मीरा को इस कड़वे बोलनेवाले जगत् में मीठे बोलवाले प्रिय निश्चय बहुत आकर्षक लगते रहे होंगे। उनकी मीठी बोली सुनते ही–

सबदा सुणतां छांतियां कापां मीठो थारो वैण॥ (पद 103)

(मीराबाई की पदावली)

प्रिय की इस विशेषता को मीरा ने कई स्थानों पर उल्लिखित किया है–

जमण किणारे कान्हां धेनु चरावां वंशी बजावा मीटठा वाणी। (पद 11)
आवो मनमोहना जी मीठो थारो बोल। (पद 100)

(मीराबाई की पदावली)

जगत् के दुर्जन अबला की हँसी उड़ाते हैं, निन्दा करते हैं। मीरा इस संसार में अकेली हैं। जगत् उनके मरण पर भी हँसी उड़ाता है। मीरा का दरद कोई नहीं जानता। वही जानते हैं जो स्वयं घायल हैं, लेकिन ऐसे लोग संसार में हैं कितने? अधिकतर तो लोग हँसी ही उड़ानेवाले हैं। मीरा का विरह असह्य अबला का विरह है। इसीलिए और अधिक करुण और समर्पणशील है। कहीं-कहीं मीरा ने विरह के निहायत शान्त एवं एकान्त चित्रण किये हैं, जैसे–रात्रि में अकेले कोई दीप जल रहा हो–

री म्हां बैठ्यां जागा, जगत सब सोवा। (पद 86)

(मीराबाई की पदावली)

ऐसी विरहिणी के प्रिय अबलाओं की अरज सुननेवाले हैं। द्रुपद सुता की लाज रखने वाले, अहल्या परित्यक्ता का उद्धार करनेवाले, भीलनी शबरी का सत्कार करनेवाले, गणिका भक्तिन को तारनेवाले, सुदामा की निर्धनता दूर करनेवाले हैं। भक्ति आन्दोलन ने भगवान का जो रूप खींचा था वह दीनबन्धु और करुणाकातर था। मीरा ने

भी भगवान का जो रूप खींचा है वह उनके और उन जैसे अन्य पीड़ित जनों के काम आनेवाला है—

म्हां सुण्या हरि अधम उधारण
अधम उधारण भव तारण
गंज बूड़तां अरज सुण धाधां, भगतां कष्ट निवारण
द्रुपद सुता णो चीर बढ़ायां, दुसासण मद मारण
प्रह्लाद परतग्या राख्यां, हरणाकुस णो उद्र विदारण
थैं रिख पतणी किरपा पायां, विप्र सुदामा विपत विदारण। (पद 137)

(मीराबाई की पदावली)

भगवान के दो काम हैं : असहायों की सहायता करना और दु:शासन जैसे दुष्टों को दण्ड देना। पहले और दूसरे—दोनों काम एक-दूसरे से सम्बद्ध हैं। असहायों की सहायता करने का मतलब ही है उन्हें सतानेवालों को दण्डित करना। इसी बात को ध्यान में रखकर आचार्य शुक्ल ने लोकरक्षा की स्थिति लोकरंजन के पूर्व मानी है। लोकरक्षा के बिना लोकरंजन का जो रूप खड़ा किया जाता है वह पूर्ण नहीं होता। मीरा की रचनाओं का क्षेत्र बहुत सीमित है। तुलसी क्या, कबीर और सूर की अपेक्षा भी मीरा का रचना संसार सीमित है। किन्तु वह किसी की अपेक्षा कम विश्वसनीय नहीं। इसका कारण यह है कि है मीरा ने नारीजीवन के वास्तविक अनुभवों को शब्दबद्ध किया। इस वास्तविकता में जो परस्परविरोधिता या विषमता है, वह भी मीरा के यहाँ भरपूर मौजूद है। रचनाधर्मिता की प्रक्रिया ही ऐसी है कि उसमें विषमता या परस्पर विरोधी तत्त्व चित्रण में स्वत: सिमट आते हैं। कोई अपनी वास्तविक स्थिति निश्छल ढंग से व्यक्त करे तो उसमें सामाजिकता अपने आप खिंच आयेगी; क्योंकि व्यक्ति की स्थिति भी विशिष्ट सामाजिक स्थितियों या सन्दर्भों का परिणाम है। निराला ने 'सरोज-स्मृति' अपनी बेटी पर लिखी। वह एक पिता की अपनी कन्या की अकालमृत्यु पर लिखी गयी आत्मकथात्मक रचना है। किन्तु 'सरोज-स्मृति' में निराला जैसे लाखों-करोड़ों पिताओं और सरोज जैसी लाखों करोड़ों कन्याओं की पीड़ा भी अभिव्यक्त है। इसी तरह मीरा ने जब अपनी व्यथा कही तब उन्होंने सिर्फ अपनी ही व्यथा नहीं कही, अपने युग की असंख्य नारियों की, दुखी जनों की व्यथा कही। एक दुख दूसरे दुख से बहुत जल्दी जुड़ जाता है। मीरा की व्यथा नारीव्यथा थी। वह भक्त थीं—अज्ञात प्रियतम की साधना करती थीं। लेकिन वह घर में ही बैठकर साधना करनेवाली नहीं थीं। वह जब भक्त हो गयीं तब अपने आप को भक्त मानती थीं—स्त्री या पुरुष नहीं। यहीं से उनके संघर्ष का प्रस्थान समझिए। भक्ति अपने आप में व्यक्ति साधना थी। कोई नारी होकर भी नारीत्व से निरपेक्ष हो जाये सांसारिक दृष्टि से—लेकिन समाज उसे नारी मानने से इनकार नहीं करने लगेगा। मीरा नारीत्व के बन्धन को त्यागकर बाहर आना चाहती थीं—समाज की रूढ़ियाँ उन्हें भक्त मानकर व्यक्तिगत साधना के लिए शायद न रोकतीं, लेकिन राणाकुल की सामन्ती मर्यादा तोड़ने की आज्ञा उन्हें समाज नहीं दे सकता था। यह भक्तिभावना और सामाजिक रूढ़ियों का द्वन्द्व था। यह द्वन्द्व तीव्र इसलिए था क्योंकि मीरा जैसा व्यक्तित्व भावना को जीवन आचरण में भी उतारना चाहता था। मीरा नारीत्व से मुक्त होकर 'भक्त' ही रहना चाहती थीं। कहते हैं कि वृन्दावन के गोस्वामीजी को यह कहकर उन्होंने हतप्रभ कर दिया था कि वृन्दावन में तो एक ही पुरुष हैं—कृष्ण। गोस्वामी अपने को पुरुष कैसे मानते हैं? लेकिन यह केवल भावना की बात थी। समाज जब उनके नारीत्व को लेकर प्रवाद करता होगा, तरह-तरह की बातें करता होगा, कुटिल साधु जैसे लोग भी मिलते ही रहते होंगे, तब मीरा को नारी होने की अनिवार्यता का बोध होता होगा। भावना जगत् में त्यागा हुआ अबलात्व

फिर आता होगा—और वह इस अबलात्व से युक्त होकर उस भगवान की शरण में दुबारा मर्माहत हो जाती होंगी जो अशरण-शरण है—

हरि म्हारो सुणज्यो अरज महाराज।
मैं अबला बल नाहिं गोसाईं राखो अबकै लाज (पद 13)

(मीराबाई की पदावली)

इन 'हरि', 'गिरिधर नागर', 'गिरिधर गोपाल' का जो रूप है वह 'राणा' एवं अन्य दुर्जनों से कहीं अधिक शक्तिशाली रूप है जिनकी शरण में जाकर 'मीराबाई' इस विषमता से मुक्त हो जाती हैं। वह 'गिरिधर नागर' की चाकर हैं, दासी हैं, वह खड़ी-खड़ी उनसे अरज करती हैं। गिरिधर नागर ऐसे शक्तिमान हैं जो जगत् के ताप से, राणा के कोप से, दुर्जनों की हँसी से उन्हें मुक्ति दिलाते हैं। यह उनका निषेधात्मक रूप है। उनका घनात्मक या विधेयात्मक रूप और अधिक महत्त्वपूर्ण है। वह रक्षक भी हैं और रंजक भी। वह प्रियतम हैं। उनकी छवि देखकर मीरा निहाल हो जाती हैं। गिरिधर नागर शक्ति-शील-सौन्दर्य से समन्वित मीरा के ऐसे प्रियतम हैं जो इस जगत् में उन्हें नहीं मिले। वह मीरा के स्वप्न हैं। ये आदर्श पति, प्रियतम, प्रेमी, रक्षक, रंजक इस जीवन जगत् में नहीं मिले इसीलिए वह पूर्वजन्म के प्रिय हैं, जन्म-जन्मान्तर के हैं—

मीरा के प्रभु कबरे मिलोगे, पूरब जणम का साथी।

ये प्रियतम मीरा को स्वप्न में मिलते हैं—

नीदड़ी आवां णां सारां रात। कुण विधि होय परभात।
चमक उण सुपुनां लख सजणी, साधु णा भूल्यां जात। (पद 75)
माई म्हाणे सुपणा मां परण्यां दीनानाथ। (पद 27)

(मीराबाई की पदावली)

यह मीरा के हृदय में ही स्थित हैं। जिस हृदय में सारा ताप है, द्वन्द्व है, रोग है, उसी में गिरिधर नागर, रोगों को दूर करनेवाला 'वैद' भी है—स्थिति द्वन्द्वात्मक है, रोग और वैद्य दोनों साथ-साथ हैं—

जा घट बिरहा सोई लखि है, कै कोई हरिजन मानै हों
रोगी अन्तर वैद बसत है. वैद ही ओखद जाणै हो। (पद 73)

(मीराबाई की पदावली)

स्वप्न के अलावा यह प्रिय मीरा के हृदय में है। जिस हृदय ने सारा द्वन्द्व और ताप झेला है उसने शामक और दुखी जीवन को सुखी करनेवाले 'प्रियतम' का रूप-निर्माण भी किया। मीरा भावजगत में उस प्रियतम से मिलती हैं। यह भावमिलन सारे भौतिक दु:ख, द्वन्द्व को सार्थक और श्रेयस्कर बना देता है, विष को अमृत बना देता है। यह अमृत यों ही नहीं मिलता, यह संघर्ष का अमृत है। यह शायद सच्चे ताप और द्वन्द्व की माँग, अनिवार्यता और पहचान है। जैनेन्द्र ने महादेवी वर्मा के विषय में निहायत ठीक बात लिखी है कि सच्चा घाव घाव की पीड़ा से मुक्ति चाहता है। दुख की पहचान यह है कि वह दुख से छुटकारा चाहता है, दुख से लिप्त रहना चाहे तो समझिए कि दुख में कोई खोट है—दुख आत्मीय यानी अनुभूति नहीं है।[16]

बड़े कवि जो द्वन्द्व और विषमता का चित्रण करते हैं वे उस द्वन्द्व से मुक्त जीवन का स्वप्न अवश्य दिखा देते हैं। यह द्वन्द्व की, अनुभूति की प्रामाणिकता है। तुलसी जैसा द्वन्द्व कम कवियों ने अनुभव किया होगा।

उन्होंने कलियुग को चीर कर रामराज्य का स्वप्न दिखाया। महान् कबीर ने काल के भास को अकाल पुरुष की कालातीतता—जहाँ सूर्य नहीं, चन्द्र नहीं, काल नहीं, की स्थिति से युक्त किया। कहते हैं कि शेक्सपियर की त्रासदी रचनाएँ नयी व्यवस्था के संकेत से समाप्त होती हैं।

मीरा का यह स्वप्न प्रिय के मिलन का रूप धारण किये है। इस मिलन-स्थान का प्रतीक वृन्दावन है। वहाँ सब कुछ सुखद है। सारी वांछित स्थितियाँ उदित हैं। और कुंज-कुंज में साँवरा घूमता है, मुरली का 'सबद' सुनाता हुआ—

आली म्हाणे लागा वृन्दावण नीकां
घर-घर तुलसी ठाकुर पूजा दरसण गोविन्द जी कां
निरमल नीर बह्यां जमणा मां, भोजन दूध दही कां
रतण सिंहासण आप बिराज्यां, मुगट धार्‍यां तुलसी कां
कुंजन-कुंजन फिर्‍या साँवरा, सबद सुण्या मुरली कां
मीरा के प्रभु गिरधर नागर भजण बिणा नर फीकां। (पद 160)

(मीराबाई की पदावली)

यह वृन्दावन भक्ति की दृष्टि से कृष्ण की केलिस्थली, तीर्थ तो है ही, मीरा का हृदय भी है यही प्रसाद का वृन्दावन है। जिसके लिए उन्होंने कामना प्रकट की है—*ज्वालाओं से दग्ध यह जगत् वृन्दावन बन जाये।*

इस 'वृन्दावन' में मीरा का गिरिधर नागर से मिलन होता है। राजस्थान की रहने वाली मीरा को वर्षा बहुत प्रिय मालूम होती है। उनके मिलन की आशा के साथ ही वर्षा का रूपक बँधने लगता है। जैसे रेगिस्तान में वर्षा ताप को शान्त कर देती है वैसे ही मीरा का जागतिक ताप दूर होने के लिए वर्षा का रूपक बँधने लगता है। मीरा ने होली, बारहमासा भी लिखे हैं। लेकिन प्रिय से मिलने की भावना के साथ उनकी कविता में वर्षा सहज रूप में आ जाती है। वस्तुतः वर्षा उनकी मिलन-सुखद अनुभूति का काव्यबिम्ब है। ऐसी पंक्तियों में वर्षा स्पर्श, वर्ण, गति, ध्वनि सबसे युक्त होकर झंकृता नायिका बन जाती है—झंकृति नादयोजना की—

रे साँवलिया म्हारे आज रंगीली गणगौर, छै जी।
काली-पीली बदली में बिजली चमके, मेघ घटा घनघोर, छै जी।
दादुर मोर पपीहा बोले, कोयल कर रही सोर, छै जी।
मीरा के प्रभु गिरधर नागर, चरणां में म्हारो, जोर है जी। (पद 145)

(मीराबाई की पदावली)

लगता है जैसे मीरा सारे लोकापवाद की ध्वनियों को चुनौती दे-देकर इन सुखद ध्वनियों की झंकृति को शब्दायित कर रही हैं—आत्मीयता संवादात्मकता और विश्वास—'छै जी' (हाँ है जी) से प्रकट होता है। यहाँ वर्ण, ध्वनि, रस, स्पर्श—सब मौजूद हैं और अन्त में मीरा की यह घोषणा 'चरणां में म्हारो, जोर छै जी' (गिरधर नागर के चरणों में मेरा विश्वास या बल है जी) लोगों ने समझ क्या रखा है! ताप के शमन और परम तोष की यह ऐन्द्रिक अभिव्यक्ति—

बादला रे थे जल भर्या आज्यो।
झर-झर बूंदां बरसां आली कोयल सबद सुनाज्यो।
गाज्यां बाज्यां पवन मधुर्‍यो अम्बर बदरां छाज्यो

सेज सवांरया पिय घर आस्यां सखयां मंगल गास्यो।
मीरा रे प्रभु हरि अविणासी भाग भल्यां जिण पास्यो। (पद 149)

(मीराबाई की पदावली)

यह भावमिलन की अनुभूति अपने आप ऐन्द्रिक बिम्बों में व्यक्त हो गयी है। यह सर्वांगतोष का चित्र है। भक्ति से प्राप्त तोष भी व्यक्त होने के लिए उन्हीं बिम्बों में उतरा है, जिनका सहारा राजकमल चौधरी या कृष्णा सोबती ने लिया है—'बरसात हुई जल भर आया' (मरी हुई मछली) और 'सूरजमुखी अंधेरे के'। कहीं न कहीं शारीरिकता और अशारीरिकता यानी भाव सत्य से जुड़ जाता है। शारीरिक अनुभूति जिस प्रकार तीव्र-सघन होकर अशारीरिक बनती है उसी प्रकार भावजगत की तीव्र अनुभूति भी सघन होकर शारीरिकता में पर्यवसित होती है। लेकिन इससे ज्यादा समानता ढूँढ़ना अनर्थक है। मीरा के यहाँ संयम की जो जलती हुई आग है वह वर्षा बनी है। राजकमल चौधरी और कृष्णा सोबती में (सूरजमुखी अँधेरे के) वह अभाव निष्ठा और आग से रहित है। यह शरीर की आग है। वर्षा बाहर की है। मीरा के यहाँ शरीर की आग नहीं, भावनिष्ठा और संयम की आग है और वर्षा बाहर से नहीं आयी, संयम-निष्ठा से ही उत्पन्न हुई है। संयम और निष्ठा की आग ने ही वर्षा का रूपक ले लिया है। यह प्रसंग न चाहते हुए भी अनेक कारणों से विवश होकर उठाना पड़ा। संयम और निष्ठा की इस शक्ति का स्रोत भक्ति है। इस भक्ति और आस्था के अभाव से संयम की शक्ति नहीं मिल सकती। इस आस्था और संयम को प्राप्त करने के लिए आधुनिक लेखकों को अपने समय की प्रभावी ऐतिहासिक विचारधारा से जुड़ना पड़ेगा।

कविता और जीवन का सम्बन्ध जरूर होता है, किन्तु यह सम्बन्ध सब समय सीधा-सरल नहीं होता कि रचनाकार के जीवन और उसकी कला में यान्त्रिक तौर पर तालमेल बिठाया ही जा सके। अन्त:करण की गति बाह्येन्द्रियों की गति से बहुत तेज और भिन्न है। उसमें ऐसा बहुत कुछ होता रहता है जो कभी नहीं भी प्रकट होता। जो प्रकट नहीं होता, उसका भी प्रकट चेष्टाओं पर बहुत गहरा प्रभाव पड़ता है। अत: मीरा के जीवन और मीरा के काव्य में परस्पर सम्बन्ध सर्वत्र नहीं दिखाया जा सकता। लेकिन इसका यह मतलब नहीं कि जीवन और रचना का सम्बन्ध नहीं होता या ऐसा सम्बन्ध ढूँढ़ना निरर्थक है। कुछ पाश्चात्य आलोचकों ने और उनकी देखा-देखी हिन्दी के भी कुछ आलोचकों ने ऐसे प्रयत्नों को निरर्थक या हास्यास्पद तक समझा है। लेकिन हिन्दी साहित्य पर विचार करें तो भक्तिकालीन कवियों, छायावादी कवियों और प्रगतिशील कवियों की रचनाओं का उनके जीवनसंघर्ष से गहरा सम्बन्ध अवश्य प्रकट होता है। यह सम्बन्ध सर्वत्र नहीं स्थापित हो पाता–इसे फिर से कहने की जरूरत नहीं। इस सम्बन्ध स्थापन में बहुत सतर्कता की जरूरत है।

भक्त कवियों की रचनाओं से उनके सिद्धान्त और जीवन का तालमेल बिठाने में थोड़ी-बहुत सुविधा इसलिए होती है कि वे अपनी आस्था को कविता से बड़ा मानते थे। वे कथ्य को वाणी से अधिक महत्त्व देते थे। जहाँ अवसर मिलता था अपने विषय में भी दो टूक बातें करते थे। उन्होंने कविता में अपने विचारों को, जीवन-जगत् सम्बन्धी अपनी प्रतिक्रिया को सीधे तौर पर अभिव्यक्त किया है।

मीरा ने प्रभूत मात्रा में रचना नहीं की, लेकिन फिर भी उन्होंने अपने विषय में पर्याप्त लिखा है। उनकी रचनाओं से उनके बाह्यान्तर संघर्ष का पता चलता है। उनके विषय में बाह्य साक्ष्य प्रामाणिक-अर्धप्रामाणिक किंवदन्तियाँ, वार्ताएँ मिलती हैं। उनसे उनकी रचना सुसम्बद्ध मालूम पड़ती है।

'भक्तमाल' के रचयिता नाभादास तुलसीदास के समकालीन थे। वह आधुनिक आलोचक नहीं थे। उनका उद्‌देश्य भक्तिन मीरा के जीवन का एक ही छप्पय में परिचय देना था। उन्हें मीरा की कविता से कोई खास

सरोकार नहीं था। नाभादास ने मीराबाई के विषय में लिखा—

सदृश गोपिका प्रेम प्रगट कलि जुगहिं दिखायो।
निरअंकुश अति निडर, रसिक जस रसना गायो।
दुष्टनि दोष विचारि, मृत्यु को उद्यम कीयो।
बार न बांको भयो, गरल अमृत ज्यों पीयो।
भक्ति निसान बजाय कै काहूँ ते नाहिन लजी।
लोकलाज कुल शृंखला तजि मीरा गिरिधर भजी।

मीरा की मृत्यु का दुष्टों ने उद्यम किया, उन्हें विष देने का प्रयत्न किया गया। उन्होंने कलियुग में गोपिकाओं जैसा प्रेम प्रकट किया। वे निरंकुश-निडर थीं। लोक-लज्जा, कुल की शृंखला उन्होंने तोड़ी। यह सब नाभादास ने लिखा—यह उनके जीवन का परिचय है। यह सब उनकी कविता में है कि नहीं। जिस लोक-लाज, कुल-शृंखला तोड़ने की विशेषता को नाभादास ने रेखांकित किया है उसी पदावली से मीरा की रचनाएँ भरी हैं। कितनी पंक्तियों में मीरा ने 'लोक-लाज तजि नाची' की उक्ति दुहराई है!

मीरा के व्यक्तित्व और उनकी रचनाओं के बारे में एक बात और उल्लेखनीय है। मीरा को उनके जीवनकाल में उच्च एवं मध्य वर्ग संरक्षणशील रूढ़िग्रस्त समाज में बहुत आदर की दृष्टि से नहीं देखा गया था। उन्हें कड़वे बोल सहने पड़े थे। पण्डित परशुराम चतुर्वेदी की सूचना का उल्लेख किया जा चुका है कि उस समय ही नहीं, आज भी ऐसे लोग हैं जो मीरा के प्रति आदर की भावना नहीं रखते। उस समय क्या हालत रही होगी—इसकी कल्पना की जा सकती है।

दूसरी ओर ऐसा भी वर्ग है जो बहुत साक्षर नहीं, लगभग अनपढ़ ही होगा। लेकिन उन अवर्णों में मीरा की रचनाएँ परम्परा से लोकप्रिय रही हैं। ये लोग भी राजस्थान के ही हैं।

डॉ. पद्मावती 'शबनम' ने अपने प्रसिद्ध ग्रन्थ 'मीरा : व्यक्तित्व और कृतित्व' में लिखा है कि 'लोकसाहित्य विद्यालय गिरिनार से प्राप्त सूचना के अनुसार मीरा के पद अधिकांशत: भील एवं निम्नवर्ग से ही प्राप्त होते हैं।'[17]

भीलों और निम्नवर्ग में मीराबाई की रचनाएँ इतनी लोकप्रिय क्यों हुईं? राणाकुल की बहू मीरा ने रैदास या रैदासी परम्परा के किसी चमार सन्त को अपना गुरु क्यों बनाया? इसका सम्बन्ध भक्ति आन्दोलन की मूल मानवीय भावना से—जो धर्म के सहारे अभिव्यक्त हो रही थी, और इस मानवीयता का सम्बन्ध मीरा की रचनाओं से है कि नहीं? मध्यकाल की, राणाकुल की कोई स्त्री निरंकुश अति 'निडर' होकर लोकलाज, कुल-शृंखला तज दे, चमार को अपना गुरु बनाये। लेकिन कविता करने बैठे तो इसका कोई प्रभाव उसकी रचनाओं पर न पड़े-ऐसा वही मानेंगे जो कविता को जादू समझते हैं जिससे जीवन की सारी समस्याएँ कलम हाथ में लेते ही छूमन्तर हो जाती हैं।

भक्त कवियों को सगुण निर्गुण की धाराओं में बाँटने का रिवाज है। इसलिए, मीराबाई के विषय में भी ऐसी जिज्ञासा की जाती है। कहते हैं कि वह रैदास की शिष्या थीं। श्री वियोगी हरि के अनुसार मीराबाई के सिद्ध गुरु जीव गोस्वामी थे।[18] मीरा की कविताओं से उनके सम्प्रदाय का पता चला पाना दुष्कर है। सम्भव है कि उन्होंने किसी को गुरु बनाया भी हो तो उसका निश्चित पता नहीं चलता। सम्भवत: वे अनेक महापुरुषों से प्रभावित हुईं। वे सुनकर या केवल सिद्धान्त से प्रभावित होने के बजाय अपनी आँखों और अपने हृदय पर अधिक विश्वास करती थीं। इसीलिए उनकी कविताओं में साम्प्रदायिकता या संकीर्णता नहीं। उनकी रचनाओं पर निर्गुण, सगुण,

सूफीमत, नाथपन्थ–सबका प्रभाव दिखलाई पड़ता है। हिन्दी में शायद ही कोई और रचनाकार मिले जो इस क्षेत्र में मीरा से अधिक उदार हो। कबीर पर सगुण मतवाद का प्रभाव नहीं, क्योंकि वे भगवान के लीलामय रूप का वर्णन नहीं करते। लगता है कि जैसे मीरा किसी धार्मिक सम्प्रदाय में दीक्षित न हों। मुझे लगता है कि 'चौरासी वैष्णवन की वार्ता' में मीराबाई और रामदास पुरोहित के जिस झगड़े का उल्लेख है, वह यही संकेतित करता है कि मीरा किसी सम्प्रदाय विशेष से ही बँध कर नहीं रह सकती थीं।

मीरा की रचना देखकर लगता है कि उन्होंने विभिन्न सम्प्रदायों के मतवादों को ध्यान में न रखकर अनुभूति पर ही बल दिया है। मीरा ने किसी मतवाद पर आक्रमण भी नहीं किया। सूरदास तक ने निर्गुण मतवाद पर गोपियों द्वारा आक्रमण करवाया है। इस प्रकार मीरा की रचनाओं में (1) सभी मतवादों का प्रभाव है। वे निर्गुण ब्रह्म की, सगुण ब्रह्म की उपासना करती हैं, जोगी को सम्बोधित करती हैं, एकाध पदों में नाथपन्थी साधना का भी प्रभाव ग्रहण करती दिखलाई पड़ती हैं, उनकी विरह-उत्कटता सूफियों के समान है। (2) वे किसी मतवाद पर आक्रमण नहीं करतीं। यह अनाक्रमण धार्मिक कवियों में बहुत कम है। सुनने में चाहे जैसा लगे लेकिन सच यह है कि मध्यकालीन धर्मसाधक कवि अपने मत का प्रचार और विरोधी मत या मतों पर प्रहार करने में ढील या लिहाज नहीं बरतते। इन दोनों बातों से इस अनुमान को पर्याप्त आधार मिल जाता है कि मीराबाई किसी सम्प्रदाय में दीक्षित नहीं थीं–दीक्षित रही भी हों तो इस विषय में वे संकीर्ण बिल्कुल नहीं थीं। वह घर की चारदीवारी तोड़कर बाहर निकली थीं तो किसी प्रकार की संकीर्णता में बँधना उनके लिए स्वाभाविक भी नहीं था।

युग विशिष्ट में अनुभूति की अभिव्यक्ति किसी प्रचलित प्रवृत्ति का सहारा लेती है। यह प्रवृत्ति किसी साहित्येतर आन्दोलन पर आधारित हो सकती है या किसी शुद्ध साहित्यिक प्रवृत्ति पर भी। मध्यकाल में भक्ति आन्दोलन और अनेक भक्ति पूर्व आन्दोलन इसी प्रकार अभिव्यक्ति के आधार बने। रीतिवाद शुद्ध साहित्यिक प्रवृत्ति थी। वह भी अभिव्यक्ति को सहारा देती थी। ऐसा लगता है कि मीरा के यहाँ जो विभिन्न मतों का प्रभाव दिखलाई पड़ता है वह अभिव्यक्ति का सहारा या माध्यम मात्र बनकर आया है। कबीर, सूर, तुलसी, जायसी की कविताओं में उनके धार्मिक मत का प्रचार प्रमुख उद्देश्य है। मीरा की रचनाओं में धार्मिक मतवादों की यह भूमिका नहीं। वह धार्मिकता को अनुभूति-अभिव्यक्ति का सहारा भर बनाती हैं। वह चाहे जिस मतवाद का सहारा लें, प्रमुखता विरह या संयोग की ही होती है। इस दृष्टि से उन्हें भक्तिकालीन रचनाकारों में विशिष्ट माना जाना चाहिए। आधुनिक युग में भी महिला लेखिकाएँ प्राय: किसी वाद के चक्कर में नहीं पड़तीं। वह विभिन्न आन्दोलनों या प्रवृत्तियों को स्वीकार किये बिना तो रचना नहीं कर सकतीं, किन्तु उनके यहाँ इन वादों या प्रवृत्तियों का सत्याग्रह या दुराग्रह नहीं होता। सुभद्राकुमारी चौहान, कृष्णा सोबती, मन्नू भंडारी, ममता कालिया सभी के यहाँ यह बात लागू होती है। स्नेहमयी चौधरी की कविताओं में नयी कविता का रीतिवाद कहीं-कहीं तो मिल जायेगा, किन्तु आग्रह प्रवृत्ति पर नहीं अनुभूति पर मिलेगा। रीतिवाद से इसीलिए इन महिला रचनाकारों की रचनाएँ अपेक्षाकृत मुख्य हैं।

सन्दर्भ

1. डॉ. पद्मावती 'शबनम'–*मीरा : व्यक्तित्व और कृतित्व*, पृ. 150
2. *श्री भक्तमाल सटीक वार्तिक प्रकाशयुक्त*, पृ. 701
3. परशुराम चतुर्वेदी–*मीराबाई की पदावली*, पृ. 20-21
4. वही, पृ. 21

5. *मीरा : व्यक्तित्व और कृतित्व*, पृ. 46
6. *मीराबाई की पदावली*, पृ. 23 पर देवीप्रसाद मुंसिफ का उद्धृत मत
7. *मीरा : व्यक्तित्व और कृतित्व*, पृ. 500 पर उद्धृत तथ्य
8. *श्री भक्तमाल सटीक वार्तिक प्रकाशयुक्त*, पृ. 698
9. *मीराबाई की पदावली*, पद सं. 52, 64, 113
10. वही, पद सं. 43
11. वही, पद सं. 46, 53, 54, 57, 58
12. वही, पद सं. 97
13. वही, पद सं. 225
14. *मीरा व्यक्तित्व और कृतित्व*, परिशिष्ट 12
15. *मीराबाई की पदावली*, पद सं. 21-26
16. शचीरानी गुर्टू (सं.)—*महादेवी वर्मा*, जैनेन्द्र का लेख।
17. *मीरा: व्यक्तित्व और कृतित्व*, परिशिष्ट 13
18. वही, पृ. 193

मीरा के जीवनक्रम में-मीरा की भक्ति

–प्रो. (डॉ.) कल्याण सिंह शेखावत

मीराबाई का जन्म उनके पिता की जागीर के प्रमुख गाँव बाजौली में वि.सं. 1555 में होने के पश्चात् आपका बाल्यकाल कुड़की और मेड़ता में व्यतीत हुआ। आपके बचपन में ही आपकी माता का देहान्त हो जाने पर आपके दादा राव दूदा जोधावत ने आपको मेड़ता से कुड़की बुला लिया। तत्पश्चात् विवाह पर्यन्त मीरा मेड़ता ही रही।

इतिहास इस बात को स्वीकार करता है कि मेड़ता के शासक और उनका परिवार धार्मिक प्रवृत्ति के थे। वे वैष्णव भक्त थे और श्रीकृष्ण के चारभुजा स्वरूप के उपासक थे। इसी भक्ति प्रेम के प्रतीक रूप में राव दूदा जी जोधावत ने मेड़ता में अपनी राजधानी स्थापित करने के पश्चात् श्री चारभुजा का एक मन्दिर बनवाया था, जो आज भी विद्यमान है। कालान्तर में यही 'चारभुजानाथ' राठौड़ों की इस मेड़तिया शाखा के कुलदेव बन गये। आज भी वे नमस्कार के रूप में 'जय चारभुजा' की करते हैं। राव दूदा स्वयं एक आदर्श वैष्णव भक्त थे। यह बात प्रसिद्ध है कि वे श्री चारभुजा को दुग्ध से प्रतिदिन स्नान कराया करते थे। राव दूदा जी जोधावत के पुत्र राव वीरमदे की वैष्णव भक्ति भी लोक प्रसिद्ध रही है।

राव वीरमदे दूदावत के पाटवी पुत्र और इतिहास प्रसिद्ध वीरवर जैमल (वीरमदेवोत) की भक्ति की प्रशंसा तो लोक प्रसिद्धि के साथ-साथ तत्कालीन नाभादास जी की भक्तमाल में भी उल्लेखित है। मेड़ता नरेश जैमल जी श्री चारभुजा के अनन्य भक्त थे। यह लोक प्रसिद्धि आज भी प्रचलित है कि राव जैमल के अनेक युद्धों में स्वयं ' चारभुजानाथ' उनका रूप बनाकर जाया करते थे और युद्ध विजय कर लौट आते थे। उधर जैमल जी अपने आराध्यदेव की पूजा में बैठे रहा करते थे। जब बहुत समय उपरान्त पूजा से उठकर, जैमल जी युद्ध में जाने को तैयार होते, तब उन्हें यह सुनकर आश्चर्य होता कि अभी-अभी तो आप सेना संचालित कर शत्रु को भगा आये हैं, अब पुन: किस युद्ध में जाने की तैयाँरी है? तब जैमल श्री चारभुजा का स्मरण कर मौन हो जाते।

मेड़ता के भक्त लोग बड़े आनन्द और भाव विभोर होकर यह भी सुनाते हैं कि एक बार इसी तरह 'श्री चारभुजानाथ' राव जैमल का रूप धारण कर शत्रुओं से लोहा लेने जा रहे थे कि उनके कान का कुण्डल रास्ते में गिर गया। उसे युद्ध से लौटने पर ढूँढ़ा भी गया किन्तु मिला नहीं। इस स्थान का आकार प्रभु के कुण्डल के आकार का हो गया और उस स्थान का नामकरण भी 'कुण्डळ' हो गया। यह स्थान मेड़ता शहर के दक्षिण में आज भी स्थित है।

इन्हीं अलौकिक और चमत्कारिक बातों के कारण लोक साहित्य में भी विवरणात्मक दोहों का लोक प्रचलन भी हमें देखने को मिलता है।

जैमल जप्यौ जपमालौ, भाग गयो राव मंडोवर वालो

उपर्युक्त दोहा मंडोवर (जोधपुर) के राव मालदे गांगावत को मेड़ता के राव जैमल (वीरमदेवोत) द्वारा पराजित करने वाले ऐतिहासिक तथ्य को, जैमल की श्री चारभुजा के प्रति अनन्य भक्ति तथा श्री चारभुजा की जैमल जी पर अटूट कृपा के साथ जोड़ कर प्रस्तुत किया गया है। अत: कहा जा सकता है कि लोक मान्यता, लोक प्रसिद्धि अथवा किंवदन्तियों आदि के पीछे कुछ न कुछ ऐतिहासिक सत्य है।

इसी लोक और इतिहास प्रसिद्ध भक्त राज परिवार में मीराबाई का लालन-पालन और पोषण हुआ। राव जैमल भी, मीरा के बड़े पिता राव वीरमदे दूदावत के ज्येष्ठ पुत्र थे। अत: मीराबाई के बड़े पिता के पुत्र अर्थात् भाई ही हुए। वीरवर जैमल जी (वीरमदेवोत) का जन्म वि.सं. 1564 में हुआ था और मीरा का जन्म वि.सं. 1555 में। अत: राव जैमल मीराबाई से 11 वर्ष छोटे थे। जैमल जी अपनी बड़ी बहन (मीरा) का सदा आदर किया करते थे। साथ ही अत्यन्त स्नेह भी रखते थे। राव जैमल ने अपनी बहन के प्रति इस आदर, निष्ठा और स्नेह को अन्त तक निभाया। यह सौभाग्य ही था कि मीरा के अन्तिम समय (वि.सं. 1604) से कुछ वर्ष पूर्व अर्थात् वि.सं. 1602 तक मेड़ता के राज सिंहासन पर राव जैमल विराजमान हो चुके थे। आपने मेड़ता के शासक बनते ही द्वारिका (मीरा को लिवाने हेतु) अपने राजदरबारी और पुरोहित भेजे थे। उधर चित्तौड़ में इस समय तक राणा साँगा के पुत्र उदयसिंह, महाराणा बन चुके थे। उन्होंने भी मीरा को लिवाने हेतु आदमी द्वारिका भेजे थे।

इस भक्तिपूर्ण परिवार की स्त्रियाँ भी धार्मिक थीं। वैसे मीरा का युग भी धार्मिक युग अर्थात् भक्तिकाल के रूप में प्रसिद्ध है। इस समय अधिकांश जन धार्मिक प्रवृत्ति के थे। नितनेम, भजन-पूजन, सत्संग-कीर्तन आदि उस युग में अत्यधिक प्रचलित हुआ करते थे। हिन्दू स्त्री और पुरुष दोनों वर्ग इस ओर अधिक सक्रिय थे। हिन्दू स्त्रियों में 'तुलसी पूजा', 'हरजस' और व्रतादि अत्यन्त प्रचलित थे।

मेड़ता में तो चूँकि श्री चारभुजा का प्रसिद्ध मन्दिर था। अत: भक्तिपूर्ण वातावरण की छटा कुछ निराली ही रहती थी। साथ ही श्रीकृष्ण की लीलाभूमि मथुरा, वृन्दावन आदि स्थानों से निरन्तर आने वाले भक्त, सन्त और भजन मण्डलियाँ, मेड़ता के इस धार्मिक वातावरण की श्रीवृद्धि किया करती थीं। भक्तमाल की 'दो सौ बावन' और 'दो सौ चौरासी वैष्णवन की वार्ताओं' से इनके संकेत मिलते हैं।

इस धार्मिक वातावरण में पली राजकन्या मीराबाई भी धीरे-धीरे भक्ति के रंग में रँग गयी। परिवार के सदस्यों के भक्ति भाव ने मीरा पर पूरा प्रभाव डाला। यही कारण है कि वह 'साळगराम' से प्रारम्भ में आदर, फिर स्नेह और तत्पश्चात 'लव' लगा बैठी। अबोध अवस्था का यह स्नेह निरन्तर बढ़ता गया। जब मीरा सात वर्ष की थी तभी से उसने अपने प्रभु का 'सेवन' प्रारम्भ कर दिया था :

सात बरस की मैं श्री रंग सेविया,
जद पायो सुख सुहाग।

यही 'बाल सेवन' कालान्तर में मीरा की माधुर्य भक्ति के रूप में प्रकट हुआ। बचपन में क्रीड़ा करते समय जो छोटा पत्थर (कांकरा) मिला वही कालान्तर में 'सालगराम' बन गये। जिनकी सेवा मीरा जीवन पर्यन्त करती रही।

रमतां लाध्या कांकरा सेवा सालगराम

ज्यों-ज्यों समय व्यतीत होता गया यह भक्ति भाव दृढ़ से दृढ़तर होता गया, यह प्रीति बढ़ती गयी और अन्त में वह समय भी आया जब वह अपने प्रभु (गिरधर) मय हो गयी। मीरा की इस भक्ति में साधु-सन्तों का बड़ा महत्त्व रहा है। मीरा ने इस महत्त्व को सहर्ष स्वीकार भी किया है। सन्त समागम, हरिकथा और हरजसों ने मीरा की बाल भक्ति को, प्रोत्साहन और सहारा दिया है। सन्त समागम से ही उसने अपनी शिक्षा का प्रसार किया है। सन्तों से सुनी

हुई हरि कथा और श्रीमद्भागवत को मीरा ने हृदयंगम कर लिया और फिर स्वयं उसे बार-बार स्मरण करती रही। यह क्रम तब तक चलता रहता जब तक उसे (भक्ति प्रसंग) पूर्णतया कण्ठस्थ नहीं हो जाता। मीरा की भक्ति उसके सन्तसंग के सहयोग से पुष्पित-पल्लवित हुई है–

सत्संग मै परी हो धिन धिन आज नी घरी। टेक
श्रवण श्रुणत श्रीमद्भागवत रसना रटत हरि...

निरन्तर के सत्संग और अपने प्रभु स्मरण से मीरा को लगने लगा जैसे–मोहन की साँवरी सूरत, अन्त:चक्षुओं के माध्यम से उसके हृदय में समा गयी है। जब उसे यह निश्चित बोध हो गया तब वह गुनगुना उठी–

साँवरी सूरत मोहनी मूरत उर विच आन परी

शनै:-शनै: इस 'साँवरी सूरत' और 'मोहनी मूरत' ने मीरा के हृदय पर स्थायी प्रभाव डाल दिया। मीरा का हृदय ही अब उसका स्थायी निवास बन गया। अब मीरा ने अनुभव किया कि यह वही 'सजन-स्नेही' है जिसकी बहुत दिनों से वह प्रतीक्षा कर रही थी।

सहेलियाँ सजन घर आया हो
बोहैत दिना की जोवती बाट।

ज्यों-ज्यों मीरा की भक्ति बढ़ती गयी, उसे अनुभव होने लगा जैसे यह तो जन्मजन्मान्तर का सम्बन्ध है। न जाने किस कारण इसमें यह गतिरोध उत्पन्न हो गया–

बीच माँ है पड़ग्यो झौल।

उसे पुन: यह अनुभव होने लगा जैसे वह पूर्व जन्म की गोपिका है और यह 'गिरधर' ही उसके गोपाल हैं, कान्हा हैं, नन्द के लाला हैं। इस सुप्तभाव के जाग्रत होते ही वह कह उठी–

1. *सुन्दर सुघड़ सुजान साँवरौ जनम जनम भरतार*
2. *पूरब जन्म री प्रीत साँवरिया*

धीरे-धीरे वृन्दावन की 'कुंजगलन' की टेर भी उसे ध्वनित होने लगी और इस तरह (हरिधन से) अब तक 'निरधन' मीरा 'धनवन्ती' होकर, प्रिय के लीलासागर में डूबने-उतराने लगी। अन्तत: सर्वस्व अर्पित कर वह उसी 'गिरधर नागर' की शरण में आ पड़ी। निम्न पद्यांश में यह भावाभिव्यक्ति कितनी सुन्दर बन पड़ी है–

वृन्दावन की कुंज गलन में मुरली की टेर करी।
भली भई घर सांम पधारे आज सुनाथ घरी।
निरधन ते में भई धनवन्ती ब्रह्मां ताप हरी।
मन डूब्बौ लीलासागर माँही एही घाट घरी।
मीरा कहै प्रभु गिरधर नागर सरने आए परी।

'बालसखा री सेवा' यौवन आते ही प्रीति बन गयी और मीरा के बचपन के 'सालगराम' युवावस्था में 'गिरधर नागर' बन गये। दिन-प्रतिदिन मीरा इसी 'साँवरिया प्रियतम' के रंग में रँगती गयी। ज्यों-ज्यों अबोधता बोध में परिवर्तित होती गयी मीरा के प्रियतम भी संकीर्णताओं की सीमा लाँघते गये। 'गिरधर' के प्रीति रंग में पगी मीरा के समक्ष जब विवाह का प्रश्न आया तब वह गा उठी–

झूंठो वर कुण परणै है सा, परणै तो मेरौ भरम न जाए
कूड़ौ वर कुण परणे हे माँ।

इस विवाह प्रसंग पर मीरा ने स्पष्ट कर दिया कि उसने अपना वर निश्चित कर लिया है–

लख चौरासी रौ चुड़लौ में पैरयौ बारम्बार।
ओ तो वर देही रौ संगाती मो वर सिरजनहार।
झूंठौ वर कुंण परणै हो माँ परणूं तो मेरौ भरम न जाए।
वर पायौ है माँ।

मीरा ने अपने वर को घोषित करने से पूर्व यह कहना भी उचित समझा कि–

जामण मरण वरयावर केता विष राता नर नार

अत: इन्हीं कारणों से –

मेरी मन लागौ बालमुकन्द सूं वर पायौ किरतार।

यह अलौकिक वर मीरा के युग में अनोखा था। उस पर किसी लौकिक व्यक्ति को विश्वास भी नहीं होता था। अत: मीरा को पुन: कहना पड़ा कि आप यह न समझें कि यह वर कैसा है? यह वर आज का नहीं है बल्कि अनेक युगों और अनेक जन्मों का है–

1. *मीरा ने गिरधर मिल्या भव भव रा भरतार*
2. *... साँवरी जनम जनम भरतार*

साथ ही गिरधर से लगी यह प्रीति भी पूर्व जनम की है... *पूरब जन्म री प्रीत साँवरिया सोई बात बणैला* और इस जन्म में यह *बाल सनेही गोविन्दौ जाको थे नहीं जाणौं कहूं भेव।*

किन्तु लौकिक मर्यादा को भावों और भक्ति से नहीं बहलाया जा सकता था। अत: मीराबाई के लिए उसके दादा राव दूदा जोधावत की अन्तिम इच्छा के अनुसार, मीरा के योग्य ही जगत् का सर्वश्रेष्ठ 'वर' ढूँढ़ा गया। 'हिन्दवाणौं सूरज' कहलाने वाले, मेवाड़ के तत्कालीन महाराणा साँगा रायमलोत के पुत्र भोजराज से बढ़कर, मीरा के लिए (उस युग में) और कौनसा उपयुक्त वर हो सकता था? इसलिए मेड़ता की इस अत्यन्त सौन्दर्यशालिनी, प्रसिद्ध विदुषी और भक्तमहती राजकन्या का विवाह मेवाड़ के सिसोदिया राजपरिवार में कर दिया गया–

1. *सीसौद्या सरीषो वर पायो'*
2. *सीसौद्य घर आवीया ॥ सगला मेलां में थारो सीर*

वैष्णव भक्त मीरा विवाह के पश्चात् चित्तौड़ आयी। चित्तौड़ के सिसोदिया राणा शिव के उपासक माने जाते हैं। उनके उपास्यदेव एकलिंग जी हैं। राणा परिवार में शैवोपासना का प्रचलन रहा है। साथ ही 'गौरज' पूजन के भी संकेत मिलते हैं। इस कारण इस वातावरण में मीरा की भक्ति में गतिरोध उत्पन्न हुए। सर्वप्रथम उनसे 'गणगौर पूजन के लिए कहा गया–

भाभी जी गौरज पूजो राज। संतां रौ संग निवारौ राज।।
सईयां पूजै गवरजा। थे पण पूजौ गोर।।

किन्तु मीरा ने स्पष्ट कह दिया कि–

नहीं पूजूँ गिणगौर जै।
नहीं पूजूँ आन देव॥
बाल सनेही गोविन्दो।
जाको थे नहीं जांणै कहूँ भव राय॥

इस तरह हमें ज्ञात होता है कि मीरा अपने उपास्यदेव के प्रति कितनी गहन आस्था रखती थी। वह सर्वस्व दाँव पर लगा सकती है किन्तु 'गिरधर' को विस्मृत कर देना, सन्तसमागम छोड़ देना, भक्ति को भूल जाना, उसके लिए असम्भव है।

इस लौकिक विवाह के पश्चात् भी मीरा की भक्ति में कोई कमी नहीं आयी। मीरा मेवाड़ में भी भक्ति भाव में सदा लीन रही–किन्तु मेवाड़ का मर्यादापोषक राणा परिवार मीरा की आदर्श भक्ति को समझ न सका, इस कारण मीरा के अपने प्रियतम (आराध्य) की भक्ति में, भक्तिभाव से लीन होकर उन्मुक्त गान और सत्संग, नृत्य को मेवाड़ की आन-मान और प्रतिष्ठा के विपरीत समझा गया। सर्वप्रथम मीरा को ऐसा न करने को कहा गया, उसे समझाया गया–

थे मोटा कुल मा जनमीया। ऊँची थांरी जात॥
राणा जी सरीषो वर पायौ। थारे तीन कूंट कौ राज॥
काँई थारै लागै छै गोपाल॥
ऊनां भोजन जीमलौ। पेरौ दीखणी चीर
रीरोद्या गर आवीया। सगळा मैहलां में थांरौ सीर॥
काँई थारै लागै छै गोपाल॥
ठनडा टूकड़ा थे पीवौ काँई। पीवो खाटी छाछ॥
भु सुवो भुषा मरौ। कठे मिले गोपाल॥
काँई थारै लागै छै गोपाल॥

किन्तु इस समझाने का, भक्ति रंग में रँगी मीरा पर कोई असर नहीं हुआ। उपर्युक्त सभी दलीलों का प्रत्युत्तर देते हुए मीरा ने कहा–

प्यारो मांने लागे छै गोपाल।
जैसा पाणी ओस का जैसो यो संसार
आवे झकोळो पवन को जात न लागै बार।
प्यारो लागे छै गोपाल।
राणां सरीखा वर तज्या। सगळा संसार में मारो सीर
प्यारो मांने लागे छै गोपाल।
मीठा लागे टुकड़ा काँई अमृत लागे छाछ
भु सूवां भूया मरां। मांने काल मीले कीरतार
प्यारो मांने लागे छै गोपाल।

इस पर मेवाड़ी राणा ने मीरा के पास विष भेजा और उसे हमेशा के लिए समाप्त करने की असफल चेष्टा की।

विष रा प्याला रांण जी मेल्या। दो मीरा के हात

मीरा इसे–

चरणांमत कर पी गयी। राखण वालो राम

इस पर राणा ने सर्प का पिटारा भेजा :

साँप टपारो रांण जी मेल्या। दो मीरा के हात

सर्प पिटारे से राणा ने यह समझ लिया था कि अब मीरा नहीं बचेगी। अतः उन्होंने अपने आदमियों को आगे के निर्देश भी दे दिये–

मुई मीरा ने घीसव ज्यो। काला बैल जुताय

किन्तु हुआ राणा की इच्छा के विपरीत–

हँस हँस मीरा कण्ठ लगायौ। यो तो मारे नवसर हार
मीरा उतरे मेल सु रे।

इस प्रकार मीरा बार-बार मृत्यु से बचती गयी और अन्त में उसने चित्तौड़ छोड़ दिया। इन कष्टों ने मीरा की भक्ति को तपा-तपाकर स्वर्ण बना दिया। मीरा की भक्ति आस्था भी दृढ़ होती गयी और उसका स्वरूप भी स्पष्ट होता गया। मीरा के जीवन विकास के साथ-साथ उसकी भक्ति का विकास भी जुड़ा हुआ है। मीरा के सात वर्ष के श्रीरंग और सालगराम, मीरा के कुछ बड़ा होने पर 'बालमुकन्द' हो गये, फिर वही 'गोपाल' हो गये, यही बचपन के 'गोपाल', यौवन तक आते-आते 'गिरधर नागर' बन गये, 'स्याम मनोहर' बन गये और कालान्तर में यही सालगराम, बालमुकन्द, गोपाल, गिरधर और स्याम मनोहर, राम और कृष्ण तथा 'रणछोड़' जैसे प्रौढ़ रूपों में, मीरा के पदों में वर्णित होने लगे। ज्यों-ज्यों भक्ति ज्ञान बढ़ता गया त्यों-त्यों भक्ति दृष्टि भी व्यापक होती गयी और जब भक्ति ज्ञान अपने चरम विकास पर पहुँच गया तब राम और स्याम, हरि और कृष्ण सभी एक हो गये। अतः मैं तो कहूँगा कि यदि मीरा की भक्ति के कोई आयाम हैं तो ये ही हैं। (डॉ हीरालाल माहेश्वरी, 'राजस्थानी भाषा और साहित्य, पृ 326)

मीरा की भक्ति को दृढ़ करने में, मीरा के लौकिक पति का देहान्त भी अत्यन्त सहायक हुआ। पति (लौकिक) की मृत्यु से मीरा सर्वोन्मुखी भाव से अपने साँवरिया की ओर समर्पित हो गयी, किन्तु चूँकि मीरा का युग सतियों का युग था। सती प्रथा और जौहर उस युग में क्षत्रिय नारी के लिए एक अनिवार्य वस्तु बन गयी थी। अतः मीरा के पति भोजराज के स्वर्गारोहण के पश्चात् मीरा से भी सती होने की आशा और माँग की गयी तथा वेशभूषा परिवर्तन का अनुरोध किया। मेवाड़ राजपरिवार की विधवा से, राजपरिवार की विधवा की ही वेशभूषा धारण करने और वैसा ही आचरण करने की आशा की गयी। इसके प्रत्युत्तर स्वरूप मीरा का यह पद प्रचलित हुआ :

यो मीरा रंग लाग्यौ राम हरि। टेर.
कण्ठी तिलक दोवड़ी माला। सील वरत सिणगारो॥
और सिंगार स़ोवै नहीं राणा जी। यो गुर ग्यान हमारो॥ 1 ॥
भलि कोई निन्दो भलि कोई विन्दौं। गुण गोविन्द का गास्यां॥
जिन मारग मेरा सन्त पधारया। जी मारग म्है जास्यां ॥ 2 ॥
भजन करस्यां सती न होस्यां। मन मोहयो धणनामी॥

लगता है जैसे यह सब मेवाड़ के राणा ने मीरा से कहा था इसलिए उसे उस राणा को जो उसका जेठ (पति के बड़े भाई) रहा है, स्पष्ट कहना पड़ा–

जेठ बहू को नाती नहीं हो। हम सेवग तुम स्वामी।।
राज न करस्यां जीव न सतास्यां। काँई करेलो म्हारो कोई।
हसती चढि म्है खर न चढस्यां। ऐ तो बात न कोई।।

इन पदों से मीरों के जीवन और भक्ति दोनों पर प्रकाश पड़ता है। मीरा के भक्ति वेश का संकेत भी इनसे मिलता है। यह पद इस बात की ओर संकेत करता है कि मीरा को सती होने के लिए कहने वाला राणा उसका जेठ है और मीरा उसके भाई की पत्नी अर्थात् बहू है। इससे यह भी ज्ञात होता है मीरा के पति भोजराज महाराणा साँगा के पाटवी पुत्र नहीं थे। उनके कोई बड़े भाई अवश्य थे। यह बड़े भाई साँगा के पुत्र रतनसी ही हो सकते हैं। इससे यह भी ज्ञात होता है कि इन्हीं के सामने भोजराज की मृत्यु हो गयी थी और इन्होंने मीरा से सती होने के लिए कहा था। राणा के इन षड्यन्त्रों के कारण मीरा का चिन्तन विपरीत दिशा की ओर हो चला था–जब वह कहती है–

माहनै कुण चीतारसी राणा रो नीतवारो

तब ज्ञात होता है जैसे वह सोचने लगी थी कि राणा के प्रभाव, शक्ति और साम्राज्य के कारण मुझे कौन स्मरण करेगा? अर्थात् कोई मेरा नाम तक नहीं लेगा। यह आत्मवेदना की चरम सीमा कही जा सकती है।

मीराबाई को अपनी इस भक्ति के कारण लोक निन्दा का पात्र बनना पड़ा। लोक मर्यादा कुल गौरव और राज्याभिमान का सहारा लेकर मीरा की निन्दा और उपहास किया गया। इस लोक निन्दा से मीरा को अपार कष्ट हुआ, जिसकी प्रतिध्वनि उसके प्रत्येक पद में गूँजती है। मीरा को लोक निन्दा का पात्र बनाने में मेवाड़ी राणाओं का हाथ कहा जा सकता है। मीरा को उसकी भक्ति से विमुख करने हेतु लोक निन्दा को भी माध्यम बनाया गया और मीरा से कहा गया कि लोक निन्दा का ध्यान करे और अपनी भक्ति तथा सत्संग को छोड़ दे। भक्ति रंग में रँगे हृदय पर लोक मर्यादा का अंकुश लगाने का प्रयास किया गया। किन्तु मीरा ने इसे स्वीकार नहीं किया।

1. *लाजे पीयर सासरो। लाजे माय मोसाल।*
   नीतरा आवे ओलवा। कांई भरम धरे संसार।।
2. *लाजे छै पीयर सासरो मीरा लाजे छै माय मोसाल।*
   लाजे दूदा जी रो मेरतो जी। लाजे गढ़ चित्तौड़।।

मीरा ने इसका प्रत्युत्तर देते हुए कहा–

त्यांरू पीयर सासरो। त्यांस माय मोसाल
त्यांरू दूदो जी रो मेरतो। त्यांरू गढ़ चीत्तौड़।।

इस पर राणा ने पत्र भेजकर मीरा को समझाया–

राणों जी कागद मोकल्यो जी। द्यौ मेड़तणी ने जाय।
साधां री संगति छाडि द्यौ। थारां कुल में लाछण थाय॥
काठन की माला तजो जी। पहरो मोती हार॥
भगताई थे दूरी करो जी। सब ही राज तुमार ॥

इस पर मीरा ने कहा–

काठन की माला हीरां जड़ी जी
ज थारे मन भ्रान्ति बसे तो। हमें बहन तुम भाई
मीरा दासी राम की जी। निति प्रति रहै हजुरि ॥
हरिजन सूं सनमुख सदा जी। दुसट्यां सेती दूरि ॥

मीरा ने कभी लोक निन्दा की चिन्ता नहीं की। उसे ज्ञात था कि लोग उसकी भक्ति को देख उसका उपहास करते हैं, तभी उसने कहा–

म्है जास्यां साँवरिया रे साथ बाइ म्हानै जगत हँसै है।
जगत हँसे हँसि जांण दे री टहैल करां म्है जाय॥

लोक निन्दा के साथ-साथ मीरा को परिवारजनों की निन्दा भी सहनी पड़ी–

लोग कुटम्बी निन्दवै री

किन्तु मीरा ने अपनी माधुरी भक्ति को नहीं छोड़ा। वह बार-बार कहती रही–

प्रीति न घटाय

1. *माधुरी मुरति हिरदै वसै म्हारा चित मैं रही है लुभाय*
2. *माहरौ मन लागो री सो साँवरी सूरत सुं झख मारो जग सगरी*
3. *भली कहो कोई बुरी कहो मैं मांडळी झोली*
4. *म्हाने लाख लोग हसि रहसां दासी जगदीस तणी।*

लोक-निन्दा सुनकर मीरा को यह कहना पड़ा :

–अेर आली मैं साँवरा क बसी परी सजनी लोग कहे भटकी॥

इस तथ्यहीन लोक-निन्दा ने मीरा को बहुत कष्ट पहुँचाया। आदर्श भक्ति को जन मानस ने 'भटकना' कहा, यह बहुत आश्चर्यजनक बात है किन्तु अज्ञानी जन इस भक्ति रहस्य को कैसे समझ सकते हैं? इसे तो स्वयं गोपाल ही अच्छी तरह जानते हैं–

बन ही गोपाल लाल सजनी कौ जाने घट की।

धीरे-धीरे मीरा की यह धारणा बन चली थी कि–

जोई साध री नन्दा करसी जाको हरदे रूड़ौ।

इस प्रकार अपार कष्ट और लोक-निन्दा सुनने के उपरान्त मीरा की मन:स्थिति कुछ इस प्रकार की हो गयी थी कि प्रभु स्मरण उसे करना ही है, चाहे उसके लिए कितने ही कष्ट क्यों न सहने पड़ें। वह सर्वस्व दाँव पर लगाने को भी तत्पर है किन्तु भक्ति छोड़ना उसके लिए किसी तरह सम्भव नहीं–

जो दुख थाय सो थाज्यौ रे रूड़ा रामजी न भजतां॥ टेर
पीउ जाय तो राखऊ लीजो जीव जाय तो जाय रै॥ 1 ॥

मीरा ने–

लोक लाज विस्सार डाय छाड्यौ जग उपदेस।

और अब उसने अनुभव किया कि–

रै सभजुग हसवा दै
हसती की चाल चालौ रे मन मेरा पीछे कुकर भुसवा दे।

मीरा की यह अनन्य भक्ति उसके जीवन की थाती बन गयी। इस भक्ति से मीरा को अपार कष्ट झेलने पड़े किन्तु मीरा ने साहस और आशा का कभी परित्याग नहीं किया। प्रताड़ना, उपहास और आतंक के बीच में भी मीरा की माधुर्य भक्ति सहज भाव से पुष्पित-पल्लवित होती रही। यही कारण है कि अन्ततः विजय श्री मीरा को मिली और उसका सम्मान और भक्ति भाव जगत्-व्याप्त हो गया। मीरा राणा को भी अपने साथ भवसागर पार ले जाना चाहती थी किन्तु '*समझायो समज्यो नहीं सिसोद।*' मीरा की भक्ति में गतिरोध लाने वाले संसार से आज चले गये हैं, विश्व उनको विस्मृत करता जा रहा है किन्तु मीरा का यश प्रकाश दिग्दिगन्त में व्याप्त हो रहा है।

'बरजी मैं काही की नाहिं रहूँ'

—रोहिणी अग्रवाल

मीराबाई : हिन्दी की पहली स्त्री विमर्शकार

साहित्य समाज का दर्पण है। जब वह युगीन यथार्थ को प्रतिबिम्बित करता है तो उसका लक्ष्य दोहरा होता है। एक, युगीन विकृतियों, विसंगतियों और रुग्णताओं को विश्लेषण का विषय बनाकर उनके निवारण हेतु समुचित समाधान खोजना। दूसरा, अपने अनुभव-सत्य से गुजर कर बेहतर भविष्य के निर्माण हेतु भावी पीढ़ी का दिशा-निर्देश करना। मीरा का काव्य स्त्री-मानस की पीड़ा को शब्द देता है। मीरा के युग में स्त्री आत्माभिव्यक्ति के लिए स्वतन्त्र नहीं थी। वह पुरुष के उपयोग-उपभोग के लिए थी और पुरुष की दृष्टि से देखी जाती थी। स्त्री के सुख-दुख, सपने-आकांक्षाएँ, वर्तमान-भविष्य उसके अपने भीतर निहित नहीं थे, पुरुष-समाज द्वारा प्रत्यारोपित किये जाते थे। इसलिए स्त्री की नजर से स्त्री-मानस को पढ़ने का संस्कार और आवश्यकता मध्ययुग में कहीं दिखाई नहीं देती। 1498 से 1546 तक की जिस कालावधि में मीरा के होने का अनुमान इतिहासकार लगाते हैं, वह काल हिन्दी साहित्य में भक्तिकाल के नाम से जाना जाता है। भक्तिकाल सामाजिक-राजनीतिक-आर्थिक उत्पीड़न के विरोध में उठा एक सांस्कृतिक आन्दोलन है जो व्यक्ति की ऐहिक-ऐन्द्रिक सत्ता को झुठलाकर परलोक की सम्मोहक अवधारणा समक्ष रखता है। चाहे इसे नैराश्य से उबरने का जिजीविषापूर्ण प्रयास कहा जाये या अपनी क्षीण होती अस्मिता को बचाने की अकुलाहट-भक्ति आन्दोलन ने पारलौकिकता के गाढ़े आवरण के बीच व्यक्ति की भौतिक सत्ता, समाज-व्यवस्था और सम्बन्धों के महीन अन्तर्जाल को गहराई से देखा-परखा है। अलबत्ता लोक और परलोक के बीच अपने को स्थापित करने की द्वन्द्वग्रस्तता भक्ति साहित्य में साफ झलकती है। यह द्वन्द्वग्रस्तता आत्मस्वीकृति चाहती है तो तत्काल आत्मनिषेध की गूँजती हुंकार से भयभीत हो पीछे हट जाती है। इसलिए विद्रोह और यथास्थितिवाद भक्तिकाल में साथ-साथ चले हैं। परवर्ती आलोचना इन द्वन्द्वों को चिह्नित करने की अपेक्षा साहित्येतिहास के कालविभाजन और नामकरण को सटीक सिद्ध करने की कोशिश में संवत् 1350 से संवत् 1700 तक के मध्ययुगीन कालखण्ड को भक्ति-धारा से आप्लावित होने का पूर्वाग्रह लेकर चली है। यही कारण है कि वह मीरा काव्य की भास्वर आत्माभिव्यक्ति को अलक्षित कर उसे कबीर, सूर, तुलसी, रसखान सरीखे भक्त कवियों की कोटि में रखती आयी है। परिणामस्वरूप मीरा-काव्य में निहित परिवार, कुलकानि, राजसत्ता के प्रति विद्रोह की तीव्र टंकार को लौकिक जीवन का निषेध कर अलौकिक ईश्वरीय सत्ता से जुड़ने की ललक के रूप में पढ़ा-गुना गया। आलोचना की यह परम्परागत दृष्टि मीरा-काव्य के मूल स्वर के साथ न्याय नहीं कर पाती। मीरा-काव्य के केन्द्र में है मीरा के भीतर की निखालिस स्त्री जो पुरुष-दृष्टि की चौकसी और दबाव से मुक्त हो अपने मनोजगत् में दहकती लालसाओं को निर्भीक भाव से व्यक्त कर रही है।

वह अपने विरोध की प्रचण्डता को भी जानती है, परकीय प्रेम के प्रति दुर्निवार आकर्षण की 'अनैतिकता' को भी और अकेले समाज से टकराने के जोखिम को भी। आज की आलोचना स्त्री विमर्श के नाम पर स्त्री की आत्माभिव्यक्ति को व्यापक सामाजिक सन्दर्भ में देखने की कोशिश करती है।

स्त्री विमर्श अस्मिता आन्दोलन है। यह हाशिये पर धकेल दी गयी अस्मिताओं को पुनः केन्द्र में लाने और उनकी मानवीय गरिमा को पुनःप्रतिष्ठित करने का महाभियान है। स्त्री विमर्श अपनी मूल चेतना में स्त्री को पराधीन बनाने वाली पितृसत्तात्मक समाज व्यवस्था का विश्लेषण करता है। यह स्त्री को दोयम दर्जे का प्राणी मानने का विरोध करता है और स्त्री को एक जीवन्त मानवीय इकाई समझने का संस्कार देता है। स्त्री विमर्श पितृसत्तात्मक व्यवस्था की पड़ताल करने के उपक्रम में विवाह संस्था, धर्म, न्याय और मीडिया की स्त्रीविरोधी भूमिका को प्रकाश में लाता है। यह ठीक वही भावोच्छ्वास है जो मीरा-काव्य में सर्वत्र बिखरा मिलता है। मीरा के काव्य में सर्वाधिक मुखर है विवाह संस्था के प्रति असन्तोष का भाव जो राणाजी के जानलेवा षड्यन्त्र और सास-ननद के उत्पीड़न के जरिये उभरता है। पितृसत्तात्मक व्यवस्था स्त्री को शक्तिहीन कर पुरुष को बलशाली बनाने का महान उपक्रम है। स्त्री को शक्तिहीन और रिक्त करने की यह प्रक्रिया बेहद सूक्ष्म, जटिल एवं संश्लिष्ट है। एक ओर उसकी महत्ता के डंके पीटकर उसे शील, शक्ति और सौन्दर्य की अधिष्ठात्री कहा जाता है तो दूसरी ओर कर्तव्यपरायणता, एकनिष्ठा, सहिष्णुता, त्याग और क्षमा जैसे उच्चादर्शों में बाँध उसकी परिधि को बेहद संकुचित कर दिया जाता है। स्त्री अपने लिए नहीं जीती। उसे दूसरों के लिए जीना सिखाया जाता है—पुरुष के लिए, पुरुष के परिवार के लिए, पुरुषनिर्मित व्यवस्था के लिए। इसीलिए परिभाषाओं और वर्जनाओं में मात्र उसी की सत्ता को बाँधा जाता है, पुरुष की नहीं। जन्म से स्त्री और पुरुष दोनों संस्कार रूप में इन परिभाषाओं और वर्जनाओं को मूक भाव से स्वीकार करते हैं और उन्हीं के अनुरूप अपनी जीवन-शैली विकसित करते हैं। सामान्यतया कहीं विवाद या संवाद की कोई गुंजाइश नहीं! किन्तु मीरा के साथ ऐसा नहीं हुआ। निःसन्देह पितृगृह में उन्होंने भी पितृसत्तात्मक व्यवस्था का शासन और अनुशासन देखा होगा और स्त्री-पुरुष सम्बन्धों में असमानता की बात उनके रोजमर्रा के जीवन से होकर गुजरी होगी। किन्तु अनुभव के स्तर पर शायद अनुशासन और असमानता को उन्होंने न भोगा हो क्योंकि आम राजपूत कन्याओं से भिन्न उनकी शिक्षा-दीक्षा चचेरे भाई जयमल के साथ हुई। अन्तःपुर से बाहर निकलकर भाई के संग शिक्षा ग्रहण करने के अधिकार ने मीरा में निश्चय ही एक स्वतन्त्रचेता व्यक्तित्व का विकास किया जो विवेक, स्वाभिमान और दृढ़ता के सहारे अपनी मानवीय गरिमा अक्षुण्ण रखना जानता है। पुरुषों को ये गुण श्रेष्ठ बनाते हैं, स्त्रियों को जिद्दी, अहंकारी और कुलांगार। इसलिए पत्नी एवं कुलवधू के रूप में जैसे ही मीरा से पितृसत्तात्मक व्यवस्था द्वारा पोषित रूढ़ छवियों में बँधने की माँग की गयी, स्वप्नद्रष्टा मीरा की स्वतन्त्रता की भावना को गहरी ठेस लगी।

I

लोकलाज कुलकाण जगत की, दी बहाय ज्यूं पांणी।
अपने घर का परदा कर लौं, मैं अबला बौरांणी।

किसी भी आत्माभिमानी पुरुष की भाँति मीरा अपने जीवन में किसी के अयाचित हस्तक्षेप को स्वीकार नहीं कर सकती। अपने ढंग से जीना उसकी मजबूरी है। इस जीवन-शैली में 'मुँह उघाड़' कर साधुओं की संगति का 'दुस्साहस' आये, तो भी। लेकिन मीरा का दुर्भाग्य है कि 'सत्संगति' की मामूली सी इच्छा को भी कोई स्वीकृति नहीं दे रहा है। सभी ओर से दुत्कार-फटकार-निषेध। मीरा चकित है और किंकर्तव्यविमूढ़—*राजा बरजै राणी*

बरजै, बरजै सब परिवारी/कुँवर पाटवी सो भी बरजै और सहेल्यां सारी। जिस राणा से परिणय कर मेवाड़ आयी, वह भी गरिया रहा है—*राणो जी म्हासूं रूस रह्यौ छै, कूड़ा बचन निकासै हे माय।* यहाँ तक कि पितृकुल भी उसके संस्कार, शिक्षा-दीक्षा और निर्णय की अवमानना कर उसी को दोषी ठहरा रहा है—*मेड़तिया रा कागद आया, बाई मीरा ने जा खीज्ये जी/ बोहत भाँति से लिख्या ओलम्भा, कुल कै दाग मत दीज्यो जी/ साधां को संग परो निवारे... पति आज्ञा में रीज्यो जी।* मीरा बताना चाहती है कि हरि भक्ति में लजाने जैसा कुछ भी नहीं। इससे तो उसके पितृकुल और श्वसुर कुल दोनों का ही उद्धार होगा—*एक कुल त्यारां राणा आपणो, दूजो बंस राठौड़। तीजो त्यारां जी राणा मेड़तो, चौथौ गढ़ चित्तौड़।* ननद ऊदांबाई—*साधां की संगत दुख भारी* कहकर जिस अभावग्रस्त जिन्दगी की ओर संकेत करना चाहती है[1], उसे तो मीरा मुक्ति का मार्ग समझती है—*बास्या ता खास्यां टूकड़ा ये, बाई पीस्यां खाटी छाय।/भैं सोवां भूखां मरां ये, बाई जब रे मिलेगो हरि आय। माया म्है तो यूं तजी।*

मीरा परिवार से संवाद बनाये रखने की हर सम्भव कोशिश करती है। ननद ऊदां के सामने वह अपने अवश मन का रेशा-रेशा खोल देती है—*यो मन लाग्यो वैराग से, रमस्या साधां री लार, सन्तां री लार, भक्ति न छूटै हरि नाम की।* अपने लौकिक अधिकारों एवं भौतिक सुखों का परित्याग करने में जरा भी संकोच नहीं—

बाई ऊदां छोड्यो मैं मोत्यां को हार, गहणो तो पहर्यो सील सन्तोष को
बाई ऊदां चढ़ चौबारा झाँक, साधां की मण्डली लागे सुहावणी।

भाभी सब महलां में थारो सीर—ऊदां के प्रलोभनों से भी अडिग है मीरा—*राजपाट भोगो तुम्हीं, हमें न तासूं काम।* अपने निर्णय को राणा तक पहुँचा कर वह निश्चिन्त हो जाना चाहती है—

मेरी बात नहीं जग छानी, ऊदांबाई समझो सुघर सयानी
साधू मात पिता कुल मेरे, सजन सनेही ज्ञानी
सन्त चरन की सरन रैन दिन, सत्त कहत हूँ बानी
राणा नैं समझावो जावो, मैं तो बात न मानी।

चारित्रिक दृढ़ता एवं ईमानदारी के कारण पारदर्शिता मीरा की पहचान है और उसकी मानवीय रक्षा का प्रमुख घटक भी। मीरा ने छल या विश्वासघात नहीं किया तो लोकापवाद क्यों? 'सन्तन के ढिंग' बैठने से और हरिभक्ति में भावविभोर होकर नाचने से कुल की मर्यादा का हनन कैसे?[2] मीरा पितृसत्तात्मक व्यवस्था के जड़ कठोर नियमों को नहीं समझ सकती और स्वयं किसी तर्क द्वारा अपनी हार्दिकता और निश्छलता उस तक प्रेषित नहीं कर सकती। व्यवस्था और व्यक्ति के बीच संवाद सम्भव ही नहीं। इसलिए सम्बन्धों में घुटन और दरकन—

सास बुरी म्हारी ननद हठीली/जलबल होय जाय अंगीठी।

और

राणा जी थे क्याने राखों मोंसू बैर
राणा जी म्हांने ऐसा लगत है ज्यूं बिरछन में कैर।

या

राणा जी का देस में कोई, जल पीबा को दोस।

उत्पीड़न का सन्त्रास और संकल्पदृढ़ता का ठसका—मीरा अपने ही द्वन्द्वों में अनिश्चित सी घिरी खड़ी है—

हेली म्हांसूं हरि बिन रह्यो न जाय।
सासु लड़ै मोरी ननद खिजावै, राणां रह्यो रिसाय
पहरो भी राख्यो, चोकी भी बिठाइयो, ताला दिया जुड़ाय
पूर्वजनम की प्रीत पुरानी सो क्यों छोड़ी जाय।

मीरा सम्बन्धों में स्पेस चाहती है, सम्बन्धों से मुक्ति नहीं। उसकी मानसिक संरचना के ताने-बाने में पितृसत्तात्मक व्यवस्था की रूढ़ छवियों के साथ स्वप्नशील व्यक्ति की सघन संवेदनशीलता है; कर्तव्यपालन की एकनिष्ठ दृढ़ता के साथ 'स्व' की सुरक्षा और सम्मान की मानवीय आकांक्षा भी। एक औसत स्त्री की तरह मीरा सरलहृदया है, किन्तु औसत स्त्री से भिन्न ज्ञानपिपासु। सत्संगति के महत्त्व की जो सैद्धान्तिक बातें वह पोथियों में पढ़ती आयी है, क्यों न उन्हें जीवन में उतार जीवन सफल बना ले। साधु संगति मीरा के लिए ज्ञानार्जन और आत्मविस्तार का जरिया है–भौतिक जगत के रहस्यों को जानने, जगत के साथ अपने सम्बन्धों को गुनने और अपनी मानवीय सत्ता को एक सार्थक दिशा देने का। मीरा के अनुभव सीमित हैं–अपने ही वृत्त में बन्द स्त्री जीवन की नियति के कारण। वह आरोपित स्त्री नियति से ऊपर उठकर 'अपने' को तलाशना और सँवारना चाहती है। उल्लेखनीय है कि इस तलाश में परिवार और सम्बन्धों का निषेध नहीं है, बल्कि उनके अर्थ और अन्तरंगता का विस्तार है–

माई म्हारै साधां रो इक्तयार है
साधु ही पीहर साधु ही सासरो, साँवरिया भरतार है
जात पाँत कुल कुटम कबीलो, साधू ही परवार है
मीरा के प्रभु गिरधर नागर, रमस्यां साधां री लार है।

भाग खुल गये म्हारे साध संगत सूं–अपनी सीमाओं का अतिक्रमण करने की विकलता मीरा के भीतर कितने ही सम्भव संकल्प-विकल्प जगाती है–

बरजी मैं काहू की नाहिं रहूँ...
साध संगति करि हरि सुख ले, जगसूं मैं दूरी रहूँ
तन धन मेरो सब ही जावो, भल मेरो सीस लहूँ
मन मेरो लागो सुमिरन सेती, सबको मैं बोल सहूँ।

सबको मैं बोल सहूँ–कहने वाली नतशिर संयमी मीरा–*म्हांने बोल्यां मत मारो जी राणां, यो लै थारो देस* कहकर राजसत्ता, पितृसत्ता, कुलकानि को ठोकर मारती विद्रोहिणी अनायास नहीं बनी है। तिरस्कार से अधिक, दमन और उत्पीड़न ने उसके भीतर की कोमलता और मनुष्यता को आहत किया है। *गहरो लाग्यो है घाव*–अपनी असुरक्षा से अधिक वे व्यक्ति के भीतर की अमानुषिकता को देख थर्रा गयी हैं। वे स्तम्भित हैं–

सीसोद्या राणं प्यालो म्हांने क्यूं रे पठायो
भली बुरी तो मैं नहिं कीन्हीं, क्यूं है रिसायो
...कनक कटोरे ले विष घोल्यो, दयाराम पण्डो लायो।

अवाक् भी–

कोप कियो राणाजी जब ही, साँप गला में मार्यौ।

और अपमानित भी–

राणूं मन में कोपियो जी, मारो याके सेल।
मार्याँ तो पिराछित लागै जी, पीहर दो याकों मेल
रथड़ां बहल जुपाइया जी, ऊँटां कसिया भार।
डावो छोड़ो मेड़तो जी, पेलां पोषर जाय
राणां साड्यां मोकल्या जी, पाछा ल्यावो मोड़।
कुल की मांडण इस्तरी, मुरड़ चली राठोड़।

घरेलू हिंसा की शिकार औसत स्त्री सरीखी मीरा के पास दो ही विकल्प हैं–रो-रो कर प्राण दे दे या सजग-चौकन्नी होकर अपने प्राण और स्वाभिमान की रक्षा करे। सर्पदंश को पुष्पहार और विष को अमृत बना लेने का जीवट सामान्यतया स्त्रियों के पास नहीं होता। मीरा के पास है। एक नहीं, कई अहम फैसलों के रूप में। सबसे पहले आत्मसाक्षात्कार कि क्या खरा-खोटा सब डंके की चोट पर कह देने की निर्भीकता उसमें है? मीरा यहाँ जरा भी संशयग्रस्त नहीं– *जो कोउ मोको एक कहोगो, एक की लाख कहोंगी।* फिर विश्लेषण! जो व्यक्ति सम्बन्ध की गरिमा का निर्वाह न कर पाये, क्या उससे सम्बन्ध बनाया और निभाया जाना चाहिए? बेहद आधुनिक सवाल जिसका जवाब गुनने में दोषारोपण हेतु उठी एक उँगली यदि दूसरों की ओर है तो अपनी ओर उठी हैं तीन अँगुलियाँ। मीरा क्षणिक आवेश में नहीं, धीरज के साथ गुन-बुन कर दाम्पत्य सम्बन्ध को नकारती हैं–

राणांजी हूँ तो गिरधर कै मन भाई।
जैमल के घरि जनम लियो है, राणा नैं परणाई।
साँचा सनेही म्हारै रामसन्तजन, जासूँ प्रीति लगाई।...
जौ पकड़ोगा हाथ हमारो, खबरदार मन माहीं
साँचा मनसूँ सराप ज द्यूंली, बलि'र भसम होइ जाई
जनम जनम की मैं दासी राम की, थारी नाहिं लुगाई।

इतना ही महत्त्वपूर्ण है दूसरा सवाल कि जिससे सम्बन्ध त्याग दिया है, क्या उसके भौतिक-सामाजिक संरक्षण में रहना चाहिए? आत्माभिमान से दिपदिपाती मीरा किसी भी आधुनिक विद्रोहिणी से कमतर नहीं। '**खीर खांड**', '**दिखणी चीर**' और '**माणक मोती**' का परित्याग तो मीरा ने कब से कर रखा है, फिर दो मुट्ठी अन्न के लिए राणा की क्या धौंस–*हो जी सीसोद्या राणा, मनड़ो बैरागी धन रो क्या करूँ।* जब राह अलग है (*मान अपमान दोउ धर पटके, निकली हूँ ज्ञान गली*) और जीवन शैली भी (*पग घुँघरू बाँध मीरा नाचत री/ पगा बजावत घूंघरा जी, हाथ बजावत ताल*) तो राणा की सत्ता की क्या परवाह–*तुम जावो राणा घर आपणे, मेरी तेरी नाहिं सरी।*

इसके बाद शेष रह जाता है अपनी स्वतन्त्र राहों का अन्वेषण–कुल की मर्यादा या राजसत्ता पर आँच आती हो अपने कुल का पर्दा करने की जिम्मेदारी उनकी।[3]

मीरा की निस्संगता और निर्ममता में लक्ष्यसिद्धि के लिए दृढ़संकल्प मनुष्य की एकनिष्ठ टंकार है– *बाल्हा मैं बैरागिण हूँगी हो/जीं जीं भेस म्हारो साहिब रीझे, सोई-सोई भेस धरूँगी हो/... साधां संग रहूँगी हो।*

दरअसल जब मीरा यह कहती है कि *अपने घर का परदा कर लौं, मैं अबला बौरानी* तब दो चीजों को एक साथ परिलक्षित किया जा सकता है। एक, हताशा के गर्भ से फूटता स्त्री का विद्रोह और स्त्री के 'मनुष्यत्व'

की रक्षा के लिए पितृसत्तात्मक व्यवस्था के स्वरूप की पुनर्संरचना। मीरा का विद्रोह उन स्थितियों की पड़ताल करने की नैतिक जवाबदेही है जो 'अबला' कही जाने वाली निरीह पराश्रित स्त्री को 'बौराने' और 'आक्रामक' होने को विवश करती हैं; बार-बार उन पूर्वाग्रहों और जड़ताओं को चीन्ह लेने की आकांक्षा करता है जो स्त्री की आत्मविकास की नैसर्गिक आकांक्षा को 'लोकलाज' और 'कुलकानि' के उल्लंघन से जोड़ता है—उस कुत्सित मानसिकता को तुरन्त निषिद्ध कर देने की माँग करता है जो पुरुष और व्यवस्था की हर अमानुषिकता को अनुशासन और नियम-पालन का पर्याय बना देती है। उल्लेखनीय है कि संवैधानिक कानूनों और सामाजिक अधिकारों के बावजूद आज भी स्वतन्त्रचेता स्त्री उन्मुक्त साँस लेने की हर कोशिश में पितृसत्तात्मक व्यवस्था के बन्द दरवाजों के बाहर खड़ी है; उसकी मानवीय आकांक्षाएँ आज भी मीरा की तरह लगभग पाँच सौ वर्ष बाद भी पूर्ति की राह देख रही है।

मीरा का काव्य विद्रोहिणी स्त्री पर लगाये गये इन आरोपों का जवाब है कि वह स्वतन्त्रता की आड़ में सम्बन्ध-व्यवस्था से मुक्त हो उच्छृंखल जीवन जीना चाहती है। बेशक बेहद मुखर हो मीरा स्वीकार करती है कि *मोहे या बदनामी लागै मीठी... मैं चाल चलूँगी अपूठी।* लेकिन विद्रोह के हर बढ़ते कदम के साथ वह मानवीय सम्बन्धों के मानवीय, अन्तरंग और सकारात्मक स्वरूप को स्वीकृति देती गयी है। बेशक मीरा मनुष्य के रूप में अपनी गरिमा और आत्मसम्मान बनाये रखना चाहती है, लेकिन 'सतीत्व' का अस्वीकार भी नहीं करती। विवाह और परिवार संस्था के नकार की बात वह सोचती भी नहीं।[4] हाँ, उसके स्वरूप को पुनर्संस्कारित करना चाहती है जहाँ पति राणा जैसा क्रूर आत्मकेन्द्रित स्वार्थी पुरुष नहीं, कृष्ण जैसा संवेदनशील पुरुष है।

हिन्दी आलोचना प्राय: राणा को मीरा के देवर विक्रमजीत सिंह के रूप में चिह्नित करती रही है और मीरा के सुखी दाम्पत्य जीवन की परिकल्पना कर ससुराल द्वारा वैधव्य के उपरान्त मीरा के उत्पीड़न-दमन के तथ्य को रेखांकित करती रही है। सम्भवतया इसका कारण मीरा के जीवन से सम्बद्ध कुछ इतिहाससम्मत तथ्यों-तिथियों एवं घटनाओं की खोज कर ऐतिहासिक वातावरण की निर्मिति का विचार रहा हो लेकिन यह भी सत्य है कि मीरा को लेकर निर्विवाद रूप से कुछ भी नहीं कहा जा सकता। अत: बाह्य-साक्ष्य को मीरा के काव्य पर आरोपित करने की अपेक्षा क्यों न अन्त:साक्ष्य के आधार पर मीरा के स्वर को सुना एवं गुना जाये? मीरा अपने एक पद में हार-सिंगार, रेशम की साड़ी और हाथ की चूड़ियाँ त्यागने की बात करती है। उल्लेखनीय है कि विधवा मीरा देवर राणा से उन सभी सुहाग-चिन्हों को अभिमानपूर्वक त्यागने की बात नहीं कर सकती थी जो समाज व्यवस्था ने पति राणा की मृत्यु के उपरान्त उससे जबरन छीन लिये हैं।[5] ठीक इसी प्रकार अपने एक पद में मीरा आत्मपरिचय देते हुए—*जैमल के घरि जनम लियो है, राणा नैं परणाई*—कहती जरूर हैं, लेकिन साथ ही बदली परिस्थितियों और विद्रोही मानसिकता में इस सम्बन्ध की आन्तरिकता और नैतिकता का निषेध भी कर देती हैं कि—*जनम जनम की मैं दासी राम की, थारी नाहीं लुगाई।* मीरा का काव्य एक सामान्य स्त्री के हृदय का हाहाकार है। वह मनस्ताप का मुखर आर्त्तनाद है जहाँ किसी भी शिक्षित-अशिक्षित आधुनिका स्त्री की तरह वह सास-ननद और पति को बार-बार जीभर कर गालियाँ दे रही है। मन को टूक-टूक कर देने वाली कटु स्मृतियों की कसक एक लम्बे अन्तराल के बाद भी क्षीण नहीं हुई। राजसत्ता के प्रतीक रूप में 'राणा' सम्बोधन किसी को भी निवेदित हो सकता है, किन्तु पारिवारिक सम्बन्ध में यदि मीरा देवर को दोष देना चाहती है तो वह पदवी विशेष की आड़ क्यों लेती है जबकि लोकजीवन में स्त्री 'राणा', 'स्वामी' आदि सम्बोधनों का प्रयोग पति के लिए करती है। यानी इस स्थिति से अस्वीकार नहीं किया जा सकता कि राणा/पति को क्लीन चिट देने के पीछे हिन्दी आलोचना का पुरुष श्रेष्ठता का दम्भ सक्रिय रहा होगा। चूँकि पति परिवार में परमेश्वर का समरूप

है, अत: उसकी सत्ता और वर्चस्व को निष्कलंक और स्वयंसिद्ध बनाये रखने के लिए उसकी छवि को निर्मल और उदात्त बनाना अनिवार्य है। वह पोषक है, कर्तव्यपरायण नि:संग पुरुष और न्यायशील प्रशासक। गृह-क्लेश और दमन-उत्पीड़न जैसी क्षुद्रताओं में संलग्नता उसकी इस उदात्त 'अलौकिक' छवि को क्षरित करती है। अत: पति के रूप में वह सदा काम्य और वरेण्य है, क्रूर और अमानुषिक नहीं, हालाँकि आज भी दहेज-उत्पीड़न, वधू-दहन एवं घरेलू हिंसा से सम्बद्ध आँकड़े सास-ननद के साथ पति की सक्रिय भागीदारी की बात रेखांकित करते हैं।

II

आणै आणै जी रंगभीना म्हारै महल/प्यालो तो लियां हाजर खड़ी

मीरा का समूचा काव्य उत्पीड़ित स्त्री के आर्त्तनाद और विरहिणी प्रिया के करुण हाहाकार का प्रामाणिक दस्तावेज है। निजी जीवन की अनुभूतियाँ और गोपन मन की रहस्यात्मकता जिस सूक्ष्म भाव से मीरा-काव्य में व्यंजित हुई है, वह उसे अन्य भक्त कवियों से अलगाता है। मीरा के पद अपनी मूल संरचना में उत्कट भावोच्छ्वास में लिखी गयी डायरी की प्रविष्टियाँ हैं—मन का निजी कोना जहाँ न अपने को बेहतर रूप में प्रस्तुत करने की सामाजिकता है, न विकारों को छुपाने की व्यावहारिकता। है तो अपनी भौतिक सच्चाई को अकुण्ठ निर्भीक भाव से स्वीकारने की ईमानदारी—अपने को अतीत, वर्तमान और भविष्य की एक सीधी रेखा में रखकर जाँचने की नि:संगता। मीरा के सरोकार किसी स्त्रीविमर्शकार की तरह सजग-सचेतन रूप से न स्त्री जाति के कल्याण से जुड़े हैं, न पितृसत्तात्मक व्यवस्था के पुनरीक्षण की माँग से। अपने से बाहर 'मनुष्य' की सत्ता को जानने का बोध मध्ययुगीन व्यवस्था में विकसित हुआ ही नहीं था। निर्गुण सन्त कवियों की बानी में गूँजने वाला सकारात्मक विद्रोही स्वर दरअसल वैयक्तिक स्तर पर अपनी पीड़ा और दमित आकांक्षाओं की मुखर एवं सामूहिक अभिव्यक्ति रही है। मीरा-काव्य में स्त्री मुक्ति के स्वर भी अपनी वैयक्तिकता की अभिव्यक्ति की उत्कट इच्छा का परिणाम है।

कृत्रिमता एवं छद्म छल-छन्द से सर्वथा मुक्त मीरा स्त्री-मानस को उसकी उद्दाम कामनाओं के साथ चित्रित करती हैं। इस प्रक्रिया में लौकिक मर्यादाएँ और वर्जनाएँ बार-बार टूटने की कगार पर आती हैं, टूट भी जाती हैं। अनेक बार मीरा अपने भीतर की प्रचण्डता से आतंकित हो पुन: अपनी सुरक्षित चारदीवारी में बँध जाना चाहती है किन्तु चारदीवारी के भीतर पलती नृशंसताओं एवं असुरक्षा को वह पहले ही प्राणों के मोल पर झेल चुकी है, अत: प्रत्यावर्तन का विकल्प भी नहीं। तब उसके सामने एक ही विकल्प है—युगीन प्रवाह में बह कर लौकिक पर आध्यात्मिक का आरोपण। यह विकल्प एक ओर यदि मीरा के भीतर की स्त्री की द्वन्द्वग्रस्तता, निरीहता एवं विवशता का संकेतक है तो दूसरी ओर अपनी दैहिक कामनाओं को पूरी ऐन्द्रिकता के साथ प्रकट करती एक नयी स्त्री-छवि को सम्पुष्ट भी करता है—*अपणा गिरधर कै कारणै मीरा वैरागण हो गयी रे*—मीरा की यह आरोपित भक्त-छवि विकल प्रेयसी के रूप में मीरा के अध्यात्म की प्रक्रिया को बाधित करती है किन्तु जोगी के लिए 'सरप डसी' मीरा की टेरती टीस क्या अनसुनी की जा सकती है?[6] इस जोगी की 'माधुरी मूरत सुन्दरी सूरत' 'नैनन' में बसने वाले नन्दलाल से भिन्न है। इस जोगी के अधरों पर न मुरली है, न 'उर' पर वैजयन्ती माल; न कटितट पर क्षुद्र घंटिका सुशोभित है, न नूपुर शब्द का मधुर रस, बल्कि यह 'जोगी' राजस्थानी वेशभूषा में घर-घर अलख लगाता संन्यासी भर है—

कुसुमल पाग केसरियां जामा, ऊपर फूल हजारी
मुकुट ऊपरे छत्र बिराजे, कुण्डल की छबि न्यारी।

अथवा

पाग कसूमल केसरया जामूं, सोहै कुण्डल कांन।

इस जोगी के संग वैवाहिक जीवन से अतृप्त स्त्री का मन जुड़ जाये तो अन्यथा क्या। पति से उसकी सामान्य अपेक्षाएँ ही तो रहीं। वह कृपा-दृष्टि नहीं, प्रेम-दृष्टि चाहती है। पति की 'रिसाई' दृष्टि में कोप है जहाँ अपने को दग्ध होने से बचाने की सतर्कता है लेकिन जोगी की दृष्टि 'मानो प्रेम की कटारी है' जहाँ बिंध-बिंध कर अपने को सम्पूर्णता में चीन्ह लेने की खुमारी है।[7] पति के 'कूड़ा बचन' उसके स्त्रीत्व की लानत-मलामत करते हैं, तो जोगी की मीठी बातें दिल और देह की तार-तार झंकृत कर उसके भीतर यौवन की दहकती कामनाएँ उत्पन्न कर देती हैं। दाम्पत्य एवं देह मिलन के सन्दर्भ नये अर्थों में उसके समक्ष खुलते हैं तो वह अपने पत्नीत्व की सार्थक परिणति में आह्लाद से भर कर सेज सजाने की सभी तैयारियाँ पूर्ण कर लेना चाहती है—

अतर सुगन्ध मिलायके जी, घी भर दिवला बार
जाई जूही केतकी जी, चम्पाकली सुधार
पलकां सूं करां पाँवड़ा जी, अंचलां सूं मग झार।
गिरधर म्हारो परम सनेही, मीरा उनकी नार।

आद अन्त तन मन धन मेरे, आनन्द करां कलोले—रोम-रोम में संचारित कामनाओं का उत्ताप उसे विह्वल बना देता है—

करके सिंगार पलंग पर बैठी, रोम रोम रस भीना
चोली के मेरे बन्द तरक गये, श्याम भये परबीना।[8]

प्रेम-दीवानी मीरा अपनी मनोभावनाओं को किसी से छिपाना भी नहीं चाहती—

ज्यूं अमली से अमल अधारा, यूं रमैया प्राण हमारा
कोई निंदै बन्दै दुख पावै, मोकूं तो रमैयां भावै।

तथा

अब कोऊ कछु कहो, दिल लागा रैं
...हंसा की प्रकृत हंसा जाणे, का जाणैं नर कागा रैं
तन भी लागा, मन भी लागा, ज्यों बामण गल धागा रैं।

कामनाएँ मानस में रस का उद्रेक भले ही कर दें, बौराई देह को तृप्त नहीं करतीं, विक्षिप्त अवश्य कर देती हैं। काल्पनिक सुख मीरा—स्त्री—को दाम्पत्य जीवन की कटुता से पल भर को मुक्त करा सकता है, शारीरिक उत्ताप को शीतल नहीं कर सकता। *कबहुं मिलैगो मोहिं आयी रे तू जोगिया...मिलि का तपत बुझाई*—अपनी सेक्सुएलिटी का अकुण्ठ स्वीकार करती है मीरा और अतृप्ति की पीड़ा का भी— *नींद नहिं आवै जी सारी रात। करवट लेकर सेज टटोलूं रूं पिया नहीं मेरे साथ* तथा *सूनी सेज जहर ज्यूं लागे, सिसक-सिसक जिय जावे निद्रा नहिं आवे।*

लौकिक जीवन का यथार्थ मीरा को पुन: एकाकी और पराजित कर देता है—*मैं तो जाणूं जोगी संग चलेगा*—बारह वर्ष के सान्निध्य को धता बताकर अन्यत्र चले जाने वाला जोगी क्या विश्वासघाती नहीं? मीरा 'जोगी' के इस पुरुष-चरित्र को खूब पहचानती है जिसका 'मर्म' पाना स्त्री के लिए सम्भव नहीं। लेकिन प्रेमजन्य विश्वास और संवाद के कारण हार्दिकता के तन्तुओं को इतनी जल्दी झटकना नहीं चाहती। स्त्री बहुत जल्द विश्वास नहीं करती। कर ले तो उसकी सूक्ष्म व्यूह-रचना से स्वयं को मुक्त नहीं कर पाती। मीरा का द्वन्द्व और हताशा, भटकन और विरह स्त्री की इसी मानसिकता की स्वाभाविक परिणति है। आत्मछलना से दूर तक अपने को बींध कर क्षरित करती चलती है स्त्री। विकल्पों और सम्भावनाओं के महल खड़े कर अपने छिलते वजूद को आधार देना चाहती है। शायद भगवा भेष धारण कर जोगी मिल जाये उसे—

जोगिया ने कहियो रे आदेस।

आऊँगी मैं, नांहि रहूँगी कर जोगन को भेस।
चीर को फाड़ूँ कंथा पहरूँ, लेऊँगी उपदेस।
गिणत गिणत घिस गयी रे मेरी उंगलियाँ की रेख।
मुद्रा माला भेष लूँ रे, खप्पड़ लेऊँ हाथ।
जोगिन होय जग ढूँढ़सूं रे, रावलिया के साथ।

या प्रेम पगे उलाहने में अपने 'त्याग' की कातरता पिरोने से पिघल जाये वह—

इतनूं काई छैं मिजाज, म्हारै मिंदर आता, थांने इतनूं काई छैं मिजाज।
तन मन धन सब अरपन कीनूं, छाड़ी छै कुल की लाज
दो कुल त्याग भई बैरागण, आप मिलण की लाग।

या शायद पूर्ण समर्पण से उसका अहं तुष्ट हो जाये—

जोगी आ जा आ जा, जोगी पाई परूं मैं हौं चेरी तेरी।

इस स्त्री का एकमात्र जीवन–सत्य है—*रमइया बिन रह्यो ही नजाई।* तन-मन को बाँध जाती ठीक वही कामातुरता जो मित्रो (मित्रो मरजानी, कृष्णा सोबती) को डिप्टी के साहचर्य के लिए उन्मत्त बनाती है और अपनी कामनाओं की 'वाचाल' अभिव्यक्ति कर भीतर ही भीतर वर्जना-भंग के 'सुख' से आनन्द पाती है। उल्लेखनीय है कि हिन्दी कथा साहित्य में स्त्री की दैहिकता को पहली बार खुली-स्पष्ट शब्दाभिव्यक्ति देने वाली कृष्णा सोबती स्त्री को मिलन के सुख से वंचित करती हैं (मित्रो मरजानी) या सुखानुभूति के जरिये सार्थकता की परितृप्ति करने के बाद मिलन एवं साहचर्य को किसी क्षीण सी नैतिक रेखा के अधीन स्थगित कर देती हैं (सूरजमुखी अँधेरे के)। यह परम्परा का स्वीकार है? अन्तत: नैतिक मर्यादाओं का अतिक्रमण न कर पाने की कातरता? अथवा स्त्री सम्बन्धी पुरुष-निर्मित मान्यताओं एवं पूर्वाग्रहों को धता बताकर स्त्री मानस का सही परिचय देने की व्याकुलता ताकि स्त्री-पुरुष सम्बन्ध एवं सामाजिक व्यवस्था की पुनर्संरचना नयी आधारभूमि पर सम्भव हो सके? मीरा के पदों को यदि आध्यात्मिकता के कुहासे से मुक्त किया जाये तो वे जीवन के राग, उल्लास, उत्सव और ठाठ-बाट के साथ ऐन्द्रिकता के उद्दाम का भी संस्पर्श करते हैं। घनघोर लौकितता के बीच घोर शृंगारिक बाना। मनोवृत्तियों का प्रकाशन भी ठीक नैसर्गिक रूप में है—व्यंग्य, आवेश, आक्रोश, पीड़ा, हठ, अहंकार। मीरा अपनी इच्छाओं के उच्छृल आवेग को जानती है, उन्हें पूरा करने की विधि नहीं जानती। यह उसका 'दरद' है क्योंकि लौकिक

प्रिय के लौकिक स्वरूप को समाज स्वीकृति नहीं दे सकता। प्रेमदीवानी स्त्री की समाज में तभी स्वीकृति है जब उसका प्रेम पति को निवेदित हो गृहस्थ धर्म का पर्याय बन जाये या ईश्वर को निवेदित होकर अध्यात्म का उदात्त भाव जो अपनी लौकिक व्यंजना में पति में ईश्वरत्व का आरोपण कर उसकी सत्ता को स्वयंसिद्ध एवं अ-चुनौतीपूर्ण बनाये रखने का उपक्रम मात्र है। जब-जब स्त्री ने अपने प्रेम की उत्कटता को मजनूं, रांझा या फरहाद का नाम देकर किसी जीवित पुरुष को सामने रखकर राग भरे संयुक्त जीवन का स्वप्न देखा है, समाज ने लैला, हीर और शीरीं के रूप में अंकुराती स्त्री-स्वच्छन्दता को जड़ से उखाड़ फेंका है। प्रेमोन्मादिनी स्त्री गृहस्थी के लिए, पुरुष के वर्चस्व के लिए, सम्बन्धों के विषमतामूलक ढाँचे की दीर्घायु के लिए, धर्म एवं राजसत्ता के लिए चुनौती है जो अपनी निरीहता में समूची व्यवस्था की मजबूत आधारशिला को हिलाने का सामर्थ्य रखती है। स्त्री के परकीय प्रेम की स्वीकृति का अर्थ है स्त्री की स्वतन्त्र सत्ता, योनिकता और महत्त्वाकांक्षा की स्वीकृति जो अपने लिए क्रमशः आधी जमीन और आधा असमान माँगने के उपरान्त षड्यन्त्रकारी समाज व्यवस्था को छिन्न-भिन्न करने का साहस जुटाएगी। मीरा के पद प्रेमाकुल मीरा के जीवनोल्लास, मोहभंग और समर्पण के तीन महत्त्वपूर्ण बिन्दुओं के जरिये व्यवस्था के समक्ष स्त्री की असफल संघर्ष-यात्रा का आरेखन करते हैं। मीरा लौकिक प्रिय (जोगी) से नहीं मिल सकती। अपनी संस्कारग्रस्तता (जिसे स्त्री के शील और संकोच के रूप में महिमामण्डित किया जाता है), प्रिय की कायरता (जो पुरुष की भ्रमरवृत्ति के रूप में उसके पौरुष का शृंगार कही जाती है, किन्तु स्त्री की दृष्टि में यह उसकी लम्पटता है) अथवा पारिवारिक नियन्त्रण के कारण यह प्रेम सिरे नहीं चढ़ता। मीरा शील और संकोच को अँगूठा दिखाकर अपनी कामनाओं को अभिव्यक्त कर चुकी है।[9] परिवार के अंकुश बेमानी हैं। रमते जोगी से संवाद और 'दरस' पाने के लिए साधु-संगति शुरू कर दी है—*गिरधर गास्यां, सती न होस्यां, मन मोह्यो घण नामी। जेठ बहू को नाहिं राणाजी, थे सेवक म्हे स्वामी।*[10] बस, मात खाई है तो प्रेमी की भ्रमरवृत्ति से जो अभिज्ञान बनकर उसे विकल्पहीन सान्त्वना तो देती है, किन्तु सब कुछ खो देने के उपरान्त—

जो मैं ऐसो जानती रै, प्रीत किये दुख होय/
नगर ढिंढोरा फेरती रै, प्रीत करो मत कोय।

इस प्रेम-प्रवंचिता ने घर खोया है, अन्तरंग सम्बन्ध की हार्दिकता के प्रति विश्वास को खोया है, यथार्थ जगत की विभीषिका के साथ-साथ पग-पग पर अपनी (स्त्री जाति की) सीमाबद्धता का साक्षात्कार किया है। घर-बाहर लीक से हटकर कुछ करने को स्वतन्त्र नहीं। वर्तुलाकार परिधि में इन्द्रियों को नकार कर जीने वाली जीवन यात्रा—यही है कुल स्त्री जीवन। मीरा की स्त्री फैल-फूट कर अपना वजूद पाना चाहती है, किन्तु अंकुराने के लिए बित्ता भर जगह और बूँद भर नमी भी नहीं पाती। सपनों का नष्ट हो जाना मनुष्यता का नष्ट हो जाना है। मीरा के भीतर जीवन ठाठें मार रहा है। वह अपने को बचाना चाहती है। इसलिए प्रेम पर भक्ति का अरोपण कर प्रिय की स्मृतियों के साथ अपने अनुभव संसार—प्रीत—को अमर कर देना चाहती है—

जोगिया सों प्रीत कियां दुख होय।
प्रीत कियां सुख नहिं मोरी सजनी, जोगी मीत न कोई
रात दिवस कल नाहिं परत है, तुम मिलियां बिन मोई
ऐसी सूरत या जग माहीं, फेरि न देखी सोई . . .
मिलिया आनन्द होई।

अब जोगी गिरधर है और मीरा गोपिका।[11] प्रेम पर दार्शनिकता के आवरण का खेल मजे से चल सकता है—

आज्यो आज्यो गोविन्दा म्हारै म्हैल/
निहारां थारी बाटड़ली खड़ी जी
साधु हमारी आतमा जी, हम साधुन की देह
रोम रोम में रम रही जी, ज्यूं बादल में मेह/
सुरत हरि नाम से लागी जी।

तथा

आवो आवो जी रंगभीना म्हारै म्हैल, प्यालो तो लियां हाजर खड़ी।
सतजुग में सूती रही, त्रेता लई जगाय।
द्वापर में समझी नहीं, कलजुग पोंहच्यो आय।
सतगुरु शब्द उचारिया जी, बिनती करों सुनाय।
मीरा नैं गिरधर मिल्या जी, निरभै मंगल गाय।

मीरा के विरह पदों में मूर्त का अमूर्तीकरण व्यवस्था के प्रति मीरा के निरुपाय समर्थन की दमघोंटू व्यथा है। यही कारण है कि मीरा के इन तथाकथित भक्ति पदों की उत्कटता, हार्दिकता एवं भास्वरता क्षीणतर होते-होते भक्ति के लयबद्ध सुमिरन में घुट कर रह गयी है। तुलनात्मक अध्ययन हेतु दो पद उद्धृत हैं—

ए दोई नैण कह्यो नहिं मानैं, नदियाँ बहै जैसे सावन की
कहा करूँ कछु नहिं बस मेरो, पांख नहिं उड़ जावन की
मीरा कहै प्रभु कब रै मिलैगो, चेरी भई हूँ तेरे दावन की।

तथा

पिया म्हारै नैनां आगै रहज्यो जी।
नैनां आगे रहजो म्हाने, भूल मत जाज्यो जी।
भोसागर में बही जात हूँ, बेग म्हारी सुध लीज्यो जी।
मीरा के प्रभु गिरधर नागर, मिल बिछुरन मत कीज्यो जी।

भक्ति के आरोपण के कारण मीरा अपनी ही कही बात उलटाने को विवश हुई है। जोगी को ढूँढ़ने के लिए मीरा को 'चारूं देस में' घर-घर अलख जगाना पड़ा है। सम्भवतया तीर्थाटन जैसे स्त्री-निषिद्ध कर्म में लीन होने की तत्परता के पीछे संकल्पदृढ़ प्रेम विरहिणी स्त्री की प्रिय (शरीरी पुरुष) अथवा स्वप्न पुरुष (अशरीरी) को पाने की क्षीण आकांक्षा रही हो, किन्तु अब जब से प्रिय गिरधर या साँवरिया हो गया है, निर्गुण सन्त कवियों की तरह वह उसके हृदय में बसने लगा है—*जिनके पिया परदेस बसत हैं, लिख लिख भेजैं पाती।/मेरे पिया मेरे मांहि बसत हैं, कहूँ न आती जाती।* सम्भवतया यह वही स्टेज है जब मीरा वृन्दावन-काशी आदि में घूमने, साधु-सन्तों की संगति करने के उपरान्त स्थायी तौर पर द्वारिका में बसी थीं—द्वारिका जो जीवन-राग से आपूरित रसिया कृष्ण की नहीं, रणछोड़ कृष्ण की नगरी है। तो क्या रणछोड़ की शरण में आना मीरा द्वारा अपने 'रण' को छोड़ने का सार्वजनिक ऐलान है? क्या यह समर्पण और विश्रान्ति की अवस्था है जहाँ जीवन की निस्सारता और अपने संघर्ष की व्यर्थता देखकर मृत्यु की प्रतीक्षा जीवन का अन्तिम विकल्प बनती है?

क्या यह सचमुच मीरा के संघर्ष की व्यर्थता है?

मीरा के विद्रोह की निस्सारता?

III

माई मैं तो लियो है साँवरिया मोल

मीरा के भीतर की नारी वैषम्य एवं दमन पर आश्रित विवाह संस्था की जड़ता के कारण आहत है। प्रेम उसे परिपूर्णता नहीं दे पाता क्योंकि लोकापवाद का भय स्त्री के लिए सारे दरवाजे बन्द रखता है। अलबत्ता पुरुष चाहे तो प्रेम के नाम पर कितनी ही स्त्रियों का आखेट करने को स्वतन्त्र है। मीरा सहअस्तित्वपरक समाज की परिकल्पना करना चाहती है, लेकिन चाह कर भी अपने लिए मनमीत नहीं जुटा पाती। उसकी 'बात' समझने के लिए उसकी 'भाषा' और 'विचार' से कोई साझा तक नहीं करना चाहता। वह अकेली है लेकिन पराजित नहीं। स्वप्न-पुरुष की तलाश में बेशक असफल रही है, किन्तु स्त्री की दृष्टि से स्वप्न-पुरुष की आधारभूत विशिष्टताओं को गिनाना नहीं भूलती। पुरुष ही सदा सर्वदा आदर्श स्त्री-छवि की सैद्धान्तिकी क्यों गढ़े? वह सबसे पहले स्त्री-पुरुष सम्बन्धों में परस्पर समानता, सद्भाव और हार्दिकता की माँग करती है जहाँ किसी एक का व्यक्तित्व दूसरे का विलयन न करे, बल्कि साथ-साथ विकास और परिष्कार की सम्भावनाओं को फलीभूत करे। ऐसी अवस्था में कोई एक श्रेष्ठ और दूसरा हीन, कोई एक उपास्य और दूसरा उपासक नहीं होगा बल्कि एक-दूसरे से निरपेक्ष अपने आप में पूर्ण होंगे। पितृसत्तात्मक व्यवस्था स्त्री के पुरुष निरपेक्ष रूप पर विचार करने की स्वतन्त्रता ही नहीं देती। मीरा इस व्यवस्था का अतिक्रमण करने के लिए स्वप्न-लोक रचती है जहाँ की सामाजिकता विवाह-सूत्र में बँधी स्त्री के समक्ष न पातिव्रत्य की कठोर एकांगी साधना का आदर्श प्रस्तुत करती है, न वैधव्य का अभिशाप।

'अचल सुहाग' का वरदान देने वाला 'वर' मीरा की दृष्टि में 'जगदीस' से कम नहीं क्योंकि पुरुष वर्चस्व को कोई अलौकिक सत्ता ही मात कर सकती है, अकेली स्त्री या स्त्रियों का समवेत स्वर नहीं। 'ऐसे वर को क्या वरूँ जो जन्मे और मर जाये'–मीरा अभिधात्मक अर्थ में अविनाशी पुरुष की कामना नहीं कर रही, वह सम्बन्ध को जन्म और मृत्यु के आदि-अन्त से मुक्त कर नित्य और नवीन कर देना चाहती है। ऐसा पूर्ण पुरुष निश्चय ही पत्नी से बौद्धिक-मानसिक-भावनात्मक ऐक्य की अपेक्षा करेगा, उसकी देह पर अपनी सत्ता की दम्भी घोषणा करते सुहाग-चिन्हों की अनिवार्यता की नहीं। *माँग और पाटी उतार धरूँगी, ना पहिरूँ कर चूड़ो/ मीरा हठीली कहे सन्तन सों, बर पाया छै मैं पूरो।* मीरा इन सुहाग-चिह्नों में अपने स्त्रीत्व और निजता की पराजय अनुभव कर रही है।

मीरा आरोपित विवाह सम्बन्ध को अस्वीकार कर स्त्री द्वारा स्वयं पति रूप में पुरुष का वरण करने की स्वतन्त्रता की पक्षधर है। विवाह संस्था स्त्री की देह पर की जाने वाली द्विपक्षीय सन्धि नहीं, न ही प्रतिशोध और प्रतिकार की अमानुषिकता। विवाह सम्बन्ध देह का कामुक खेल या कुलवृद्धि का शुष्क दायित्व नहीं, जीवन सहचर पाने की अनुराग भरी प्रक्रिया है। फलत: सम्बन्ध न आनन फानन में तय हों, न बाहरी दबाव से। ठगे जाने की प्रतीति ही न रहे, इसलिए ठोक बजा कर साथी ढूँढ़ने का अवसर और अधिकार पाना चाहती है मीरा।[12] यहाँ न नारीसुलभ लज्जा की स्वीकृति है (*मैं तो देख्यो है घूँघट के पट खोल*), न अज्ञानी और अव्यावहारिक स्त्री की स्तुति (*मैं तो लियो है बराबर तोल*)। मीरा की पूर्ण-पुरुष की प्रत्याशा वस्तुत: विवाह संस्था की जड़ताओं का नकार है। यह एक ऐसे समन्वित स्त्रीवाद का स्वप्न है जहाँ स्त्री 'मनुष्य' है–पत्नी, परित्यक्ता, विधवा या वेश्या

नहीं और पुरुष भी 'मनुष्य' है, पति और रसिया नहीं। यह वही समन्वित स्त्रीवाद है जो मिथकों में अर्धनारीश्वर की परिकल्पना के जरिये और समकालीन हिन्दी साहित्य में मृदुला गर्ग के उपन्यास 'कठगुलाब' के विपिन और गुजराती साहित्य में कुंदनिका कापड़िया के उपन्यास 'दीवारों के पार आकाश' के आनन्दग्राम के पुरुष पात्रों के जरिये उभरकर आता है।[13]

मीरा का स्वप्न-पुरुष रसिया कृष्ण के रूपक में उपस्थित होकर दाम्पत्येतर प्रेम का पैरोकार भी है। प्रेम को समय व समाज की संकुलता से मुक्त कर वह दिक्काल से जोड़ता है जहाँ 'स्व' से 'समाज' और 'आनन्द' से 'आत्मोपलब्धि' की बीहड़ अन्तर्यात्राएँ हैं। पूर्वजन्म की गोपिका के रूप में रसिया कृष्ण के संग चीरहरण सरीखी लीला का आनन्द उठाने की कसमसाहट मीरा के पदों में एकाधिक बार व्यक्त हुई है। दरअसल यह आकांक्षा वर्जनाहीन प्रेम सम्बन्ध को छक कर जीने की मानवीय कामना है जो स्त्री के लिए निषिद्ध है। मीरा निषिद्ध को अपना अधिकार मानना चाहती है किन्तु साथ ही जानती है कि उसकी स्त्री मुक्ति की अवधारणा 'स्वप्न-पुरुष' की विवेकशील अवधारणा के बिना सम्भव नहीं। क्या इस 'स्वप्न-पुरुष' को वह जीवन में पा सकेगी? नहीं, 'अड़सठ तीरथों' का भ्रमण करके और 'वृन्दावन कासी' की खाक छान कर भी उसकी उपलब्धि शून्य है–*वै न मिले जिनकी हम दासी।* मीरा को कहीं विश्वास था कि साधुओं की नगरी वृन्दावन-काशी में शायद उसे मनवांछित पुरुष मिल जाये लेकिन वहाँ या तो सभी ब्राह्मण-बनिए (क्षुद्र लौकिकताओं में लीन आत्मकामी पुरुष) थे या संन्यासी (आध्यात्मिक आनन्द की तलाश में भटकते वीतरागी पुरुष)। इनमें भी मनुष्यत्व का नाम नहीं। अमूमन सभी 'बगल में छुरी, मुँह में राम' राम के बिम्ब को हो साकार करते हुए विश्वासघाती। इसलिए मीरा भौतिक जगत में स्वप्न-पुरुष की तलाश छोड़कर रसिया कृष्ण की अमूर्त छवि में ही अपनी आशाओं, आकांक्षाओं और सपनों को केन्द्रित करने लगती है। उसका स्वप्न-पुरुष समानता, स्वतन्त्रता, बन्धुत्व और राग का प्रसार करता एक अमूर्त विचार है जिसकी ठोस लौकिक उपस्थिति हर काल के स्त्री विमर्श का वरेण्य बिन्दु है।

मीरा अन्त तक आशा का सम्बल नहीं छोड़ना चाहती–*म्हारा गिरधर रसिया छैल, मैं तो चालूं थारी गैल* किन्तु लगता है कि अब 'स्वप्न-पुरुष' को आदर्शीकृत करते-करते वह स्वयं ही थक गयी है। या शायद भीतर निहित अवश स्त्री भटकते-टूटते पूरी आक्रामकता के साथ उनके स्वप्नों को छिन्न-भिन्न करने में लगी है। यह स्त्री मूलत: दासी है–अपने ही हाथों अपनी स्वतन्त्रता का हनन करने को तत्पर! इसलिए नया जोखिम उठाने की अपेक्षा 'स्वप्न-पुरुष' में लौकिक पति की विशिष्टताएँ रख देती है। अब उसे सहचर नहीं, उद्धारक की तलाश है–*वेग पधारो साँवरा कठिन बनी है, आप बिन म्हारो कुण धनी है।* विद्रोह और दीनता के दो कूलों में प्रवाहित मीरा के स्त्री विमर्श का यह अन्तर्विरोध समकालीन स्त्री विमर्श में भी कमोबेश इसी रूप में उपस्थित है जो स्त्री मुक्ति आन्दोलन को 'मानवीय पहचान' का आन्दोलन न बनाकर पुरुष की स्वीकृति और अनुकम्पा पाने का उपहासास्पद अनुष्ठान बना देता है।

IV

तेरा कोई नहीं रोकणहारा, मगन होय मीरा चली

मीरा परमुखापेक्षी स्त्री का मिथक तोड़कर स्वतन्त्र निर्णय लेती नयी स्त्री छवि को गढ़ती है। जब जीवन मीरा का है तो उसे परिचालित करने के लिए दूसरे को निर्णय लेने का क्या अधिकार? अपने नारीत्व और बौद्धिक

क्षमताओं का पूर्ण स्वीकार मीरा को पारम्परिक समाज-व्यवस्था की आचार-संहिता के प्रति सशंकित बनाता है। रूढ़ियाँ और वर्जनाएँ क्या जीवनानुभवों को निरस्त कर सकती हैं? घर की बन्द व्यवस्था के समानान्तर मीरा ने साधुओं की सत्संगति में ज्ञान के गवाक्ष खुलते देखे हैं। देशाटन कर लौटे सन्तों के अनुभव भी विस्तृत हैं और ज्ञान भी। स्वयं मीरा लोक-परलोक की गुत्थियाँ न समझना चाहे, लेकिन आत्मप्रसार करके जगत के साथ एक प्रत्यक्ष नाता तो जोड़ना ही चाहती है। पत्नीत्व और कुलकानि को तिलांजलि देकर उसे अपनी राहों का अन्वेषण स्वयं करना है। बेशक एक राह 'जोगी' की तलाश में 'पूर्ण पुरुष' को पाने की लालसा और आह्लाद तक जाती है, लेकिन ज्ञानार्जन की अभिलाषा में दूसरी राह साधुओं तक ही जाती है। साधु-संगति उसके लिए एक बृहत्तर और सार्थक दुनिया का प्रवेशद्वार है। वह उसके भौतिक/गार्हस्थिक बन्धनों की निस्सारता का बोध कराती है। साधु-संगति ने उसे राणा के दिये गहरे घावों को समझने, सहने और बिसारने का औदात्य दिया है।[14] फिर क्यों न वह *भाग खुल गये म्हारे साध संगत सूं* की प्रतीति में अपने को समृद्धतर करे? पारिवारिक उत्पीड़न ने उसकी दसों दिशाओं को बाधित किया है, साधु-संगति उसी में से उसे हरि के बहाने अपने को पाने की युक्ति बताती है। अपने वजूद को हवा के झोंके की तरह अमूर्त और हल्का बनाकर कहीं भी आने-जाने की मानसिक स्वतन्त्रता का गुरु-मन्त्र पाकर मीरा क्यों न साधु-संगति की भूरि-भूरि प्रशंसा करे—*धन आज की घरी, सत्संग में परी।/श्रीमद्भागोत श्रवण सुनी, रसना रटत हरी।/मन डूबत लीलासागर में, देही प्रीति धरी।/गुरु सन्तन की सोहनि सूरत, उर बिच आइ अरी।*

साधु-सेवा मीरा का सहज प्राप्य है, साधु-संगति नहीं। यह उसका सोचा-समझा निर्णय है—अपने मनुष्यत्व को पूर्णता में चीन्हने का उपक्रम। यह ज्ञानार्जन की संश्लिष्ट प्रक्रिया है जिसमें सामने दीखती सच्चाइयाँ अनायास ओझल हो जाती हैं और अपनी परतों के बीच किन्हीं भिन्न अर्थों की व्यंजना करने लगती हैं। यह जगत से, अपने परिवेश से, अपने 'आत्म' से नया परिचय है। आत्मज्ञान नशा बनकर मीरा को भरमा रहा है—

राणा कहे सौं एक न माना, साधु दुआरे नित आली हे माय।

मीरा नशे की मादकता को संकल्प बनाकर अपनी दिशाएँ और प्राथमिकताएँ तय करने लगती है। मीरा समझने लगती है कि ताल की सीमाबद्धता में बँधकर ज्ञान सड़ने लगता है। अनन्त राशि का विस्तार अनन्त हो तो अपने पूरे वैभव, सौन्दर्य और गहनता के साथ पिपासु को आलोड़ित करेगा। ज्ञान गतिशीलता का पोषक है। एक संकुचित दायरे में पग घुघरू बाँधकर नाचने और ताली बजाने से वह कितना ज्ञान पा सकेगी? प्रश्न नहीं, ललक स्वप्न बनकर उसे बाहर निकलने को उकसाती है—*चलां वाही देस प्रीतम पावां, चलां वाही देस।*

मीरा का गृहत्याग बुद्ध और महावीर की तरह जगत का परित्याग कर दार्शनिक प्रश्नों को सुलझाने और निर्वाण को पाने की ऊर्ध्वमुखी चेष्टा नहीं, जीवन के उल्लास को जीवन-प्रवाह के बीचोंबीच धंसकर भोगने की शिशुसुलभ उत्सुकता है। वह जीवन का नकार नहीं, जीवन का अभिषेक करना चाहती है, भले ही जिन साधुओं के सहारे वह अपनी बेड़ियाँ काटकर आयी है, वे जीवन से विमुख हो समाज को अमूर्त ईश्वर की आराधना का पाठ पढ़ाते हैं। मीरा अपनी मुक्ति की सामाजिक स्वीकृति के लिए अपनी भावाभिव्यक्ति पर ईश-भक्ति का आरोपण करती है, उनकी तरह कहीं-कहीं निरगुनिया भाषा-प्रतीकों का प्रयोग भी करती है, लेकिन संसार को मिथ्या मानने का भाव उसमें नहीं पनपा है। वैराग्य मीरा को लोक और जगत दोनों से जोड़ता है। उसे सामाजिक पदानुक्रम में सबसे छोटे व्यक्ति के साथ संवाद की स्वतन्त्रता देता है, और वह पाती है कि दोनों के सुख और

दुख, आशाएँ और स्वप्न कितने समानधर्मा हैं। उस अकेली ने तो जहर का प्याला नहीं पिया। यहाँ तो सभी 'घायल' हैं और 'घायल की गति' जानने, उसका उपचार करने को आतुर भी। राजसत्ता एवं परिवार संस्था के विरुद्ध मीरा-काव्य के प्रतिरोध के स्वर उसकी अपनी मनोकांक्षा बन जाते हैं और मीरा को मिलता है एक बृहद् परिवार।

बेशक वैराग्य ने मीरा के काव्य की प्रखरता को मन्द किया है, किन्तु उसके विद्रोह को एक नया आयाम देकर घर से बाहर स्त्री की अस्मिता और प्रतिष्ठा को स्वीकृति दी है। मीरा के काल तक स्त्रियों के लिए धर्मपरायणता का अर्थ था पति/पुरुष की सेवा, गार्हस्थिक-सामाजिक दायित्वों की पूर्ति, धार्मिक उत्सवों/अनुष्ठानों में यथानिर्दिष्ट भागीदारी, भक्ति की नित्यक्रमिक चर्या की पालना और साधु-सेवा। धर्म, धर्मग्रन्थों के मर्म, ईश्वर के स्वरूप पर विचार करने या माया एवं अध्यात्म से जुड़े दार्शनिक प्रश्नों पर विचार करने की आज्ञा उसे नहीं थी क्योंकि वेदपाठ शूद्रों के साथ-साथ स्त्रियों के लिए भी वर्जित था और गार्गी आदि स्त्रियों की तरह तर्क करना स्त्रियोचित धर्म के प्रतिकूल। स्त्री न संन्यास लेने के लिए स्वतन्त्र थी, न तीर्थाटन करने के लिए। पहली बार मीरा इस वर्जना को तोड़ती है। संन्यास उसके लिए जीविकोपार्जन का जरिया ही नहीं (आज के सन्दर्भ में यह नौकरीपेशा स्त्री के आर्थिक स्वावलम्बन की समतुल्यता में ठहरता है जहाँ दो जून भोजन के लिए उसे परिवार के अनुग्रह पर आश्रित नहीं रहना पड़ता), ईश्वर पर ध्यान केन्द्रित करने के बहाने आत्मस्थ होने का, साधु-संगति के बहाने ज्ञानार्जन करने तथा तीर्थाटन के बहाने गतिशील होने और अपना सामाजिक दायरा बनाने का महत्त्वपूर्ण माध्यम भी था। दरअसल देह में अवस्थित कामनाओं के ज्वार को पहचान कर ही मीरा अपनी निजता पाने के लिए महत्तर लक्ष्य की ओर उन्मुख हो सकी है। वैराग्य और भक्ति चूँकि मीरा का ध्येय नहीं रहा, इसलिए अपनी भावनाओं का उदात्तीकरण करने की बौद्धिक कवायद भी उनमें दिखाई नहीं देती। अन्त तक दाम्पत्य जीवन की कटु स्मृतियाँ उन्हें सालती रहीं और भीतर की तपन बुझाने के लिए वे राणा को गरियाती रही हैं।

आज की स्त्रीविमर्शकारों की तरह मीरा भी जानती हैं कि स्त्री की मुक्ति का रहस्य उसकी स्वतन्त्र निर्णय क्षमता में निहित है। निर्णय लेना जोखिम का काम है क्योंकि भविष्य के गर्भ में छिपे उसके दूरगामी प्रभाव सकारात्मक होंगे या नकारात्मक–पूर्वानुमान हमेशा सही नहीं होता। अत: निर्णय लेना जितना महत्त्वपूर्ण है, उससे कहीं अधिक महत्त्वपूर्ण है उसकी जवाबदेही के प्रति स्वयं को तैयार करना। मीरा अपने हर निर्णय के लिए जवाबदेह है। इसलिए गलत साबित होने पर किसी दूसरे को लांछित-धिक्कारती नहीं, स्वयं उस स्थिति से मुठभेड़ करने के लिए अपने को मानसिक-नैतिक रूप से तैयार करती है। साधु-संगति के लिए बेहद ललकती मीरा ने कभी सोचा भी न होगा कि जिस विषमतामूलक दमनकारी व्यवस्था को महल के भीतर छोड़कर वह गलियों में आयी है, वह अपने उसी दम्भी, निर्लज्ज, नग्न रूप में साधुओं की जमात में मिलेगी। साधु-संगति की लालसा में वृन्दावन और काशी की गलियों में घूमती मीरा को 'पुरुष' मिले हैं, 'साधु' नहीं। यह मीरा का मोहभंग है। तीर्थाटन उसे उद्‌देश्यहीन लगता है और ज्ञान-चर्चा पाखण्ड। आरम्भिक उत्साह के बाद मीरा अपने काव्य में साधुओं को लेकर अचानक मौन हो जाती है। बस, इतनी सी टिप्पणी करती है कि–*कासी को लोग बड़ो बिसवासी, मुख मैं राम बगल मैं फाँसी।* उसकी पूरक कथा 'वैष्णवन की वार्ता' में लिपिबद्ध है जहाँ मीरा मनुष्य नहीं, मादा देह है; पुरुषों की दुनिया में बलात् घुसकर उनका चरित्र स्खलन करने वाली मायास्वरूप कामिनी।[15] इतना भीषण स्त्रीद्वेष! क्या इसलिए कि उसने न किसी के दबाव में आकर किसी पन्थ विशेष की दीक्षा ली और न अपनी साधना-पद्धति बदली? काव्य-रचना उसके लिए न पाण्डित्य प्रदर्शन का माध्यम रही, न

भक्ति की दार्शनिक मीमांसा या परलोक प्राप्ति का सुलभ जरिया। वह तो उसके भीतर बहती भावनाओं का स्फोट है, आत्मालाप-आत्माभिव्यक्ति और आत्मप्रसार का जरिया जिसमें उसकी दमित वासनाएँ और अमूर्त सपने दोनों अपनी सम्पूर्ण सत्ता के साथ विद्यमान हैं—अपने मनोजगत् का प्रत्यक्षीकरण! पारदर्शी मीरा की दमघोंटू चुप्पी चरित्र-हनन के मर्मांतक घाव की टीस को अन्त तक सहन न कर पाने की वेदना से जन्मी है। संसार से विरत योगियों की दुनिया में भी स्त्री-पुरुष का लौकिक पदानुक्रम कहीं अधिक घृणा और वासना के साथ मौजूद है। तो क्या ज्ञान व्यक्ति को मुक्त नहीं करता? उसकी क्षुद्रताओं और संकीर्णताओं पर शील और उदारता का मुलम्मा चढ़ाता है? मीरा की पीड़ा आज के स्त्री विमर्श की भी पीड़ा है। स्त्री को पत्नी/स्त्री से इतर कुछ भी 'होने' के लिए आग के दरिया से गुजरना ही होगा। 'नारि पुरुष के सम्बन्ध झूठे'—यह बोध मीरा को विरक्त बनाता है और उसकी असहायता को तीव्रतर करता है—*सगो सनेही मेरो और न कोई, बैरी सकल जहान।* वास्तव में यहाँ इस अनुभव से गुजरकर मीरा को पहली बार सही मायनों में 'गली तो चारों बन्द हुई' की प्रतीति होती है। जाहिर है इसके बाद 'रण' छोड़कर द्वारिका के रणछोड़ कृष्ण में समर्पण और दैन्य से भरी निष्क्रिय भक्ति करना जीवित मीरा की लौकिक मजबूरी बन जाती है। विश्वासभंग की इस चोट ने मीरा से जीवन की महक, उल्लास, संघर्ष और आशा की खनकती गूँज को छीन लिया है।

मीरा की जीवन-यात्रा का यह हश्र पितृसत्तात्मक व्यवस्था के पुनरीक्षण की माँग को वैध और न्यायोचित बनाता है। आखिर कब तक मनुष्य बनकर जीना खारिज करते रहेंगे हम?

V

ओ जी महाराज छोड़ मत जाओ, मैं अबला बल नाहीं'

आधी राणा की फौज, आधी मीरा एकली रे—का उद्घोष करने वाली मीरा की तेजोमयता मलिन होते-होते जब आत्मदया में तब्दील होने लगती है,[16] तब पितृसत्तात्मक व्यवस्था की कार्य-शैली की पड़ताल करना अनिवार्य हो जाता है। आखिर 'मनुष्य' को तोड़कर 'छवि' बनाना इतना सरल नहीं होता। सीमोन द बउवा ने बहुत ठीक कहा है कि पुरुष कभी स्त्री का साथी, मित्र, हितैषी नहीं रहा। जज, ज्यूरी, अभियुक्त आदि सभी भूमिकाओं में अदालत में वह खुद बैठा है, अत: स्त्री की फरियाद पर कान न देना और उल्टे उसे ही सींखचों के पीछे धकेल देना उसका 'धर्म' है। यह शासन-तन्त्र की कूटनीति है और आत्मरक्षा का नुस्खा भी। पुरुष का 'आत्म' अपने पूरे वर्ग के अहं की रक्षा के साथ जुड़ा है, इसलिए स्त्री के दमन के लिए स्त्रीद्वेषी युक्तियों को अपनाने, स्त्री को लेकर कुत्सित कुटिल यथार्थ को गढ़कर उसी में 'स्त्री-सत्य' को कैद करने, उस आरोपित 'स्त्री सत्य' के सहारे 'बुद्धिहीना', 'कामिनी' स्त्री को फटकारने-धिक्कारने का विवेकशील 'पुरुष-धर्म' और हाशिये पर फेंकी गयी स्त्री को रोटी-कपड़ा-मकान जैसी भौतिक सुविधाएँ देकर गृहस्वामिनी/देवी बनाने जैसा 'बड़प्पन' जताने के पीछे अपनी स्थिति को निरापद बनाने की साजिशें हैं। स्त्री उसकी 'सहयोगिनी' है और उसी के जरिये वह स्त्री को अपनी सत्ता पर समग्रता और निस्संगता से विचार न करने का संस्कार देता है। इसलिए यह व्यवस्था सबसे पहले माँ के रूप में ही बेटी (स्त्री) पर वर्जनाओं के अंकुश लगा उसे 'बधिया' करती है और उसे 'मनुष्य' नहीं, 'स्त्री' बनने का प्रशिक्षण देती है। इस प्रशिक्षण में लाज, संकोच, शील जैसे अमूर्त मानवीय मूल्यों को आभूषण की तरह शोभित करने के साथ-साथ नख से शिख तक भौतिक आभूषणों को धारण करने, उसे 'भर्त्ता' पुरुष की सामाजिक हैसियत से जोड़कर देखने और सुहाग-चिह्न का रूप देने का संस्कार विद्यमान है। शिवरानी देवी

के लाख प्रतिवाद के बावजूद प्रेमचन्द जैसा प्रगतिशील लेखक तक यह स्वीकार नहीं कर पाया कि स्त्रियों की आभूषण-प्रियता की बात सच्चाई नहीं, गढन्त है तथा आज की इक्कीसवीं सदी का मीडिया धारावाहिकों के जरिये पढ़ी-लिखी विद्रोही स्त्री को भारी भरकम जड़ाऊ जेवरों के मोह से मुक्त नहीं कर पाया तो सोलहवीं शताब्दी के सामन्ती परिवेश की राजरानी मीरा की स्त्री चेतना आभूषण-चेतना से कैसे मुक्त हो सकती थी? आभूषण को सौन्दर्य और सौन्दर्य को 'स्त्रीत्व' के साथ जोड़कर आभूषण को स्त्री के लिए अपरिहार्य बना देना असल में पुरुष-प्रधानता के लिए स्त्री की चेतना को कंडीशन करना है। मीरा सजग-सचेत अवस्था में विद्रोह की टंकार करते हुए आभूषणों के परित्याग की गर्वभरी घोषणा करती हैं किन्तु आक्रान्त कर लेने वाले यथार्थ का सामना न कर पाने की अवशता में जब अपनी स्त्री-नियति का स्वीकार करती हैं तो हरि को रिझाने के लिए व्यवस्था की वाणी ही बोलने लगती हैं–

म्हे तो नखसिख गहणों पहरियो, म्हे तो जास्यां साँवलड़ा री सेज।

यह व्यवस्था स्त्री के अहं और व्यक्तित्व दोनों को ही बचपन से विकसित नहीं होने देती। अबला और परनिर्भर होने का बोध उसकी सीमाओं को सुपरिभाषित करता चलता है और इस प्रक्रिया में न उड़ने को आसमान देता है, न पैर टिकाने को जमीन। वह 'अंकशायिनी' है, इसलिए 'अंक' की अधिकारिणी बनने के लिए रोज अपनी सुपात्रता और उपादेयता सिद्ध करनी पड़ती है। जाहिर है मान और स्वाभिमान की बात उसके लिए बेमानी हो जाती है। प्रमुख रहती है अनुकम्पा की याचना–*हा हा करत हूँ, पैयां परत हूँ, मत करो मान गुमान।* पति के दम्भ की धज्जियाँ उड़ा देने वाली स्त्री की यह कातरता उसकी शक्ति के चुक जाने से ज्यादा शक्ति को सही दिशा में निवेशित न कर पाने की दृष्टिहीनता से उपजी है। यह दृष्टिहीनता अन्ततः पितृसत्तात्मक व्यवस्था के आन्तरिकीकरण की अलक्षित प्रक्रिया को त्वरित करती है जहाँ नकारी जाने वाली शक्ति (पुरुष वर्चस्व) ही उपास्य, लक्ष्य और स्वप्न बन जाती है। यहीं से आत्मदया और आत्मविघटन की प्रक्रिया शुरू होती है–*म्हे तो जनम जनम की दासी, थे म्हारां सिरताज* तथा *तुम तो स्वामी गुण रा सागर, म्हारा औगण चित्त मत ल्याज्यो।* यदि यह स्वीकारा जाये कि जागरूक मीरा स्त्री को पराधीन बनाने वाली व्यवस्था की साजिशों को समझती थी और इसीलिए बेहद चौकन्ने भाव से अपनी जीवन-यात्रा के पहले चरण में उनका विरोध करती रही तो क्या इसका अर्थ यह हुआ कि अब वह अपनी दीनता और पराजय का स्पष्ट स्वीकार कर रही है? क्या इस स्वीकृति में अपने 'किये' पर प्रायश्चित्त भी है? यदि नहीं, तो 'म्हाने चाकर राखो जी' शृंखला के अनेक पदों[17] में वे भौतिक जरूरतों को ही नहीं, बल्कि आत्मसम्मान को न्यूनतम करते हुए *जो थे देशी, सो म्हे लेशी, याई मत म्हारे पूरी* की रिरियाती याचना क्यों करती हैं?[18]

दरअसल स्वयं मीरा अपनी लैंगिक पहचान से मुक्त नहीं हो पायी हैं। बेशक सजग तौर पर वह जानती है कि मानवीय मूल्यों का दम्भ भरने वाली पितृसत्तात्मक व्यवस्था में 'मनुष्य' का निषेध है। यहाँ उसके स्थानापन्न रूप में हैं लिंग, वर्ण, वर्ग। आम स्त्री की तरह मीरा की भी यह त्रासदी है कि अवचेतन में व्यवस्था के इसी दबाव को उसने संस्कार रूप में ग्रहण किया है। यह संस्कार उसके मांस-मज्जा तक धँसा हुआ है, शायद इसलिए कि उसे इतना एक्सपोजर नहीं मिला कि कल्पना करके अपनी मुक्ति की राहों का अन्वेषण कर सके, विचार-विश्लेषण कर व्यवस्था का कोई नया प्रारूप तैयार कर सके या अकेले अपनी समानान्तर सत्ता स्थापित कर पितृसत्ता की दीर्घायु को चुनौती दे सके। मीरा की 'स्वप्न-पुरुष' की अवधारणा पुरुष से चोट खाकर पुरुष में ही अपने स्त्रीत्व की सार्थकता ढूँढ़ती है। चूँकि वह स्वयं 'स्त्री' है (विशिष्ट लैंगिक पहचान से युक्त सामाजिक

निर्मिति), अत: सहचर की कामना में पुरुष हमेशा 'पति' रूप में आ विराजता है और वह दासी रूप में। अपनी तमाम मासूमियत में मीरा नहीं जान पाती कि समर्पण की इस दैन्य अवस्था में उसने कृष्ण/स्वप्न पुरुष को पति की ही तरह अलभ्य, कठोर, छलिया और श्रेष्ठ बना दिया है जिसके संग सम्बन्ध निभाने की इकतरफा कोशिश उसी के हिस्से आन पड़ी है—

थे तो पलक उघाड़ो दीनानाथ, मैं हाजिर नाजिर कब की खड़ी।

यहीं इस बिन्दु पर अनायास वह स्त्री की परम्परापोषित निष्क्रिय और अनुत्पादक छवि की प्रतिष्ठा करने लगती है जहाँ स्त्री प्रतीक्षारत है (*कान्हा तोरी रे जोवत रह गयी बाट*); अकेली और असुरक्षित है (*हो जी महाराज छोड़ तम जाओ, मैं अबना बल नाहिं गुसाईं, तुम्हीं मेरे सिरताज। मैं गुणहीन गुण नाहिं गुसाईं, तुम समरथ महाराज*); विरह-विदग्ध है (*हो जी हरि कित गये नेह लगाए... मेरे मन में ऐसी आवे, मरूं जहर विष खाय*) और अपनी निष्ठा का मुखर प्रदर्शन कर अनुकम्पा पाना चाहती है (*म्हारा जनम मरण का साथी, थांने नाहिं बिसरूं दिन राती।*) मीरा स्त्री-सुबोधिनी से भी खूब परिचित हैं। अत: आदर्श स्त्री की आचार-संहिता की परिपालना में हरि की आँख की पुतली बनी रहना चाहती हैं। इस आचार-संहिता में नित्यप्रति धर्मोपदेश का श्रवण है, साधु-सेवा का व्रत है, सुमिरन-ध्यान का नेम है, नेकी-बदी के प्रति जवाबदेही है और *मन हस्ती अंकुस दै मार्‍यौ* की कठिन साधना है।[19] दरअसल यह साधना अपने को न्यूनतम करते-करते अमूर्त कर देने का षड्यन्त्रकारी प्रशिक्षण है। ऐसा नहीं कि मीरा इन षड्यन्त्रों को न समझती हो। तीसरे चरण में रचे इन पदों में अवसाद, हताशा, टूटन, थकान, पस्ती, विश्रान्ति, दुचित्तापन, आत्मधिक्कार आदि इसीलिए हैं कि अपनी मूल वृत्ति से दूर मीरा को सामाजिक स्वीकृति के लिए वही सब करना पड़ा जिनका वह जीवन भर विरोध करती रही है। चिन्तक के रूप में यह मीरा की असफलता है। वह साधक भी नहीं बन सकी क्योंकि साधना की मौलिक उद्‌भावना के लिए जिस बौद्धिक सम्पन्नता, कल्पनाशीलता, अन्तर्दृष्टि और अतिक्रमण कर जाने की अनिवार्यता है, वह मीरा में नहीं। इसलिए भक्ति सदा आवृत्ति एवं दैन्य, पराजय एवं विश्रान्ति का पर्याय बनकर यथास्थितिवाद का पोषण करती चलती है, नयी आकांक्षाओं को रचने का अनुष्ठान नहीं बन पाती।

मीरा के निजी अनुभव विवाह के इर्द-गिर्द बुने हैं। दाम्पत्य सम्बन्धों में कामना और स्वाभिमान से परिपूर्ण पत्नी की अस्मिता के बरअक्स वह पुरुष का दम्भ स्वीकार नहीं कर सकती, किन्तु भक्ति उसके लिए निजी अनुभव नहीं है। वह जीवन-संघर्ष से पलायन न भी हो तो भी शरणागति की अवस्था तो है ही। सर्वशक्तिमान, सर्वज्ञ, सर्वव्यापक, अलौकिक ईश्वर की अवधारणा भक्त को 'लो प्रोफाइल' में रहने का संस्कार देती है जहाँ अपनी ऐहिक ऐषणाओं को मारकर 'विदेह' होने का 'अहंकार' है। यह 'अहंकार' एक ओर भक्त को दैन्य अवस्था में घिघियाते रहने की कुंठा से मुक्त करता है तो दूसरी ओर उसकी सत्ता को 'सन्त' का नाम देकर लौकिक व्यवस्था की परिधि से मुक्त करता है। अब उसका आचरण धर्म, राजसत्ता और अर्थशक्ति के गठबन्धन से बनी पितृसत्तात्मक समाज व्यवस्था के नियम-अनुशासनों को बाधित-प्रभावित नहीं करेगा। ईश्वर की सत्ता में राजा एवं पति की शक्ति एवं श्रेष्ठता का नियोजन कर मीरा भक्ति के माध्यम से इन्हीं लौकिक संस्थाओं को पुष्ट करती हैं। इसलिए मीरा सहित निर्गुण सन्त कवियों का विद्रोह अपनी पारिवारिक-सामाजिक अवस्था से शुरू होकर अभाव में जीने वाले (अपरिग्रही, संयमी, विवेकशील) व्यक्ति के अहंकार में तब्दील होता है और फिर ईश प्राप्ति हेतु स्वयं पर स्त्री की हीन भूमिका का आरोपण कर 'समर्थ' की आराधना में जुट जाता है। यह संघर्ष-यात्रा ऊर्ध्वमुखी न होकर उसी दलदली जमीन पर लौट आती है जहाँ की पकड़ से मानसिक-नैतिक रूप से मुक्त होकर उसने लड़ाई का बिगुल बजाया था।

लिजलिजी भावुकता और इन्सानी दुर्बलताओं को नष्ट किये बिना अपने भीतर विद्रोह की ज्वाला सुलगाना व्यक्ति के लिए सम्भव नहीं। मीरा जानती हैं कि आँसू व्यक्ति को कमजोर बनाते हैं। वे कुछ दुर्बल क्षणों का परिणाम होने के अतिरिक्त उसकी अपनी शक्तियों के निरन्तर छीजते चले जाने की ईमानदार स्वीकृति भी होते हैं। यह ठीक है कि एक के आँसू दूसरे व्यक्ति में करुणा का उद्रेक करते हैं लेकिन साथ ही उसके भीतर विशिष्ट होने का आश्वस्तिपरक बोध भी विकसित करते हैं। यह बोध उसे अपने सामर्थ्य, ताकत और उद्धारक की अहम्मन्यता देता है। रोता हुआ व्यक्ति जितना हीन होगा, उतना ही दूसरे का बल और अहंकार बढ़ता जायेगा। हीन को दीन-हीन बनाये रखने में 'उद्धारक' की परदुखकातर छवि पोषित होती है। चूँकि स्त्री अबला और हीन है, इसलिए आँसुओं का सम्बन्ध समाज ने उसी के साथ जोड़ा है, पुरुष के साथ नहीं। उल्लेखनीय है कि मीरा ने आँसुओं के सैलाब में अपनी सत्ता को बहने नहीं दिया है। विद्रोह का निनाद करते हुए पारिवारिक उत्पीड़न और राजसत्ता के दमन दोनों को उसने डंके की चोट पर हँसकर झेला है। जोगी के विरह में वह अवश्य रोती है, लेकिन इस रुदन में असहायता नहीं, अपनी उद्दाम कामनाओं की अतृप्ति का स्वीकार है, अर्थात् वहाँ आत्मविस्मरण एवं आत्मदया की स्थिति नहीं। लेकिन जोगी के प्रेम से विरत होकर मीरा जब 'गिरधारी' को समर्पित होती है, तब अन्य भक्त कवियों की तरह विरहिणी आत्मा का चोला पहन वह अपने को आँसुओं से गलाने लगती है। किस तर्क से क्यों परमात्मा पुरुष है और आत्मा स्त्री-इस पर कभी शंका नहीं, न विवाद। आत्मा स्त्री है भी तो उस पर स्त्री–नियति का आरोपण क्यों? मीरा जीवन भर जिस स्त्री-नियति से बचती रही, वह हर मोड़ पर उन्हें धर दबोचने को आगे आती रही। एक दीर्घ परम्परा का सहज स्वीकार मीरा की अवश इच्छा बन जाता है और शुरू हो जाता है उन्हीं-उन्हीं उपमानों-बिम्बों-प्रतीकों में विरह-व्यंजना का खेल[20]—यह परम्परा-पालन की लीकबद्धता है अथवा विरह की अपेक्षा अकेलेपन और असुरक्षा से उपजी वेदना। हार्दिकता एवं कामनाओं की खनक नहीं जो व्यक्ति की निजता की गूँज बनकर दसों दिशाओं में फैल जाती है। भक्ति की अर्हता के रूप में स्वीकृत रुदन एक बार फिर समाज-व्यवस्था द्वारा अपनी पकड़ से बाहर जाते सन्तों/भक्तों पर अपने वर्चस्व की मुहर लगाने और सांसारिक छवियों का पोषण कराते चलने का षड्यन्त्र बन जाता है।

मीरा उत्पीड़न का विरोध कर उन्मुक्त स्त्री का सपना देख सकती है, अपनी स्त्री-नियति को बदल नहीं सकती। मीरा का स्त्री विमर्श इस तथ्य को बहुत गहरे रेखांकित करता है कि व्यवस्था एक साथ अमूर्त और ठोस है, जड़ और सनातन। इसके पास न संवेदना है न भाषा। अत: संवाद की सम्भावना भी नहीं। अपनी मूल संरचना में यह यन्त्र-मानव है–मनुष्यता का निषेध कर मनुष्यता का दिखावा करने वाला तकनीकी कौशल।

मध्ययुगीन सामन्ती समाज की जकड़न में बँधी मीरा की बड़ी सीमा यह रही है कि उन्होंने लोकतांत्रिक व्यवस्था में शिक्षा और कानूनी अधिकारों के वरदान से सम्पन्न स्त्री को देखा नहीं। उनके युग की स्त्री सदैव दो मुट्ठी अन्न के लिए दूसरों पर आश्रित रही। योनि और गर्भ के अतिरिक्त उसकी कोई सत्ता नहीं रही। उसके पैरों को घर की ड्योढ़ी लाँघने और हाथों को अपने लिए कुआँ खोदने की स्वतन्त्रता नहीं थी। मीरा अपने आप में पूर्ण 'अकेली' औरत का बिम्ब नहीं रच सकती। मुक्ति की कामना शून्य से अनन्त तक पहुँच जाने की इकलौती छलाँग नहीं होती, मुक्ति-छलाँगों की लम्बी शृंखला की एक कड़ी मात्र होती है जो परम्परा से दिशा और ताकत लेकर उसमें अपनी एक और छलाँग जोड़ती है। मीरा के पास विरासत के नाम पर पराधीनता में सुख ढूँढ़ने का कान्तासम्मत उपदेश है। इसलिए बेशक वह वर्जनाओं को तोड़कर आत्मप्रसार का निर्णय ले, विद्वद्जन से दिशा-निर्देश पाने के बहाने[21] उन्हें अपनी लड़ाई में शरीक होने की दावत दे, जन-जन तक अपनी बात पहुँचा

कर जनमत बनाने का प्रयास करे—वह अपने अकेलेपन से त्रस्त है। स्त्री को लेकर परम्परा और परिवेश में पसरी अनुर्वर अनुगूँजों ने उसे चुप्पियों को सर्जनात्मक बुनावट देने का विवेक नहीं दिया है। वह आत्माभिमानिनी संवेदनशील जागरूक स्त्री की तरह उन सभी स्थितियों का विरोध अवश्य कर रही है जो समकालीन स्त्री विमर्श का केन्द्रीय स्वर है किन्तु अपनी देह और जीवन-दिशा के सन्दर्भ में लिए गये निर्णयों को अन्त तक अडिग भाव से स्वीकार नहीं कर पाती। मीरा की इस पराजय में पितृसत्तात्मक व्यवस्था के दबाव मुखर होते हैं जो आज की उन्मुक्त स्त्री के हर स्वतन्त्र निर्णय से बौखलाकर उस पर अनैतिक और उच्छृंखल हो जाने का आरोप लगाते हैं। चूँकि पितृसत्तात्मक व्यवस्था के पास स्त्री और पुरुष को, सवर्ण और दलित को नापने के प्रतिमान अलग-अलग हैं, अतः नैतिकता और दायित्व, अधिकार और स्वतन्त्रता की परिभाषाएँ स्थित्यानुसार बदलने लगती हैं। मीरा का स्त्री विमर्श कृष्णा सोबती और मृदुला गर्ग के जरिये आगे बढ़कर यदि मैत्रेयी पुष्पा तक न आया होता तो क्या स्त्री अपनी दैहिक मुक्ति की मुखर घोषणा के साथ देह को अस्त्र बनाकर प्रतिद्वन्द्वी पुरुष को पटकनी दे पाने का हौसला बटोर पाती? पराये मर्दों को लेकर चटखारेदार बातें करती कृष्णा सोबती की मित्रो चूँकि अन्ततः अपने उसी बगलोल पति सरदारी को समर्पित है और दाम्पत्येतर देह सम्बन्ध को पूरी ऊर्जा से भोगने वाली मनु (चितकोबरा) अन्ततः समाजसेवा में आश्रय पाती है, अतः व्यवस्था को न विवाह संस्था के टूटने का खतरा है, न नैतिकता के दोहरे मानदण्डों के खिलाफ उठाए जाने वाले आन्दोलन की आशंका। लेकिन मनु जैसी स्त्रियाँ जब 'सिरफिरे' आन्दोलनधर्मी सरोकारों से जुड़कर मन्दा, अल्मा, सारंग बनती हैं तो न केवल सड़क-चौराहे पर नैतिकता के दोहरे मानदण्डों को अभिमानपूर्वक तोड़ती पुरुष-सरीखी निर्लज्ज और नग्न स्त्री दिखाई पड़ती है, बल्कि पुरुष का 'उपयोग' कर राजनीति में घुसपैठ की 'मर्दाना' चालें भी चलती है। शतरंज की बिसात पर जब सामने वाला खिलाड़ी बराबर का चतुर हो तो हार के जोखिम में खेलने का मजा खत्म हो जाता है। इसलिए मर्दवादी आलोचना समकालीन स्त्री विमर्श को पितृसत्तात्मक व्यवस्था का अतिक्रमण कर अपने लिए मानवीय स्पेस की आकांक्षा करती स्त्री-मुक्ति की अवधारणा के रूप में नहीं पढ़ती, देह-विमर्श में गूंथकर थू-थू करती है। अपनी अन्तिम परिणति में आँसू, समर्पण, दीनता का प्रसार करता मीरा का स्त्री विमर्श उसे स्वीकार्य है। यहाँ तक वह उसके विद्रोह और वेदना को सहानुभूति भी देती है और व्यवस्था को बदलने में अपनी 'मगरमच्छी' तत्परता भी निवेदित करती है। जुलूस में अन्धी गली तक जाने और फिर निरापद अपनी दुनिया में लौट आने में भला क्या बुराई है? मीरा के अन्तर्विरोध—पितृसत्तात्मक व्यवस्था का आन्तरिकीकरण करने की मानसिकता—एक इकाई के रूप में मीरा की पराजय को भले ही संकेतित करें, मीरा द्वारा उत्पन्न स्त्री-चेतना को धूमिल नहीं करते।

सन्दर्भ

1. *बास्या कूस्या टूकड़ा ये, भाभी और मिलेगी खाटी छाय/भैं सोवो भूखा मरो ये, भाभी नहीं मिलैगो हरि आय,* मीरा बृहत् पदावली भाग—1, राजस्थान प्राच्य विद्या प्रतिष्ठान, जोधपुर, पद-395

2. *साधुन के संग बैठ बैठ के, लाज गमाई सारी /नित प्रति उठि नीच घर जावो, कुल कूं लगावो गारी। बड़ा घरां की छोरी कहावो, नांचो दे दे तारी।* वही, पद-16

3. *राणांजी तें जहर दियो मैं जाणी/ जैसे कंचन दहत अगिन में, निकसत बाराबांणी।/लोकलाज कुलकाण जगत की, दी बहाय ज्यूं पांणी।/अपने घर का परदा कर लौं, मैं अबला बौरांणी।/तरकस तीर लग्यो मेरे हियरे, गरक गयो सनकांणी।* वही, पद-505

4. *राणांजी म्हारे गिरधर प्रीतम प्यारो।... जन्म जन्म रो पति परमेश्वर, राणोंजी कोन बिचारो।* वही, पद-509

5. *राणांजी हूँ अब न रहूँगी तोरी हटकी।/ साध-संग माहि प्यारा लागै, जाल गयी घूँघट की।/...हार सिंगार सभी ल्यो अपना, चूड़ी कर की पटकी।/ मेरा सुहाग अब मोकूं दरसा, और न जाने घट की।/ महल किला राणां मोहिं न चाहिए, सारी रेशम पट की।/ हुई दीवानी मीरा डोलै, केस लटा सब छिटकी।* वही, पद-515
6. *जोगी आ जा आ जा, जोगी पांइ परूं मैं हौं चेरी तेरी।/ प्रेम-भक्ति को पैंडो न्यारो, हमकूं गैल बता जा।/ अगर चन्दन की चिता बनाऊँ, अपने हाथ जला जा।/जल बल भई भस्म की ढेरी, अपने अंग लगा जा।* वही, पद-176
7. *मन हमारा बांध्यो माई।/कंवल नैन अपने गुन तीखण तीर बेध शरीर दूरि गयो माई।/ लाग्यो तब जान्यों नहीं, अब न सह्यो जाई री माई।/ तंत मन्त औषद करउ, तऊ पीर न जाई।/ है कोऊ उपकार करे, कठिन दरद री माई।/ निकटि हो तुम दूरि नहीं, बेगि मिलो आई।/ मीरा गिरधर स्वामी दयाल, तन की तपति बुझाई री माई।* वही, पद-368
8. *ऐसी ऐसी चाँदनी में पिया घर नांई। /चार पहर दिन सोवत बीत्ये, तड़पत रैन बिहाई। /मैं सूती पिया अपने म्हैल में, सालूड़ा में आयी सरदाई।* वही, पद-56
9. *मेरा मन को वैरागी कर गयो रे।/ हाथ लकुटिया कांधे कमलिया, जमुना पार उतर गयो रे।/ बारा बरस से सेवा कीन्हीं, रमती बिरियां रम गयो रे।/ सुण सुण हे मेरी पाड़ पड़ोसन, जलती में पूलो दे गयो रे।/ मीरा के प्रभु हरि अविनासी, धूकती धूनी धर गयो रे।* वही, पद- 438
10. *गोबिन्द का गुण गास्यां।/ राणोजी रूसैला तो गांम राखैला, हरि रूठ्यां कुमलास्यां। /राम नाम की जहाज चलास्यां, भवसागर तिर जास्यां।* वही, पद-129
11. *एक बिरियां मुख बोलो रे, धुतारा जोगी।/... पूरब जनम की मैं हूँ गोपिका, अधबिच पड़ गयो झोलो रे।/ जगत बदीती तुम करो मोहन, अब क्यों बजाऊँ ढोलो रे।/ तेरे कारए सब जग त्याग्ये, अब मोहे कर सों लो रे।* वही, पद-55
12. *माई मैं तो लियो है साँवरिया मोल।/ कोई कहै सोंधो कोई कहै महँगौ, मैं तो लियो है हीरा सूं तोल।/कोई कहै हलको कोई कहै भारी, मैं तो लियो री ताखड़ियां तोल।/कोई कहै छाने कोई कहै वोड़े, मैं तो लियो री बाजतां ढोल।/कोई कहै घटतो कोई कहै बढ़तो, मैं तो लियो है बराबर तोल।/कोई कहै कालो कोई कहै गोरो, मैं तो देख्यो है घूंघट पट खोल।* वही, पद-385
13. *पूर्ण में से पूर्ण निकल भी जाये तो भी जो बाकी रहता है, वह पूर्ण ही है।''* कुंदनिका कापड़ीआ, दीवारों के पार आकाश, पृ 0276
14. *हरष शोक म्हारे मन नांही, नहिं लाभ नहिं हानी, कंचन लेर अगन में राख्यो, निकस्यो बाराबानी।* पद-153
15. गोविन्द दुबे साचोरा ब्राह्मण तिनकी वार्ता :...*और अेक समें गोविन्द दुबे मीराबाई के घर हुते तहाँ मीरा बाई सों भगवद्वार्ता करत अटके।...ब्रजवासी ने आपके वह पत्र दीनों सो पत्र बोंच के गोविन्द दुबे तत्काल उठे, तब मीरा बाई ने बहुत समाधान कियौ परि गोविन्द दुबे ने फिर पाछें न देखौ।* पद-62
अथ कृष्णदास अधिकारी तिनकी वार्ता : ...कृष्णदास ने तौ आवत ही कही जो हूँ तौ चलूंगौ। तब मीराबाई ने कही–जो बैठौ तब कितनेक मोहर श्रीनाथजी को देने लागी सो कृष्णदास ने न लीनी और कह्यौ जो तूं श्री आचार्य महाप्रभून् की सेवक नाहीं होत ताते तेरी भेंट हम हाथ ते छूवेंगे नाहीं। सो ऐसे कहिकें कृष्णदास यहाँ ते उठि चले। चौरासी वैष्णवन की वार्ता।
16. *मैं मन्दभागण काहे को सरजी, पिया मोसूं रहत उदासी।/तुम हो हमारे अन्तरजामी, मैं थारा चरणां री दासी।/मीरा तो कुछ जाणत नांही, पकड़ी टेक निभासी।* वही, पद-62
17. ये पद हैं—398, 405, 568
18. *म्हारा हरिजी, चाकरी री चाह म्हारे मन राखोला सरण हजूरी।/बैल बँधावो भांवे घोड़ा बँधावो, चाहै करावो मजूरी।/खाबा पीबा की म्हाँकी चिन्ता मत कीज्यौ, कंगनी दीज्यो भांवै कूरी।/ओढ़न कूं कारी कामरिया दीज्यो और चटाई खजूरी।/जो थे देशी, सो म्हे लेशी, याई मत म्हारे पूरी।/मीरा के प्रभु गिरधर नागर, निज चरणन की धूरी।* वही, पद—405
19. पद—428
20. *उडि जावो री म्हारी सोनचिड़ी।/ काहे सूं मढ़ाऊँ थारी आँख पांखड़ी, काहे सूं मढ़ाऊँ थारी चोंचजड़ी। /रूपा सूं मढ़ाऊँ थारी आँख पांखड़ी, सोना सूं मढ़ा ऊँ थारी चोंचजड़ी।"* वही, पद 45
21. *श्री तुलसी सब गुण निधान दुख हरन गुसांई/...* हमको कहा उचित करबो है सो लिखियो समझाई। पद-571

मीरा के काव्य का सामाजिक पहलू

—**गोपेश्वर सिंह**

सभी भक्ति कवियों की तरह मीरा की भी कविता भक्ति का माध्यम है। मीरा सर्वप्रथम एक भक्त थीं, एक प्रेम-साधिका थीं, उसके बाद ही कुछ और। प्रेम-साधना के क्रम में ही उन्होंने कविता को अपनाया। कविता करना उनका उद्देश्य नहीं था। उनका उद्देश्य था अपने प्रियतम कृष्ण के प्रति अपनी अटूट निष्ठा की—अपनी समर्पण भावना की—पूरी तरह अभिव्यक्ति। उस अभिव्यक्ति का माध्यम बनती है कविता।

प्रियतम की स्मृति मीरा को इस तरह बेचैन बना देती है कि वह पैरों में घुँघरू बाँधकर, हाथों में करताल लेकर साधु-सन्तों की उपस्थिति में कृष्ण की मूर्ति के समक्ष नाचने लगती हैं। ऐसे ही भाव-विभोर क्षणों में मीरा की प्रेम-निष्ठा कविता के रूप में छूटी होगी। यही कारण है कि उनकी कविता काव्य-कला की दृष्टि से सूर-तुलसी की तरह बहुत ऊँची होने पर भी प्रेम की दीवानगी से भरी होने के कारण जनता के बीच उन्हीं की तरह लोकप्रिय है। उनकी कविता में जो दर्द है, दीवानगी है और उसमें जो तीव्रता है, वह अद्भुत है। यह तीव्रता ही मीरा की कविता की आत्मा है।

कबीर, जायसी, सूर और तुलसी भक्तिकाल के चार प्रमुख और विशिष्ट कवि हैं। अपनी अलग-अलग विशेषताओं के कारण ये चारों कवि जनता के बीच बेहद लोकप्रिय हैं। मीरा उसी धरातल की एक बेहद लोकप्रिय भक्त-कवयित्री हैं, जिनकी विशिष्ट भंगिमा और शैली सबसे अलग और निराली है। दर्द में पोर-पोर उनका डूबा है। उस दर्द दीवानी के भीतर विद्रोही की एक ऐसी अग्नि जल रही है, जो कभी बुझती नहीं—

करक कलेजे मारी ओखद न लागे थाँरी।
तुम घरि जावो बैद मेरे पीर भारी है॥

अपने अन्तर में 'भारी पीर' लिए दर्द के मारे दर-दर डोलने वाली (दर्द का मारयां दर-दर डोलयाँ) इस भाव-प्रवण भक्त कवयित्री के पास वेदना की जो थाती है, वह उसके समकालीनों में किसी के पास नहीं। अपूर्व दर्द, अपूर्व साहस और अपूर्व विद्रोह से भरी इस प्रेम-साधिका ने 'राणा' को जो चुनौती दी है, वैसी प्रत्यक्ष चुनौती दुर्जनों को शायद ही उस जमाने में किसी ने दी हो—

(1) *राणा जी! अब न रहूँगी तोरी हटकी।*
साध संग मोहिं प्यारा लागै, लाज गयी घूँघट की।

(2) *काहू की मैं बरजी नाहीं रहूँ।*
जो कोई मोकूँ एक कहै मैं एक की लाख कहूँ।

(3) राणा जी थे क्याने राखों म्हासू बैर।
थे तो राणा जी म्हाने इसड़ा लागो ज्यों ब्रच्छल में कैर।

मीरा को समझना कठिन है। उसका जीवन अनेक जटिलताओं से भरा है। राजपरिवार की बहू मन्दिरों में सामान्य जन की तरह नाचती है! प्रेम में उन्मत्त होकर उनका वह नृत्य करना राजमहल के सामने एक चुनौती खड़ीकर देता है। मीरा को तरह-तरह की सजा दी जाती है। वह सजा को भी अपने प्रियतम का प्रसाद मानकर स्वीकार करती हैं। मीरा की कविता को देखने पर उनकी घनघोर व्यथा का अनुमान भर किया जा सकता है। मीरा को जितनी पीड़ा मिली है, उसका बहुत कम अंश उन्होंने सुनाया है।

मीरा को जीवन-भर संघर्ष में जीना पड़ा। बचपन में माँ की ममता से वे वंचित हो गयीं। किशोरावस्था में शादी हुई और कुछ दिनों बाद वे विधवा हो गयीं। पिता रत्नसिंह युद्ध में वीरगति को प्राप्त हुए। चचेरे भाई जयमल मीरा को बहुत मानते थे। वे भी युद्ध में मारे गये। पिता, पति, श्वसुर, भाई आदि जो स्नेह-प्रेम देने वाले आत्मीय जन थे, सब-के-सब मीरा के ठीक से युवती होने के पूर्व स्वर्ग सिधार गये। रह गये विष का प्याला देने वाले राणा, कुलनाशिनी कहने वाली सास और तरह-तरह से प्रताड़ित करने वाली ननद और रह गया वह समाज, जिसकी नजरों में मीरा जैसी युवती और रूपवती का भक्त होना, मन्दिरों में घूमना, साधु-सन्तों के साथ सत्संग करना उसका अनैतिक आचरण था, उसका 'बावलापन' था।

चौदह-पन्द्रह की अवस्था में मीरा विधवा हुई। उस समय की प्रथा के अनुसार मीरा को पति की चिता पर सती हो जाना चाहिए था। लेकिन सती न होकर उन्होंने भक्ति का मार्ग चुना। उस भक्ति का, जिसका दरवाजा नारी के लिए बन्द था। उस बन्द दरवाजे को खोलकर भीतर प्रवेश करना आसान नहीं था। इसके लिए नारी को कठिन संघर्ष करना पड़ता था। मीरा को भी उस कठिन संघर्ष से गुजरना पड़ा। उनके मार्ग की सबसे बड़ी बाधा तो पहले उनका परिवार था, स्वजन थे, जो उन्हें घर की चारदीवारी से बाहर नहीं होने देना चाहते थे; फिर समाज था, जो लोकापवाद का भय दिखाकर तरह-तरह से सताया करता था। पं. परशुराम चतुर्वेदी जब मीरा के पदों का संग्रह कर रहे थे, तो उनकी मुलाकात राजस्थान में ऐसे लोगों से हुई, जो आज भी मीरा के आचरण को अच्छा नहीं मानते। सोचिए, आज से चार सौ वर्ष पहले के सामज की प्रतिक्रिया कितनी कड़वी रही होगी।

इन सभी विघ्न-बाधाओं को पार करते हुए लोकापवाद का विष पीते हुए मीरा जब घर से निकल गयीं, भक्त हो गयीं, तब उनका संघर्ष भक्ति-क्षेत्र में फैली उस पुरुष-दृष्टि से शुरू हुआ, जिसकी नजर में नारी माया थी, मात्र माया। कंचन और कामिनी से बचने की सलाह भक्तगण भी दिया करते थे। साधु-सन्तों के बीच प्रवेश लेकर स्वयं उनके बीच मीरा के प्रति जो उपेक्षा भाव रहा होगा, उसका अनुमान भर किया जा सकता है। जहां कोई भी नारी माया थी, वहाँ यौवन, रूप और वैधव्य, तीनों की एकाकार प्रतिमा मीरा के साथ क्या सलूक होता होगा? कहा जाता है कि जब वे वृन्दावन में स्वामी जीवगोस्वामी से मिलने गयीं तो स्वामीजी ने यह कहकर मिलने से इनकार कर दिया कि 'मैं स्त्रियों से नहीं मिलता!' मीरा ने जो उत्तर दिया, उससे भक्ति की पुरुष-प्रधान दृष्टि का पता चलता है और उससे उनके संघर्ष का भी संकेत मिलता है। मीरा ने कहला भेजा—*वृन्दावन में पुरुष तो सिर्फ कृष्ण हैं, बाकी सब तो स्त्री रूप हैं। स्वामी जी जैसा भक्त अपने को पुरुष कैसे मानता है।* कहा जाता है कि स्वामीजी निरुत्तर हो गये और स्वयं मिलने आये। यह भी चर्चा मिलती है कि एक बार एक कपटी साधु मीरा से मिला। उसने कहा कि मुझे श्रीकृष्ण ने अपना प्रतिनिधि बनाकर भेजा है, आपके संग विहार करने के लिए। मीरा ने उसका स्वागत करते हुए कहा कि पहले भोजन कीजिए, फिर सेज लगाती हूँ। सन्तों के बीच नि:शंक होकर रस में भीजिए—

असमनि समाज में बिछाय सेजि बोलि लियो,
संक अब कौन की निसंक रस भीजिए।।

इस प्रसंग से स्पष्ट है कि सास-ननद तथा समाज के दूसरे लोगों के अतिरिक्त साधु समाज में भी ऐसे दुर्जन थे, जो मीरा को दुख दिया करते थे। ये घटनाएँ बताती हैं कि मीरा का संघर्ष कई स्तरों पर था। ऐसा संघर्ष शायद ही किसी अन्य भक्त कवि को करना पड़ा हो!

यों तो मीरा को बहुतों ने कष्ट दिया, लेकिन उनको कष्ट देने बालों में सिरमौर थे–राणा। राणा, जिनका हवाला मीरा ने बार-बार दिया है। यह राणा उनके पति नहीं थे। उनके ससुर भी नहीं थे। यह राणा थे उनके देवर विक्रमादित्य सिंह। इतिहास बताता है कि जिस समय विक्रमादित्य सिंह गद्दी पर बैठे, मीरा विधवा हो चुकी थीं। पिता भी मर चुके थे। स्नेह देने वाले ससुर राणा संग्राम सिंह भी। नि:सन्तान मीरा भरे यौवन में विधवा हो गयीं। विक्रमादित्य अत्यन्त अयोग्य शासक था। वह पूरी तरह पतनशील सामन्ती मूल्यों का संवाहक था। मीरा ने अपने पदों में जिस राणा को बार-बार याद किया है, कोसा है, वह यही राणा विक्रमादित्य है। इसी राणा ने मीरा को तरह-तरह की यातनाएँ दीं, विष का प्याला भेजा और उनके भक्ति मार्ग में इतनी बाधाएँ डालीं कि मीरा को मेवाड़ छोड़ने के लिए बाध्य होना पड़ा। वे अपनी सखी ललिता के साथ वृन्दावन चली गयीं। कुछ दिन वहाँ रहने के उपरान्त द्वारका में रहने लगीं। वहीं रणछोड़ राय जी के मन्दिर में उनका शेष जीवन बीता। घरवालों के बुलाने पर भी वे मेवाड़ नहीं लौटीं। वहीं सत्तर-पचहत्तर की उम्र में उन्होंने जल समाधि ले ली। भक्तों का विश्वास है कि वे रणछोड़ राय जी की मूर्ति में समाहित हो गयीं।

इस तरह मीरा का जीवन अत्यन्त विषम और विषादयुक्त है। उनके जीवन का यह विषाद उनकी कविता के मूल में विद्यमान है। इस विषाद का गहरा सम्बन्ध उनकी कविता से है। यह विषाद सामाजिक बन्धनों और प्रताड़नाओं से उपजा है। यह विषाद मीरा का निजी तो है ही, मध्यकाल की नारी मात्र का भी है, क्योंकि यह विषाद इतना व्यापक और गहरा है कि मध्यकाल की हर नारी का मालूम पड़ता है।

भक्ति आन्दोलन की सामन्तवाद-विरोधी लहर के साथ आयी मध्यकाल की एक अमूल्य नारी-रत्न हैं। उनका जीवन और काव्य भक्ति आन्दोलन और भक्ति साहित्य को एक नया आयाम देता है। एक ओर जहाँ वे भक्ति पर छायी पुरुष-प्रधान नारी-विरोधी सामन्ती दृष्टि से संघर्ष करती हैं और सफल होती हैं वहीं सम्प्रदाय-निरपेक्ष प्रेम-भक्ति का मार्ग प्रशस्त कर भक्ति को साम्प्रदायिक संकीर्णताओं से ऊपर उठाकर व्यापकता प्रदान करती हैं। मध्यकाल का हर सन्त किसी-न-किसी सम्प्रदाय का या तो शिष्य है या गुरु है। मीरा न तो किसी सम्प्रदाय में दीक्षित होती हैं और न अपना कोई सम्प्रदाय निर्मित करती हैं। उनके बारे में यह उक्ति प्रसिद्ध है–

नाम रहोगे नाम से सुनो सयाने लोग।
मीरा सुत जायो नहीं शिष्य न मुड्यो कोय॥

मध्यकाल में एक नारी का सम्प्रदाय-निरपेक्ष होकर अकेले भक्ति मार्ग पर चलना अद्‌भुत साहस का काम है। इस सम्प्रदाय-निरपेक्षता के चलते मीरा साम्प्रदायिक संकीर्णता से मुक्त हैं, जबकि उसी काल के सूर हों या तुलसी, जायसी हों या कबीर, सबके अपने 'गुरु' हैं, सम्प्रदाय हैं, आग्रह हैं, दुराग्रह हैं। किसी से प्यार है तो किसी से नफरत भी। उनके यहाँ किसी की प्रशंसा है तो किसी की निन्दा भी। मीरा ही हैं जो किसी सम्प्रदाय की सीमा में नहीं बँधतीं, किसी सम्प्रदाय विशेष के प्रति असहिष्णु भी नहीं होतीं। वैसे तो हितहरिवंश, वल्लभ आदि

सम्प्रदायों के अनेक लोग उनके सम्पर्क में आये। अनेक साधु-सन्तों से भी उनका मिलना-जुलना हुआ। लेकिन वे किसी सम्प्रदाय की सीमा में न बँधीं और न किसी दार्शनिक मतवाद के पीछे पागल हुईं। वे अगर किसी के पीछे पागल हुईं तो वह थे कृष्ण। कृष्ण का भी वह रूप उन्होंने नहीं अपनाया, जो खण्डित होती मर्यादा, ध्वस्त होते मूल्यों और युगधर्म को साकार करने की प्रतिज्ञा से बँधा है। उनके प्रेम में वह इतनी तल्लीन हुईं कि उनका सम्पूर्ण जीवन ही कृष्णमय हो गया। लोकापवाद का भय उन्हें नहीं था। कोई क्या कहता है—निन्दा करता है या प्रशंसा, उसकी चिन्ता उन्होंने नहीं की। कोई उनकी बात सुनता है या नहीं, उनके पद गाता है या नहीं, उनके पथ का कोई अनुसरण करता है या नहीं, इससे मीरा को कोई मतलब नहीं था। भक्ति भावना के आवेश में वे नृत्य करती थीं और अपने पद गाती थीं। सम्प्रदाय का प्रवर्तन करने वाले अन्य आचार्यों की तरह उन्होंने दूसरों काा प्रभावित करने का सायास उपक्रम न किया। भक्ति पर पुरुष प्रधान दृष्टि के कारण नारी को ही जब साधना की दुर्गम घाटी मान लिया गया हो, ब्रह्मचर्य के गर्व में धर्माचार्यों ने 'नारी का मुँह तक न देखने' की प्रतिज्ञा कर किसी नारी को शिष्य बनाने से इनकार कर दिया हो, तब नारी का अनुयायी कोई पुरुष कैसे हो सकता था भला! इसीलिए इस नारी को कोई गुरु न मिला। शिष्य की तो बात ही भिन्न है। सम्भव है, यह कथन सही मीरा किसी रैदासी सन्त की शिष्य थीं। जब ब्राह्मण धर्माचार्यों ने नारी को मान-दीक्षा न दी, तब एक अछूत सन्त की शरण में वे गयी हों और उसी ने उन्हें दीक्षित करने का पुण्य कार्य किया हो—समाज के एक अन्त्यज ने दूसरे 'अन्त्यज' का उद्धार किया हो। जो भी हो, मीरा का किसी पन्थ-विशेष से सम्बन्ध नहीं दिखायी पड़ता। बड़े-बड़े दार्शनिक आचार्यों और सन्त कवियों के युग में पन्थ-निरपेक्ष होकर अपनी राह अकेले चलने का ऐसा दूसरा उदाहरण शायद ही मिले!

मीरा की कविता का अध्ययन नवधा भक्ति, मधुरा भक्ति आदि दृष्टियों से तो अब तक हुआ है, लेकिन उसका कोई सामाजिक मूल्य भी है, इसकी प्राय: उपेक्षा हुई है। सच कहा जाये तो इस अत्यन्त महत्त्वपूर्ण भक्त कवयित्री के सम्बन्ध में प्राय: सभी बड़े आलोचक चुप हैं। कबीर, जायसी, सूर, तुलसी आदि कवियों के महत्त्व को जिस तरह हिन्दी के बड़े आलोचकों द्वारा स्वीकार किया गया है, उसी तरह मीरा के महत्त्व को नहीं। जनता के बीच अत्यन्त लोकप्रिय होते हुए भी मीरा साहित्य में वह स्थान नहीं प्राप्त कर सकीं, जो कबीर आदि को मिला। मीरा एक महान भक्त कवयित्री हैं। उन्हें अपने जमाने का विष सबसे अधिक पीना पड़ा। प्रसिद्ध सन्त कवियों में शायद ही किसी का जीवन इतना विषम और विषादयुक्त रहा हो। अपने युग के समक्ष जिस तरह वे एक ललकारती चुनौती बनकर खड़ी दिखायी देती है, उस तरह न तुलसी दीखते हैं और न क्रान्तिकारी कहे जाने वाले कबीर। मीरा को अपनी कान्तधर्मिता की कीमत सबसे अधिक चुकानी पड़ी है—अपने किसी भी समकालीन से अधिक विष पीकर और जमाने की मार खाकर!

मीरा के काव्य में बार-बार विष आता है, विषपान की चर्चा मिलती है। उनका विषपान अभिधार्थ भी है और प्रतीकार्थ भी। मीरा की कविता में मध्यकाल की विषपान करती और विषाद से भरी नारी अपने पूरे अस्तित्व के साथ विद्यमान है। मीरा का विषपान मध्यकालीन नारी का विषपान है और विषाद मध्यकालीन नारी का विषाद! मीरा का विद्रोह अपने अस्तित्व की तलाश में भटकती मध्यकालीन नारी का विद्रोह है। वे इस रूप में एक व्यक्ति न होकर मध्यकालीन नारी की प्रतिनिधि हैं। लेकिन व्यक्ति रूप में उनका संघर्ष अपने समय की आम नारी से अधिक कठिन है। उनका विषाद भी आम नारी से अधिक गहरा है; क्योंकि वे राजरानी हैं, आम नारी से अधिक बन्धनों में रहने वाली नारी। इसीलिए उनका संघर्ष—अपनी अस्मिता और मुक्ति का संघर्ष—आम नारी के संघर्ष

से कई गुना कठिन है। उन्हें जिस भक्ति के लिए इतना संघर्ष करना पड़ा, आम नारी को निश्चित रूप से उससे कम करना पड़ता। उनकी कविता इन्हीं स्थितियों की उपज है। उस काव्य का गहरा सम्बन्ध व्यक्ति मीरा से तो है ही, अपने समय और उस काल की नारी से भी है। उनकी कविता में जो तड़प है, विरह की जो अन्तर्दशाएँ हैं, वह उस युग का कठोर यथार्थ है।

मध्यकालीन काव्य में नारियों का अपूर्व विरह-वर्णन मिलता है। उस विरह-वर्णन का आधार मध्यकाल की वह नारी है, जिसकी नियति है पति में ही अपनी सम्पूर्ण इच्छा का समर्पण। पति ही उसके लिए परमेश्वर है। मीरा की कविता नारी की इसी दासता और मजबूरी की व्यथा की कविता है। उनमें विरह की जो घनीभूत रेखाएँ हैं, उसमें मध्यकालीन नारी की विषाद में डूबी हर साँस का स्पन्दन सुनाई देता है। लेकिन मीरा की कविता सिर्फ यही नहीं है। उसमें जहाँ अपने समय का बड़ा सच छिपा है, वहीं उसकी भयावहता से टक्कर लेता विद्रोह भी है। सामन्ती संस्कृति के नियमों के नीचे दबी नारी पति को ही परमेश्वर और अपने को उसके चरणों की दासी मानने को अभिशप्त थी। सामन्ती संस्कृति के मूर्त रूप मेवाड़ के राणाओं के घर की बहू ने इस नियम को मानने से इनकार कर दिया और इस नियम को उलट कर घोषणा कर दी कि परमेश्वर ही मेरा पति है—*मेरो तो गिरिधर गोपाल दूसरो न कोई।* मध्यकालीन नारी की दारुण स्थिति का जहाँ बेजोड़ वर्णन मीरा की कविता में मिलता है, वहीं उससे मुक्ति के संघर्ष से भरा उपक्रम भी है।

मीरा का एक प्रसिद्ध पद है—*जो ऐसा मैं जाड़ती प्रीत कियो दुख होय। नगर ढिंढोरा पीटती प्रीत कर्यो मत कोय।* प्रेम के लिए कुल की मरजाद छोड़ने वाली, भाई-बन्धु, स्वजन, सबका परित्याग करने वाली यह भक्त कवयित्री प्रेम करने के भी विरुद्ध क्यों खड़ी हो जाती है? इसलिए कि इस प्रेम से दुख मिलता है। ऐसा दुख, जिस दुख को बहुत कम लोग जानते हैं–'*म्हारा दरद न जाणे कोय।* इस अजाने दुख और दर्द के सामाजिक पहलू का अध्ययन करने पर मीरा के काव्य का नया अर्थ खुलता है।

मीरा के जीवन की व्याख्या और कृष्ण का चयन

—कुमकुम संगारी

मीरा द्वारा किया गया विद्रोह, सामाजिक आलोचना और उसकी आदर्श रूप में ढाली गयी छवि भी सम्बन्धों के इसी वृहत् दायरे में स्थित होना चाहिए, जिसमें उनकी भक्ति ने आकार ग्रहण किया। अपनी आस्था के चुनाव में और उसकी अभिव्यक्ति के तरीकों द्वारा उन्होंने विवाह और वैधत्व के सामन्ती नियमों को कहाँ तक छिन्न-भिन्न किया?

पति के लिए दैहिक रूप से अनुपलब्ध रहकर और विवाह के तुरन्त बाद अपनी धर्म-कर्म की धुन से उन्होंने विवाह की संहिता को तोड़ा। वह दावा करती हैं कि उनका विवाह तो पहले ही स्वप्न में कृष्ण से हो चुका है (माई म्हाने सुपने में पारण गये गोपाल[BM: 70])। कथा के उन पाठान्तरों में जिनमें वह पति द्वारा प्रताड़ित की जाती हैं, उनके इस निर्णय के महत्त्व की ओर संकेत है।[1] पति के प्रति उनकी उदासीनता और कृष्ण के लिए उनका जुनून, उनके पति तथा श्वसुर द्वारा व्यभिचार माने जाते हैं। यहाँ तक कि 19वीं शताब्दी में लिखे गये एक जीवन–वृत्त में उनका सम्बन्ध अकबर तक से जोड़ा गया है, जो वेश बदलकर उनसे मिलने आया था।[2] अन्य कथाओं में, जिनमें वह पति की मृत्यु के बाद ही 'भक्त' बनती हैं, सन्त बनने के पहले के जीवन में उन्हें एक अच्छी पत्नी के रूप में दर्शाने की कोशिश की गयी है। हालाँकि पहले प्रकार की, उन्हें एक कृतघ्न पत्नी कहने वाली, कथाओं में भी मीरा के चरित्र में सन्तत्व के एक महत्त्वपूर्ण तत्त्व यानी ब्रह्मचर्य तथा उससे प्राप्य आध्यात्मिक शक्तियों को तो स्थापित किया ही गया है। यहाँ स्पष्ट है कि एक अच्छी पत्नी और एक सन्त में सामंजस्य नहीं हो सकता–वह या तो एक हो सकती है या फिर दूसरी। मीरा की उपलब्धि यह है कि एक पथभ्रष्ट कृतघ्न पत्नी बनकर वह न सिर्फ उनसे की जा रही सामाजिक अपेक्षाओं से मुक्ति पा लेती हैं, बल्कि विवेक, स्वाधीनता, परितृप्ति, आत्मिक विकास और सबसे बढ़कर कृष्ण से विवाह तक भी उनकी पहुँच हो सकी है।

हेली म्हासूँ हरि बिनि रह्यो न जाय।
सासु लड़ै री सजनी, नन्द खिजैरी पिव जी रह्यो री समाय
चौकी भी मेलौ सजनी पहरा भी मेलौ ताला घौ ना जड़ाय
पूरब जनम की प्रीत हमारी सजनी, सो कहाँ रहै री लुकाय
मीरा कहै प्रभु गिरधर के बिन, दूजो न आवै म्हारी दाय (BM: 58)

इन अर्थों में प्रत्येक पितृसत्तात्मक प्रताड़ना (जो वास्तव में नियमों के उल्लंघन के कारण है) एक परीक्षा का रूप ले लेती है और सन्तों की विशिष्ट जीवन-शैली के अनुरूप ही मीरा का सन्तत्व भी सिद्ध होता चलता है। मीरा सुहाग के अधिकारों की उपेक्षा करती हैं, महादेवी अक्क की ही तरह, जो गाती हैं– "लो इन पतियों

को जो नश्वर हैं, क्षय होते हैं, झोंक दो उन्हें/अपने चूल्हे की आग में"[3], मीरा भी जग-सुहाग या नश्वर मनुष्य से विवाह को मिथ्या व व्यर्थ करार देती हैं :

तुम ही झूठे हम ही झूठे, झूठा है सब संसारा
स्त्री पुरुष के सम्बन्ध झूठे, तो फूट्या हिया तुम्हारा
तुम ही कहो अर्धांग हमारी, हमकू लगायो कारा
कोटि ब्रह्माण्ड में व्यापा रहया है सो जिजवर हमारा[4]

सच्चा सुहाग तो अनश्वर के साथ है, "वह, जिसे मृत्युसर्प निगल नहीं सकता" (DP : 119, 116) :

झूठा सुहाग जगत का री सजनी, होय होय मिट जासी
मैं तो इक अविनासी वरूँगी जाहे काल नहीं खासी (MB:79)
सूरत दीनानाथ सू लागी तू तो समझ सुहागन नार...
ऐसे वर को क्या करूँ जो जन्मे और मर जाय
वर वरियो इक साँवरे री, मेरो चूड़लो अमर हो जाय...
अविनासी की पोल पर जी मीरा करै छै पुकार (P :165-67)

विधवा होने पर मीरा, अन्य नारी सन्तों के ही समान, अपने विवाह होने के सच को ही सबसे पहले नकार देती हैं[5] –

कोई और को बरूँ मावरी, म्हो के जग जंजाल
मीरा के प्रभु गिरधर नागर, करी जगाई हाल (MB: 70)

कुल मिलाकर वंश-परिवार की इज्जत, भौतिक विवाह और कुल से लगाव/जुड़ाव का अस्वीकार असल में न सिर्फ इनके द्वारा दी गयी शिक्षा व समाज संचालन में वंश के हस्तक्षेप का बल्कि उस समूचे सामाजिक ढाँचे का अस्वीकार है जिसमें ये सारी संस्थाएँ गुँथी हुई हैं। घर–बार के त्याग से उसने उस मूल प्रभाव क्षेत्र को भी नामंजूर कर दिया, जिसमें काम-भावना को नियन्त्रित करने की परम्परा थी। मनुस्मृति में पत्नी के काबू में रखने व स्त्रियों की कामेच्छा पर लगाम कसने के लिए धार्मिक अनुष्ठानों तथा घरेलू श्रम की उपयुक्तता का स्पष्ट उल्लेख है।(MDS:232) अपने दावे की प्रामाणिकता सिद्ध करने के लिए मीरा कहती है–

सती न होस्या गिरधर गास्या, म्हारा मन मोहे घन्नामी
जेठ बहू को नातो ना राणाजी, हूँ सेवक थे स्वामी
गिरधर कन्त गिरधर धनी म्हारे, मात पिता बोई भाई
थाई थारे मैं म्हारे राणाजी, यूँ कहे मीरा बाई (M: 162)

क्यों मैं राणा के शरीर के साथ चिता में जल जाऊँ और संती बनूँ? क्या गिरधर मेरे अनन्त काल के स्वामी नहीं हैं?

मैं इन्सानों से रक्त और विवाह के किसी सम्बन्ध को नहीं मानती, मात्र गिरधर को मानती हूँ, वही मेरे माता-पिता, पति और बन्धु हैं, मुझे राज्य के स्वामी से कुछ लेना-देना नहीं, यही मीराबाई कहती हैं।(B: 106)

यद्यपि मीराबाई की भिक्षावृत्ति, उच्चवर्ण की राजपूत विधवा की अनिवार्य एकान्त साधना को नकार देती है (अब काहेकी लाज सजनी, परगट हो नाची(P: 45)) किन्तु वह वैधव्य के अन्य अवयवों जैसे धर्मनिष्ठा, तपश्चर्या,

सादगी और ब्रह्मचर्य को चुनौती नहीं देतीं।[6] चूँकि कृष्ण ईश्वर हैं, उन दोनों की 'सेज' अमूर्त ही हो सकती है और भक्ति उस तक पहुँचने की एक राह–

तेरो कोई नहीं रोकन हार, मगन हुई मीरा चली
लाज सरम कुल की मर्यादा, सिर से दूर करी
मान अपमान दोऊ घर पटके, निकसी हूँ ग्यान गली
ऊँची अटरिया लाल किवरिया, निरगुन सेज बिछी। (BM: 56)

स्मृति ग्रन्थों में स्त्रियों के संन्यास का कोई प्रावधान नहीं है (धार्मिक कार्यों के लिए आवागमन तथा तीर्थयात्रा स्त्रियों के लिए स्पष्टत: निषिद्ध[7]) सिवाय दो विरोधाभासी स्थितियों के–पहला तो गृहस्थ के जीवन के अन्तिम दो आश्रमों में पुरुष के लिए जरूरी सादगी व संयम सिद्धान्त–रूप में एक विधवा के जीवन से बहुत ज्यादा भिन्न नहीं है हालाँकि वैधव्य के उलट वे पुरुष के अपने संकल्प से जन्मे हैं। स्त्री का गृहस्थाश्रम उसके पति की मृत्यु पर ही समाप्त हो जाता है और उसे रीति–रिवाजों के स्वैच्छिक पालन का उपदेश दिया जाने लगता है। उच्चवर्ण की विधवा को एक अतिसंयमशील तपस्विनी होना चाहिए, उसे अपने शरीर को कृशकाय कर लेना चाहिए तथा अपनी इच्छा से ही कंदमूल फल मात्र पर जीवित रहना चाहिए।(MDS: 135) दूसरे, पत्नीत्व व गार्हस्थ्य के विरुद्ध होने के कारण संन्यास की अनुमति मात्र अनाथ/विधवा के लिए ही दी गयी है और वह भी सिर्फ लाचारी की स्थिति में (कुछ ही धर्मशास्त्रों में)[8] इस तरह एक वि/ावा का 'संन्यास–ग्रहण ग्राह्य तो है पर साथ ही डराने वाला भी है (कुछ चरित्रलेखकों को इस विषय में तुलसीदास की सम्मति की आवश्यकता पड़ी।)। इसीलिए वे घटक, जो मीरा पर परिवार द्वारा उत्पीड़न का कारण बने(P: 171 to 173) उन्होंने ही अन्तत: उसे व्यापक सामाजिक स्वीकृति दिलायी। अन्य कई तपस्वियों के समान मीरा भी वंश व राजनीतिक सत्ता के 'बाहरी' 'क्षणभंगुर' समाज–तन्त्र को छिन्न–भिन्न कर, समाज से पुन: एक अन्य रिश्ते से जुड़ जाती हैं– एक आलोचक व टीकाकार की हैसियत से। उच्च संस्कृत परम्पराओं के अनुसार नैतिक बल बहुधा इन्द्रियों पर कड़े नियन्त्रण से प्राप्त होता है(MDS: 153) मीरा का नैतिक बल भी अल्पत: उनके अत्यन्त संयमित जीवन पर निर्भर है। यदि ऐन्द्रिय ब्रह्मचर्य अन्त:करण की आध्यात्मिक अवस्था को सूचित करता है, तो तपस्वी के लिए बाहर–भीतर, सारतत्त्व–व्यवहार के बीच अन्तर को पाट देना ही यथेष्ट है।

चयन का अधिकार मीरा को सच में कितना मिला, वह स्पष्ट नहीं है। क्या उन्होंने स्वयं ही राजदरबार को अस्वीकारा या फिर उनका बहिष्कार किया गया? कभी–कभी उनके गीत कहते हैं कि कृष्ण का चयन उनका अपना था। सन्तों के साथ भटकने से उनके देवर के द्वारा रोका जाना और इस पर मीरा का विरोध एक गीत में है: *इस आचरण से कुल की इज्जत आबरू मिट जायेगी* (कुल को दाग लगाये छे, भाभी निन्दा हो रई थारी)। *इतने ऊँचे घराने की स्त्री खुले–आम नाच कर कुल की मर्यादा नष्ट कर रही है* (बड़ा घर थे जनम लियो छे, नाचो दे दे तारी), इसीलिए उन्हें महल में लौट आना चाहिए–अपने पति व मूल्यवान रत्नों–आभूषणों के पास। मीरा इनकार कर देती हैं, क्योंकि साधु–सन्त ही अब उनका परिवार हैं–

राणा ने समझावो जावो, मैं तो बात ना मानी
मीरा के प्रभु गिरधर नागर, सन्ता हाथ बिकानी (P: 175-77)

वह अपने चयन को हर कीमत पर सही ठहराती हैं–

साधु संगति करि हरि सुख लायु, जग सू दूर रहूँ
तन मन धन जावों भली मेरो सीस लहू(BM: 64)

किन्हीं और क्षणों में उनकी भक्ति अपनी असहायता, प्रताड़ना (महिलाओं द्वारा भी) से प्रेरित होती दिखाई देती है, उनके साथ कोई और "सच्चा संगी साथी नहीं/सारा संसार मेरे विरुद्ध हो गया।"(DP: 136)9

तो क्या विवाह का पूर्ण अस्वीकार ही उन समूचे कारणों व प्रक्रियाओं का उद्‌गम है, जिसकी परिणति गृहत्याग के रूप में सामने आयी? क्या मीरा ने भिक्षाटन को मात्र इसीलिए अपनाया कि उनके पितृकुल-पतिकुल दोनों ने उन्हें त्याग दिया था? क्या सन्त का बाना उन्होंने इसीलिए धारण किया कि एक कोमलांगना को सुरक्षा का कोई न कोई उपाय चाहिए था? क्या भक्ति और ब्रह्मचर्य को पितृसत्तात्मक सुरक्षा से एक बार बाहर आ जाने के बाद उन्होंने कवच की तरह प्रयोग किया? परिवार द्वारा दिये जाने वाले सामाजिक-राजनीतिक समर्थन के अभाव ने ही क्या उन्हें ईश्वर की शरण में जाने पर मजबूर किया? एक बार पारिवारिक सुरक्षा और कर्तव्यों के दायरे से बाहर आ जाने पर आखिर उनके पास अन्य क्या विकल्प थे?

स्वयं चयन कर पाने का उल्लास और अपनी अवश्यम्भावी नियति की पहचान, इस द्विभाव के बीच ही मीरा के गीत दोलन करते दिखाई देते हैं–

माता छोड़ी पिता छोड़े, छोड़े सगे सोई
साधा संग बैठ-बैठ लोक-लाज खोई
अब तो बात फैल गयी, जाने सब कोई
दासी मीरा लाल गिरधर, होनी सो होई(B: 139)
माई री मैं तो लियो गोविन्दो मोल
...लियो री तराजू तोल
...लियो री आँखी खोल (BM: 71)

दोनों ही मनोभावों में विचरण करते हुए उनकी सुकुमारता/निर्बलता कभी नहीं छीजती। असल में कवि की वाचालता श्रोता में ऐसा पूर्वाग्रह उत्पन्न कर देती है जहाँ किसी बात पर अधिक जोर देना निजी जोखिम को और बढ़ा देता है। तब श्रोता की सम्मति का भी ध्यान रखकर बोलना पड़ता है, क्योंकि उसकी पहले से कोई गारंटी नहीं है। इस परिस्थिति में विकल्पों की व्याख्या करनी पड़ती है, उन्हें नाटकीयता प्रदान करनी पड़ती है, जनमानस की सम्भावित (expected) राय को उसमें शामिल करना होता है। मीरा बार-बार स्वयं को दीवानी कहती हैं। अपनी प्रखर तथा उद्धत मेधा के चलते वह जानती हैं कि समाज उन्हें किस रूप में लेता है :

पीव कारण बौरी भई, ज्यूँ काठी घुन खाए(BM: 76)
राणा जी मुझे ये बदनामी लगे मीठी
कोई निन्दो कोई विन्दो मैं तो चलूँगी चाल अनूठी(P: 81)
कोई कहे मीरा भई बावरी, कोई कहे कुलनासी(P: 9/ B: 164)
मीरा बात नहीं जग छानी(P: 175)
लोक कुटुम्बी बरजी बरज ही, बतियाँ कहत बनाई(BM: 58)

दुर्जिन लोग म्हारी निन्दा करे छे(B: 172)
लोग कहें मीरा भई बावरी
न्यात (रिश्तेदार) कहै कुलनासी रे(BM: 60)

मीरा ने चाहे सामन्ती बन्धनों को स्वयं तोड़ना चाहा हो या उन्हें इस विलगाव के लिए मजबूर किया गया हो अथवा यहाँ तक कि इस प्रक्रिया में वह स्वयं को टूट गया महसूस करती हों, किन्तु यदि सामन्ती बन्धन उनकी स्वतन्त्र जीवन-शैली के कारण छिन्न-भिन्न हुए हैं तो उनके गीतों ने इन बन्धनों को लाक्षणिक या आदर्श बनाकर फिर उभारा है और इस तरह उनकी सर्वव्यापी 'अनिवार्यता' को कम से कम मीरा के लिए तो एक स्वतन्त्र विकल्प के रूप में पुन:परिभाषित कर दिया है। यह पुनर्निर्माण सिर्फ सैद्धान्तिक स्तर पर नहीं है–यह इस 'अनिवार्यता' को सचमुच कुछ विकृत करके मीरा के लिए घर-संसार का अस्वीकार सम्भव कर दिखाता है। हालाँकि इस पहलू से देखने पर मीरा की विद्रोही छवि को धक्का लगता है, बल्कि यह उस विद्रोही तेवर को भोथरा करता प्रतीत होता है। मीरा का धार्मिक विश्वास ही उन्हें बल देता है; स्वयं से उनकी पहचान और पुरुषों द्वारा बनाये गये रीति-रिवाजों के उल्लंघन का दुस्साहस वह ईश्वर के प्रति समर्पण व एक 'उच्चतर' उद्देश्य के प्रति अपनी प्रतिबद्धता के कारण ही कर पाती हैं। उनके द्वारा पुरोहित तन्त्र का लगातार विरोध इसीलिए सम्भव भी हो सका और बाद में इसीलिए बेअसर भी हो गया कि मीरा ने एक अधीनस्थ स्त्री की तरह ही उसी पितृसत्ता के भीतर उच्चतम शिखर यानी ईश्वर की शरण ली। मात्र ईश्वर के नाम पर ही वह नैतिक बल का दावा कर सकती हैं। उनकी भक्ति पितृसत्ता से सामंजस्य और विसंगति को एक साथ लेकर चलती है। जिस सामाजिक व्यवस्था को वह जानती हैं, उनके कुछ दमनकारी तत्त्वों को पहचानती हैं; उससे वह दूर तो छिटक पाती हैं, किन्तु उसके वास्तविक विधान को छिन्न-भिन्न किये बिना ही। उनके प्रतीक इस व्यवस्था के साथ निरन्तर अन्त: संवाद बनाये रखते हैं। स्त्रीत्व और सामन्ती राज्य के सम्बन्ध का हालाँकि व्यवहार में विरोध किया गया है किन्तु प्रतीक रूप में यही सम्बन्ध अक्षुण्ण बना रहता है। इस अधूरेपन की बजाय यदि मीरा व्यवस्था को सम्पूर्ण रूप से नकार देतीं तो क्या वह उनकी बुद्धि का परिचायक होता?

उनकी तपस्या की सच्ची प्रकृति क्या है? 'माया' और संयम के बारे में उनके दावों की आखिर सच्चाई क्या है? संन्यासी विधवा की असाधारण भाव भूमि को प्रत्येक मनुष्य पर व्यापक रूप में आरोपित किया गया है। लिंग और वैवाहिक स्थिति पर ध्यान न देकर निर्धनता को इसके साथ ले लें तो यह सब एक सच्चे भक्त की निर्मित का कच्चा माल है। एक भक्त इसीलिए तो विशेष है कि उसके पास सामाजिक रूप से मान्य कोई विशेषाधिकार नहीं है। और वह पहले ही दमन का आदी हो चुका है। मीरा इस जगत को मिथ्या माया कहती हैं :

ये संसार सकल जग झूठा (M: 68)

संसार की सारी दौलत और अलंकार क्षणभंगुर हैं, ईश्वर की भक्ति ही एकमात्र सत्य है(B: 114) :

झूठा माणिक मोतिया री झूठी जग-मग जोती
झूठा सब आभूषण री सांची पिया जी रे पोती
झूठा पाट पाटम्बर रे झूठा दिखनी चीर
सांची पिया जी री गूदड़ी जे में निर्मल रहे सरीर(B: 167)

निर्धनता ही पाने योग्य है क्योंकि इससे तुम ईश्वर के प्रेमपात्र बन जाते हो।(B: 124)

यह सब 'बाहरी अलंकार', 'लाल और मोती' तथा 'संसार के बन्धन' 'झूठे' हैं; 'संसार सुख' 'मरीचिका' है तथा 'कपट-जाल' है, यह जगत 'स्वप्न की भाँति मोहक पर मिथ्या व धोखा' है।[DP: 44,27,77,106,116,194,87,128)। मीरा वास्तविक निर्धनता को मन की फकीराना तबीयत से अलग नहीं मानतीं (करना फकीरी फिर क्या दिलगीरी, सदा मगन मैं रहना जी[B: 174])। राजकन्या से तापसी बनकर गरीबी उन्होंने अपनी इच्छा से स्वीकारी है, क्योंकि गरीबी सांसारिक इच्छाओं से मुक्त करके ईश्वर के अधिक करीब ला देती है और उसे पाने में सहायक है (हस्ती ने छोड़ा माल खजाना, कोई न आवे साथ[P: 117])। उनका व्यवहार जन्मप्रदत्त बूर्जुआ तन्त्र में सार्थक विघ्न पैदा करता है, उसमें परिस्थितियों पर नियन्त्रण का साहस दीखता है और अन्ततः शायद एक वैकल्पिक, संस्था-इतर नैतिक सत्ता का स्रोत भी।[10] मीरा की रचनाओं में 'माया' का अर्थ पारिवारिक व पितृसत्तात्मक अपेक्षायें हैं–पति की, माता-पिता की, भाई-बन्धुओं की, परिवार व वंश की[BM: 71,68] –जिन्हें मिथ्या[B: 172], नश्वर (मात पिता सुत कुटुम्ब कबीला, टूट गया ज्यूँ तागा[BM: 51]), भौतिक एवं स्वार्थी (सब मतलब के गरजी[BM: 56]) बताया गया है। मातृकुल तथा पतिकुल (जाऊँ ना पीहर जाऊँ ना सासर[P: 139]) दोनों ही उनके लिए मूलतः संसार के झूठेपन के मुख्य कारक हैं।

फिर भी यह देखना आवश्यक है कि मीरा की भाषा ही यथास्थिति को बनाये रखने के लिए जिम्मेदार है। यदि पराधीनता के दुख के कारण ही उन्होंने भौतिक इच्छाओं का त्याग किया है तो क्या यह विद्रोह परिवार और सामन्तशाही की अपराजेयता ही सिद्ध नहीं करता, जिससे पलायन तो किया जा सकता है किन्तु उसे बदला नहीं जा सकता? उस विधवा के लिए संन्यास का क्या प्रयोजन हो सकता है जो निर्वाह-भत्ते की माँग तो कर सके किन्तु जिसका न जायदाद पर कोई हक हो और न ही राजनीतिक सत्ता तक कोई पहुँच? क्या वह उसी वस्तु का त्याग नहीं कर रही है, जो वैसे भी उसे प्राप्य नहीं, और वह भी माया के त्याग–जैसे व्यापक सिद्धान्त की आड़ में। समाज के ढाँचे में प्रतिबन्धों और निरंकुशता के बेहिसाब बढ़ जाने पर ही कोई नया आध्यात्मिक सिद्धान्त जन्म लेता है और बहुधा यह मूलभूत आदर्शों को न छोड़ते हुए ही स्थापित ढाँचे को बदलने का सुझाव रखता है। एक बार अस्तित्व में आ जाने पर वह मानो एक भिन्न आदर्श और स्वायत्तता को प्राप्त करता प्रतीत होता है : यह प्रक्रिया ही साधन के भिन्न प्रयोग को बढ़ावा देती है क्योंकि इसका कई अन्य पन्थों द्वारा खण्डन किया जाता है और साथ ही यह व्यापक समाज-व्यवहार के क्षेत्र में समाहित हो जाता है। अतः मीरा की भक्ति का सारतत्त्व इतना लचीला और निराकार है कि वह मोक्ष की सम्भावना के लिए मध्यस्थता का प्रस्ताव रखता है, अस्तित्व के औचित्य और नैतिक दबावों के बारे में कयास लगाता है साथ ही एक अन्तर्जगत या संवेदनशील मन की निर्मिति का माध्यम भी बन जाता है। किन्तु इसी लचीलेपन व अमूर्तता के कारण जाति, वर्ग, पितृसत्ता के हित और राजनीतिक लाभों के लिए भी इसकी पुनर्व्याख्या सम्भव है।

मृत्यु तथा 'माया' की अविजेयता ही संस्कृत परम्परा का मुख्य तत्त्व है। बहुत से अन्य सन्तों की भाँति मीरा की भक्ति भी 'माया' की पुनर्व्याख्या करती है।[11] पहले जो 'माया' ईश्वर द्वारा रचा गया एक ब्रह्माण्डव्यापी भ्रम थी, वह बदलकर पारम्परिक विश्वासों, व्यवहारों, पारिवारिक-पितृसत्तात्मक बाधाओं का ऐसा समूह बन जाती है जो आत्मा के परमात्मा से मिलन को रोकती है। दूसरे शब्दों में माया अपने विशेष दुर्गुणों जैसे काम, क्रोध, लोभ, अभिमान, मद, मोह आदि के द्वारा भक्ति की राह में रोड़े अटकाती है तथा चित्त को दूषित कर देती है[BM: 74, 81] कुल मिलाकर माया ही वह लक्षण है जिसके उपचार के लिए समाज व्यवस्था को विरासत में मिले अधिकारों पर नहीं बल्कि नैतिक मूल्यों पर आधारित होना चाहिए। ध्यान देने योग्य बात यह है कि यहाँ नैतिक व्यवस्था

मात्र व्यक्ति के निजी ज्ञानबोध से फलित नहीं हो रही है, क्योंकि माया का प्रतिकार भक्त की इच्छाशक्ति के वश में ही नहीं है[12], यह सिर्फ कृष्ण की कृपा से ही सम्भव है, यदि भक्त अपनी मुक्ति के लिए उससे प्रार्थना करे।

हरि हितु से हेत कर, संसार आसा त्याग
दास मीरा लाल गिरधर, सहज का बैराग (BM: 77)

मीरा ने गृहत्याग भी कृष्ण के आदेश पर ही किया है (जोगिया ने कहियो रे आदेस(P: 83))

इस निर्बल मर्मस्थान के बावजूद 'माया' इस नये रूप में कोई कमतर फलसफा नहीं। सामाजिक बूर्जुआवाद के इस स्तर से इसे अलग दृष्टिकोण से देखा जा सकता है। इसमें धन और सत्ता की समीक्षा राजनीतिक नहीं बल्कि नीति और सिद्धान्त के आधार पर की गयी है, इस रूप में अधिक से अधिक यह सत्ताधारियों के हृदय परिवर्तन की ही बात करती नजर आती है। किन्तु दूसरे स्तर पर यही माया दमित जनों की जमीनी सच्चाई को तापस द्वारा 'चाही गयी' वास्तविकता में बदल देती है।

एक संन्यासिन के रूप में मीरा सामान्य जीवन की असमता के समूचे तन्त्र को तुच्छ मानकर अथवा उसे सवाल-जवाब के लिए मंच पर खड़े करके उससे दूरी बनाये रखती हैं। किन्तु ऐसा करने के लिए वह सामूहिक सत्ता के सम्बन्ध-सूत्रों और असमता के उन्हीं सिद्धान्तों से आलंकारिक या सैद्धान्तिक स्तर पर सहमत हो जाती हैं। संन्यास यहाँ एक अनिवार्य सामाजिकता में बदल जाता है! लिंग और निर्धनता पुनर्व्याख्यायित होकर (जैसा कि मैं आगे चर्चा करूँगी) उनके सामान्य अर्थों से बहुत आगे आलंकारिक-सैद्धान्तिक क्षेत्र में स्थापित हो जाता है और तब मौजूदा असमानताएँ श्रद्धा से संचालित होने वाले उच्च स्तरों पर स्थान पा जाती हैं। यही अवधारणा जब बूर्जुआवाद और पितृसत्ता को चुनौती का आधार भी बनती है, तो कुछ प्रश्न अनुत्तरित रह जाते हैं–क्या मीरा लौकिक व अलौकिक दोनों दुनियाओं के प्रबल प्रतिनिधित्व में अपनी दावेदारी प्रस्तुत नहीं कर रही हैं? क्या श्रद्धा और नयी विचारधारा आलोचना को झेलकर उसे भोथरा बना रही है या फिर आलोचक ही नयी अवधारणा को स्थापित कर उसे सत्ता सौंप रहे हैं?

इन प्रश्नों के तथ्यपरक उत्तर ढूँढ़ पाने में हम असमर्थ हैं। मीरा स्वयं जाति, कुलीनता और राजसत्ता के लाभों के साथ-साथ विधवा जीवन के कष्ट भी त्याग कर जातियों के साथ घुलमिल जाती हैं। उनके जीवन में व उनकी मृत्यु के बाद भी इन निम्न जातियों में उनके कई अनुगामी रहे हैं। हालाँकि उनके गीत यह व्यक्त तो नहीं करते किन्तु मीरा द्वारा सम्पत्ति की आलोचना और उनके निजी रहन-सहन का असल वैचारिक आधार कुछ और भी हो सकता है–आखिरकार यह अस्वीकृत की जा रही सम्पत्ति व्यापारियों व महाजनों द्वारा मजदूरों, भूमिहारों और कारीगरों से ही तो छीनी गयी है, जिन्हें निम्नतम मजदूरी दी जाती थी या जो वर्ष भर कर्ज में पिसते रहते हैं। मीरा से जुड़ी किंवदंतियों और उनके गीतों की जरूरत के अनुसार अलग-अलग व्याख्या की जा सकती थी इसका सहज अनुमान सवर्ण और निचली जातियों में समय के साथ विकसित हुए उनके अलग-अलग पाठान्तरों से लगाया जा सकता है। किन्तु यह स्वयं ही अपने आप में एक बड़े शोध का विषय है और यहाँ अपेक्षित नहीं।

मीरा व उच्चवर्गीय पितृसत्ता के अन्त:सम्बन्ध सरल नहीं हैं। ऐसा लगता है कि उनकी जीवनयात्रा की तुलना में उनके गीत अपेक्षित पत्नीत्व और वैधव्य से उनके विचलन को अधिक जटिल बनाते हैं।

अन्य नारी सन्तों की तरह उनके गीत भी मुख्यत: प्रेम या माधुर्यभाव से सम्बन्धित हैं, जिसे सबसे महत्त्वपूर्ण तथा वांछित भावना कहा गया है।[13] राजपूतानी के रूप में मीरा की स्थिति यहाँ विशेष अर्थ रखती है,

क्योंकि निजी मामला दीखने पर भी वास्तव में प्रेम निजी अधिकार था नहीं। प्रेम का 'प्रत्युत्तर चाहने वाले' पति-प्रेमी के प्रति निजी (और आगे बढ़कर एक पुरुष के लिए एक ही स्त्री के प्रेम की बात तो अस्तित्व में ही नहीं थी) समर्पण की अवधारणा मध्यकालीन राजपूत दरबार में विशेष प्रतिक्रिया तथा हलचल पैदा करती है। न सिर्फ यह एक प्रतिक्रिया है, बल्कि चुनौती भी–एक बहुपत्नीवादी, साम्राज्यवादी सैनिक कुलीनतन्त्र द्वारा विवाह को इस तरह संस्थागत बना देने के विरोध में; 'निजी' स्त्री-पुरुष सम्बन्धों को सत्ता द्वारा 'सार्वजनिक' तथा नियन्त्रित बना देने के विरोध में।

आराधना तथा समर्पण के लिए मीरा द्वारा कृष्ण का चयन भी खासा पेचीदा और विडम्बनापूर्ण है। कृष्ण 'मर्यादापुरुषोत्तम' राम की तरह मात्र एक सरल पितृसत्तात्मक राजपुरुष नहीं हैं। उनके दो भिन्न स्वरूप हैं (हालाँकि कुछ कृष्णमार्गी पन्थों में उनका एक रूप अधिक मुखर है) और दोनों के बीच घनिष्ठ सम्बन्ध सूत्र हैं। मोटे शब्दों में कहें तो एक ओर तो वह एक ग्वाला यानी श्रमिक हैं किन्तु दूसरी ओर राजपुत्र यानी स्वामी भी। कृष्ण का प्रथम रूप उनके प्रेम के मुक्त आदान-प्रदान तथा सामाजिक स्वामित्व की अवज्ञा से जुड़ा है–एक 'दुष्ट' चरवाहा प्रेमी बनकर, वह वृन्दावन में गोपियों के साथ अनधिकृत ग्राम्य किलोलों के रूप में निर्लज्ज भोग माँगता और पाता है, कभी-कभी स्वयं भी प्रेम लुटाता है। वह न केवल स्वयं विवाह के मानकों को भंग करता है–राधा का विवाह किन्हीं वैष्णव परम्पराओं के तहत हुआ है–बल्कि 'कृष्णभक्ति' स्त्रियों के लिए वैवाहिक निष्ठा समेत सभी मान्यताओं के अतिक्रमण का जरिया बन गयी है। गोपियों से उनका रिश्ता बूर्जुआवाद से एकदम उलट है, सामाजिक व्यवस्था के पालन में उनकी कोई रुचि नहीं है, सन्तानोत्पत्ति और वैवाहिक सम्बन्धों से एक बिल्कुल भिन्न स्तर पर, वह स्वयं में स्वयं के ही लिए अस्तित्व में हैं–कर्म का फल नहीं वरन् कर्म ही है। यह कृष्ण न सिर्फ नारीत्व के प्रति सहृदय हैं बल्कि कभी-कभी उनका दास भी बन जाते हैं। बंगाल की वैष्णव भक्ति भगवान व भक्त के बीच अन्तर को मिटाकर देखती है और प्रेम की परस्पर अन्योन्यता पर बल देती है–जीव ईश्वर का एक अंश है इसलिए ईश्वर के प्रेमी-पद का अधिकार भी उसे है। आराधना भगवान और भक्त दोनों को सन्तुष्टि देती है। कृष्ण भी तब तक स्वयं के सौन्दर्य और माधुर्य का रस नहीं चख सकते जब तक ये गुण उस दूसरे व्यक्ति में अवतरित नहीं हो जाते जिससे वह प्रेम करते हैं।[14] कुल मिलाकर वह दैवी शक्ति से सम्पन्न हैं किन्तु साथ ही मनुष्यों के समतुल्य भी और उसे सीधे सम्बोधित किया जा सकता है।

कृष्ण का दूसरा रूप उनकी राजनीतिक शक्ति और सांसारिक व्यावहारिकता के गुणों को लेकर बुना गया है। वह एक योद्धा हैं–बुराई पर जीत के लिए सतत युद्धरत वीर, एक सामन्ती शासक जो भगवद्गीता में अर्जुन को युद्ध के लिए प्रस्तुत करते हैं, भागवत पुराण में वह राजपुत्र और सोलह हजार एक सौ रानियों व आठ पटरानियों के पति हैं जो सभी पत्नियों को समान प्रेम करते हैं, किसी की उपेक्षा नहीं।

वह पातिव्रत्य के परम्परागत प्रतिनिधि के रूप में दिखाई देते हैं–आठों पटरानियाँ उनकी मृत्यु पर सती हो जाती हैं।[15] यह दरबारी कृष्ण द्वारिकाधीश हैं, यहाँ पर प्रेमविह्वल गोपियों और राधा के लिए द्वारका नगरी उनकी अनुपस्थिति का पर्याय है[16] जो श्रमिक और राजपुत्र के बीच संगति बिठाने में आ रही कठिनाइयों का प्रतीक है। शासक कृष्ण के कार्यकलापों में दीखने वाली व्यावहारिक समझ उस 'लक्ष्यहीन' प्रेमक्रीड़ा, स्वयं को प्रसन्न करने वाली वृन्दावनीय 'लीला' के बिल्कुल उलट है।[(DP: 33)] कृष्ण का राजपुरुषीय चरित्र राजपूत सैन्य कुलीन वर्ग से बहुत भिन्न नहीं है, मीरा की भक्ति इसका दूसरा चेहरा है।

मीरा द्वारा कृष्ण का वर्णन और उनको दी गयी पदवियाँ अलग-अलग जगहों पर भिन्न-भिन्न हैं। किसी-किसी जगह वह दरबारी कृष्ण हैं–गिरधर नागर, द्वारका के ठाकुर या महाराज। किसी गोपी की भाँति ही मीरा कृष्ण के द्वारका गमन से अप्रसन्न हैं (पात-पात वृन्दावन ढूँढ़्यो... आप तो जाय द्वारका छाये(BM: 31)) और अपनी यात्रा में कृष्ण द्वारा प्रयुक्त मार्ग का ही अनुसरण करती हैं। किन्तु बहुधा कृष्ण उनके लिए एक ग्वाला व प्रेमी हैं और वह स्वयं को गोपी या राधा की भाँति ही प्रस्तुत करती हैं। फिर भी कृष्ण के दोनों ही पक्ष उनके ईश्वर, पति एवं प्रेमी के रूपविन्यास में घुलेमिले हैं। हालाँकि राजस्थान में एक खास काव्य-परम्परा वीर दरबारी कृष्ण पर केन्द्रित रही है (जैसे पृथ्वी राठौर का 'वेली कृष्ण-रुक्मिणी'), पर मीरा की भक्ति का भावनात्मक सिरा बंगाल में प्रचलित चैतन्य की गौड़िया वैष्णव धारा के अधिक निकट है–वृन्दावन में जिसकी स्थापना गोस्वामियों ने सोलहवीं शताब्दी में की थी। गोस्वामी लौकिक व दैवी प्रेम को समतुल्य मानते हैं और ईश्वर के लिए प्रेम की तुलना एक विरहाकुलस्त्री की उत्कण्ठा से करते हैं : ईश्वर की प्रकृति का आनन्द भक्ति के 'रति' रूप द्वारा लिया जाता है। रूपगोस्वामी ने 'श्रृंगार-रस' की चिरकालिक परिभाषा देते हुए भक्ति को 'रस' की ऊँचाई तक पहुँचा दिया है तथा माधुर्य भक्ति को भक्ति के प्रकारों में सर्वोपरि माना है।[17]

मीरा के भजनों को भावनात्मक तथा सांस्कृतिक आवेग जिन प्रतीकों और उपमाओं से मिला है, वे हैं–ईश्वर-स्वामी, ईश्वर-प्रेमी, पति-स्वामी, मालिक-प्रेमी, आत्मा-पत्नी, दैवी आराधना, पत्नी के घरेलू कार्य, आत्मा-परमात्मा के बीच लगाव, सेवक-स्वामी व पत्नी-पति के बीच लगाव तथा आत्मा की आध्यात्मिक लालसा-इन्द्रियोचित लालसा। उनके गीतों में कृष्ण हैं–प्रियतम (पीव, प्रीतम पिया, सजना), पति-प्रेमी (सैंया), दूल्हा (वर, दूल्हा), पति (पति), स्वामी (ठाकुर), रक्षक शासक (महाराज) और साथ ही ईश्वर भी (प्रभु)। मीरा हैं–चिरकुमारी (जनम-जनम की कुँवारी), वधू (दुल्हन), अपने प्यारे पति से बिछुड़ी लाड़ली पत्नी (विरहन), सेविका (चाकर), दासी और साथ ही भक्त भी (पुजारिन)। वह एक-चित्त निष्ठा में ही गौरव पाती हैं (मेरी आसा चितवनी तुमरी, और न दूजो डोर(BM: 55))।

एक स्तर पर आकर आकांक्षाओं के ये प्रतीक सामाजिक व पितृसत्तात्मक दासता की भाषा में बोलने लगते हैं, पूर्ववर्ती नारी-भक्तों, जैसे अक्क महादेवी या अंडाल की रचनाओं से कहीं अधिक जोर देकर। ऐसा लग सकता है मानो इन गीतों में दिखाई दे रही स्त्री देह जैसे तत्कालीन बूर्जुआ ने ही सार्वजनिक रूप से गढ़ी हो–

यदि वह मुझे दासी के रूप में बेचे तो मैं चुपचाप बिक जाऊँगी (DP: 41)
जहाँ बैठावे तिथि बैठूँ, बेचे तो बिक जाऊँ (B: 155)
पर मीरा तो हरि–हाथ बिक चुकी है
जन्म जन्म तक उसी की दासी है (DP: 58)
उसने स्वयं को उसे बेमोल ही बेच दिया है(DP: 53)
ओ गिरधारी लाल मुझे अपना सेवक बना लो/मुझे चाकर रख लो
मैं तुम्हारी वफादार सेवक रहूँगी/तुम्हारा बगीचा सींचूँगी
और हर सुबह तड़के जागूँगी/तुम्हारा दर्शन पाने को
वृन्दावन की कुंज गलियों में/गोविन्द की लीला गाऊँगी
यदि मैं तुम्हारी चाकरी करूँगी/पुरस्कार में दर्शन पाऊँगी

तुम्हारी स्मृति ही मेरा वेतन होगी/भक्ति भाव मेरी जागीर
जिसके लिए मैं कई जन्मों से तरसी हूँ (DP: 97)

श्याम मने चाकर राखो जी/गिरधारी लाल चाकर राखो जी
चाकर रह सू बाग लगा सू/नित उठ दर्शन पासू
वृन्दावन की कुंज गलिन में/तेरी लीला गासू
चाकरी में दर्शन पाऊँ/तीनू बाता सरसी (DP: 133)
तुम मेरे ठाकुर मैं तेरी दासी (B: 149)

न ही मीरा के गीत बँधुआ प्रथा से किसी ऐतिहासिक मायने में भिन्न दिखाई देते हैं। 'दास' शब्द 'दस्यु' या 'अनार्य' से उद्गमित है और पुराने सामन्ती काल से इसका अर्थ नौकर या बँधुआ, शूद्र या निम्न जाति का तथा खरीदा हुआ गुलाम रहा है।[18] राजस्थान में दास-दासी बेचे-खरीदे (स्वयं द्वारा/दूसरों द्वारा) जाते थे और पीढ़ियों तक बँधुआ बने रहते थे क्योंकि उनके बच्चे दास के ही रूप में जन्म लेते थे। यहाँ चाकर शब्द का अर्थ गृहकार्य करने वाला सेवक अथवा सामन्ती प्रभु की प्रजा हो सकता है।

गुलामी के प्रतीक या उपमाएँ, भक्ति रचनाओं में बहुतायत से, बल्कि भक्ति के अपने विशेष साहित्यिक बिम्ब की तरह प्रयोग हुई हैं। यहाँ उन पर चर्चा, उनके शाब्दिक अर्थों के सन्दर्भ में या उन पर किसी दोषारोपण के उद्देश्य से नहीं की गयी; वरन् मीरा के भजन इन अर्थों से उलट प्रभाव रखते हैं (जिन पर मैं बाद में चर्चा करूँगी), फिर भी इतिहास की बात करते हुए इन बिम्बों का स्थानीय समकालीन सन्दर्भ समझना मददगार होगा।

सन्दर्भ

1. स्मृति ग्रन्थों में इस तरह के अस्वीकार का दण्ड व्यभिचार के दण्ड के समान होता था । देखें MDS, पृष्ठ 224, 240-41
2. *मकाउलिफे* लिखित 'द सिख रिलीजन...' खण्ड-6, पृष्ठ 348, 351; *आचार्य* लिखित 'भक्त मीरा', पृष्ठ 16-18
3. *ए.के. रामानुजम* द्वारा अनुवादित तथा परिचय 'स्पीकिंग ऑफ शिवा' में उल्लिखित-हरमण्ड्सवर्थ : पेंग्विन, 1973, पृष्ठ 134
4. *बाँकेबिहारी* लिखित 'भक्त मीरा'–बॉम्बे : भारतीय विद्या भवन, 1961, पृष्ठ 122 /172 इस लेख में संक्षिप्त रूप *B.* जहाँ अंग्रेजी अनुवाद उपलब्ध है वहाँ यह तिरछे शब्दों (Italic) द्वारा दर्शाया गया है।
5. देखें *रामानुजम* लिखित 'ऑन वीमेन सेंट्स' हावले द्वारा सम्पादित 'डिवाइन कॉनसर्ट...' में–पृष्ठ 320
6. बाद के जीवनी लेखकों ने काम के प्रलोभनों को व्यर्थ कर देने की मीरा की क्षमता का विशद वर्णन किया है । देखें *मकाउलिफे* लिखित, 'सिख रिलीजन...' खण्ड-6, पृष्ठ 349 । 'भक्तमाल' के राजस्थानी चित्रों में मीरा को तपस्वियों में प्रचलित पीली धोती को पुरुषों के तरीके से पहने हुए दिखाया गया है–देखें *शर्मा* लिखित : 'सोशल लाइफ...' पृष्ठ 153
7. 'मानव धर्म' (MDS) पृष्ठ 232 तथा *आइ. जूलिया लेजली* लिखित 'द परफेक्ट वाइफ'– दिल्ली : ऑक्सफोर्ड यूनिवर्सिटी प्रेस, 1989, पृष्ठ 132-33, 137
8. देखें *पेट्रिक ऑलिवेले* लिखित 'रिनाउन्सर एंड रीननसिएशन इन द धर्मशास्त्राज' रिचर्ड लेरिवियरे द्वारा सम्पादित 'स्टडीज इन धर्मशास्त्र' में–कलकत्ता : फर्मा, 1984, पृष्ठ 114-115; *लेजली*–वही, पृष्ठ 139
9. *एल्सटन* लिखित 'डिवोशनल पोयम्स...' भी देखें–पृष्ठ 49, 51, 83, 88
10. देखें *थापर* लिखित 'एन्शियेन्ट इंडियन...' पृष्ठ 49, 56

11. *हिरेन गोहेन* लिखित 'द लेबरिंथ ऑफ भक्ति : ऑन सम क्वेश्चन्स ऑफ मीडियेवल इंडियन हिस्ट्री', 'इकॉनामिक एंड पॉलिटिकल वीकली' में–खण्ड 22, क्र. 46, 14 नवम्बर, 1987

12. *जोसेफ टी. ओ.* 'कोनेल लिखित' गौड़िया वैष्णव सिम्बॉलिज्म ऑफ डिलीवरेन्स जयन्त लेले द्वारा सम्पादित 'ट्रेडीशन एंड मॉडर्निटी इन भक्ति मूवमेंट्स' में - लन्दन : ई. जे. ब्रिल, 1981, पृष्ठ 131-32

13. देखें *रामानुजम* द्वारा लिखित 'ऑन वीमन सेंट्स' हावले द्वारा सम्पादित 'डिवाइन कॉनसर्ट...' में, तथा एस. एम. पाण्डे व नॉर्मन जाइड लिखित 'सूरदास एंड हिज कृष्ण भक्ति' मिल्टन सिंगर द्वारा सम्पादित 'कृष्ण : मिथ्स, राइट्स एंड एटीट्यूड्स' में–शिकागो : शिकागो यूनिवर्सिटी प्रेस, 1966, पृष्ठ 190

14. देखें *एडवर्ड सी. डिमॉक जूनियर* लिखित 'डॉक्ट्राइन एंड प्रेक्टिस अमंग द वैष्णव्स ऑफ बंगाल' सिंगर द्वारा सम्पादित 'कृष्णा : मिथ्स...' में – पृष्ठ 47-48

15. *गणेश वासुदेव टगारे* द्वारा अनूदित 'भागवत पुराण' 5 खण्डों में – 1976, पुनर्मुद्रण, दिल्ली : मोतीलाल बनारसीदास, 1979, खण्ड-5, पृष्ठ 2121, लेख में संक्षिप्त रूप *BHP*

16. डेविड आर. किंसले लिखित 'द स्वॉर्ड एंड द फ्लूट : काली एंड कृष्णा', 1975, दिल्ली : विकास, 1976, पृष्ठ 76

17. कृष्णा शर्मा लिखित 'भक्ति...' में वर्णन देखें – पृष्ठ 260, 273, 289, 292, 307 31. डी.डी. कोसाम्बी, सैयद द्वारा सम्पादित - पृष्ठ 77, 82-84

18. 'सतपथ ब्राह्मण' XIV 1.1.31, लेजली लिखित 'द परफेक्ट वाइफ' में उल्लिखित - पृष्ठ 77, 82-84

कृष्ण भक्त मीराबाई की जीवन गाथा के दृष्टिकोण

–चन्द्र प्रताप सिंह सिकरवार

ऐसे रचनाकार और कवि कम ही हुए हैं जिन्होंने अपने बारे में कुछ भी नहीं लिखा हो। उनमें से मीराबाई भी एक ऐसी अनन्य कृष्ण भक्त रचनाकार हैं। उन्होंने स्वयं के बारे में अपनी रचनाओं में कुछ भी नहीं लिखा है। यही वजह है कि सन्त मीराबाई की सम्पूर्ण जीवन गाथा में इतिहासकारों के अलग-अलग दृष्टिकोण हैं।

सन्त मीराबाई ने अपने जीवन के पन्द्रह वर्ष वृन्दावन में गुजारे। वृन्दावन में ही ज्यादातर पदों की रचना की। वे सभी भगवान श्रीकृष्ण को समर्पित होकर लिखे गये। इतने लम्बे समय तक प्रवास के बावजूद मीराबाई की सिर्फ एक ही सन्त जीव गोस्वामी से मुलाकात की घटना को छोड़ दिया जाये तो कोई अन्य उल्लेखनीय घटना उनके वृन्दावन प्रवास की कहीं पढ़ने को नहीं मिलती। सिर्फ उनके पद ही पढ़ने को मिलते हैं।

उनकी रचनाओं को पढ़ने से कहीं यह ज्ञात नहीं होता कि उनके जन्म की सही तिथि क्या थी? सन्त रैदास का उल्लेख उनके गुरु के रूप में जरूर मिलता है लेकिन अन्य किन-किन सन्तों के सान्निध्य में रहीं यह जानकारी नहीं मिलती। वृन्दावन के उन मन्दिरों का नाम भी किसी रचना में नहीं आया है, जहाँ वह रोजाना दर्शन करने जाया करती थीं। उनकी भक्ति की अन्य जानकारियाँ अभी तक रहस्य बनी हुई हैं।

सन्त मीराबाई की जयन्ती की तिथि का कोई अधिकृत रिकॉर्ड भी नहीं है, लेकिन हिन्दू चन्द्र कैलेंडर के अनुसार, शरद पूर्णिमा के दिन को मीराबाई की जयन्ती के रूप में मनाया जाता रहा है। उनके जीवन से जुड़ी ज्यादातर बातें आज भी रहस्य हैं।

सन्त मीराबाई की सन्त जीव गोस्वामी से वृन्दावन में मुलाकात का एक रोचक किस्सा है–ऐसा माना जाता है कि वृन्दावन में एक बार अपने अनुयायी कुछ स्त्री-पुरुषों को मीराबाई ने समीप ही जीव गोस्वामी के आश्रम पर ठहराना चाहा। तब अपने सेवक से सन्त जीव गोस्वामी ने यह कहलवा दिया कि गोस्वामी जी स्त्रियों का चेहरा भी नहीं देखते। यह बात सुनकर मीरा मुस्कुरायीं और एक पत्र लिखकर सेवक को दिया। सेवक उस पत्र को लेकर गोस्वामी जी के पास पहुँचा। पत्र पढ़ते ही गोस्वामी जी दौड़कर अपने आश्रम से बाहर आये और मीरा से क्षमा माँगने लगे। मीराबाई ने पत्र में लिखा था–"मैंने तो सुना है कि वृन्दावन में सिर्फ एक पुरुष हैं श्रीकृष्ण, बाकी सभी तो गोपी भाव से श्रीकृष्ण की भक्ति करते हैं। मुझे नहीं पता है कि कृष्ण के अलावा कोई दूसरा पुरुष भी वृन्दावन में मौजूद है।"

मीराबाई के इस कथन का सार गीता में भी मिलता है। श्रीकृष्ण कहते हैं–"यह संसार प्रकृति अर्थात स्त्री है और मैं परमात्मा ही एक मात्र पुरुष हूँ। मैं ही प्रकृति में बीज की स्थापना कर सृष्टि चक्र का संचालन करता

हूँ। इसलिए स्त्री और पुरुष का भेद करना मूर्खता है। मृत्यु के बाद स्त्री हो अथवा पुरुष सभी लिंग भेद से मुक्त हो जाते हैं।"

मीराबाई की जीवन गाथा में यह भी उल्लेख आया है कि पूर्व जन्म में वह गोपिका यानी राधा की सखी ललिता थीं। द्वापर में सखी ललिता को पति स्वरूप में कृष्ण नहीं मिले तो कलिकाल में ललिता का पुनर्जन्म मीरा के रूप में हुआ था। कुछ लोग इस तथ्य को दन्तकथा से अधिक नहीं मानते। इसी तरह मीराबाई के इस लोक को छोड़ने को लेकर भी कई कथाएँ प्रचलित हैं। एक मान्यता है कि मीराबाई द्वारिका में कृष्ण का गुणगान करते हुए उन्हीं के विग्रह में लीन हो गयी थीं। ये दन्तकथा भी हो तो ठीक ही लगती है क्योंकि मीरा तो हमेशा से कृष्ण में ही लीन रहीं।

मीराबाई द्वारा किये पद सृजन का उल्लेख करें तो सारी शास्त्रीय परम्पराओं को किनारे कर उन्होंने जो पद रचे, वही भक्ति की परिभाषाएँ बन गयीं। ये सभी तब हुआ जब राजस्थानी, गुजराती व ब्रज की मिश्रित बोली में भक्ति की वे रचनाएँ पदों के रूप में लिखी गयीं। दूसरी ओर भक्तिकाल में अन्य रचनाकारों ने अलग-अलग सम्प्रदायों का सहारा लिया व दूसरे तरीके अपनाये। उन कवियों ने भी अपने इष्टदेव की साधना की, लेकिन मीरा ने पद रचनाओं से जो भक्ति की थी, वही साधना की परिभाषा बन गयी।

मीराबाई की तुलना एक गोपी के रूप में की जाती है। गोपियों को श्रीकृष्ण से बहुत प्रेम था। उन्होंने श्रीकृष्ण को देखा था और उनके साथ रास किया था। बचपन में उनके साथ खेली थीं लेकिन मीरा ने तो महज एक मूर्ति में श्रीकृष्ण को देखा था। बचपन में ही खुद को उसी मूर्ति को समर्पित कर दिया था। उनकी कोई कामना नहीं थी, सिर्फ अपने इष्ट में लीन हो जाने की इच्छा थी। प्रभु की आराधना करने वाले बहुतायत भक्त प्रभु की कृपा माँगते हैं। अपने लिए सुख और ऐश्वर्य माँगते हैं। मीरा का तो विवाह ही राज परिवार में हुआ था। वहाँ सारे सुख थे, लेकिन सब छोड़कर मुरली वाले के पीछे चल दीं। मीराबाई ने अपनी आराधना में जो कुछ लिखा वह हिन्दी साहित्य की थाती बन गयी। भक्तों के भजन बन गये। मीराबाई इतनी लीन हो गयीं कि अपनी रचनाओं में कृष्ण भक्ति के अलावा और कुछ भी नहीं लिखा। इन्हीं कारणों से उनके जीवन की बहुत-सी बातें आज भी रहस्य बनी हुई हैं। मीराबाई अपने भक्ति काल में सन्त रैदास को अपना गुरु मानती थीं। वैसे सन्त कबीरदास, सूरदास और तुलसीदास जैसे भक्त कवियों की रचनाओं से यदि तुलना करें तो मीराबाई के पद कम नहीं आँके जा सकते। ये पद किसी भी तरह से कथानक पर आधारित नहीं रचे गये बल्कि वे पद तो सिर्फ कृष्ण की अलौकिक उपस्थिति की अनुभूति से ही रचे। शास्त्र अध्ययन की जगह मीराबाई ने ढाई आखर प्रेम का आत्मसात कर लिया। उसे ही अपने हृदय में उतार लिया। वास्तविकता तो यह है कि खुद जो कुछ मीरा ने रचा, वही शास्त्र बन गया।

वर्तमान में गीत और भजनों में राधा से मीरा की तुलना की जाती है। रुक्मिणी का भी उल्लेख किया जाता है। श्रीकृष्ण से मीरा, राधा, रुक्मिणी का कितना प्रेम था? इस पर जब भी बहस चल पड़ती है तब इन तुलनाओं के बीच देखने की जरूरत है कि मीरा तो महज अपने हृदय में बसने वाले गिरधारी की थीं। मीरा ने न कभी रास रचाया और न अपना सारा जीवन महलों में बिताया। प्रेम और उनके समर्पण की ऊर्जा ने उन्हें श्रीकृष्ण का अनन्य भक्त बना दिया। उनके पदों से स्पष्ट है कि मीरा को राधा से कोई द्वेष भी नहीं है।

मीरा ने दूसरे कृष्ण भक्तों की तरह कोई अलग मत या सम्प्रदाय नहीं बनाया। बस प्रेम की उनकी तीव्रता रही, जिससे उन्होंने सब कुछ कृष्ण को मान लिया था।

भक्ति में लीन रहने से चिढ़कर मीराबाई को ससुरालियों द्वारा विष पिलाने, साँप से कटवाने और लौकिक रूप से भगवान श्रीकृष्ण से एकान्त कमरे में मुलाकात जैसी बातों का उल्लेख इतिहास में मिलता है। कुछ की नजर में ये बातें सिर्फ दन्तकथाएँ हैं। वैसे विष पिलाने की बात तो प्रसिद्ध फिल्म निर्देशक गुलज़ार ने भी स्वीकारी है। यही वजह है कि तमाम अध्ययन व शोध के बाद जब वर्ष 1979 में उन्होंने फिल्म मीरा बनायी तो उसमें मीरा को जहर पिलाये जाने का दृश्य है। उस फिल्म में मीराबाई की पात्र अभिनेत्री हेमा मालिनी जी बनी थीं। हेमा मालिनी जी ने ही मथुरा की सांसद रहते हुए 23, 24 और 25 नवम्बर 2023 को मथुरा में मीराबाई की 525वीं जयन्ती का आयोजन कराया। इसमें प्रधानमन्त्री नरेन्द्र मोदी जी ने भाग लिया। भारत सरकार ने उनकी स्मृति में 525 रुपये का सिक्का और डाक टिकट जारी की।

मीराबाई के जन्म के सम्बन्ध में गीता प्रेस गोरखपुर की पुस्तक भक्त चरितांक में लिखा है कि उनका जन्म वर्ष 1498 के लगभग हुआ था। इस पुस्तक में उनके जीवन और मृत्यु से जुड़ी कुछ बातें लिखी गयी हैं। जैसे मीराबाई जोधपुर, राजस्थान के मेड़त राजकुल की राजकुमारी थीं। मीराबाई मेड़ता महाराज के छोटे भाई रतन सिंह की एकमात्र सन्तान थीं। मीरा जब केवल दो वर्ष की थीं, उनकी माता की मृत्यु हो गयी। इसलिए इनके दादा राव दूदा उन्हें मेड़ता ले आये और अपनी देखरेख में उनका पालन-पोषण किया। राष्ट्रीय शैक्षिक अनुसन्धान परिषद की पुस्तक में विष पिलाने और साँप से कटवाने जैसी घटनाओं का उल्लेख नहीं मिलता है।

मीराबाई की प्रमुख रचनाएँ इस प्रकार हैं—नरसीजी का मायरा, राग गोविन्द, राग सोरठ के पद, गीत गोविन्द की टीका, मीराबाई की मल्हार, राग विहाग एवं फुटकर पद तथा गरवा गीत आदि।

मीरा के गिरिधर गोपाल

–विद्या विंदु सिंह

श्रीकृष्ण सूर के श्याम हैं। मीरा के गिरिधर गोपाल हैं, रसखान के ब्रजवासी कन्हैया हैं। किसी के नाग नथैया हैं तो किसी के माखनचोर हैं। उनके जन्म का उछाह जन-जन में व्याप्त है।

मीरा को श्रीकृष्ण की दीवानी कहा गया है। उनके गिरिधर गोपाल के अतिरिक्त कोई नहीं है–

मोरे तो गिरिधर गोपाल दूसरो न कोई
दूसरो न कोई साधौ सकल लोक जोई
साधु संग बैठ-बैठ लोक लाज खोई।
मीरा हरि लगन लागी जाने सब कोई
अब तो बात फैल गयी होनी होय सो होई।

यह गोपी भाव, राधाभाव है, समर्पण का, स्व के विलय का चरम सोपान है जिसमें लोकलाज की भी परवाह नहीं होती। यह लोक बहुत व्यापक अर्थ रखता है। लोकलाज छोड़ना बड़ी साधना का, प्रेम के चरम उत्कर्ष का परिणाम है। साथ ही भक्त हृदय की आकुल पुकार भी है।

श्रीकृष्ण पर केन्द्रित साहित्य लिखने वाले जिन कवियों की त्रिवेणी के नाम से चर्चा होती है उनमें सूरदास, रसखान और मीराबाई का नाम प्रसिद्ध है। सभी अपने-अपने स्थान पर महान हैं, अतुलनीय हैं।

श्रीकृष्ण के रस में डूबकर लिखने वालों में मीराबाई का नाम श्रीकृष्ण की दीवानी के रूप में प्रसिद्ध है। वे गाती हैं–

हे री मैं तो प्रेम दिवानी, मेरा दर्द न जाने कोय।
दर्द की मारी बन बन डोलूँ बैद न मिलिया कोय।
मीरा की प्रभु पीर मिटेगी जब बैद सँवरिया होय।
यह दर्द, यह पीर सच्चे प्रेम की पहचान है।

यह दर्द और प्रेम का यह दीवानापन पूरे विश्व में आज प्रसार पा चुका है। जहाँ-जहाँ श्रीकृष्ण के मन्दिर हैं, वहाँ मीरा के पद गूँज रहे हैं, मीरा के पाँव के घुँघरू छनक रहे हैं।

मीरा सगुणमार्गी और निर्गुणमार्गी दोनों प्रकार के भक्तो के मन में श्रीकृष्ण की अनन्य स्वरूप के रूप में विराजमान हैं। मीरा का सम्पर्क सगुणमार्गी और निर्गुणमार्गी दोनों प्रकार के सन्तों और भक्तों से रहा। उनके मन में सगुण और निर्गुण का भेद ही नहीं रह गया था। पर गिरिधर गोपाल के रूप पर रीझती, उनके विरह में तड़पती मीरा अधिक सहज लगती हैं।

वे कहती हैं–

माई रे मैंने लियो साँवरिया मोल।
मोल ले लिया तो पूरा अधिकार है।

मीरा विष्णु भक्त हैं। वे राम और कृष्ण में भी भेद नहीं करतीं–

राम नाम मेरे मन बसियो, रसियो राम रिझाऊँ ए माय

कभी कहती हैं कि मुझे अनायास अनमोल धन राम नाम का रतन मिल गया है–

पायो जी मैंने राम रतन धन पायो।

मीरा स्वयं को चाकर के रूप में रखना चाहती हैं। उन्हें श्री हरि की प्रेमिका होने का अहंकार नहीं है–

चाकर राखो जी मैंने चाकर राखो जी
चाकर रहती बाग लगाती नित उठ दर्शन पाती
वृन्दावन की कुंज गलिन में लीला तेरी गाती।

लीलागान का उनका लक्ष्य जीवन भर रहा और वे गाती-नाचती रहीं अपने साँवरिया के रूप और गुण का बखान करते हुए पूरे विश्व को सम्मोहित करती रही हैं।

मीरा नन्दलाल की, भगत बछल गोपाल की छवि अपने नैनों में बसा लेना चाहती हैं–

बसो मेरे नैनन में नन्दलाल
मोर मुकुट कटि काछनी उर बैजन्ती माल।

उनके नयनो में बंशी वाले बाँके बिहारी की छवि अटकी है–

नैना निपट बंक छबि अटके।
वह दर्शन की बावरी दर-दर भटकती है।
सूली ऊपर सेज पिया की, किस विधि मिलना होय।

कहकर अपनी विकलता प्रकट करती है। वह प्रेम वियोगिनी विरह कातर है, उनके वियोग में योगिनी बनती है। मोती मूँगे के हार उतारकर वनमाला धारण करती है–

मोती मूँगे उतार बनमाला पोई।

कभी कहती है कि मैं हरि के वियोग में जग रही हूँ और सारा जग सो रहा है–

मैं बिरहिण बैठी जागूँ जगत सब सोवे री आली।

हरि के ध्यान में रहना ही तो जागना है। हरि का विस्मरण ही तो निद्रा है। इसी मोह निद्रा के कारण ही सारे कष्ट हैं। इसीलिए जन की पीर हरने को मीरा प्रार्थना करती है–

हरि तुम हरो जन की भीर...।

विदेशियों ने मीरा के बारे में श्रद्धा व्यक्त की है पर विदेशी साहित्यकारों ने उनके विषय में अनेक प्रकार की भ्रान्तियाँ भी लिखी हैं। मीरा के सम्बन्ध में तमाम कथानक मिलते हैं। लिखित साहित्य में भी और लोकसाहित्य में भी।

मीरा मेवाड़ की महारानी थी। राज परिवार की सामन्ती व्यवस्था में उन्हें अपनी भक्ति और रचनाधर्मिता के कारण बहुत मानसिक कष्ट झेलना पड़ा पर वे अविचल भाव से साधनारत रही। वह अत्यन्त उदारमना थीं। उनके मन में कोई पूर्वाग्रह नहीं था। प्रेम के अतिरिक्त किसी और पन्थ को उन्होंने महत्त्व नहीं दिया। हाँ, उनका मन निर्गुण से अधिक सगुण रूप में रमा रहा। इसीलिए विश्व-पटल पर उनकी प्रेमाभक्ति का गहरा प्रभाव रहा। उनकी प्रेम उत्कण्ठा और विरह में मिलन उत्कण्ठा पूरे लोक को अभिभूत करती है।

मीरा के पद गाते हुए प्रवासी भारतीय ही नहीं विदेशी भी भाव विभोर होकर नाचते हैं।

जो मीरा बादल देखकर डरती थी–*बादल देख डरी।* वही हरि का प्रेम पाने के लिए निर्भय हो गयी।

डॉ. महेन्द्र भानावत ने 'निर्भय मीरा' नामक पुस्तक लिखी है जिसमें ऐसे प्रसंगों का उल्लेख है कि लोक में मीराबाई लोगों के सिर आती है। लोग मीरा देवी से प्रार्थना कर मनौती करते हैं और आशीर्वाद पाते हैं।

मीरा महारानी थी। उन्हें सूर्य की किरण भी नहीं देख सकती थी। वहीं मीरा लोकलाज छोड़कर दर-दर भटकती रहीं।

अन्त समय में द्वारिका के समुद्र में शालिग्राम हाथ में लेकर विलीन हो गयीं। समुद्र सबको स्वीकार नहीं करता उसकी लहरें सबको बाहर फेंक देती हैं। पर मीरा को समुद्र की मछली ने अपने उदर में स्थान दिया। उनके हाथ में रखे हुए शालिग्राम झख (मछली) जैसे सफेद हो गये।

डॉ. महेन्द्र भानावत बताते हैं कि मीरा की जल समाधि के चार सौ वर्ष बाद कल्ला जी राठौड़ की वन्दना कर उनके आशीर्वाद से वह द्वारिका के समुद्र तट पर पहुँचने पर मीरा की स्मृति को नमन करते हुए समुद्र से प्रार्थना करते हैं। समुद्र की लहरें उनके कण्ठ तक आती हैं और उनके हाथ में सफेद झख शालिग्राम छोड़ जाती हैं। उनका विश्वास है कि मीराबाई के आशीर्वाद से उन्हें यह शालिग्राम मिला। उसे पंचामृत से नहलाया तो वह श्याम वर्ण का हो गया।

कल्ला जी के बारे में लोग बताते हैं कि मीरा उनकी बुआ थीं, चित्तौड़ में वे उनसे मिला करते थे। कल्ला जी का मुण्ड कट गया था तो केवल रुण्ड युद्ध में लड़ता रहा। उसी के नाम पर रुण्डेला गाँव है। जहाँ लोग उनको पूजते हैं।

मीरा की रैदास से भेन्ट का, तुलसीदास से पत्र व्यवहार का भी उल्लेख मिलता है, पर मतभेद भी हैं।

यह भी कथानक मिलता है कि वह एक महान सन्त पुरुष श्री जीव गोस्वामी के दर्शन के लिए वृन्दावन गयीं तो उन्होंने कहा कि मैं नारी से नहीं मिलता। मीरा ने कहा कि मैं तो एक ही पुरुष श्रीकृष्ण को जानती हूँ। यह दूसरा पुरुष कौन वृन्दावन में आ गया? उनकी यह वाणी सुनकर सन्त चकित हुए कि यह तो कोई सिद्ध सन्त ही कह सकता है। वे स्वयं मीरा के दर्शन के लिए उठकर आये।

डॉ. सुधाकर अदीब ने मीरा पर केन्द्रित 'रंग राची' नामक उपन्यास लिखा जो बहुत चर्चित हुआ। उन्होंने श्री जीव गोस्वामी और मीरा की इस भेंट का अत्यन्त सारगर्भित वर्णन इन दोनों के संवाद के माध्यम से प्रस्तुत किया है। जीव गोस्वामी जी ने अपने ज्ञान चक्षु खोलने के लिए मीराबाई को सम्मान देते हुए आभार व्यक्त किया है।

मीरा पर अनेकानेक शोधकार्य हुए, ग्रन्थ लिखे गये। उनके पदों और उनकी संख्या को लेकर भी अनेक मत हैं।

मीरा नारी शक्ति की पहचान है। नारी विमर्श की चर्चा करने वाले जिस तरह के विमर्श की बात करते हैं। उसमें विरोध का विद्रोही स्वर अधिक हैं, किन्तु मीरा का विरोध का स्वर सहनशील और सौम्य है। वह कहती है कि मुझे तुम्हारा देश नहीं भा रहा है–

नहिं भावै थारो देसड़लो जी रंगरूड़ो।

मीरा ने वृन्दावन में प्रवास किया। वह वृन्दावन में सदा वास करना चाहती हैं क्योंकि वहाँ उनके प्राण गोपाल हैं—

आली, म्हाने लागे वृन्दावन नीको।

वह गंगा यमुना तीर मन को ले जाना चाहती है।

चलो मन गंगा जमुना तीर। यह गीत शास्त्रीय संगीत और लोक संगीत सभी में लोकप्रिय है।

पूरे विश्व में गंगा-जमुना के प्रति आदर भाव मीरा जैसे सन्तों, भक्तों के कारण आज भी बना हुआ है।

उनका मन राजमहल में नहीं रमता। वहाँ रहते हुए भी वहाँ नहीं रहतीं। ब्रजभूमि में उनका मन ब्रजन करता रहता है। उनके इस दीवानेपन को राजमहल की व्यवस्था सहन नहीं कर पाती और उन्हें तरह-तरह की वर्जनाओं का सामना करना पड़ता है। वह विनम्रतापूर्वक कहती हैं—

राणाजी, म्हांरी प्रीति पुरबली मैं कांई करूँ?

किन्तु दृढ़तापूर्वक यह भी कहती हैं कि मैं किसी की वर्जना में नहीं रहूँगी—

बरजी मैं काहू की नाहिं रहूँ।

मुझ पर बन्धन लगाने वाले यदि रूठ भी गये तो मेरा क्या कर लेंगे?—

सीसोद्यो रूठ्यो तो म्हांरो कांई कर लेसी।

उनके गति भोजराज निर्लिप्त शिव भक्त थे। मीरा की भक्ति साधना और उनकी रचनाधर्मिता में वे बाधक नहीं बने। किन्तु राजघराने की सामन्ती जकड़न में मीरा को बहुत कष्ट सहने पड़े। उन्हें तमाम यातनाएँ दी गयीं। पर उन्होंने हार नहीं मानी, क्योंकि श्रीकृष्ण जो नारी शक्ति के महत्त्व को स्थापित करने वाले हैं, उनके प्रति मीरा पूर्ण समर्पित रहीं।

श्रीकृष्ण के प्रति प्रेम के अगाध विश्वास के कारण विष का प्याला अमृत बन गया, पिटारी का विषैला सर्प शालिग्राम बन गया। ईश्वर के प्रति आस्था एवं भक्ति के चमत्कार को मीरा ने अपने पदों के द्वारा प्रमाणित कर दिया।

मीरा ने श्रीकृष्ण के प्रेम में विभोर होकर गाया और नाचीं—

पग घुँघरू बाँध मीरा नाची रे।

वह कहती हैं—

पानी में मीन पियासी रे सुनि सुनि आवे हाँसी रे।

संगीत, नृत्य, कला, साहित्य के सभी क्षेत्र मीरा की अनूठी देन के प्रति कृतज्ञ हैं। श्रीकृष्ण के प्रेम का जो रस मीरा ने बहाया वह युग-युग तक पूरे विश्व के मन को सिक्त करता रहेगा। चैतन्य और मीरा दोनों की साधना ने विश्व को कृष्ण भक्ति की रसधार में अवगाहन कराया है।

मीराबाई के पदों में भाव विह्वलता है, आत्मसमर्पण की अद्भुत चेतना है—

मीरा का माधुर्य भाव पूरे विश्व को सम्मोहित करता है।

उनके प्रेम निवेदन में जो सहजता है, मिलन की उत्कण्ठा है, विरह की बेकली है, उस पर पूरा संसार मुग्ध होकर मीरा के भाव में डूब जाता है। उनका निरहंकारी रूप केवल समर्पण की भाषा जानता है और उसे अभिव्यक्त करता है। मीरा श्रीकृष्ण के रंग में रंग जाती हैं, तो पूरा समाज भी उनके पदों की भाव सरिता में डूबकर श्रीकृष्णमय हो जाता है।

आचार्य हजारी प्रसाद द्विवेदी जी कहते हैं कि अलौकिक प्रेम होने पर प्रेम जड़ोन्मुख होता है और जब वह प्रेम ईश्वर के प्रति होता है तब वह चिन्मुख होता है।

मीरा का प्रेम अलौकिक और स्वयं को निछावर करने वाला प्रेम है। वह लौकिक प्रेम की तरह अलौकिक प्रेम की सहज भाव अभिव्यक्ति करते हुए भी जड़ोन्मुख नहीं है, वह ईश्वर चिदानन्द को भी लोक में उतार लाता है।

मीरा की कृष्ण भक्ति एक ऐसा उपहार है जिसके प्रकाश में केवल संसार ही नहीं समस्त मानवता प्रकाश पा सकती है।

मीरा ने सत्गुरु की महिमा का बखान किया हैं–

मोहि लागी लगन गुरुचरनन की।

वह लिखती हैं–

री मेरे पार निकस गया सत् गुरु मार्‌या तीर।

उनके सत् गुरु उनकी आत्मा में विराजमान श्री हरि हैं जो उनके हर सांसारिक गुरु के भीतर विराजमान हैं। गुरु का मारा हुआ ज्ञान का तीर अन्धकार के अज्ञान को चीरकर बाहर निकल जाता है। इसीलिए मीरा उस गुरु रूपी हरि का गुणगान करते हुए मगन हो जाती हैं–

मीरा मगन भई हरि के गुण गाय।

मीरा का भक्त मन गोपाल के गुणों का स्मरण करते हुए निरन्तर भजन करना चाहता है–

भज ले रे मन, गोपाल-गुना।

क्योंकि हरि जीवन और प्राण के आधार हैं–

हरी मेरे जीवन प्रान अधार।

इसीलिए मीरा रात-दिन सोते-जागते हरि का गुण गाती हैं। उन्हें किसी का भय नहीं है–

राणाजी, म्हे तो गोविन्द का गुण गास्यां।

मैं तो श्रीकृष्ण के श्याम रंग में रंग गयी हूँ–

मैं गिरधर रंग-राती, सैयां मैं।

किन्तु लोकलाज मेरी बैरन हो गयी है–

सखी री लाज बैरण भई।

इसलिए प्रार्थना करती हैं कि मुझे छोड़कर हे हरि! मत जाना–

छोड़ मत जायो जी महाराज।

आज मीरा की साधना उनकी नारी मुक्ति की सहज चेतना पूरे विश्व को मार्ग दे सकती है। विश्व भर में जहाँ-जहाँ नारी समाज कुण्ठित है, स्वयं को बन्धन में कसमसाता हुआ अनुभव कर रहा है, अभिव्यक्ति के लिए छटपटा रहा है, अपने जीवन को अपने ढंग से न जी पाने की विवशता झेल रहा है, वहाँ-वहाँ मीरा का चरित्र उनका व्यक्तित्व और कृतित्व मार्गदर्शक की भूमिका में प्रकाश स्तम्भ की तरह आज भी खड़ा है।

मीरा और गिरिधर गोपाल पूरे विश्व का मंगल करते रहें यही शुभकामना है।

इन्हें शत्-शत् नमन।

मीरा

मीरा मर-मर कर भी जीती,
जीवन सन्देशा देती है।

विष एक घूँट में पी गयी,
अब घूँट-घूँट नित भरती है।
अपनों ने ही थी भेजी तब,
वह सर्प पिटारी मीरा को,

अब स्वयं नाग बन डँसते हैं'
वे अपने घर की मीरा को।
अब मीरा किसकी करे गुहार?
वह स्वर्ग में आहें भरती है।
मीरा मर-मर कर भी जीती,
जीवन सन्देशा देती है।

मीरा का वह श्याम खो गया,
जो सर्प बनाता सालिगराम।
जो विष को अमृत करता था,
पी गयी थी मीरा अमृत मान।
अधरों से गीत नहीं खिलते,
अब गीत हृदय में भरती है।
मीरा मर-मर कर भी जीती,
जीवन सन्देशा देती है।

सपनों में भी प्रिय की वंशी,
सारी पीड़ा थी धो देती।
जगने पर क्रूर हँसी अब तो
सारी व्रीड़ा है धो देती।
कुल की थोथी आन बान के

वह बन्धन तोड़ते डरती है।
मीरा मर-मर कर भी जीती,
जीवन सन्देशा देती है।
युग के तेवर बदल गये,
अब रक्त दाँत में हैं दिखते।
हम रोज देखते हैं चुप-चुप
पर देख-देखकर मुख सिलते
आकाश नहीं झुक आता अब
धरती भी नहीं अब फटती है।
मीरा मर-मर कर भी जीती,
जीवन सन्देशा देती है।

खामोशी अब, वह नहीं
शान्ति वैराग्य और निर्वेद की।
खामोशी यह कायरता की
सरतै नैतिक बोध की।
मीरा! फिर कृष्ण को वापस लाओ,
घर घर की मीरा कहती है।
मीरा मर-मर कर भी जीती,
जीवन सन्देशा देती है।

मीरा को फिर जीना होगा,
विष को अमृत करना होगा।
अवतार नया फिर-फिर लेकर,
इस युग के लिए जीना होगा।
तुमसे ही युग की अपेक्षाएँ
आज की मीरा करती है।
मीरा मर-मर कर भी जीती,
जीवन सन्देशा देती है।

मीराबाई और उनकी भक्ति

– डॉ. ए. के. बिन्दु

अयं निजः परोवेति गणना लघुचेतसाम
उदारचरितानाम तु वसुधैव कुटुम्बकम्

(महोपनिषद-VI-71-73)

भूमिका

साहित्य, संस्कृति, दर्शन एवं कला से सुसम्पन्न भारत की विशेषता रही है अनेकता में एकत्व की भावना। यह कोई गर्वोक्ति नहीं अपितु वास्तविकता है कि विश्व की सर्वोत्कृष्ट संस्कृति भारतीय संस्कृति है। इसकी परिधि में विश्व राष्ट्र के विकास के 'वसुधैव कुटुम्बकम' के सारे सूत्र निहित हैं। अनेक पुण्यात्माओं को जन्म देनेवाली इस दिव्य भूमि में प्राचीनकाल से ही महान सन्तों, तपस्वियों, योगियों, पराक्रमी योद्धाओं, समाज सुधारकों, साधकों व विचारकों ने अवतरित हो मानव जाति एवं समाज को अपने कर्मों द्वारा मार्गदर्शन किया है। संस्कृति के मूल मन्त्र 'वसुधैव कुटुम्बकम' को समग्र विश्व में प्रचारित-प्रसारित करने का मुख्य साधन साहित्य रहा है। इसी भारत भूमि में रामायण, महाभारत जैसे महान ग्रन्थ रचे गये थे, जो भारत की अमूल्य संस्कृति के दस्तावेज़ हैं। लेकिन भूमण्डलीकरण, उदारीकरण आदि के असर से आज दुनिया बदल गयी है। हमारी परम्परा, संस्कृति, इतिहास, दर्शन आदि का ह्रास सांस्कृतिक सत्यानाश का संकेत करता है। उदारचरित्र से लघुचेतना में परिवर्तित मानव ही इसके लिए जिम्मेदार है। अहम की चिन्ता से उत्पन्न अपसंस्कृति संसार के अस्तित्व के लिए खतरनाक हो रही है। इसी सन्दर्भ में मीराबाई और उनकी भक्ति पर विचार करना अत्यन्त प्रासंगिक एवं समय की माँग है।

भक्ति आन्दोलन

भक्तिकाव्य भक्ति आन्दोलन की उपज है। भक्ति आन्दोलन का उद्‌भव और विकास मध्यकालीन भारत के सांस्कृतिक इतिहास का एक महत्त्वपूर्ण पड़ाव है। क्योंकि भक्ति को मुक्ति का सर्वश्रेष्ठ एवं सर्वप्रमुख साधन बताया गया है। भक्ति में श्रद्धा और प्रेम की जो मूल भावना है वह तो मनुष्य की सहज वृत्ति है। लेकिन एक विशिष्ट शक्ति के रूप में मध्ययुग में ही इसका विकास हुआ है। सभी भारतीय भाषाओं के भक्तिकाव्य पर नज़र डाले तो यह ज़ाहिर होता है कि भक्ति आन्दोलन में स्त्री भक्तों की संख्या कम नहीं है। हिन्दी की मीराबाई, तमिल की आण्डाल, कन्नड़ की अक्कमहादेवी, मराठी की महदम्बा, बहिणोबाई, कान्होपात्रा, कश्मीर की लल्लेश्वरी आदि इसी आन्दोलन की देन हैं।

भक्ति आन्दोलन में मीराबाई

सम्पूर्ण भारत में व्याप्त भक्ति आन्दोलन से मीराबाई परिचित और प्रभावित थीं। साथ ही उनका व्यक्तित्व इस आन्दोलन के उदात्त मूल्यों और प्रगतिशील तत्त्वों से निर्मित था। हिन्दी भक्तिकाव्य में 'गिरिधर गोपाल' से अनन्य प्रेम करनेवाली मीरा का स्थान बेहद महत्त्वपूर्ण है। भारत के पौराणिक एवं लोकसाहित्य में श्रीकृष्ण एक ऐसा पात्र है जो समाज के सभी वर्गों को सदियों से समान रूप से प्रभावित और आकर्षित करता रहा है। रसिकों के लिए रसिकशिरोमणि हैं तो राजनीतिज्ञों के लिए वे कुशल कूटनीतिज्ञ और सफल शासक हैं। योद्धाओं के लिए वे शूरवीर और चतुर सेनापति, कलाकारों के लिए कला सम्राट, बुद्धिजीवियों के लिए चिन्तक और दार्शनिक, सन्तों के लिए निस्पृह और योगेश्वर, जनसाधारण के लिए वे भगवान हैं। श्रीकृष्ण विविधताओं के सागर हैं। इसी सगुण-साकार गिरधर गोपाल की उपासिका हैं मीराबाई। जैसे–

लोक-लाज कुल श्रृंखला तजि, मीरा गिरधर भजी।

भक्तिमार्ग पर चलते हुए उन्होंने लोकरूढ़ियों, लोकमर्यादाओं और नारी परतन्त्रता की जंग लगी श्रृंखलाओं को तोड़ फेंका। सर्वाधिक अपमान, तिरस्कार और घोर यन्त्रणाओं का जहर पीकर भी वे निर्भय एवं अडिग बनी रहीं। तत्कालीन सामन्ती समाज में एक स्त्री, वह मेड़ता के राठौड़ राजपूत कुल की बेटी और मेवाड़ के महाराणा परिवार की बहू, ऊपर से विधवा। यही थी मीरा की अपनी दुनिया। मीरा ने इस संसार के भयावह धर्म के विरुद्ध भक्ति को औज़ार बनाकर खुला विद्रोह किया। मीरा के लिए कृष्ण भक्ति साधन और साध्य दोनों है। सबसे पहले नाभादास के भक्ति साहित्य में मीरा का उल्लेख मिलता है। वे कहते हैं "गोपियों की तरह मीरा ने कलियुग में कृष्ण के प्रति अपनी भक्ति भावना प्रदर्शित की। तमाम सामाजिक परम्पराओं और पारिवारिक बन्धनों को तोड़कर भगवान श्रीकृष्ण या गिरिधर की प्रशंसा में पद गाये हैं।" अपने भक्ति साधना पथ पर वे निरंकुश एवं निडर भाव से अग्रसर हुईं और सभी प्रकार की साम्प्रदायिक, पारिवारिक एवं सामाजिक वर्जनाओं को नकारकर श्रीकृष्ण के यश का सम्पूर्ण गान किया। डॉ. भगवानदास तिवारी के अनुसार–'मीरा का भक्तिमार्ग साम्प्रदायिक पगडंडी न होकर स्वतन्त्र राजमार्ग था।'

मीरा की भक्ति में सगुण-निर्गुण का संगम एवं स्वतन्त्र विचार

मीरा के व्यक्तित्व में ज्ञान, कर्म और भक्ति की एकरूपता का अद्भुत समन्वय है। मीरा को तीर्थंकर की संज्ञा देकर आचार्य रजनीश जी, विरह और भक्ति की प्रतिमूर्ति कहकर गीता के महान चिन्तक स्वामी रामसुखदास जी, मीरा को स्वयं भक्ति का अवतार मानकर मुरारी बापू जी जैसे महान लोगों ने मीरा के व्यक्तित्व के बहुआयामी पक्ष को उजागर किया है। भक्त अपने आप में एक चिन्तक या दार्शनिक भी होता है। मीरा के भक्ति दर्शन में वेद, पुराण, द्वैताद्वैतवाद, द्वैतवाद, शुद्धाद्वैत, पुष्टिमार्ग, चैतन्य के औचित्य भेदाभेदवाद आदि दार्शनिक सिद्धान्तों के कई तत्त्व विद्यमान हैं। शाडिल्य, नारद जैसे भक्ति शास्त्र के आचार्यों ने जिन भक्ति सूत्रों का प्रणयन किया है, मीरा की भक्ति में ये सारे सूत्र स्वत: भी रूपायित हो गये थे। मीराबाई की भक्ति भावना में वैष्णव सम्प्रदाय की नवधा भक्ति, चैतन्य सम्प्रदाय की माधुर्य भक्ति, एवं सन्त नाथ सम्प्रदाय की प्रवृत्तियाँ विद्यमान थी। श्रीमद्भागवत में वर्णित नवधाभक्ति–श्रवण, कीर्तन, स्मरण, पादसेवन, अर्चन, वन्दन, दास्य, सख्य और आत्मनिवेदन मीरा के पदों में दृष्टव्य है। वह सन्तों के समूह में बैठकर भक्ति के आवेश में कीर्तन करती हैं। मीरा मन्दिर में करताल और पखावज बजा-बजाकर नाम कीर्तन में विलीन हो जाती हैं। जैसे–

बसो मोरे नैनन में नन्दलाल।

मोहनि मूरति साँवरि सूरति, नैणा बने बिसाल।

अधर सुधारस मुरली राजत, उर बैजन्ती माल।

नाथपन्थी अवधूत का वैराग्य, सूफियों की छलकती हुई प्रेम की गागरी और कृष्ण का अनुपम सौन्दर्य, सब मीरा में मिला-जुला है। मीरा निर्गुण जोगी और सगुण कृष्ण दोनों को एक तराजू में तौलती है। फिर इस निष्कर्ष पर पहुँचती हैं कि मन का मीत तो श्याम ही हो सकता है जो भीतर से जुड़ता है और हृदय को तृप्त कर सकता है। जैसे–

जाबादे जाबादे जोगी/ किसका मीत।
सदा उदासि रहे मोरि/ सजनी, निपट अटपटी रीत।

मीरा के कृष्ण का गठन उनके वैचारिक चिन्तन के मन्थन से हुआ है। उनकी भक्ति साधना उनके स्वतन्त्र चिन्तन और स्वतन्त्र व्यक्तित्व के सिद्धान्तों पर आधारित थी। इसलिए न तो उन्होंने लौकिक बन्धनों को स्वीकार किया और न ही किसी भक्ति पन्थ या सम्प्रदाय के आश्रय को स्वीकार किया। अपने जीवन में उन्होंने विभिन्न सम्प्रदायों के आचार्यों, भक्तों व सन्तों के सत्संग का लाभ अवश्य लिया किन्तु किसी पन्थ की सदस्यता नहीं ली। मीरा अपनी भक्ति को गिरधर के चरणों में समर्पित करने में ही अपने जीवन की सार्थकता मानती हैं।

श्रीकृष्ण के प्रति अगाध श्रद्धा, प्रेम व समर्पण

मीरा की रचनाओं गें श्रीकृष्ण के प्रति अगाध श्रद्धा, प्रेम व समर्पण सहज ही बरसता है। भागवत धर्म में भक्त का जो रूप प्रकट होता है उसी रूप में विरहिणी मीरा दिखाई देती है। मीरा कहीं तो कृष्ण के प्रेम की चातकी है, कहीं विरह कोकिला, कहीं होली खेलने को व्याकुल गोपी, कहीं प्रेमोन्माद में नृत्य करती हुई प्रेयसी। मीरा क। प्रेम इन्द्रियों से परे अतीन्द्रिय का स्पर्श करता है। मीरा की आध्यात्मिक यात्रा के तीन सोगान हैं। कृष्ण के लिए मीरा का लालायित होना एवं मिलन के लिए तड़पना पहला सोपान है। जैसे–

मैं बिरहणि बैठी जागूँ, जगत सब सोवे री आली।

कृष्ण भक्ति से उपलब्धियों की प्राप्ति इसका दूसरा सोपान है। वह कहती है–

पायो जी मैं ने रामरतन धन पायो।

मीरा का आत्मबोध हो जाना तीसरा सोपान है। भक्ति की चरम सीमा पर खड़ी मीरा बड़े सहज भाव से कहती है–

मेरे तो गिरधर गोपाल दूसरो न कोई। जाके सिर मोर मुकुट, मेरो पति सोई।

मीरा अपने प्रियतम से मिलकर एकाकार हो गयी है। मीरा के काव्य में सांसारिक बन्धनों का त्याग एवं ईश्वर के प्रति पूर्ण समर्पण भाव मिलता है। उसकी भक्ति में ढोंग, आडम्बर और मिथ्या मान्यताएँ दिखाई नहीं देतीं, बल्कि भक्ति का सरलतम मार्ग स्मरण-नृत्य और गायन है। मीरा की भक्ति उसके भक्ति तत्त्व के अनुरूप ही सहज निराडम्बर और रागपूर्ण है। मीरा के काव्य में प्रेम और भक्ति की तन्मयता है। उनके 'गिरधर' शब्द में आत्मीयता और विश्वास दोनों भरा हुआ है। जहाँ वह जाहिर करती है–

हरि मेरे जीवन प्राण आधार/और आसिरो नाहीं तुम बिन, तीनू लोग मँझार।

दरअसल मीरा का प्रेम आत्मसमर्पण और आत्मविश्वास का अनुपम मिसाल ही है।। उनकी कविता में मुक्ति की चेतना प्रेम के माध्यम से व्यक्त हुई है।

प्रेमाभक्ति/माधुर्य भक्ति की उपासिका मीरा

प्रेम सम्पूर्ण भक्तिकाव्य का केन्द्रीय भाव है। शांडिल्य और नारद भक्तिसूत्र के अनुसार अपने आराध्य में अनुराग या अनन्य प्रेम ही भक्ति है। मीरा की भक्ति और प्रेम में अन्तर नहीं है। वह निर्भय और निर्द्वन्द्व आत्माभिव्यक्ति के रूप में सीधा और प्रत्यक्ष प्रेमनिवेदन करती है। मीरा का दर्शन प्रेम का दर्शन है जिसमें उनका द्वैत अद्वैत में परिवर्तित होकर आत्मा-परमात्मा के अटूट सम्बन्ध के सत्य को प्रकाशित करता है। उनकी प्रेमा भक्ति मधुर रस से पूर्णत: आप्लावित थी। मीरा की भक्ति के सम्बन्ध में विद्वानों के बीच कई मत प्रचलित हैं। आचार्य परशुराम चतुर्वेदी, डॉ. कृष्णदेव झारी जैसे विद्वानों ने मीरा की भक्ति को प्रेमाभक्ति कहा है। ओमप्रकाश अग्रवाल, डॉ. सुमन शर्मा, डॉ शिवकुमार शर्मा जैसे विद्वानों ने मीरा की भक्ति को 'माधुर्य भक्ति' कहा है। डॉ. महेन्द्र भानावत, डॉ. रामप्रकाश, प्रो. देशराजसिंह भाटी आदि ने मीरा की भक्ति को निर्गुण और सगुण दोनों रूपों में देखा है।

मीरा की भक्ति भावना और पदावली लोकमानस की अनमोल धरोहर है, जो प्रेरणादायी है। गिरिधर गोपाल की अनन्य उपासिका मीराबाई के पदों में माधुर्य भाव की भक्ति का साकार सागर उमड़ पड़ा। गोपी भाव से माधुर्य भक्ति में तल्लीन है मीरा। आराध्य एवं प्रियतम कृष्ण के प्रति प्रगाढ़ प्रेम की पराकाष्ठा ही प्रेमाभक्ति है। गिरिधर गोपाल के प्रति दाम्पत्य भाव की आराधना मीरा की साधना के वे परमोज्ज्वल भाव हैं जिन पर मीरा की माधुर्यभक्ति का आध्यात्मिक महल खड़ा है। मीरा के माधुर्य भाव में सभी प्रकार का द्वैत समाप्त होकर केवल एक ही राग रह जाता है। यह एक ऐसी दिव्य स्थिति है जिसमें आत्मा व परमात्मा एकाकार हो जाते हैं। यहाँ द्वैत होते हुए भी अद्वैत है। और अद्वैत होते हुए भी द्वैत है।

मीरा मूर्त जीवन की निस्सारता से ऊबकर अमूर्त की और यात्रा करती हैं। वहीं उन्हें चैन सुकून और विराम मिलता है। इसी रूप में मीरा का प्रभु अविनाशी हो जाता है। घुँघरू मीरा के लिए एक नया प्रतीक बना। यह जीवन का उत्साह और जीवन जीने की इच्छा के रस से सरोबार करने का भव्य अनुष्ठान है–

मैं तो साँवरे के रंग राची। साजि सिंगार बाँधि पग घुँघरू लोक लाज तजि नाची।

भक्ति ईश्वर के प्रति प्रेमरूपा है और प्रेमरूपा भक्ति को प्राप्त करने के बाद न किसी वस्तु की इच्छा रहती है, न शोक रहता है और न द्वेष रहता है और जिसे प्राप्त कर मनुष्य उन्मत्त हो जाता है। मीरा ने वही पा लिया है। मीरा की भक्ति की चरम सीमा भी यही है। मीरा के गीत पाठकों को आस्था, साहस, प्रतिबद्धता और ईश्वर के प्रति प्रेम की प्रेरणा देते हैं।

मीरा की भक्ति में लोकचेतना

समय के साथ राजपथ छोड़कर मीरा जनपथ में विलीन हुईं। राजसी वैभव एवं भौतिक सुख-सुविधाओं से दूर रहकर पूर्णत: मीरा लोक से जुड़ी रही। मीरा ने लोक का सहारा लेकर दर्शन की दुरूहता को सरल, व्यावहारिक और सर्वसुलभ बना लिया। मीराबाई का संसार लोक से निर्मित संसार है। लोक के लिए समर्पित है। शायद

इसलिए उनकी कविताओ में बिम्ब और प्रतीक सीधे-सीधे लोक से ही आते हैं। व्यक्ति के लिए वह जन पदबन्ध का प्रयोग करती हैं। मीरा के 'गिरिधर नागर' में मनुष्य और ईश्वर का भेद मिट जाता है। लोक उनकी कविताओं का मूल तत्त्व है जबकि विद्रोही स्वर प्राण तत्त्व। उनकी रचनाओं की सबसे बड़ी विशेषता यह है कि उनमें प्रेम, भक्ति और विद्रोह साथ-साथ चलते हैं। उनकी रचनाओं में भक्ति की उदात्त भावानुभूति ही नहीं बल्कि स्वतन्त्र रूप से जीने की इच्छा भी अभिव्यक्त हुई है।

मीराबाई की बेबाक अभिव्यक्ति 'बहुजन हिताय' का निहितार्थ थी। उन्होंने रूढ़ियों में जकड़े समाज में परिवर्तन लाने के लिए भक्ति के मार्ग को अपनाया। उन्होंने आतंक उत्पन्न करनेवाली सामन्ती सत्ता के बरअक्स उससे भी बड़ी एक ईश्वरीय सत्ता खड़ी कर दी थी। यह भक्ति और प्रेम रस में डूबी कृष्ण की सत्ता थी, जहाँ समरसता और समानता का भाव ही अग्रणी था।

मीरा, आण्डाल और अक्कमहादेवी-एक तुलना

मीराबाई की तुलना दक्षिण की आठवीं शती की आण्डाल और बारहवीं शती की अक्कमहादेवी से कर सकते हैं। तमिल और कन्नड़ के काव्य रचकर भारत की भक्ति परम्परा को अक्षुण्ण बनाये रखने का प्रयत्न इन्होंने किया है। इन तीनों के जाति, धर्म-सम्प्रदाय, देश, काल, वातावरण, भाषा, वेश-भूषा, रीति-रिवाज आदि में विभिन्नताएँ हैं। फिर भी भक्ति के धरातल पर एक बन भारतीय भावात्मक एकता के दर्शन कराती हैं।

दक्षिण भारत की आलवार भक्तिधारा का कोमल प्रवाह आण्डाल के हृदय से प्रवाहित होता है और उत्तरी भारत की भक्तिधारा को मीरा रससिक्त कर देती हैं। दोनों ही कृष्ण के प्रेम के सौन्दर्य संसार में एकाकार हो गयी हैं। मीरा के 'गिरिधर नागर' और आण्डाल के 'रंगनाथ छबीले' मुरलीधर कृष्ण ही हैं। अक्क-महादेवी शिव की उपासिका थी। वे चेन्नमल्लिकार्जुन (शिव) को अपना प्रियतम मानती थीं। बारह आलवारों में एकमात्र महिला साध्वी हैं आण्डाल। उन्होंने मीराबाई की तरह स्वयं को कृष्ण की दुल्हन माना। दोनों अलौकिक,अपार्थिव विराट भूमि पर खड़ी हैं और दोनों ही गोपी भाव से माधुर्य भक्ति में तल्लीन हैं। दोनों की तन्मयता ने गीति परम्परा से भारतीय भक्ति साहित्य को समृद्ध किया है। आण्डाल के पदों में (तिरुप्पावै संग्रह) दास्य भाव की अभिव्यक्ति हुई है। दोनों ही कृष्णलीला के रस को मोक्ष के रस से अधिक महत्त्वपूर्ण मानती है। मीरा और आण्डाल के पदों का विश्लेषण किया जाये तो दोनों में प्रेम की अटूट केन्द्रीयता और आनन्द भाव की तन्मय शक्ति मिलती है। भक्ति का प्रपत्तिमार्ग दोनों ने अपनाया है। कृष्ण के गुणों का वर्णन पूर्ण समर्पण, दीन भाव से स्तुति, भगवान के रक्षक रूप पर दृढ़ विश्वास मीरा और आण्डाल में मिलते हैं।

मीरा जैसी विद्रोही चेतना और निर्द्वन्द्व प्रेम भावना यदि भारत की किसी अन्य भक्त कवयित्री में है तो वह बारहवीं सदी की कन्नड़ की अक्कमहादेवी में विद्यमान है। अक्कमहादेवी उसी तरह शिव को अपना पति मानती थी जैसे मीरा कृष्ण को। कहा जाता है कि मीरा अपने जीवन के अन्त में कृष्ण की मूर्ति में समा गयी। ठीक उसी तरह अक्कमहादेवी भी शिव से एकाकार होकर इस लोक से विदा हुयी। अक्कमहादेवी के वचनों में वैसी ही उत्कट प्रेम भावना और उदात्त आध्यात्मिक चेतना है जैसे मीरा के काव्य में है। मीरा की तरह उनकी कविता में गहरी वेदना की अभिव्यक्ति है जो लौकिक एवं अलौकिक भी है। कन्नड़ की मीरा अक्कमहादेवी का विवाह भी राजघराने में हुआ था। लेकिन वहाँ से विद्रोह कर सब कुछ छोड़कर ईश्वरीय प्रेम में डूब गयीं। यही साहस, यही भटकाव, यही प्रणयाकांक्षा और यही विरह कातरता हम मीरा में देखते हैं।

उन्होंने कृष्ण की खोज में मेवाड़ से मेडता, मेड़ता से वृन्दावन, वृन्दावन से द्वारिका में यात्रा की। अपना

सारा जीवन जिसके लिए समर्पित किया था, उसी की खोज में निकली थीं। यह खोज उनका जीवन और उनकी साधना थी। अक्कमहादेवी के साहित्य को कन्नड़ में बचन साहित्य कहते हैं। उनके बचनों में सत्ता के विरुद्ध उस तरह का मुखर विद्रोह देखने को नहीं मिलता, जिस तरह मीराबाई अपने पदों में राणा के विरुद्ध युद्ध दुन्दुभी बजाती हुई दिखती हैं। इन तीनों भक्त कवयित्रियों के काव्य की मूल संवेदना कई स्तरों पर एक रूप ही है। ये तीनों भक्ति आन्दोलन की सांस्कृतिक शक्ति की अखण्डता को सामने लाती हैं। काव्यानुभूति की व्यापकता और गहराई, काव्यभाषा की सहजता और लोकोन्मुखता तथा पदों की संगीतमयता के कारण जैसी अखिल भारतीय ख्याति मीरा की है वैसी किसी अन्य भक्त कवयित्री की नहीं।

केरल में कृष्ण भक्ति

केरल में कृष्ण भक्तों और कृष्ण मन्दिरों की संख्या ज़्यादा है। केरल के कृष्ण मन्दिरों में कृष्ण की प्रतिष्ठा कई रूपों में है। गुरुवायूर और अंबलप्पुषा मन्दिर में बालकृष्ण का रूप है तो पत्तनमतिट्टा जिले के पार्थसारथी मन्दिर में अर्जुन के सारथी का रूप। चित्ररचना में गुरुवायूर मन्दिर के भित्तिचित्र प्रसिद्ध हैं। केरल के संगीत और कथकली, कूड़ियाट्टम, भरतनाट्यम जैसी नृत्य कलाओं में कृष्ण सम्बन्धी कई घटनाएँ अंकित हैं।

सोलहवीं शती की केरल की प्रसिद्ध कृष्ण भक्ता हैं 'कुरूरम्मा'। उनके लिए कृष्ण सन्तान थीं और उनमें माँ सहज वात्सल्य भक्ति की पुष्टि मिलती है। वे केरल के गुरुवायूर के प्रसिद्ध श्रीकृष्ण मन्दिर के देवता गुरुवायूरप्पन की भक्त था। ऐसा विश्वास है कि उनकी अटूट भक्ति के कारण उन्हें भगवान कृष्ण के दिव्य दर्शन प्राप्त हुए। वे त्रिशूर जिले के एक नंपूतिरि परिवार से थीं। 16 साल की उम्र में विधवा हो गयीं। उनकी कोई सन्तान नहीं थी और वह गुरुवायूरप्पन याने कृष्ण की प्रबल भक्त बन गयी। कुरूर परिवार की सबसे वरिष्ठ सदस्या थीं, इसलिए वे कुरूरम्मा के नाम से विख्यात हुयी। उन्हें एहसास हुआ कि भगवान कृष्ण के अलावा दुनिया में उनका कोई र नहीं है। मीरा, अक्कमहादेवी और आण्डाल की तरह इनकी कोई पदावली या साहित्यिक रचनाएँ नहीं हैं। इसीलिए केरल को छोड़ भारत के किसी भी प्रान्त में इनकी ख्याति नहीं है।

निष्कर्ष

वस्तुत: राजवंश में जन्म लेनेवाली भक्त शिरोमणि मीराबाई ने भक्ति का जो सन्देश लोकमानस में विस्तारित किया वह पदों व भजनों की सरिता के रूप में राष्ट्रीय व राज्य सीमाओं का अतिक्रमण कर सम्पूर्ण अन्तर्राष्ट्रीय लोकजीवन में प्रभावित हो गया है। हमारे लिए वे एक समृद्ध भक्ति साहित्य को छोड़ गयी हैं जिन्हें उन्होंने रच-रचकर गाया और उसके द्वारा अपना ही नहीं अन्य भक्तों का भी मार्गदर्शन किया। मध्यकालीन भक्ति आन्दोलन के इतिहास में मीरा एक ऐसी विरल विभूति है जिसने बिना किसी आश्रय के अपने आत्मबल, निडरता, पूर्ण आत्मविश्वास और अपने आराध्य के प्रति पूर्ण समर्पण भाव से भक्ति साधना कर अन्तत: अपने जीवन के परम लक्ष्य को प्राप्त किया। मीरा आज देश-काल की सीमाओं को लांघकर भक्ति की विश्व विरासत बन चुकी हैं। यही मीरा की भक्ति का सबसे महत्त्वपूर्ण दार्शनिक आयाम है।

मीराबाई की भक्ति

–ब्रजेन्द्र कुमार सिंहल

भक्ति-दर्शनानुसार सगुण-साकार रूप पूर्ण वस्तु अनन्त ऐश्वर्य और माधुर्य से पूर्ण है। कहीं ऐश्वर्य का तो कहीं माधुर्य का साम्राज्य अधिक व्याप्त होता है।

जहाँ ऐश्वर्य का प्राधान्य होता है वहाँ ब्रह्म अंशी, जबकि जीव अंश, ब्रह्म स्वामी तो जीव सेवक, परमात्मा सर्व गुण निलय तो जीव अवगुणी, दास, किंकर, शरणागत होता है। यहाँ जीव अपने को दास, भक्त, सेवक व परमात्मा को स्वामी मानते हुए उसकी सर्वविध सेवा करने की भावना रखता है। भक्त में लघुता-विनम्रता, कार्पण्यता, सर्वतोभावेन-समर्पण भावना होती है। अत: वह विधि-विधान से डरते-डरते स्वामी की विविध प्रकार से सेवा करता है।

भागवतकार के अनुसार यह सेवा नव प्रकारीय है—

श्रवणं कीर्तनं विष्णोः स्मरणं पाद सेवनम्।
अर्चनं वन्दनं दास्य सख्यमात्मनिवेदनम्॥

श्रीमद्भागवत , 7-5-23

जब तक भक्त इन नव प्रकारीय सेवाओं का सम्पादन कर्तव्य समझकर करता रहता है, तब तक उसका अपने स्वामी के प्रति गाढ़ा राग-भाव उत्पन्न नहीं होता। यह सब यन्त्रवत होता रहता है। इसी कारण इसको साधन-भक्ति के भेद **वैधी भक्ति** के नाम से अभिहित किया जाता है।

परन्तु जब भक्त का भगवान के प्रति भाव का सम्बन्ध जुड़ने लगता है तब भाव का प्राधान्य तथा विधि-विधानात्मक यन्त्रवत सेवा रूप भक्ति पीछे होती जाती है। भगवान के प्रति इस भाव का जुड़ना ही रागात्मिका-भक्ति का उदय होना है जहाँ परब्रह्म-परमात्मा ऐश्वर्यात्मक के स्थान पर माधुर्यात्मक अनुभूत होने लगता है।

आन्तरिक-भाव से प्रेरित होकर भगवान के प्रति अपने सम्बन्ध के अनुसार अपने प्राण-सखा प्रियतम को लाड़ लड़ाता है। कभी उसका सखा बनकर, कभी प्राणप्रिय प्रियतमा बनकर। वस्तुत: यह रागमयी भक्ति हृदय की साधना है। इसमें हृदय में ही हृदयेश्वर परमात्मा की हृदय से ही गुप्त रूप में भक्ति की जाती है। यदि हम इस बात को कुछ और अधिक स्पष्ट शब्दों में कहें तो रागात्मिका-भक्ति में भक्त के हृदय में भगवान के लिए और भगवान के हृदय में भक्त के लिए स्वाभाविक गाढ़ तृष्णा होती है, उद्दाम लालसा होती है। यह राग रूप गाढ़ तृष्णा अनवरत आगे बढती रहती है और आत्यन्तिक स्नेह में परिवर्तित होती है। वस्तुत: रागात्मिका-भक्ति का स्वरूप ही आत्यन्तिक स्नेह है। यही रागात्मिका-भक्ति आगे चलकर प्रेमाभक्ति में और प्रेमाभक्ति, पराभक्ति में रूपान्तरित हो जाती है।

रागात्मिका-भक्ति शान्त, दास्य, सख्य, वात्सल्य एवं श्रृंगार भेद से पाँच प्रकार की मानी गयी है। जैसे-जैसे साधक का भाव विकसित होता है, गाढ़ता पकड़ता है, वैसे-वैसे एक भाव दूसरे में अन्तर्भुक्त होता जाता है और अन्त में उज्ज्वल-श्रृंगार या माधुर्य-भाव रह जाता है किन्तु इसका तात्पर्य यह भी नहीं है कि उत्तर-उत्तर भाव के गाढ़ हो जाने पर पूर्व-पूर्व का भाव निश्शेष हो जाता है। वस्तुत: जैसे सृष्टि की निर्माण-प्रक्रिया में पंचीकरण की प्रक्रिया काम करती है जिसमें उत्तर-उत्तर तत्त्व में पूर्व-पूर्व तत्त्व का एक निश्चित अंश रहता है, ऐसे ही रागात्मिक-भक्ति में पूर्व-पूर्व भाव, उत्तर-उत्तर भाव में कुछ न कुछ अंश में रहते हैं। उदाहरणार्थ उज्ज्वल-श्रृंगार में सख्यभाव किसी न किसी अंश में रहता ही है।

वैसे, साहित्य-शास्त्रानुसार, शान्त और दास्य की परस्पर मैत्री जबकि सख्य और वात्सल्य से इनकी तटस्थता व श्रृंगार से शत्रुता है। सख्य और श्रृंगार की परस्पर मैत्री है। उज्ज्वल का शान्त और वात्सल्य से वैर है, सख्य से तटस्थता है। वात्सल्य का उज्ज्वल तथा दास्यभाव से वैर है।

यह रागात्मिका-भक्ति त्रिविध मानी गयी है– (1) प्रेमा (2) परा (3) प्रोढ़ा।

1. प्रेमा-भक्ति : श्रवण, कीर्तनादि नवधा भक्ति का सम्यक् प्रकारेण, विधि-पूर्वक सेवन करने से परमप्रभु परमात्मा के प्रति जो स्नेह वृत्ति का उदय होता, वही प्रेमा-भक्ति कहलाती है। इस प्रेमा-भक्ति में साधक के हृदय व चित्त की वृत्तियों का प्रवाह स्वेष्ट के प्रति इस प्रकार वेग से प्रवाहित होता है जैसे झरने का जल निरन्तर वेग से झरता रहता है। साधक के कर्म, क्लेशादि का नाश होना प्रारम्भ हो जाता है, चंचलता मिटने लगती है। बस, वृत्ति का प्रवाह एक ओर होने लगता है।

मद्‌गुणश्रुतिमात्रेण मयि सर्वगुहाशये।
मनोगतिरविच्छिन्ना यथा गङ्गाम्भसोम्बुधौ॥
लक्षणं भक्तियोगस्य निर्गुणस्यह्युदाहतम्।
अहैतुक्यव्यवहिता या भक्ति पुरुषोत्तमे।।

श्रीमद्‌भागवत्

2. परा-भक्ति : भगवान के साथ पाँच भावों में से किसी एक भाव विशेष से सुदृढ़तापूर्वक बँध जाने पर जब भाव में परिपक्वता आ जाती है, भावना में स्थिरता आ जाती है, और साधक उसी भावना में सर्वथैव तल्लीन हो जाता है, अन्य समस्त भावों एवं व्यापारों का विस्मरण हो जाता है; तब इस स्वानुभवात्मक-भक्ति को परा-भक्ति कहते हैं। इस भक्ति में रति स्थिर हो जाती है। निर्गुणी-सन्तों ने इसी को स्वात्मानुभव, अपरोक्षानुभव, ज्ञान, अणभै, परचा आदि कहा है–

ब्रह्मभूत: प्रसन्नात्मा न शोचति न काङ्क्षति।
सम: सर्वेषु भूतेषु भद्‌भक्तिं लभते पराम्॥

श्रीमद्‌भगवद्‌गीता 18 /54

3. प्रोढ़ा-भक्ति : प्रोढ़ा-भक्ति परमात्म-साक्षात्कारात्मक होती है। सबसे पहले रस-राज का महा-मधुर रसास्वादन करने पर अपने दिव्य स्वरूप का क्रमश: पूर्ण आवेग आ जाता है, उसके पश्चात् तीव्र विरहानल का उदय होता है और अन्त में समस्त वृत्तियों का एकान्त निरोध हो जाता है। निरोधानन्तर जो परमात्मा

का साक्षात्कार होता है, वही प्रोढ़ा-भक्ति है। प्रेमा और परा-भक्ति का दर्शन तो दास्य, सख्य, वात्सल्यादि भावों में होता देखा गया है किन्तु प्रोढ़ा-भक्ति विशेषत: एकमात्र शृंगार रस में ही दृष्टिगोचर होती है। वस्तुत: यह प्रोढ़ा -भक्ति ही परम पुरुषार्थ स्वरूपा साध्या भक्ति है। रूप गोस्वामी ने भक्तिरसामृत सिन्धु में उत्तमा-भक्ति के तीन भेद माने हैं—(1) साधन-भक्ति (2) भाव-भक्ति एवं (3) प्रेमा-भक्ति।

साधन-भक्ति द्विविध बतायी गयी है—वैधी और रागानुगा। जहाँ शास्त्राज्ञा से भजन में प्रवृत्ति हो, वहाँ वैधी तथा जहाँ परमात्म-प्राप्ति की गाढ़ तृष्णा या लालसा के फलस्वरूप अविच्छिन्न भगवद्भजन में प्रवृत्ति हो, वहाँ रागानुगा-भक्ति होती है।

रागानुगा भी द्विविध कही गयी है—(1) कामानुगा और (2) सम्बन्धानुगा। जिस भक्ति में केवल और केवल स्वेष्ट की प्रीति, सुख-सम्पादन की ही कामना हो, स्वसुख वांञ्छा का नाम तक न हो, वह कामानुगा भक्ति है—*तत्सुखी सुखित्वं*। जिस भक्ति में माता-पिता, सखा-सुहृद् आदि भाव हों, वह सम्बन्धानुगा रागात्मिकता-भक्ति है।

दूसरी भक्ति है भाव-भक्ति। भाव रतिं का ही नाम है। प्रेम की पहली अवस्था का नाम ही भाव है। यह रति ही भाव, स्नेह, मान, प्रणय, राग, अनुराग, भाव और महाभाव में परिणति होती है। रति के तीन प्रकार हैं। साधारणी, समंजसा व समर्था। साधारणी-रति में स्वयं की ही तृप्ति का प्राधान्य रहता है—जैसे कुब्जा में था। समंजसा रति में स्वयं की तृप्ति के साथ-साथ पति-सुख की अभिलाषा भी रहती है जैसे रूकिमणी आदि महीषियों में। यह उभयनिष्ठ रति है। समर्थारति वहाँ होती है जहाँ स्वसुख-वांछा का नाम तक नहीं होता। बस, स्वेष्ट के सुख-सम्पादन की जिस रति में आकांक्षा होती है, वह समर्था रति है। यह प्राय: गोपियों में, मीरा में, हितहरिवंश गोस्वामी, हरिदास स्वामी आदि में देखने को मिलती है।

भाव की गाढ़ता का नाम ही प्रेम है। भाव घटता नहीं। प्रेम, नाश का हेतु उपस्थित हो जाने पर भी बना ही रहता है—

सर्वथा ध्वंसरहितं सत्यपिध्वंसकारणे।

उज्ज्वलनीलमणि स्थायि—57

प्रेम दो प्रकार का माना गया है महिमा-ज्ञान युक्त तथा महिमा-ज्ञान शून्य। विधि-मार्ग से चलने वाले भक्त का प्रेम महिमा-ज्ञान युक्त जबकि राग-मार्ग से चलने वाले भक्त का प्रेम ऐश्वर्य-ज्ञान शून्य होता है।

भक्ति-शास्त्र में रति किंवा भाव पंचविध माना गया है—शान्त, दास्य, सख्य, वात्सल्य एवं शृंगार।

प्राय: जिसमें शम (मन की निर्विकल्पता) का बाहुल्य हो, वैसे साधकों की भगवान में ममता गन्ध शून्य तथा परमात्मा-बुद्धि से उत्पन्न रति शान्त-रति कहलाती है।

अपने से न्यून जन जो भगवान के लिए अनुग्रह के पात्र हैं–इस भावना से भगवान के प्रति आराध्य बुद्धि लेकर जिनकी रति प्रसारित होती है उनकी उस रति को दास्य-रति कहते हैं। भगवान के प्रति यह आसक्ति भगवान के अतिरिक्त अन्य समस्त वस्तुओं में लगी हुई प्रीति को नष्ट कर देने वाली होती है।

भगवान के प्रति तुल्यत्व का अभिमान-पोषण करने वाले जो व्यक्ति हैं वे भगवान के सखा कहे जाते हैं। इस तुल्यता के कारण इन लोगों की जो रति है, उसे सख्य कहते हैं। यह विश्रम्भ, रूप परिहास, प्रहास आदि का कारण होता है फिर भी इस रति में खेद के लिए अवसर नहीं होता।

भगवान के जो गुरु-जन हैं, वे पूज्य कहे जाते हैं। उनकी भगवान के प्रति जो अनुग्रह-मयी रति होती है, उसको वात्सल्य-रति कहते हैं। यह वासल्य लालन, शुभ-कामना, चिबुक-स्पर्श आदि का प्रयोजक होता है।

भगवान एवं उनकी प्रियतमाओं का परस्पर मिलन आदि कराने वाली रति को प्रियता कहते हैं। इसी का दूसरा नाम मधुरा है। उज्ज्वल-श्रृंगार भी यही है। अस्तु:!

पूर्व में साधन-भक्ति, भाव-भक्ति और प्रेमा-भक्ति प्रकारात्मक तीन भक्तियाँ वर्णित की गयी हैं। साधन-भक्ति वैधी और रागात्मिका के नाम से दो प्रकार की कही गयी है। वैधी-भक्ति के नौ प्रकार श्रवण, स्मरण, कीर्तन, पाद सेवन, अर्चन, वन्दन, दास्य, सख्य व आत्मनिवेदन बताये गये हैं।

भक्तिमती मीरा के पदों में इन नौ प्रकार की भक्तियों का वर्णन मिल जाता है। मीरा के यहाँ, ये समस्त भक्तियाँ विधि-विधानात्मक यन्त्रवत सम्पादित होती हुई चित्रित न होकर, भाव-प्रधान हैं। अत: इनमें राग का समावेश हो जाने से रागात्मिका भक्ति के पृथक् उदाहरण लिखे जाने यहाँ अभीष्ट नहीं हैं।

श्रवण : *म्हैं सुण्या हरि अधम उधारण, अधम उधारण भव भय तारण।*

पदांक 36

कीर्तन : *माई म्हें गोविन्द गुण गाणा।*

पदांक 63

माई साँवरे रँग राँची। साज सिंगार बाँध पग घुँघरू, लोक लाज तजि नाची॥

पदांक 85

स्मरण : *म्हारो मन साँवरो नाम रटै री।*
साँवरो नाम जपै जग प्राणी, कोटी पाप कटै री॥

पदांक 60

पिया थारा नाम लुभाणी जी। नाम लेत तिरता सुण्या, जग पाहण पाणी जी॥

पदांक 27

सखी म्हारा साँवरिया ने देखबौ करूँ री।
साँवरो उमरण साँवरो सुमरण, साँवरो ध्यान धरूँ री॥

पदांक 59

पाद-सेवन : *मन थूँ परस हरि रा चरण।*
सुभग सीतळ कमळ कोमळ, जगत ज्वाळा हरण॥

पदांक 96

म्हारै लागी लगन सिरी चरणाँ री।
दरस बिना म्हँनैं कछू न भावै, जग माया या सुपना री॥

पदांक 101

अर्चन : *आली म्हँनै लागै वृन्दावन नीकौ।*
घर घर तुलसी ठाकुर पूजा, दरसण गोविन्द जी को।।

पदांक 10

वन्दन : *तनिक हरि चितवौ म्हारी ओर।*
म्हैं चित वूँ थैं चितवौ नी हरि, हिवड़ी बडो कठोर॥

पदांक 77

दास्य : *म्हँने चाकर राखोजी, गिरधारी लाल चाकर राखोजी॥*

सख्य : *म्हारा जनम जनम रा साथी, थनैं नी बिसरूँ दिन राती॥*

पदांक 45

आत्म-निवेदन : *अब तो निभावौ बाँह गह्याँ की लाज।*
असरण सरण कह्यों गिरधारी, पतित उधारण पाज।

पदांक 70

राय श्रीरणछोड़ दीजे, द्वारका को वास॥

पदांक 128

आत्मनिवेदन-भक्ति, नवधा-भक्ति का प्राण तत्त्व है। इसमें भक्त, भगवान के प्रति सर्वतोभावेन समर्पित हो जाता है। वस्तुत: सर्वतोभावेन-समर्पण का अपर नाम ही शरणागति है।

सकृदेव प्रपन्नाय तवास्मीति च याचते।
अभयं सर्वभूतेभ्यो ददाम्येतद्व्रतं मम॥

जो एक बार भी 'मैं आपका हूँ'—इस प्रकार से कह देता है, उसे मैं सभी से अभय कर देता हूँ, यह मेरा व्रत है। पद 70 में मीरा ने गिरिधर गोपाल को अशरण-शरण्य कहा है तथा स्वयं को शरणागत बताकर गिरिधर को उसका विड़द याद कराती है कि आप अशरणों को भी शरण देने वाले कहे जाते हो; अत: अब मुझको भी शरण में स्वीकार करने पर ही बात बनेगी।

वस्तुत: यह शरणागति षड्विधा कही गयी है—(1) आनुकूलस्य-संकल्प (2) प्रातिकूलस्य-वर्जनम् (3) रक्षिष्यतीति-विश्वास (4) गोप्तृप्तवरण (5) आत्मनिक्षेप, एवं (6) कार्पण्य।

श्रीमद्भगवतगीता 18/66 में भगवान भक्त से सर्वधर्मों, सर्वाश्रयों को त्यागकर स्वयं की शरण में आने का न्यौता देते हैं। बदले में उसकी सर्वविध कुशलक्षेम, योगक्षेम वहन करने की प्रतिज्ञा करते हैं।

सर्वधर्मान्परित्यज्य मामेकं शरणं ब्रज।
अहं त्वा सर्वपापेभ्यो मोक्षयिष्यामि मा शुच: ॥

दाक्षिणात्य आळवारों ने इस शरणागति को मोटे तौर पर मर्कट-सुत-न्याय व मार्जार-सुत-न्याय के अनुसार द्विविध मानी है। मार्जार-सुत सर्वथा-सर्वदा माता की चेष्टा, प्रयत्न व संरक्षण में निश्चष्ट, निर्भय व पूर्ण समर्पित रहता है जबकि मर्कट-सुत-न्याय में मर्कट-सुत में यद्यपि माता के प्रति पूर्ण समर्पण तो है किन्तु स्वयं के द्वारा स्वयं की रक्षा करने की चेष्टा भी है। गीता की शरणागति व मीराबाई का सर्वतोभावेन-समर्पण मार्जार-सुत-सदृश है। कुछ उदाहरण देखिए—

स्याम म्हारी बाँहड़ियाँ जी गहौ।
भौ सागर मझ धारा बूड़ूँ, थारी सरण लहौं ॥

म्हारा अवगुण वार अपारा, थाँ बिन कूण सहौ।
मीरा रा प्रभु हरि अविनासी, लाज बिड़द री बहौ।।

पदांक 24

प्रेमा-भक्ति : पदांक आठ में मीराबाई अपने चित्त को प्रेम रूपी जंजीर से बँधा हुआ बताकर उसको सर्वथैव साँवरिया में अचल संस्थापित बताती है—

साँवरे मार्‌यो तीर।
री म्हारे पार निकल गयो तीर, साँवरे मार्‌यो तीर।
विरह अनल लागी उर अन्तर, व्याकुल म्हारो सरीर॥
चंचल चित्त चलै नी चालाँ, बँधियो प्रेम जंजीर।
काँइ जाणै म्हारो प्रीतम प्यारो, काँइ जाणै म्हाँ पीर॥
म्हारौ काँई नी बस सजनी, नैण झरै दो नीर।
मीरा रा प्रभु थाँ मिलियाँ बिनि, प्राण धरत नी धीर॥8॥

पदांक 11 में मीराबाई दृढ़तापूर्वक कहती है, हे मोहन! मैं प्रेम के रास्ते को भलीभाँति जानती हूँ। मैं इसके अलावा अन्य रास्ते जानती ही नहीं। इतना होने पर भी मोहन! तुम मेरे को अदर्शन रूपी विष क्यों पिला रहे हो।

जाणूँ रे मोहन जानूँ थारी प्रीति।
प्रेम भगति रो पैंडो म्हारो, और न जाणूँ रीति ॥
इमरत पाय विष्ष क्यूँ दीजे, कूण गाँव री रीति।
मीरा रा प्रभु हरि अविनासी, अपना जन रा मीति ॥

पदांक 30 में मीरा दास-भावापन्न होकर विनती करती है कि हे साँवरे! मेरी प्रीति का निर्वाह करना। ऐसी कृपा कर कि यह प्रतिकूलता में भी खण्डित न हो, प्रत्युत् निरन्तर बढ़ती रहे।

साँवरा म्हारी प्रीति निभाज्यो जी ॥
थे छो म्हारा गुण रा सागर, औगुण म्हाँ बिसराजो जी।
लोक न सीझै मन न पतीजै, मुखड़ै सबद सुणाजो जी ॥
दासी थारी जनम जनम री, म्हारे आंगण आजो जी।
मीरा रे प्रभु गिरिधरनागर, बेड़ा पार लगाजो जी॥30॥

पूर्व में रसशास्त्रानुसार हमने लिखा है कि श्रृंगार रस का स्थायी भाव रति है। रति ही का नामान्तर भाव है और भाव की अन्तिम परिणति महाभाव है जो प्रेम है। श्रृंगार और दास्य का आपसी वैर भी पूर्व में बताया गया है किन्तु मीरा के उक्त पदानुसार उज्ज्वल-श्रृंगार में दास-भाव भी है। वह साँवरिया से प्रीति का निर्वाह करने का निवेदन करती है। प्रार्थना अथवा निवेदन दास-भाव में ही सम्भव है और चौथी पंक्ति में मीरा अपने आपको न केवल इस जन्म की बल्कि जन्म-जन्म की दासी कहती है।

इसीलिए यह मानना पड़ता है कि मीरा के यहाँ उज्ज्वल-श्रृंगार तो है किन्तु नृसिंह मेहता जैसा नग्न श्रृंगार नहीं है, हरिदासी-सम्प्रदाय अथवा राधावल्लभी-सम्प्रदाय जैसा कुंज-निकुंजों का श्रृंगार भी नहीं है। मीरा का

श्रृंगार गोपियों जैसा भी नहीं है। गोपियों का कृष्ण जार है, पर पति है; अत: गोपियाँ परकीया हैं जबकि मीरा का प्रियतम गिरिधर गोपाल केवल और केवल मीरा का है; कृष्ण जार नहीं है; अत: मीरा स्वकीया है। मीरा और गोपियों की भक्ति के अन्तर का यही मील का पत्थर है जो दोनों की भक्तियों को भिन्नता प्रदान करता है।

मीरा के सामाजिक-संस्कार राजपूती समाज के हैं जहाँ बड़ों को पग-पग पर मान-सम्मान देना अनिवार्य है। बड़ों के सामने हमेशा विनम्रता, दैन्य-भाव रखा जाता है।

मीरा के पदों में उज्ज्वल-श्रृंगार के साथ-साथ दास-भाव, शरणागत-भाव इसीलिए है; अन्यथा जहाँ रसभक्ति की प्रतिष्ठा है, वहाँ शरणागत और शरणागत-वत्सल जैसी कोई संकल्पना नहीं है। वहाँ तो राधा-स्वामिनी है, कृष्ण प्रियतम है। रसभक्ति में न वात्सल्य भाव है और न दास-भाव है; जबकि मीरा के यहाँ उज्ज्वल-श्रृंगार में दास्य तथा सख्य दोनों ही सहकारी होकर प्रकट हुए हैं। सर्वात्म-समर्पण, एकान्तिकी-प्रीति तो है ही; इसीलिए मैं प्राय: कहता और लिखता रहा हूँ कि मीरा का उज्ज्वल-श्रृंगार अपने आपमें निराला है। यह मीरा का निजस्व है जिसके लिए मीरा को किसी की अनुगामिनी मानना उस पर बेजा ज्यादती है। मीरा के श्रृंगार में न दैहिक आकर्षण है और नदैहिक तृप्ति की आकांक्षा। मीरा का प्रेम *गुणरहितं कामनारहितं प्रतिक्षण वर्धमानमविच्छिन्नं सूक्ष्मतरमनुभवरूपम्* है। (नारद-भक्ति-सूत्रांक 54) सूत्रकार प्रेम को गुण-निरपेक्ष बताते हैं जबकि मीरा गिरिधर गोपाल को गुणागार बताकर स्वयं को गुणहीन किंवा अवगुणी बताती है। दोनों में विरोधाभास प्रतीत होता है।

वास्तव में विरोधाभास है नहीं। सूत्रकार का मन्तव्य है कि प्रेमी, प्रेमास्पद से प्रेम करते समय उसके गुण, अवगुण, स्वभाव, प्रकृति कुछ नहीं देखता। इतना ही नहीं, प्रेम हो जाने पर प्रेमास्पद के अवगुण भी प्रेमी को गुण ही प्रतीत होने लगते हैं सच पूछा जाये तो कहना होगा कि प्रेमी प्रेमास्पद के गुणावगुण देखता ही नहीं, देखना चाहता तक नहीं, कोई बताने का प्रयत्न करे तो उनको सुनने तक की उसको फुर्सत नहीं। बस, उसके चित्त में प्रेमास्पद ही प्रेमास्पद अंकित हुआ रहता है। इसी प्रकार प्रेमी, प्रेमास्पद से प्रेम किसी कामना की पूर्ति करवाने के लिए नहीं करता। यदि प्रेमी के मन में कामनापूर्ति कराने की चाह विद्यमान होना मानेंगे तो फिर काम में और उज्ज्वल श्रृंगार में पार्थक्य मिट जायेगा। प्रेमी का प्रेम कामना-गन्ध-शून्य होता है। यह कामना-शून्यता स्वयं के लिए होती है। हाँ, प्रेमी चाहता है, उसका प्रेमास्पद सदैव सुखी रहे, इसकी सतत चेष्टा वह करता है। यदि हम गम्भीरतापूर्वक विचार करें तो संज्ञान में आता है कि 'तत्सुखी सुखित्वम्' की भावना तब ही काम करती है, जब प्रेमी, प्रेमास्पद को अपने से किसी न किसी क्षेत्र में श्रेष्ठ समझता है और यह श्रेष्ठ समझने की भावना ही प्रेमी को दास भाव के निकट ले जाती है। अन्त में एक पद और—

हरि बिन क्यूँ जीवाँ री माय।
स्याम बिना बौरी भई, मन काठ ज्यूँ घुण खाय॥
मूळ औषध नी लगै म्हँने, प्रेम पीड़ा खाय।
मीन जळ बिछड़याँ न जीवौ, तड़फ मर मर जाय॥
ढूँढ़ती बन स्याम डोलूँ, मुरलिया धुन पाय।
मीरा रा प्रभु लाल गिरधर, बेग मिलज्यो आय।।42।।

मीराबाई : प्रामाणिक जीवनी एवं मूल पदावली

मीराबाई का संगीत और कलाओं में निरूपण

–यतीन्द्र मिश्र

मीराबाई की एक सन्त कवयित्री से अलग यह अवधारणा भी है, जो उन्हें लोक और शास्त्र के परम्परागत समाज में शास्त्रीय और उपशास्त्रीय कलाओं के बीच भी देखती है। मीराबाई के ढेरों ऐसे पद और गीति-काव्य हैं, जिन्हें भक्ति के सर्वोपरि सोपान पर रखते हुए पारम्परिक रूप से भारत की विभिन्न प्रदर्शनकारी कलाओं में बरता जाता रहा है। विशेषकर पुष्टिमार्गियों के हवेली संगीत गायन में, शास्त्रीय नृत्य कलाओं में अभिनय के लिए तथा पारम्परिक लोकपर्वों पर मीराबाई की वाणी गाने के सन्दर्भ में... इनमें से एक-दो बिन्दुओं पर भारतीय परम्परा के सन्दर्भ में मीराबाई को कलाओं में देखने का जतन किया है, जिसे साहित्यिक और आलोचनात्मक कृतियों में कम स्थान मिला।

(1)

मीराबाई का एक मार्मिक पद है, जिसका आशय सपने में साकार होता है। सपने में वे कृष्ण से विवाह करके अचल सुहाग का वरदान पाती हैं। पद इस तरह है–

माई म्हाणो सुपणा माँ परण्याँ रे दीनानाथ
छप्पण कोट्याँ जणाँ पधार्याँ दूल्हो सिरी ब्रजनाथ
सुपणा माँ तोरण बंध्यारी सुपणाँ माँ गह्या हाथ
सुपणा माँ म्हारे परण गया पायाँ अचल सोहाग
मीरा रो गिरधर मिल्यारी, पुरब जणम रो भाग।

मीराबाई के सन्दर्भ में यह पद गहरा अर्थ रखता है कि किस तरह वो सपने में अलौकिक ढंग से कृष्ण को ब्याही गयीं। प्रेम में पगी मीरा की भक्ति यहाँ 'शृंगार भक्ति' का विकसित रूप लगती है, जहाँ समर्पण ने प्रेम को मर्यादा के तहत निश्छल भावों के तहत प्रकट होने दिया है। *सूली ऊपर सेज पिया की, किस विधि मिलणा होय'* में सीधे उसी गोविन्द से मिलने की आतुरता है, जयदेव जिस मर्म को व्यक्त करने के लिए 'गीत-गोविन्द' के ग्यारहवें सर्ग को 'सानन्ददामोदरः' कहकर सम्बोधित करते हैं। यहाँ मीरा कृष्ण के लौकिक प्रेम में पगी हैं, जिसमें छप्पन करोड़ लोग उनका ब्याह देखने आये हैं और दूल्हे के रूप में स्वयं बृजनाथ उपस्थित हैं। सपने में ही विवाह-मण्डप में तोरण बाँधा जाता है और सपने में ही उनका पाणिग्रहण सम्पन्न होता है। मगर यहाँ देखने वाली बात यह है कि वास्तविक जीवन में उनका लौकिक विवाह बाद में सोलहवीं शताब्दी में महाराणा सांगा

के ज्येष्ठ पुत्र भोजराज के साथ सम्पन्न हुआ था। यह अलग बात है कि वे अपने जीवन में कभी भोजराज को अपना पति स्वीकार नहीं कर पायीं। इस लिहाज़ से देखने पर दूसरे धरातल से मीरा की कृष्ण भक्ति का माधुर्य रूप बहुत असांसारिक लगता है। तब उसमें कहीं भी देह के स्तर पर आसक्ति नहीं दिखाई पड़ती। वह केवल शुद्ध रूप से भावासक्ति का अनुभव है, जिसमें मीरा अपने आन्तरिक तथा सामाजिक जीवन स्तर पर उसी तरह विद्रोह करती हैं, जिस तरह कबीर समाज का निषेध करते हैं।

कई बार मीरा के अत्यन्त मार्मिक और कबीर की तरह चेतावनी से देते हुए कठोर पदों को पढ़ते हुए लगता है कि इनके यहाँ संगीत भी अत्यन्त असांसारिक और समाज से विद्रोह करता हुआ संगीत रहा होगा। एक ऐसा उन्मुक्त संसार रचता हुआ आन्तरिक भावों का संगीत, जो पारम्परिक कतई नहीं है। ठीक उस तरह, जिस तरह पं. कुमार गन्धर्व और प्रहलाद सिंह तिपनिया कबीर गाते हुए और लता मंगेशकर मीरा गाते हुए, खोजने की अनथक चेष्टा करते हैं। जिस पद की चर्चा मैंने अभी यहाँ की है, उसमें लता मंगेशकर की गायिकी इसी तरह परम्परा से विद्रोह और पुन: उसके साथ सन्तुलन बनाने के बीच कहीं अद्‌भुत ढंग से अपनी स्वयं की दुनिया बनाती दिखाई पड़ती है। उनके गाये हुए मीरा भजनों में लौकिक और अलौकिक की लुका-छिपी को बड़े ही सुन्दर ढंग से विकसित होते हुए देखा जा सकता है। इस बहाने *माई म्हाणो सुपणा माँ परण्याँ रे दीनानाथ* के साथ *साँवरो नन्दनन्दन, साँवरा म्हारी प्रीत निभा जो जी, ओ जी हरि कित गये नेहा लगाय, पपीहा रे पिव की बानी ना बोल, साँवरे रंग राची* और *ओ रमैया बिन नींद न आवै* सुनें और सराहे जा सकते हैं।

अलग से जिन गीतों की दार्शनिकता को लता जी ने गाकर और भी अधिक गहरा किया है, उनमें *करम की गति न्यारी सन्तो, सखी री लाज बैरन भई, गढ़ से तो मीराबाई उतरी करवा दीनो हाथ, उड़ जा रे कागा बन का* और *माई-माई कैसे जिऊँ री* देखे जा सकते हैं। इन गीतों में उनकी पुकार और वैष्णवता के आँगन में जाकर किया गया भक्ति का श्रृंगार अद्‌भुत जान पड़ता है। इसमें कोई शक़ नहीं कि जिन गीतों के लिए लता मंगेशकर का गायन हमेशा के लिए समय से परे गिना जायेगा, उनमें मीरा भजन स्थायी रूप से स्थान पायेंगे। होली के विरह को रंग देते *केणू संग खेलूँ होरी, पिया तज गये हैं अकेली* जैसे गाने में लता मंगेशकर की गायिकी की संवेदनशीलता और मार्मिकता के एक साथ दर्शन किये जा सकते हैं। यह गीत इस मामले में अनूठा है कि उसमें उपजा विरह संघनित होकर जैसे वर्तमान में घटता हुआ महसूस होता है।

आप यह जान ही नहीं सकते कि कई शताब्दियों पूर्व हुई मीराबाई की जीवन की तमाम सजल झाँकियाँ यहाँ लता मंगेशकर की गायिकी से अपना स्वरूप पाकर एकाएक वर्तमान में प्रासंगिक हो उठती हैं। मीरा भजनों में उनका फेवरेट पद *चला वाही देस* है। उसमें इस तरह पंक्तियाँ आती हैं– *कहो कुमुम्बी साड़ी रंगावा/कहो तो भगवा भेस/कहो तो मोतियन माँग भरावा/कहो तो छिटकावा केस....* जीवन से लबरेज ऐश्वर्य और सुख के अनन्तिम छोर पर जाकर पुन: उसके विसर्जन और वापसी में लौटने की प्रक्रिया के तहत *चला वाही देस* जैसी कविता में उसी देस जाने का भाव है, जो मीरा के माधव का देस है।

पं. हृदयनाथ मंगेशकर के संगीत पर आधुनिक ढंग से मीराबाई को साकार करती हुई लता मंगेशकर की आवाज ने इन गीतों में जो दार्शनिकता का आन्तरिक भाव रचा है, वह सिर्फ सामान्य ढंग से भजन गायन नहीं कहा जा सकता। उसमें कुछ-कुछ वैसा ही अध्यात्म उतर आया है, जैसा मीरा की मानसिक संरचना में उनकी

कही पदावलियों में उतरा होगा। हमारे लिए यह आश्चर्य का मामला बनता है कि जिस पार्श्वगायिका ने फ़िल्मों के गीतों की रूह में उतरने के लिए कभी खुद को मधुबाला, नरगिस, मीनाकुमारी, नूतन और वहीदा रहमान की मानसिकताओं में जाकर उनके 'लिप-सिंग' के लिए गायन किया है, वह कहीं न कहीं अपने विचार में मीराबाई के व्यक्तित्व को परखती हुई जैसे साक्षात उन्हीं के लिए 'लिप-सिंग' कर रही जान पड़ती हैं। लता जी को सुनते हुए कई बार यह भी जानने की उत्कण्ठा होती है कि भक्ति के उद्दात छोर पर चली गयीं मीराबाई क्या एक निपुण कवयित्री होने के अलावा इतनी सुरीली भी रही होंगी? यह प्रश्न अक्सर मन में उठता है। हम लोग तो बस इतना ही जानते हैं कि उनके पदों के गायन के लिए हमें मीरा की आवाज में आज जो लता मंगेशकर हासिल हैं, वे अपने कण्ठ से भक्ति का उतना ही बड़ा अछोर बनाती हैं, जितना कि स्वयं वह कृष्णाभिमुख सन्त गायिका। लता जी के स्नेहिल गायन को सुनते हुए मीराबाई की टेर को कविता में यहाँ इस तरह पढ़कर समझा जा सकता है कि हम जान पायें कि वो अपनी मानसिक बुनावट में किस तरह रही होंगी, जब कृष्ण उनके हाथ से छूटते से लगते थे। सारंगी, तबला और घुँघरू के संगीत पर तिरता यह भजन भी उसी भाव का सर्वोत्तम निदर्शन है–

सखी री लाज बैरन भई
श्रीलाल गोपाल के संग काहे नाहीं गयी
चलन चाहत गोकुल ही ते रथ सजायो नई
रथ चढ़ाए गोपाल लई गयो हाथ मींजत रही...

(2)

शास्त्रीय संगीत की दुनिया में आश्चर्यजनक ढंग से मीराबाई की उपस्थिति देखी जा सकती है। विशेषकर भक्ति पदों के गायन के सन्दर्भ में। किशोरी अमोनकर और शोभा गुर्टू जैसी दिग्गज गायिकाओं ने मीराबाई के पदों को उनकी ठेठ राजस्थानी भाषा में गाकर न सिर्फ अपनी राग-सेवा अर्पित की, बल्कि उनकी उपस्थिति को भी समकालीन अर्थों में बड़ा बनाया। *म्हारो प्रणाम बाँके बिहारी जी* जैसा पद इसी शास्त्रीयता की सबसे बड़ी अभिव्यक्ति है। इसी सन्दर्भ में एम.एस. सुब्बुलक्ष्मी, किशोरी अमोनकर, जूथिका रॉय के गाये मीरा भजन लोकप्रिय हुए। हिन्दी फिल्मों में भी मीराबाई की उपस्थिति प्रासंगिक रूप से जानी जाती है, जिसमें *मेरे तो गिरधर गोपाल, ऐ री मैं तो प्रेम दीवानी, गिरधाई म्हारो चाकर रखो जी* और *बाला मैं बैरागन होऊँगी* जैसे पद विशेष प्रचलित हुए। यह भी जानना दिलचस्प है कि मीराबाई एक कुशल वाग्गेयकार, अर्थात रागों और तालों पर पदावलियाँ या बन्दिश रचने वाली सर्वमान्य गायिका सन्त के रूप में विख्यात हुईं। मीराबाई की तुलना उनके दौर में किसी से नहीं की जा सकती, परन्तु यह देखने वाली बात है कि उनकी तरह ही शेख और ताज ने भी कृष्ण भक्ति अर्चा के पद लिखे। मीराबाई एक ऐसी कुशल संगठनकर्ता के रूप में भी याद की जाती हैं, जिन्होंने अपनी गायिकी से एक सम्प्रदाय भी बनाया, जिसे मीरा गाया जाने वाला सम्प्रदाय कहते हैं। आज भी राजस्थान के सुदूर इलाकों में बहुत सारी टोलियाँ मीरा के गीतों को लोकवाद्यों और लोकधुनों पर गाती हुई मिलती हैं, जिनमें तानपूरा, तम्बूरा और इकतारा प्रमुख वाद्य के रूप में मौजूद रहता है। कई लोग मीरा को राजस्थानी शैली में गाते हुए खंजड़ी, ढफली और घुँघरू का इस्तेमाल भी करते हैं।

(3)

मीरा के अनेको पद ऐसे हैं, जो अपने लालित्य के कारण सहज ही ध्यानाकर्षण करते हैं। यहाँ एक कम प्रचलित मगर लोकगीतों में बेहद सुन्दर ढंग से गाये जाने वाले पद की याद आ रही है, जिसमें सारी गोपिकाओं के मध्य राधा की अद्वितीय हैसियत को मीरा प्रतिष्ठित करती हैं। उस पद की कुछ पंक्तियाँ यहाँ प्रस्तुत हैं–

वारी जाऊँ नागर नन्दा जी मुकुट पर
सब देवन में आप बड़े हैं, ज्यों तीरथ बिच गंगा जी
मुकुट पर वारी जाऊँ नागर नन्दा जी
सब सखियन में राधे बड़ी हैं, ज्यों तारन बिच चन्दा जी
मुकुट पर वारी जाऊँ नागर नन्दा जी

यह पद भक्तिकाल में लिखा गया और तब से आज तक वाचिक परम्परा और लोकगीतों में प्रतिष्ठा पाता रहा है। मगर आजकल के रसिक समाज में, खासकर नृत्य-कला की प्रबुद्ध दुनिया में यह पद इस बात का एक सार्थक रूपक हो सकता है कि जिस एक नायिका को पूरी तन्मयता और ऐश्वर्य के साथ यह नृत्य संसार अपने समस्त कर्मों एवं पर्वों में सम्मिलित करता है; वह नायिका राधा, चन्द्रमा के समान पूरी सुन्दरता व शीतलता के साथ कलाओं के सौरमण्डल में तारों के बीच, अकेली ही परन्तु पूरी केन्द्रीयता के साथ उपस्थित रहती हैं। भरतनाट्यम, ओडिसी और कथक नृत्य परम्परा में वाचिक कविता में प्रसिद्ध ऐसे ढेरों पदों पर नृत्य और अभिनय की परिपाटी निभती रही है, जिसे परम्परागत रूप से मीरा का लिखा हुआ माना गया। अक्सर मीरा के वचनों और पदावलियों के संग्रहों में भी इन लोक-कविताओं का समावेश नहीं मिलता, जबकि राजस्थान और गुजरात में विशेष तौर पर इन्हें मीरा के पदों के अन्तर्गत ही माना गया है, जिन्हें सम्भवत: विद्वानों ने अपने चयनों में संकलित नहीं किया। राजस्थान का प्रसिद्ध लोकगीत कुरजाँ के अधिकांश पद भी मीराबाई के पदों से उठाकर गाये जाते हैं। कहने का तात्पर्य यह है कि शास्त्रीय अभिव्यक्तियों, रूपंकर कलाओं और नाट्यधर्मी समाज में मीराबाई बड़े वाग्गेयकार के रूप में प्रतिष्ठित रही हैं, जिनको लोकसंगीत, शास्त्रीय संगीत और नृत्य परम्परा में भरपूर आदरणीय स्थान मिला है।

मीरा का उपास्य : गिरिधर गोपाल

–ब्रजेन्द्र कुमार सिंहल

1. पूर्व पीठिका

सत्[1] स्वरूप परब्रह्म परमात्मा एक ही है किन्तु विप्र-गण उसका वर्णन अनेक प्रकार से करते हैं।[2] कोई उसको ब्रह्म तो कोई उसे भगवान कहता है। कोई उसे देव कहता है तो कोई उसे देवी कहता है। शैव उसको शिव कहते हैं तो वेदान्ती ब्रह्म कहते हैं।[3] बौद्ध बुद्ध कहते हैं जबकि नैयायिक कर्म कहते हैं। जैन शासन मानने वाले अर्हत् कहते हैं तो मीमांसक कर्म को ही परम सत्ता कहते हैं। वस्तुत: तो परमात्मा एक, अद्वैत, सच्चिदानन्द स्वरूप है तथापि भाव-भेद, रुचि-भेद, आम्नाय भेद, देश-भेद, आदि-आदि के कारण भिन्न-भिन्न दार्शनिकों द्वारा भिन्न-भिन्न तरह से कथन किया जाता है।

रामचरितमानसकार[4] भावानुसार भगवान को *अनेक रूप रूपाय विष्णवे प्रभविष्णवे*[5] कहते हैं। मूर्ति देश विशेष में स्थित होती है। परमात्मा मूर्त रूप है अथवा अमूर्त, इसके सम्बन्ध में एक श्लोक मिलता है जिसके अनुसार परमात्मा न काष्ठ में है, न पाषाण में है, और न वह मृण्मय है। परमात्मा अमूर्त है किन्तु भक्त के भावानुसार मूर्त होकर प्रकट होता है।[6] रामस्नेही-सम्प्रदाय के आद्याचार्यचरण स्वामी रामचरणजी ने भी कहा है कि जैसी जिसकी भावना होती है, उसको वैसी ही सिद्धि मिलती है। कामना माणिक्य अथवा मोती पाने की होने पर इनकी प्राप्ति होती है, मुक्ति पाने का मुमुक्षत्व होने पर मोक्ष मिलती है। राजा बनने की इच्छा होने पर राजा बनता है जबकि बरकत की चाहना होने पर ऐश्वर्य मिलता है। कामना, भावना होनी चाहिए सच्ची, बलवती व वेगवती तथा उसको प्राप्त करने के प्रयत्न भी तदनुसार होने चाहिये।[7] वस्तुत: परमात्मा ऐसा ही है, अन्यथा नहीं, ऐसा भी कहने में नहीं आता। वह अरूप, अमूर्त, निर्गुण होने से नेति नेति रूप भी कहा जाता है।[8] इसीलिए सन्त दादू ने 'है तैसा ही देख' कहा है अर्थात् परब्रह्म परमात्मा जैसा है, उसको वैसा ही अनुभव करो।

वेदों के अन्तिम भाग वेदान्त स्वरूप उपनिषदों में उस परब्रह्म परमात्मा को निर्गुण-निराकार तथा सगुण-साकार–दोनों ही रूपों में कहा गया है। जो निर्गुण-निराकार को मानने वाले हैं, वे उसको जानने, अनुभव करने का साधन 'ज्ञान' को बताते हैं जबकि जो सगुण-साकार परमात्म-निष्ठ हैं वे उसको पाने के लिए 'भक्ति' को ही स्वतन्त्र साधन बताते हैं। जो इन दोनों ही मार्गों की अतियों में न पड़कर मध्यममार्ग का अवलम्बन करते हैं वे ज्ञानाश्रयी-भक्ति का आश्रय लेकर अपने उपास्य को सगुण-निराकार मानते हैं। इनके द्वारा मान्य व व्याख्यात सगुण का तात्पर्य सत, रज व तमात्मक सगुण न होकर दिव्य व चिन्मय दया, करुणा, औदार्य, कृपा आदि गुणों से संवलित सगुण है। जहाँ उत्तर भारत के निर्गुणी सन्त 'ज्ञानाश्रयी-भक्ति' को स्वीकार कर इनका 'क्रम-समुच्चयत्व' स्वीकार करते हैं जो कि आचार्य शंकर का मान्य सिद्धान्त है; वहाँ कर्नाटक के शिव-शरण जिनका

दार्शनिक मतवाद 'शक्ति-विशिष्टाद्वैत' है, ज्ञान-भक्ति का 'सम-समुच्चय' सिद्धान्त मानते हैं।[9] व्यवहार में ज्ञानमार्गी साधकों की संज्ञा 'ज्ञानी', भक्ति मार्गी साधकों की संज्ञा 'भक्त' तथा ज्ञानाश्रयी भक्तिमार्गियों की संज्ञा 'सन्त' कही जाती है। वैसे यह वर्गीकरण व नामकरण स्थूल है। भारतीय वैदिक, पौराणिक व ऐतिहासिक ग्रन्थों में सर्वत्र 'सन्त' व 'भक्त' शब्द एकार्थक माने गये हैं तथापि वर्तमानयुग में इन शब्दों का प्रयोग उक्त सन्दर्भानुसार ही होता है।[10]

2. जिज्ञासितव्य अथवा उपास्य तत्त्व

1 ब्रह्म का स्वरूप लक्षण : जब हम श्रुतियों व दार्शनिक ग्रन्थों का अनुशीलन करते हैं, तब ब्रह्म का निर्वचन उनमें दो प्रकार से किया गया मिलता है–प्रथमतः स्वरूप लक्षण बताकर व द्वितीयतः तटस्थ लक्षण बताकर।

स्वरूप लक्षण द्वारा अनुसंधेय वस्तु के निज स्वरूप का कथन किया जाता है जैसे—*सत्यं ज्ञान मनन्तं ब्रह्म।* इस श्रुति वचन में वस्तु रूपी ब्रह्म को सत्य स्वरूप, ज्ञान स्वरूप व अनन्त रूप कहा गया है। इन सत्य, ज्ञान और अनन्त की सत्ता ब्रह्म से पृथक नहीं है। यदि ब्रह्म नाम की कोई वस्तु है तो वह सत्य, ज्ञान और अनन्त से भिन्न कोई दूसरा तत्त्व नहीं है। इसीलिए इस लक्षण को स्वरूप लक्षण कहा गया है।

यह स्वरूप लक्षण दो प्रकार का होता है—एक निषेधमुख दूसरा विधेयमुख।

निर्गुण अर्थात् त्रिगुण रहित; निराकार अर्थात् आकारहीन; अनादि अर्थात् आदि रहित; अनन्त अर्थात् अन्त रहित; अजन्मा अर्थात् जन्म न लेने वाला; निरालम्ब=जिसका कोई आश्रय या अवलम्बन न हो किन्तु जो स्वयं-ही-स्वयं का आश्रय व स्वयं-ही-स्वयं का विषय हो; निर्लेप अर्थात् जो कहीं भी लिपायमान न होता हो, निरंजन अर्थात् माया रहित, निर्भय अर्थात् भय से रहित; निर्विकार अर्थात् षड् विकारों से रहित, निष्काम अर्थात् कामनाहीन, अगम्य अर्थात् पूर्णरूप से जानने में न आ सकने योग्य नेति नेति, आदि उदाहरण निषेधमुख हैं।[11]

विधेयमुख का तात्पर्य है ब्रह्म रूप वस्तु का स्वरूप 'सच्चिदानन्द स्वरूप ब्रह्म'; प्रायः कहा जाता है। ब्रह्म 'सत्' स्वरूप है अर्थात् जो तीनों कालों में सर्वथा, सर्वदा एक जैसा विद्यमान रहता है। देश काल और वस्तु के परिच्छेद से विरहित सत् स्वरूप है। चेतन अर्थात् जो सदैव तीनों कालों में चैतन्य-प्रकाशवान रहता है। वह प्रकाश कम-ज्यादा नहीं होता। सदैव एक समान एक जैसा रहता है। अलुप्त प्रकाश ही चेतनता है। 'आनन्द' अर्थात् प्रिय स्वरूप, अखण्डानन्द स्वरूप; जिसका आनन्दत्व सदैव, सर्वदा एक जैसा रहता है, कदापि खण्ड-खण्ड नहीं होता, लुप्त नहीं होता–

अस्ति भाति प्रिय रूप है, नाम रूप जंजाल।
लखि तिहि आत्म स्वरूप निज, है तत्काल निहाल॥

अस्ति का तात्पर्य सत्, भाति का तात्पर्य चित् तथा प्रिय का तात्पर्य आनन्द है। नाम और रूप परिवर्तनशील होने से ब्रह्म के स्वरूप लक्षण नहीं। जो ब्रह्म को सच्चिदानन्द रूप जानकर अनुभव करने लग जाये, वह ब्रह्म स्वरूप है।[12]

(2) ब्रह्म का तटस्थ लक्षण : जिस लक्षण से लक्ष्य वस्तु का स्वरूप न बताकर उसके कार्यादि बताये जाते हैं, उसको तटस्थ लक्षण कहते हैं। यथा जिस तत्त्व से समस्त जगत् की उत्पत्ति होती है, जिसके कारण ही जगत् की स्थिति है और अन्त में जिस तत्त्व में ही जगत् का लय हो जाता है, वही ब्रह्म है।[13]

इस श्रुति वचनानुसार ब्रह्म को जगत् के कारण के रूप में कहा गया है। कारण से ही कार्य उत्पन्न होता है और कारण व कार्य व्यावहारिक रूप में पृथक्-पृथक् अनुभव होते हैं। इसीलिए जगत् का कर्ता होना ब्रह्म का तटस्थ लक्षण है। तटस्थ लक्षण को अन्य प्रकार से भी समझ सकते हैं। गाय में गोत्व का होना उसका स्वरूप लक्षण है जबकि काले रंग की गाय, सफेद रंग की गाय, टूटे शृंग की गाय तटस्थ लक्षण हैं। रंग द्वारा या शृंग द्वारा विभेदीकरण या कहिए विशेषीकरण ही तटस्थ लक्षण है। दार्शनिक ग्रन्थों में उदाहरण दिया जाता है। जिस घर की मुंडेर पर कौआ बैठा है, वह राम का घर है। कौए रूप उपलक्षण से राम के घर की पहचान होना तटस्थ लक्षण है।

3. सगुण-साकार ब्रह्म

जैसा पूर्व में निर्दिष्ट किया गया है एक, अद्वैत, सच्चिदानन्द ब्रह्म निर्विशेष ब्रह्म कहलाता है जबकि सगुण-साकार ब्रह्म सविशेष कहलाता है। सविशेष ब्रह्म अवतार धारण करता है, जगत् में लीलाएँ करता है जिनका श्रवण, मनन व निदिध्यासन कर भक्त लोग उसकी चिन्मय संनिधि प्राप्त करते हैं। जगत् की उत्पत्ति, स्थिति व संहार का कारण भी सविशेष ब्रह्म ही है। यही ब्रह्म जगत् का अभिन्ननिमित्तोपादान[14] कारण माना गया है। जरूरत पड़ने पर यही दुष्टों का संहार व भक्तों का त्राण करता है।[15] इतने के उपरान्त यह ब्रह्म भी निर्विकार, निष्काम, आप्तकाम बना रहता है।

जब यह सगुण-साकार ब्रह्म इस धराधाम पर आता है, तब प्रायः चतुर्व्यूहात्मक रूप में आता है और अपने आपको चार रूपों में प्रकट करता है। रामावतार के समय राम, लक्ष्मण, भरत व शत्रुघ्न के रूप में यह ब्रह्म अवतरित हुआ। कृष्णावतार के समय कृष्ण, बलराम, प्रद्युम्न व अनिरुद्ध के रूप में इसका स्वरूप प्रकट हुआ।

सगुण-साकार ब्रह्म नाम, रूप, लीला व धाम के रूप में चतुर्विध व्यक्त होता है। रामावतार के समय 'राम' नाम, धनुर्धारी 'रूप'; वनवास-गमन, रावण-कुम्भकरणादि दैत्य संहारात्मक 'लीला' व अयोध्या-सरयू आदि 'धाम' के रूप में प्रकट हुए। कृष्णावतार के समय 'कृष्ण' नाम; 'मुरलीधर' रूप; ब्रज की, मथुरा की, द्वारका की व निकुंज की 'लीलाएँ'; ब्रज 'धाम' के रूप में प्रकट हुए।

कृष्ण-भक्त मीराबाई का उपास्य गिरिधर गोपाल है; अतः मीराबाई का उपास्य तत्त्व उसके द्वारा कथित उक्त चार तत्त्वों के विश्लेषण करने पर ही सुकरतापूर्वक समझा जा सकता है।

4. मीरा का उपास्य–गिरिधर गोपाल

गिरिराज पर्वत को सात दिन व सात रात तक जिसने अपनी कनिष्ठिका उँगली पर धारण किया, वह गिरिधर कहलाया। जिसने गौओं को चराया, उनका पालन-पोषण किया, वह गोपाल कहलाया। इन दोनों व्याख्याओं के आधार पर स्थूलतः ध्यान में आता है कि मीरा का उपासनीय कृष्ण तत्त्व निर्गुण, निराकार व निर्विशेष ब्रह्म तो बिल्कुल ही नहीं है। मीरा का उपास्य ब्रज में रहकर ऐश्वर्य-मय कार्य गिरिराज पर्वत को धारण करने वाला गोपालक श्रीकृष्ण है वह अवतारी है, अथवा नहीं, इसका पता इन नामों से नहीं चलता। यह भी संज्ञान में नहीं आता कि वह गिरिधर गोपाल नन्द यशोदा का पुत्र है, वसुदेव-देवकी का पुत्र है अथवा अयोनिज नित्यावतारी है। इन तथ्यों का निर्णय मीराबाई के पदों के आलोक में निम्न प्रकार किया जा रहा है। मैंने अपनी पुस्तक *मीराबाई : प्रामाणिक जीवनी एवं मूल पदावली* में मीराबाई के 131 प्राचीन एवं प्रामाणिक पदों का प्रकाशन

कराया है। इन पदों में से 5 पदों में श्रीकृष्ण को नन्दनन्दन; यशोदा-नन्द के पुण्य-प्रताप से अवतार लेने वाला नन्दनन्दन कहा गया है—

नन्दनन्दन मन भायो, बादळा नभ छाया।।74।।
नागर नन्द कुमार, लाग्यो थारो नेह।।80।।
साँवरी नन्द नन्दन दीठ पड़्यो माई।।87।।
नन्दलाल सूँ मेरो मन मान्यो, हाँसि कहा करेगो कोय रे।
नन्द नन्द सूँ कबही न छोड़ूँ, मन भावै सो होय रे॥
नन्द नन्द सूँ प्रीति बधाणी, मिलु जी निसाण बजायगो।।116।।
नन्द नन्द कूँ कबहुँ न छाइँ, मिलूँगी निसान बजाय री॥117॥

निम्न तीन पदों में अवतरित होने का तथ्य बताया गया है। पूर्व पाँच पदों में नन्द-नन्दन अवश्य कहा गया है किन्तु योनिज नहीं कहा गया है। पद 64 में स्पष्टत: कहा गया है कि नन्द व यशोदा के पुण्य-प्रताप से अविनाशी प्रभु का प्राकट्य हुआ। परमात्मा के जन्म व कर्म दोनों दिव्य कहे गये हैं। दिव्य कहने का तात्पर्य परमात्मा का अयोनिजत्व ही सिद्ध होता है। मीराबाई ने उक्त पद में 'प्रकट होना' कहा है—

नन्द जसोदा प्रगट्या पुन री, प्रगट्या प्रभु अविनासी ॥64॥

पद 102 में मथुरा नगरी में जन्म लेने की बात कही गयी है।

गिरिधर म्हारो प्यारो।
जनम लयो मथुरा नगरी माँ, बिनरावण पग धारो ॥102।।

पुन: पदांक 112 में यशोदा के पूर्ण पुण्य से अविनाशी परमात्मा का प्रकट होना कहा गया है—

यशोदा को पूरण पुण्य, प्रगट्यो अविनासी ॥112॥

इन तीनों उद्धरणों से स्पष्ट होता है, मीराबाई का गिरिधर अवतारी तो अवश्य है किन्तु है वह अविनाशी। निर्गुणी सन्तों ने अवतारी ब्रह्म की कठोर भर्त्सना इसीलिए की है कि वह अवतरित होता है, अपना कार्य करता है और अवधि पूरी होने पर स्वलोक चला जाता है किन्तु मीराबाई इन पदों में ही नहीं, निम्न 9 पदों में भी अपने गिरिधर गोपाल को अविनाशी कहती हैं जिसका तात्पर्य है कि उसके गिरिधर गोपाल का ब्रजमण्डल में प्राकट्य होता है, वह ऐश्वर्य-मयी लीलाएँ करता है और हमेशा-हमेशा ब्रज में रहता है, क्योंकि वह अविनाशी है। मीरा निम्न पदों में बार-बार गिरिधर गोपाल को अविनाशी कहती हैं—

भज मन चरण कमळ अविनासी ॥4॥
मीरा रा प्रभु हरि अविनासी, लाज बिड़द री बहै॥24॥
मीरा रा प्रभु हरि अविनासी, करज्यो प्रीत खरी॥51॥
मीरा रा प्रभु हरि अविनासी, भाग भला जिण पाज्यो।।54।।
मीरा रा प्रभु हरि अविनासी, थारी सरण गहूँ।।62।।
मीरा रा प्रभु हरि अविनासी, देस्यूँ प्राण अँकोर॥77॥

इन पदों की छाप वाली पंक्तियों में 'हरि अविनाशी' शब्द आये हैं जो महत्त्वपूर्ण हैं। छाप की पंक्ति में पदकार अपना निश्चित मत व्यक्त करती है; इससे संशय की कोई गुंजाइश नहीं रहती। मीरा अगले दो पदों में उसका 'अविनाशी' शब्द से क्या तात्पर्य है, को भी स्पष्ट कर देती हैं—

वर नी बरहूँ बापुरो, जनमें जनम नसाय।
बरियो साजन साँवरो, म्हारौ चुड़लौ अमर हो जाय॥
जनम जनम री कान्हड़ो, म्हारी प्रीति बुझाय।
मीरा रा प्रभु हरि अविनासी, कब रे मिलस्यो आय॥91॥

म्हारो साँवरो ब्रज वासी।
जग सुहाग मिथ्या री सजनी, होवै हो मिट जासी।
वरण मार्‌यो अविनासी म्हारौ, काळ व्याळ ना खासी॥97॥
नाचत गावत ताल बजावत, करत विनोद हासी।
यशोदा को पूरण पुण्य, प्रगट्यो अविनासी॥112॥

पदांक 25 में गिरिधर गोपाल को भुवनपति कहती है तथा पदांक 42, 69 व 123 में मीराबाई गिरिधर को 'लाल गिरधर' कहती है। 'लाल गिरिधर' 'लाला गिरिधर' व ब्रजलीला करने वाले 'लालजी' का भी वाचक है। इन नामों के प्रयोग से संज्ञान में आता है कि मीरा का कृष्ण ब्रजलीलाधारी भी है—

मीरा रा प्रभु लाल गिरधर, बेग मिलज्यो आय॥42॥
लाल गिरधर तरण तारण, बेग करज्यो पार॥69क॥
दासि मीरा लाल गिरधर, जीवनड़ौ दिन चार॥69ख॥
दासि मीरा लाल गिरधर, सजन मेरे ईस॥ 123॥

ऊपर के विवेचन से यह पूर्णतः स्पष्ट है कि मीरा का गिरिधर गोपाल, नन्द यशोदा का पुत्र है, उसने मथुरा में अवतार लिया, गोकुल में रहा, ब्रजमण्डल में लीलाएँ कीं और अन्त में द्वारकावासी हो गया। यह सारा वर्णन भागवतानुमोदित है जिस पर ब्रज में उद्‌भूत उसी के समय के हरिदासी-सम्प्रदाय, राधावल्लभ सम्प्रदाय, गौड़ीय तथा वल्लभ सहित निम्बार्क व रामानन्द सम्प्रदाय सम्मत मान्यताओं का लेशमात्र भी प्रभाव नहीं है। आगे लीला नामक प्रकरण में इस मत की विशेष मीमांसा की जायेगी। मीराबाई स्पष्टतः कहती हैं—

म्हारो रे 'गिरिधर गोपाल', दूसरो न कोई॥3॥
भज मन चरण कमळ 'अविनासी'॥4॥
म्हैं 'मोहन' रा रूप लुभाणी॥5॥
म्हाँ 'गिरधर' रंग राती॥12॥
'हरी' म्हारौ जीवन प्राण अधार॥14॥
माई री म्हैं लियो 'गोविन्दौ' मोल॥15॥
म्हारो परणाम 'बाँकेबिहारी, जी॥6॥

'साँवरे' मार्‍यो तीर ॥8॥

'स्याम' बिन सखी रह्यौ नी जावै ॥20॥

'स्यामसुन्दर' पर, वार जीवड़ो डाराँ ॥29॥

म्हँनै चाकर राखोजी, 'गिरिधारीलाल' चाकर राखोजी ॥37॥

थें बिन म्हारे कौण खबर ले, 'गोवरधन गिरधारी' ॥44॥

बस्या म्हारे नैनन माँ 'नन्दलाल' ॥48॥

म्हारा 'ओलगिया' घर आज्यो जी ॥58॥

म्हारो मन हर लीनो 'रणछोड़' ।।67।।

'पिया' म्हारे नैणा आगे रहज्यो जी ।।68॥

'साँवळियो' म्हारो छाय रह्यो परदेस ।।76।।

'साजन' म्हारै घर आया हो ॥81॥

मीरा 'श्रीगिरधर नटनागर' ।85।।

छोड मत जाज्यो जी 'महाराज' ।।93॥

मीरा रा प्रभु 'गिरधर नागर' गुण गायाँ सुख पास्यूँ ।।103॥

मीरा रा प्रभु मिलज्यो 'मांधौ' जनम जनम री क्वाँरी ॥104॥

मीरा प्रभु 'गिरवर' मिले, तन की ताप बुझाई ॥117॥

ता दिन थे उन 'श्याम मनोहर' तन मन चोर लियो ॥121॥

'श्याम राम' रंग राची, 'गोपाल' रंग राची ।।122।।

तरुन 'श्याम किशोर' मूरति देखबे कूँ याहिं ॥123॥

ऊपर उन कुछ पदों की पंक्तियाँ उद्धृत की हैं जिनमें मीरा ने अपने प्रियतम श्यामसुन्दर, मदनमोहन, नन्द नन्दन, गिरिधर गोपाल को अन्यान्य नामों से भी जाना है, सम्बोधित किया है। ये नाम स्थालीपुलाकन्यायेन कुछ ही उद्धृत किये हैं।

4. (1) गिरिधर गोपालः 'नाम-तत्त्व' : किसी भी तत्त्व को जानने में सर्वाधिक मार्गदर्शक, सहायक साधन उस तत्त्व का नाम होता है। बिना नाम के न उस तत्त्व को पहचानना सुगम है; न उसका स्मरण करना सुगम है; न उसका वर्णन, गुणानुवाद करना शक्य है। इस नाम तत्त्व का सन्त रज्जब ने कितना सटीक वर्णन किया है। वे कहते हैं—

नाम निनामे के धरे, सन्तौ सोध सुभाइ।
रज्जब माने रामजी, सुमर्‍यो करी सहाइ॥

जैसा कि अद्वैत वेदान्त नाम व रूप को जंजाल, मिथ्या बताता है, प्रारम्भ में परमात्मा का कोई नाम नहीं था। वह अनाम था जिसको सन्त रज्जब 'निनामा' कहते हैं। सन्तों ने, सन्तों की परिषद् ने विचार किया, शोध किया कि उस अनाम परमात्मा को हम कैसे, किस नाम से सम्बोधित करें। उसका तो कोई नाम ही नहीं है। तब काफी शोध व विचार के बाद सन्तों ने उसका नाम अपनी-अपनी रुचि के अनुसार निश्चित कर दिया। किसी ने उसका नाम 'ॐ' रख दिया, किसी ने 'राम', किसी ने 'अर्हत', किसी ने 'बुद्ध', किसी ने 'शिव', किसी ने 'शक्ति', किसी ने 'सूर्य', आदि-आदि नाम रख लिये।

सन्तों से प्रश्न पूछा गया, तुमने नाम निश्चित कर दिया, तुम इसी से उसको पुकारते हो किन्तु इसका क्या प्रमाण कि उन नामों को परब्रह्म परमात्मा ने स्वीकार कर लिया है। इस पर रज्जब अत्यन्त ही सटीक उत्तर देते हैं कि जब-जब भक्तों ने भगवान को किसी भी नाम से याद किया, दुख में, कष्ट में, विपत्ति में, आफत में तब-तब वह तत्काल सहायता करने को उद्यत हुआ, सहायता की *सुमय करी सहाइ*। इसका तात्पर्य यह हुआ कि परमात्मा ने उन सभी नामों को स्वीकार कर लिया है। जिन-जिन नामों से भक्तों ने उसको याद किया, स्मरण किया।

इसीलिए कहा गया है कि नाम और नामी समान हैं, एक हैं—

समुझत सरिस नाम अरु नामी। प्रीति परस्पर प्रभु अनुगामी।

मीराबाई इस नाम तत्त्व से पूर्णतः परिचित हैं, वह कहती हैं—

पिया थारा नाम लुभाणी जी।
नाम लेत तिरता सुण्या, जग पाहण पाणी जी॥ टेक ॥
कीरत काँई नी किया, घण करम कमाणी जी।
गणिका कीर पढावताँ, वैकुंठ बसाणी जी॥1॥
अरध नाम कुंजर लयो, दुख अवध घटाणी जी।
गरुड़ छाड पग धाइया, पसु जूण मिटाणी जी॥2॥
अजामेल अघ ऊधरो, जम त्रास नसाणी जी।
पूत नाम जस गाइयो, जग सारै जाणी जी॥3॥
सरणागत थे वर दियो, परतीत पिछाणी जी।
मीरादासी रावली, अपणी कर जाणी जी॥4॥27॥

नाम लेने से, लिखने से पानी पर पत्थर तैर गये, इसको सारे संसार ने सुना व देखा। गणिका ने कोई भी अच्छे सुकृत नहीं किये, जीवन भर बुरे कर्म करती रही, फिर भी कीर को राम-राम रटवाने से वैकुंठगामी हो गयी। हाथी ने आधा नाम 'रा' लिया, इतने में तो नंगे पैरों गरुड़ को छोड़कर हाथी की सहायता करने को पहुँच गये। पुत्र के नाम के बहाने 'नारायण' नाम का उच्चारण करने से पापी अजामिल का उद्धार किया।

ये उदाहरण हैं, जिनसे सन्त रज्जब की साखी का मर्म उद्घाटित व पुष्ट होता है। मीरा भी इस तथ्य से पूर्णतः परिचित थी कि नाम जपने से भगवान भक्तों की सहायता करता है, इतना ही इसका माहात्म्य नहीं है। नाम-जप कोटि-कोटि पापों का समूल नाश करके भक्त को निष्पाप, निर्मल बना देता है। जन्म-जन्मान्तरों से संचित-कर्मों के लेखों को नाम-स्मरण मिटा देता है। इसलिए मीरा तन व मन सहित श्रीश्यामसुन्दर के पट्टे में लिख गयी है, श्यामसुन्दर की हो गयी है—

म्हारो मन साँवरो नाम रटै री॥
साँवरो नाम जपै जग प्राणी, कोटी पाप कटै री।
जनम जनम का खत्त पुराणा, नामै स्याम मिटै री॥1॥
कनक कटोरो इंम्रत भरियो, पिवताँ कूण नटै री।
मीरा रा प्रभु हरि अविनासी, तन मन स्याम पटै री।।2।।60।।

पदांक 103 और 125 में गोविन्द के गुणों के गाने का उल्लेख हुआ है। गुणों का गान, गुणानुवाद करना, नाम-स्मरण का ही एक प्रकार है। अत: इन पदों को भी नाम तत्त्व से ही सम्बद्ध मानना चाहिए।

4. (2) गिरिधर गोपाल : 'रूप-तत्त्व' मीराबाई के पदों में सर्वाधिक संख्या या तो गिरिधर गोपाल के रूप वर्णन के पदों की है या फिर लीला तत्त्व तथा विरह के पदों की है। उक्त सन्दर्भित पदावली में रूप वर्णन से सम्बन्धित पदों के क्रमांक हैं, 1, 2, 5, 6, 7, 19, 34, 37, 44, 48, 65, 67, 79, 87, 90, 111, 112, 113, 114, 123, व 124, ये कुल 21 पद हैं।

ज्ञात-अज्ञात, प्रत्यक्ष-अप्रत्यक्ष कोई भी तत्त्व क्यों न हो, वह उसके नाम के द्वारा सामान्यत: सुगमता से जानने में आ जाता है। जब किसी तत्त्व का नाम द्वारा सामान्य ज्ञान हो जाता है, तब जिज्ञासु उसका विशेष ज्ञान प्राप्त करने में प्रवृत्त होता है। विशेष ज्ञान 'रूप' तत्त्व के अधीन है। अत: नाम के पश्चात् रूप की, दर्शन प्राप्त करने की कामना मन में उत्पन्न होती है। साधना पक्ष में भी जब नाम जप किया जाता है तब मन इधर-उधर भागता है। उस भागते हुए मन को रोकने का आलम्बन रूप तत्त्व ही है। मन का रूप तत्त्व से तादात्म्य करना, ध्यान करने का एक महत्त्वपूर्ण घटक है। सगुण-साकारोपासना-मार्ग में तो रूप का सर्वाधिक महत्त्व है और मीराबाई की भक्ति का प्रारम्भ रूपात्मक मूर्ति-पूजा से ही हुआ है।

यहाँ उक्त 21 पदों को उद्धृत करना सम्भव नहीं। नमूने के तौर पर दो-तीन पद उद्धृत करना ही समीचीन है—

म्हैं मोहन रा रूप लुभाणी।
सुन्दर वदन कमळ दळ लोचन, बाँकी चितवन नैण समाणी।।5।।

म्हारो परणाम बाँकेबिहारी जी।
मोर मुगट माथे तिलक विराजे, कुण्डल अळकाँ कारी जी॥
अधर मधुर धर बंसी बजावै, रीझ रिझावै ब्रज नारी जी।
या छब देख्याँ मोही मीरा, मोहन गिरधरधारी जी ॥6॥

बस्या म्हारे नैनन में नन्दलाल॥
मोर मुगट मकराकृत कुण्डल, अरुण तिलक सोहै भाल।
मोहन मूरत साँवरि सूरत, नैना बने बिसाल।।
अधर सुधारस मुरली राजै, उर बैजन्ती माल।
मीरा प्रभु सन्ताँ सुखदाई, भगत बछल गोपाल॥48॥

साँवरी नन्दनन्दन दीठ पड्यो माई।
डारी सब लोक लाज, सुध बुध बिसराई॥1॥
मोर चन्द्रका किरीट मुकट, छवि सोहाई।
केसर रो तिलक, भाल लोचन सुखदाई ॥2॥
कुण्डल झलकै कपोल, अलकाँ लहराई।
मीन तजि सरवर ज्यों, मकर मिलण धाई ॥3॥
नटवर प्रभु भेष धर्यो, रूप जग लोभाई।
गिरधर प्रभु अंग अंग, मीरा बलि जाई।।4।।87॥

गिरिधर गोपाल मोर पंख का मुकुट धारण करते हैं, उनके नेत्र कमल दल के समान सुन्दर हैं, उनकी चितवन बाँकी हैं, वे टेढ़े होकर खड़े होते हैं, हाथ में मुरली भी टेढ़ी ही धारण करते हैं, ललाट पर केशर का तिलक धारण करते हैं, कानों में कुंडल धारण करते हैं, उनकी अलकें काली हैं, गले में वैजयन्ती माला धारण करते हैं, कभी-कभी अलबेली पाग धारण करते हैं, कमर में पीताम्बर धारण करते हैं, छाती पर गुंजाओं की माला धारण करते हैं, गो चराते समय हाथ में लाठी रखते हैं, कपोलों पर अलकें लटकती रहती हैं।

4. (3) गिरिधर गोपाल 'लीला-तत्त्व' : नाम और रूप के बारे में अवबोध हो जाने पर साधक का ध्यान लीला-तत्त्व की ओर जाता है। पूर्व में हमने कहा है कि सविशेष ब्रह्म सृष्ट्योत्पत्ति आदि करने के कारण सविशेष कहलाता है। वस्तुत: सगुण-साकार ब्रह्म की लीलाएँ ही वे कारण हैं जिनसे उसका सविशेषत्व सिद्ध होता है। अत: सगुण साकारोपासना में लीला का भी उतना ही स्थान है जितना नाम व रूप का है।

उक्त पदावली में लीला सम्बन्धी पदों के क्रमांक हैं 16, 27, 31, 33, 34, 35, 36, 37, 56, 71, 96, 102, 108, 110, 112, 115 और 128 कुल 17 पद।

अवतारी परमात्मा श्रीकृष्ण की दो प्रकार की लीलाएँ हैं—ऐश्वर्यमयी और माधुर्यमयी। माधुर्यमयी लीलाएँ भी दो प्रकार की हैं—ब्रज की लीलाएँ व निकुंज की लीलाएँ। श्रीमद्भागवत् में भगवल्लीलाओं के सम्बन्ध में निम्न श्लोक मिलता है।

अनुग्रहाय भक्तानां मानुषं रूपमाश्रितं।
भजते तादृशी लीला या श्रुत्वा तत्परोभवेत।

अर्थात् मैं भक्तों पर अनुग्रह करने के लिए ही मनुष्य का रूप धारण करके मनुष्यों जैसी लीलाएँ करता हूँ जिनको समझना मनुष्यों के लिए सरल होता है और जिनको सुनकर भक्त भगवत्परायण हो जाते हैं। श्रीमद्भागवत् 11/33/38

यद्यपि मीरा माधुर्य-भाव की उपासिका है तथापि उसने गिरिधर गोपाल की माधुर्य-भाव की निकुंज लीलाओं का नाम तक नहीं लिया है। ब्रज की कुछ लीलाओं का नामोल्लेख किया है।

वस्तुत: मीरा गिरिधर गोपाल की स्वकीया है। उसके यहाँ गिरिधर गोपाल व उस स्वयं के अलावा किसी तीसरे की उपस्थिति नहीं है। मीरा के यहाँ सापत्न्य-भाव भी नहीं है। वह यमुना, मुरली आदि को अपनी साधना में सहायक मानती है, उनसे सौतिया डाह नहीं रखती। श्रीकृष्ण अधर पर मुरली धारण करते हैं, यमुना के किनारे-किनारे गायों को चराते हैं, ब्रजवासी भी उसको अच्छे लगते हैं। ये भी उसकी भक्ति के उपाकारक हैं, श्रीकृष्ण-मिलन में बाधक नहीं बनते। मीरा ने गिरिधर गोपाल को बजंताँ ढोल मोल लिया है। अत: गिरिधर गोपाल उसका और मात्र उसका है, वह दूसरे किसी को जानती ही नहीं जो उससे श्रीगिरिधर गोपाल को दूर कर सके। लक्ष्य करने की एक बात और है, मीरा ने एक भी पद में ऐसे उलाहने श्रीकृष्ण को नहीं दिये जिनसे भाव टपकता हो कि उसका कृष्ण कुब्जा से, गोपियों से, राधा से या अन्य राजमहिषियों से अनुरक्त है और वह उसके पास आने में विलम्ब कर रहा है। ये कुछ ऐसे निदर्शन हैं जो मीरा को भक्ति-काल की निराली, अकेली, स्वकीया भक्त सिद्ध करते हैं।

जैसा पूर्व में कहा गया है, लीला सम्बन्धी कुल 17 पद हैं जिनमें से कुछ पद ऐसे हैं जिनमें केवल किसी-किसी में ब्रज लीला का उल्लेख है; किसी-किसी पद में केवल विष्णु की ऐश्वर्यमयी लीलाओं का

उल्लेख है तथा किसी-किसी में दोनों ब्रज व विष्णु की लीलाओं का उल्लेख है, ये सभी लीलाएँ ऐश्वर्यमयी हैं। एक पद में (110) रासलीला या अप्रत्यक्ष निकुंज लीला का वर्णन है जिसको मीरा के अध्येताओं ने मीरा कृत न मानकर किसी राधावल्लभी रचनाकार की रचना माना है। इन 17 पदों का वर्गीकरण व सूक्ष्म विवेचन निम्न प्रकार है—

16 ब्रजी व वैष्णवी लीला	56 वैष्णवी लीलाएँ
33 ब्रजी व वैष्णवी दोनों लीलाएँ	96 मीरा स्वयं को कृष्ण की प्रेयंसी मानकर मुरली की ध्वनि सुनकर यमुना तीर पर कृष्ण से मिलती है, ब्रजी लीला
36 ब्रजी व वैष्णवी लीलाएँ, दोनों	102 ब्रजी लीला
71 वैष्णवी लीलाएँ	110 बृषभानुनन्दनी के साथ निकुंज केलि-लीला
27 वैष्णवी लीला	115 ब्रजी लीला
34 ब्रजी लीलाएँ	108 ब्रजी लीला, होली खेलना
37 ब्रजी लीलाएँ	112 ब्रजी लीला
31 लीलाओं का नाम निर्देश नहीं	128 वैष्णवी लीला
35 वैष्णवी लीलाएँ	

ब्रजी व वैष्णवी लीलाओं के वर्णनों को पढ़ने पर संज्ञान में आता है कि मीरा ने सीमित लीलाओं का नामोल्लेख भर किया है, उनका विस्तृत वर्णन नहीं किया। ग्यारह पदों में ब्रज-लीलाओं व 8 में वैष्णवी लीलाओं का उल्लेख है। जहाँ तक पदांक 96 की विषय वस्तु है, इसमें स्वयं मीरा मुरली की ध्वनि सुनकर यमुना तीर पर कृष्ण मिलन के लिए दौड़ी चली जाती है। इससे स्पष्ट होता है कि मीरा स्वयं को श्रीकृष्ण की प्रेयसी मानती है और उससे मिलती रहती है। श्रीकृष्ण की वह स्वकीया है। पदांक 108 में 'प्यारी' शब्द का प्रयोग है। प्यारी के द्वारा टोडी राग आलापने पर रसिकलाल होली खेलते हैं, प्यारी के साथ। यहाँ प्यारी का प्रयोग स्वयं मीरा के लिए मानना ही उचित है जैसा कि पदांक 96 में मीरा पूरे पद को आत्मनेपद में कहती है।

पदांक 110 जरूर उलझन पैदा करता है। निष्पक्ष भाव से विचार करने पर यह पद निकुंज केलि-क्रीड़ा से सम्बद्ध होने का आभास देता है जहाँ वृषभानुनन्दनी व छैलछबीले, नटनागर मोहन का उल्लेख है और मीरा इसकी रचयिता ध्वनित होती है। मैंने अपनी उक्त पुस्तक में इस पद का पूरा भाव रासलीला में घटाया है, फिर भी मुझे पूरा विश्वास होता है, यह मीराकृत नहीं है क्योंकि मीरा के अन्यान्य पदों में व्याख्यात मीरा का स्वकीयात्व इस पद से खण्डित होता है और मीरा सखी मात्र सिद्ध होती है जैसा कि हरिदासी व राधावल्लभी सखी-भाव की उपासना में माना जाता है।

यहाँ उक्त तीनों पदों को लिख देना पाठकों के लिए लाभदायक होगा।—

मुरलिया बाजी जमना तीर।
मुरली म्हारो मन हर लीन्हो, चित्त धरै नी धीर।
स्याम कन्हैया स्याम कमरिया, स्याम जमुन रो नीर॥

धुन मुरली सुन सुध बुध विसरी, जर जर म्हारो सरीर।
मीरा रा प्रभु गिरधर नागर, बेग हरौ म्हूँ पीर ॥96॥

जीते सुघर सकल त्रिभुवन के, प्यारी त्याँ राग अलाप्यो टोरी।
तान तरंगन को भेद पाय, रसिक लाल संग खेलत होरी॥
रस के गीधे सुर ठठ कीने, एहि रस सिंधु करत झकझोरी॥
मीरा प्रभु गिरधर रस क्रीड़त, मन्मथ फोज धर्म द्वार छोरी॥108॥

भली जु बनी वृषभान नन्दनी, प्रात समै रण जीते आवै।
मुख पर स्वेद अलक लर छूटी, मधुरी चाल गज गति हि लजावै॥
मोहन छैल छबीले नागर, सुरत हिंडोरे झूलत गावै।
दोउ सुभट रण खेल महारस, त्रासत मदन ठौर नहिं पावै॥
हरि के नख रुचि उदय विराजत, बिन तारावलि हार दिखावै।
मीरा प्रभु गिरिधर छवि निरखत, वदन कोटि रवि जोति लजावै॥ 110॥

4. गिरिधर गोपाल 'धाम-तत्त्व' : धाम वह तत्त्व है, जहाँ रूप तथा लीलाओं का प्रत्यक्षीकरण होता है; दर्शन होता है, जिसको देखकर आराध्य की स्मृति में गाढ़ता, दृढ़ता व परिपक्वता आती है। प्रत्यक्ष अनुभव होता है। रूप का प्राकट्य और लीलाओं का दर्शन धाम-स्थान पर ही सम्भव है। मीरा का आराध्य गिरिधर नागर है जो मथुरा में अवतरित हो, गोकुल में रहता है, ब्रज में खेलता-कूदता, लीलाएँ करता है, पुनः मथुरा आकर द्वारका में निवास करता है, कभी-कभी कुरुक्षेत्र में जाता है, हस्तिनापुर जाता है, इन्द्रप्रस्थ जाता है, प्रभाषक्षेत्र जाता है, किन्तु इनमें लीलाएँ नहीं करता। इसलिए भक्तों ने इन स्थानों को अपनी साधना व रचना का विषय नहीं बनाया। अधिकांश भक्त ब्रज-लीलाओं या निकुंज-लीलाओं में ही अपने आपको अटकाये रहे किन्तु मीरा ब्रज व द्वारका दोनों ही धामों को अपनी रचनाओं में समेटती है और सच पूछा जाय तो मीरा को ब्रज की अपेक्षा द्वारका अधिक सुखप्रद व इष्ट का सान्निध्य प्रदान करने वाला सिद्ध होता है।

उक्त पदावली में धाम सम्बन्धी कुल 10 पद हैं–

9, 10, 37, 64, 67, 97, 107, 112, 115 और 127। इनमें से पदांक 10, 37, 107 और 115 वृन्दावन से, पदांक नौ में यमुना तीर जो मथुरा और वृन्दावन दोनों से सम्बन्धित हो सकता है। पदांक 64, व 112 गोकुल से सम्बद्ध हैं। पदांक 67 व 127 द्वारका-धाम की चर्चा करते हैं। वृदान्वन से सम्बद्ध एक पद देकर इस प्रकरण को पूर्ण करना ठीक है।

म्हँनैं चाकर राखो जी, गिरधारीलाल चाकर राखो जी॥
चाक रहस्यूँ बाग लगास्यूँ, नित उठ दरसण पास्यूँ।
वृन्दावन री कुंज गैल माँ, गोविन्द लीला गास्यूँ॥1॥
चाकरी माँ दरसण पास्यूँ, सुमरण पास्यूँ खरची।
भाव भगति जागीरी पास्यूँ, जनम जनम री तरसी॥2॥
मोर मुगट पीताम्बर सोहै, गल बैजन्ती माला।
वृन्दावन माँ धेनु चरावै, मोहन मुरली वाला॥3॥

हरे हरे नव कुंज लगास्यूँ, बीच बीच मां वारी।
साँवरिया रा दरसण पास्यूँ, पहन कुसुंबी सारी॥4॥
आधि रात प्रभु दरसण दीजो, जमनाजी री तीरी।
मीरा रा प्रभु गिरधरनागर, हिवड़ै घणी अधीरी।।5।।30॥
राय श्रीरणछोड़ दीज्यो, द्वारका को वास।
संख चक्र गदा पद्म दरसै मिटै जम की त्रास॥1॥
सकल तीरथ गोमती के रहत नित्त निवास।
संख झालर झाँझ बाजै, सदा सुख की रास॥2॥
तज्यो देस रु बेस हू तजि, तज्यो राना राज।
दासि मीरा सरन आवत, तुम्हें अब सब लाज।।3।।127॥

उक्त विवेचन का समापन करते-करते इतना बता देना और अत्यावश्यक है कि वैष्णव-साधना पद्धति में राम, कृष्ण, विष्णु के नाम, रूप, लीला व धाम वैसे ही नित्य व निर्विकारी माने जाते हैं जैसे राम, कृष्ण व विष्णु को माना जाता है। वैष्णवों की भावना तो यहाँ तक है कि धाम की नदियाँ, लताएँ, गुल्म, जीव-जन्तु सभी इष्ट के रूप हैं और ये इष्ट का सामीप्य कराने में परम सहायक सिद्ध होते हैं–

सीय राम मय सब जग जानी। करहुँ प्रणाम जोर जुग पानी ॥

जिस प्रकार निर्गुणी सन्तों ने निज स्वरूपावबोध में सद्‌गुरु व सन्तों को साधक तत्त्व माना है, ऐसे ही वैष्णवों और मीरा ने सन्त, सद्‌गुरु, धामस्थ यमुना, धाम में निवास करने वाले प्राणी, इष्ट के सहचर, उपकरण–मुरली, लकुट, गौ, ग्वाल आदि सभी को साधक तत्त्व माना है।

मीरा द्वारा उपासनीय गिरिधर गोपाल नामक तत्त्व का यह संक्षिप्त लेखा-जोखा है। इसमें दार्शनिक विवेचन को छोड़कर मीरा द्वारा गृहीत तत्त्वों का ही दिग्दर्शन कराया गया है।

सन्दर्भ एवं पादटिप्पणियाँ

1. तीनों कालों में जिसकी सत्ता अबाधित रूप से समान रहती है, उसको सत् कहते हैं। तीनों कालों में समान रूपेण अपरिवर्तित रूप में रहने वाला तत्त्व परब्रह्म परमात्मा है। *नासतो विद्यते भावो नाभावो विद्यते सतः॥* श्रीमद्‌भगवद्‌गीता।
2. *एकं सद्विप्रा बहुधा वदन्ति।* उपनिषद्
3. *यं शैवा समुपासते शिव इति, ब्रह्मेति वेदान्तिनो।*
   बौद्धा बुद्ध इति प्रमाण पटवः कर्तेति नैयायिकाः।
   अहर्नित्यथ जैन शासनरताः कर्मेति मीमांसकाः।
   सोऽयं यो विदधातु वाञ्छितफलं त्रैलोक्यनाथोहरिः–हनुमान-नाटक
4. *जाके रही भावना जैसी। प्रभु मूरत देखी तिन तैसी॥* रामचरितमानस, बालकाण्ड।
5. *विष्णु सहस्रनाम।*
6. *न देवो विद्यते काष्ठे, न पाषाणे न मृण्मये।*
   भावो हि विद्यते देवो, तस्माद्भावो हि कारणम्॥
7. *जाके जैसी भावना, जाके जैसी सिद्ध।*

कहा माणिक कहा मुक्ति, फल कहा रजवाई रिद्ध॥ श्रीरामचरण-वाणी, कुण्डल्या सम्भाग।

8. *इदमित्थं कहि जाय न सोई।*
राम अतर्क्य बुद्धि मन वानी।
मत हमार अस सुनहु सयानी॥ रामचरितमानस, बालकाण्ड।

9. जहाँ कर्म, भक्ति व ज्ञान इन तीनों के अनुसार एक साथ साधना की जाती है, वहाँ सम-समुच्चय होता है; अर्थात् इस साधना में साधक भक्त व ज्ञानी दोनों एक ही काल में होता है। क्रम-समुच्चय में पहले भक्ति के अनुसार साधना करना, फिर ज्ञानमार्ग के अनुसार स्वात्मानुभूति हेतु साधना करना आता है। भगवान श्रीकृष्ण ने क्रम-समुच्चय का ही समर्थन किया है। ददामि *बुद्धियोगं तं येनमामुपयान्ति च* जो मेरी उपासना करते हैं, उनको ज्ञानयोग मैं स्वयं देता हूँ।

10. इस विषय पर मैंने अपनी पुस्तकों 'सूफी सन्त-सौरभ' एवं 'राजस्थान के सन्त और उनका साहित्य' में गम्भीर सप्रमाण चर्चाएँ की हैं। पाठकों को उक्त पुस्तकें अवश्य पढ़नी चाहिए।

11. *तैत्तिरियोपनिषद्* 2/1/1

12. वृत्ति प्रभाकर, निश्चलदासजी दादूपन्थी कृत

13. *यतो वा इमानि भूतानि जायन्ते येन जातानि जीवन्ति यत्प्रयन्त्यभिसंविशन्ति तद्विजाज्ञासस्व तद्ब्रह्म*–तैत्तिरीयोपनिषद्।

14. घड़ा बनाने में मिट्टी, कुम्हार का चाक व डंडा आदि उपादान कारण हैं और सजीव कुम्हार निमित्तकारण। ब्रह्म जगत् का उपादान एवं निमित्त दोनों कारण है। *जन्माद्यस्ययत:।* 1/1/2 ब्रह्मसूत्र। इस जगत् के जन्म, स्थिति और प्रलय जिससे होते हैं, वह ब्रह्म है। जगत् में ब्रह्म पूर्ण रूप से अनुगत (व्याप्त) है। इसलिए वह जगत् का उपादान कारण है। किसी भी वस्तु को चेतन ही बना सकता है। अत: चेतन होने के कारण ब्रह्म ही जगत् का निमित्तकारण है। *शास्त्रयोनित्वात्* 1/1/3।। *तत्तु समन्वयात्* 1/1/4। शास्त्र (वेद) में उस ब्रह्म को जगत् का कारण बताया गया है, इसलिए उसको जगत् का निमित्तकारण मानना उचित है। वह ब्रह्म समस्त जगत् में पूर्णरूप से अनुगत होने के कारण उपादान-कारण है। इस जगत् का कारण त्रिगुणात्मक जड़ प्रकृति नहीं है, ईक्षतेर्नाशब्दम् 1/1/ 5।। ब्रह्मसूत्र।

15. *यदा यदा हि धर्मस्य ग्लानिर्भवति भारत:।*
अभ्युत्थानमधर्मस्य तदात्मानं सृजाम्यहम्॥ श्रीमद्भगवद्गीता 4/8

मीरा : जीवन और भक्ति

– प्रो. सत्यनारायण समदानी

शक्ति, भक्ति, त्याग, बलिदान और राष्ट्रप्रेम के उत्कृष्ट मानवीय मूल्यों की परम्परा से ओतप्रोत राजस्थान का भारतवर्ष के इतिहास में एक विशिष्ट स्थान है। जहाँ तक भक्ति के क्षेत्र का सम्बन्ध है राजस्थान की पावन माटी अनेक सन्तों और भक्तों की जन्मस्थली या कर्मस्थली और साधनास्थली रही है। इन सन्त-भक्तों में मीराबाई का स्थान सर्वोपरि है, जैसा कि एक सन्त ने लिखा है–

हुवो धनै सूँ दादू बधतो, दादू सूँ करमा दुरस।
करमा सिरै कबीर नामदे, सारां हूँ मीरा सरस।।

इस कथन की पुष्टि इस बात से होती है कि भक्तमाल के रचयिता नाभाजी मानते हैं कि पुराणवर्णित गोपिका प्रेम को कलियुग में मीरा ने चरितार्थ कर दिखाया। पूज्य मोरारी बापू मीरा को भक्ति का अवतार मानते हैं, तो आचार्य रजनीश मीरा को तीर्थंकर और भक्ति की साकार प्रतिमा बताते हैं। स्वामी रामसुखदासजी के अनुसार मीरा विरह और भक्ति की प्रतिमा थी। महादेवी वर्मा के अनुसार मीरा 'अमृतवर्षिणी' है तो पन्त ने उसे 'भक्ति तपोवन की शकुन्तला' घोषित किया है। महात्मा गांधी की दृष्टि में मीरा पवित्रता की मूर्ति, भारत की महातेजस्विनी भक्त नारी, महान त्यागी, बलिदानी सत्याग्रहिणी थी जिसमें वे भारतमाता का रूप देखते थे।

मीरा के शोध अध्येताओं डॉ. सी.एल. प्रभात, डॉ. कल्याणसिंह शेखावत, डॉ. लाजवन्ती भटनागर आदि ने मीरा के भक्ति-दर्शन को प्रेम का दर्शन माना है। चित्तौड़ के पावन दुर्ग से मीरा ने भक्ति की जिस भागीरथी को प्रवाहित किया, वह आज भारतवर्ष के ही नहीं, विश्व के लोगों को भक्तिरस से आप्लावित कर रही है। भक्ति को जन-जन तक संचारित करने की दिशा में मीरा ने वही कार्य किया जो दक्षिण में रामानन्द ने और उत्तर में कबीर तथा नानक ने किया था।

मरु मन्दाकिनी, माधुर्य भाव की एकनिष्ठ साधिका और गिरिधर की प्रेमदीवानी मीरा का जन्म राजस्थान के सुविख्यात रणबंका राठौड़ वंश की मेड़तिया शाखा के संस्थापक राव दूदाजी की पौत्री और रत्न सिंह की पुत्री के रूप में पाँच शताब्दी पूर्व माता वीरकुँवरि की कोख से मेड़ता में हुआ था।

मारवाड़ और मेवाड़ के इतिहास ग्रन्थों में मीराबाई के जीवन के सम्बन्ध में अत्यल्प जानकारी ही मिल पाती है। कारण स्पष्ट है कि मीरा के पिता मेड़ता के शासक नहीं रहे। इसी प्रकार मीरा के पति भोजराज, यद्यपि महाराणा सांगा के ज्येष्ठ पुत्र थे, किन्तु अपने पिता के जीवनकाल में ही उनका निधन हो गया था। अत: मीरा कभी भी राजरानी नहीं बन पायी। तत्कालीन परम्पराओं के अनुसार मीरा ने राणा कुल की मर्यादा और रीतिरिवाजों के मुताबिक लौकिक ऐश्वर्य का जीवन बिताने के बजाय लोकभक्ति का जीवन अपनाया था, जिसकी वजह से उसे कुलनाशी तक कहा गया अर्थात् चित्तौड़ के राजपरिवार में मीरा को उपेक्षित माना गया।

मीरा एवं उसके पिता का भी परिवार नहीं चला और भक्ति के क्षेत्र में मीरा न तो किसी भक्ति सम्प्रदाय से जुड़ी और न उन्होंने अपना स्वयं का पन्थ चलाया और न ही किसी को गुरु बनाकर सम्प्रदाय की कण्ठी बँधवाई। किसी ने यदि मेड़ता और मेवाड़ में मीरा पर कुछ लिखा भी हो तो मालदेव द्वारा मेड़ता के विध्वंस और चित्तौड़ में बहादुरशाह और अकबर के आक्रमण के कारण हुए सम्पूर्ण विनाश में वह सब कुछ जलकर स्वाहा हो गया।

मीरा जैसी ऐतिहासिक विभूति के जीवन एवं भक्ति-साधना के सम्बन्ध में जब इतिहास लगभग मौन है, तो उनके जीवन-वृत्त का निर्धारण करने के लिए अन्त:साक्ष्य और बहिर्साक्ष्य दोनों का अनुशीलन ही एक मात्र विकल्प है। अन्त:साक्ष्य के रूप में मीरा के पदों को आधार बनाना होता है। परन्तु इसमें सावधानी अत्यन्त आवश्यक है, क्योंकि आज पूरे देश में मीरा के हज़ारों पद लोक में प्रचलित हैं। मीरा ने स्वयं कभी पद लेखन नहीं किया, उन्होंने विभिन्न अवसरों और परिस्थितियों में अपने हृदय के उद्‌गारों को काव्य के रूप में गाया। अपने जीवनकाल में मीरा ने मुश्किल से 150 से दो सौ पद गाये होंगे, अत: उपलब्ध पदों की प्रामाणिकता सुनिश्चित करना जरूरी हो जाता है। क्योंकि प्रक्षिप्त पदों को आधार बनाने से मीरा के जीवन के सम्बन्ध में भ्रम उत्पन्न होने की सम्भवना बनी रहती है। इस दृष्टि से मीरा के पदों के प्राचीनतम संग्रह जैसे डाकोर एवं काशी प्रति, गुरुग्रन्थ साहिब की भाई बन्नो की प्रति, महाराजा मानसिंह पुस्तक प्रकाश जोधपुर का संवत् 1631 का गुटका, गुजरात विद्यासभा का अविचलदास का संग्रह और नागरीदास की पदप्रसंग माला का अनुशीलन प्रामाणिक जानकारी दे सकते हैं।

मीरा के सम्बन्ध में समकालीन और परवर्ती सन्त-भक्तों के ग्रन्थ बहिर्साक्ष्य के महत्त्वपूर्ण स्रोत हैं। सन्तों-भक्तों द्वारा लिखित विभिन्न भक्तमालों और उनके टीकाग्रन्थों, वल्लभ सम्प्रदाय का वार्ता साहित्य, परची साहित्य, भक्त लीलामृत आदि में मीराबाई के जीवन एवं भक्ति साधना पर जो सूत्र मिलते हैं, उनसे यह स्पष्ट होता है कि मीरा अपने जीवनकाल में ही सन्त-भक्तों और लोक में अत्यन्त प्रसिद्धि पा चुकी थी।

बहिर्साक्ष्य का दूसरा स्रोत है—लोक में मीरा की छवि। ध्यातव्य है कि मीरा लोकनिधि है और लोक ने ही मीरा के भजनों और पदों को अपने कण्ठों में धारण कर विगत पाँच शताब्दियों से मीरा को जीवन्त और प्रासंगिक बनाये रखा है। यही नहीं लोक ने मीरा भाव के पदों और भजनों की रचना कर उन्हें मीरा की छाप दी जिससे ये पद-भजन लोक में संचारित होते रहे।

मीराबाई के जीवन-दर्शन और भक्ति साधना का सर्वाधिक प्राचीन और प्रामाणिक उल्लेख नाभाजी ने अपनी भक्तमाल में किया है। यह उल्लेख इसलिए विश्वसनीय माना जा सकता है क्योंकि नाभाजी मीरा के लगभग समकालीन होने के साथ-साथ महान खोजी विद्वान सन्त थे और उनका सम्बन्ध राजस्थान से ही था। नाभाजी ने मीरा छप्पय में लिखा है—

सदृश गोपिका प्रेम कलजुगहि दिखायौ।
निरअंकुश अति निडर रसिक जस रसना गायौ।।
दृष्टनि दोष विचारि मृत्यु को उद्यम कीयौ।
बार न बाँकौ भयौ गरल अमृत ज्यौं पीयो।।
भक्ति निसान बजाय कै, काहू ते नाहिन लजी।
लोक लाज कुल शृंखला तजी मीरा गिरधर भजी।।

नाभाजी के इस छप्पय से यह जानकारी मिलती है कि पुराण वर्णित द्वापर युग में गोपियों ने भगवान कृष्ण की जिस प्रकार माधुर्यभाव से प्रेमाभक्ति की, उसे मीरा ने अपनी भक्ति साधना से कलियुग में चरितार्थ कर दिखाया। अपने भक्तिपथ पर आगे बढ़ने के लिए मीरा निरंअकुश और अतिनिडर बनी रही। अर्थात् कुल और समाज की कोई भी वर्जना, बन्धन उसने स्वीकार नहीं की। इस छप्पय में नाभाजी मीरा के काल के सामाजिक वातावरण, परम्पराओं और सामन्ती जीवन मूल्यों के साथ मीरा के जीवन-मूल्यों की टकराहट का संकेत देते हैं। मीरा की स्वच्छन्द माधुर्यभक्ति, साधु-संगत, भजन-कीर्तन, नृत्य आदि को दोषमय समझकर दुष्टजनों अर्थात् मेवाड़ के महाराणा विक्रमादित्य और उसके सलाहकारों ने मीरा की जीवन लीला समाप्त करने का उपक्रम किया। उसे चरणामृत के नाम पर हलाहल विष पीने को भेजा जिसे अमृत की भाँति मीरा ने नि:संकोच गटक लिया किन्तु इससे उसका बाल भी बाँका नहीं हुआ। मीरा अपने गिरिधर गोपाल में अनन्य भाव से अनुरक्त थीं। साधना पथ की सबसे बड़ी बाधाओं लोकलाज, कुलकानि, कुल मर्यादा को तिनके की भाँति फेंककर मीरा ने चौड़े-धाड़े अपनी गिरिधर भक्ति की सार्वजनिक उद्घोषणा की। नाभाजी के इस छप्पय से स्पष्ट होता है कि मीरा ने भगवान कृष्ण के गिरिधर नागर या गोपाल स्वरूप को अपनी भक्ति का आलम्बन बनाया, जो वास्तव में कृष्ण का लोकरक्षक और लोकप्रतिपालक व लोकसखा रूप है।

मीरा के जीवन के कुछ पक्षों जैसे मीरा की जन्मतिथि और जन्मवर्ष, मीरा का जन्मस्थान, मीरा की जीवनयात्रा अदि के सम्बन्ध में मीरा के अध्येता विद्वानों में मतभिन्नता बनी हुई है। इतिहास, मीरा की जीवनी एवं काव्य के ग्रन्थों का अनुशीलन बताता है कि मीरा के जन्म की लगभग 12 तिथियों और जन्म वर्ष के रूप में वि.सं. 1555 से 1563 के उल्लेख मिलते हैं। मुख्य विवाद है मीरा के जन्मवर्ष का। मेड़तिया राठौड़ों के कुलगुरुओं, राणी मंगा की बहियों के आधार पर मुंशी देवीप्रसाद, प्रो. कल्याणसिंह शेखावत आदि मीरा का जन्म वि.सं. 1555 में होने का दावा करते हैं तो ज्योतिषीय गणना और मीरा के पिता एवं पति के सम्भावित जन्मवर्ष के आधार पर डॉ. सी.एल. प्रभात, डॉ. हुकमसिंह भाटी, श्री ब्रजेन्द्रकुमार सिंहल आदि मीरा का जन्म वि.सं. 1561 में होने का मत प्रतिपादित करते हैं। इसी प्रकार मीरा के जन्मस्थान के सम्बन्ध में कुड़की, बाजोली और मेड़ता का उल्लेख विद्वानों ने किया है। चूँकि मीरा के जन्म के समय राव दूदाजी का सम्पूर्ण परिवार मेड़ता में ही निवास करता था, राव दूदाजी ने अपने जीवनकाल में मीरा के पिता सहित अन्य पुत्रों को अलग से कोई जागीरें नहीं दी थीं। अत: हमारी राय में मेड़ता ही मीरा की जन्मभूमि मानी जानी चाहिए। मुरारीदान के संग्रह की उदयभाण चांपावत की राठौड़ां की ख्यात भी इसी तथ्य की पुष्टि करती है कि राव दूदाजी की मृत्यु के बाद संवत् 1572 के पश्चात् ही राव वीरमदेव ने मीरा के पिता रत्नसिंह को कुड़की की जागीर दी।

सन्त-भक्त और लोकजन मीरा को द्वापरयुग की गोपिका का अवतार मानते हैं। डाकोर प्रति के एक पद में मीरा स्वयं उल्लेख करती हैं–*रास पूनो जनमिया री राधिका अवतार*। अन्य पदों में भी मीरा ने कहा है, *म्हारे जनम जनम रा साथी, दासी थारी जनम जनम की*। अत: माना जा सकता है कि माता वीरकुँवरि की कोख में पलते हुए ही मीरा में वैष्णव भक्ति के बीज अंकुरित हो चुके थे, अर्थात् मीरा जन्मजात भक्त थीं, और पूर्व जन्म के प्रेमाभक्ति के संस्कारों को लेकर अवतरित हुई थी। मेड़ता के भक्तिमय वातावरण ने मीरा के भक्ति संस्कारों को स्थायित्व प्रदान किया। मेड़ता के राजपरिवार की दिनचर्या ही राजमहल से सटे भगवान चारभुजानाथ के मन्दिर में मंगला आरती और प्रभु विग्रह के दर्शन से प्रारम्भ होती थी। सुखसारण की 'मीरा की परची' और भक्तमाल

की टीकाओं से संकेत मिलता है कि बाल्यकाल में ही मीरा चारभुजानाथ की छवि को अपनी आँखों में बसाकर कृष्णभक्ति में निमग्न हो गयी थी। भ्रमरगीत में सूर की गोपियाँ कहती हैं—*लरकाई को प्रेम कहौ आलि कैसे छूटे।* मीरा की मनोभूमि में लरकाई में ही कृष्णप्रेम का जो बीज अंकुरित हुआ वह आगे चलकर आध्यात्मिक प्रेम के विराट वृक्ष के रूप में विकसित होकर उसके समस्त जीवन में फैल गया। एक बार बालहठ कर बैठी मीरा को जब माता ने पूजागृह में रखी कृष्ण की मूर्ति की ओर इशारा कर बताया कि यही तुम्हारा दूल्हा है, तो मीरा के बाल संस्कारों में गहराई तक यह बात बैठ गयी कि—*जाके सिर मोरमुकुट मेरो पति सोई।* भगवान श्री श्यामसुन्दर कृष्ण को पति के रूप में स्वीकार करने की दृढ़ आस्था में जीने वाली यह बालिका अपने सम्पूर्ण जीवन में इस निश्चय से तनिक भी न डिगी।

लगभग सात वर्ष की उम्र में एक साधु से मीरा को गिरिधर गोपाल की एक सुन्दर सलोनी मूर्ति प्राप्त हुई जिसका पूजन-अर्चन ही मीरा की दिनचर्या बन गयी। सोते-जागते, उठते-बैठते प्रतिपल वह अपने गिरिधर गोपाल की स्मृतियों में ही खोयी रहती थी। ऐसे ही क्षणों में एक दिन स्वप्नावस्था में गिरिधर गोपाल से मीरा का विवाह सम्पन्न हो गया और वह सदा-सदा के लिए अविनाशी कृष्ण की परिणीता बन गयी और उसके पूर्वजन्म की आकांक्षा पूर्ण हो गयी जिसका उल्लेख स्वयं मीरा ने अपने एक पद में किया है—

माई म्हाने सुपणाँ में परण्या दीनानाथ।।
छप्पन कोटि जणा पधार्‌या, दूल्हो सिरी ब्रजनाथ।
सुपणाँ मां तोरण बन्ध्या री, सुपणाँ माँ गह्या हाथ।।
सुपणाँ मां म्हाने परण गया, पाया अचल सुहाग।
मीरा ने गिरधर मिलिया री, पूरब जनम रो भाग।।

सांसारिक रीतिरिवाजों एवं पारिवारिक दबावों के चलते मीरा का लौकिक विवाह मेवाड़ के महाराणा सांगा के पुत्र भोजराज से वि.सं. 1573 में सम्पन्न हुआ किन्तु मीरा का अन्तस तो पहले ही अपने प्रियतम श्रीकृष्ण से विवाह रचा बैठा था। शरीर नश्वर है किन्तु आत्मा अमर है—इस दर्शन के आधार पर मीरा अपने कृष्ण की अमर सुहागिन बनी थी—*हथलेवो राणा सूँ जोड्यो, गिरधर की पटराणी*—पद पंक्ति से यही ध्वनि गुंजित होती है कि भोजराज से मीरा का सम्बन्ध केवल हथलेवा तक ही रहा। इसके अलावा उन्होंने अन्य कोई सम्बन्ध नहीं जोड़ा। इसीलिए वे स्पष्ट घोषणा कर सकीं कि—*मेरे तो गिरिधर गोपाल दूसरो न कोई।*

ससुराल की परिस्थितियाँ और सोच पीहर से भिन्न होती है। चित्तौड़ का राणा परिवार अपनी नववधू से अपेक्षा करता था कि मीरा पूर्णतः पति केन्द्रित होकर कुल-परिवार की परम्पराओं के अनुसार ऐशोआराम का जीवन व्यतीत करे और कुल की लौकिक मर्यादाओं का पालन करे। किन्तु मीरा तो अलग ही रंग में रंगी हुई थी। भौतिक आकर्षण मीरा को छू नहीं सके। किसी भी प्रकार का प्रलोभन, उलाहना, प्रताड़ना, वर्जना आदि उसके एकनिष्ठ प्रेम से उसे डिगा न सके। अपने दिव्य प्रेम की प्राप्ति के लिए मीरा ने समस्त भौतिक सुखों को तिलांजलि दे डाली। इन्हीं संघर्षों में जाने-अनजाने मीरा के भक्ति-दर्शन एवं अलौकिक प्रेम के दर्शन की पृष्ठभूमि तैयार होती रही। मीरा का स्पष्ट सोच था कि ऐसे वर का क्या वरण करना जो जीये और मर जाय। वह तो ऐसे वर का वरण करने में विश्वास करती थी जो अचल सुहाग को सुनिश्चित करता है।

विवाह के पाँच-सात वर्षों में ही मीरा के पति भोजराज अचानक चल बसे। नागरीदास पद प्रसंग माला के विवरण एवं मीरा के पदों के अन्त:साक्ष्य के अनुसार परिजनों ने मीरा को अपने पति के साथ सती होने की सलाह दी, किन्तु मीरा तो गिरिधर की परिणीता होने के कारण अपने सुहाग को अचल मानती थी। अत: मीरा ने यह कहकर अपने भावी जीवनपथ की उद्घोषणा कर दी—*गिरधर गास्याँ सती न होस्याँ, मन मोहयो घणनामी।*

मीरा ने जिस जीवन पथ और जीवन दृष्टि का चयन किया वह धारा के प्रतिकूल चलने का निर्णय था। ऐसे साधकों को कदम-कदम पर संघर्षों से जूझना पड़ता है और ऐसे ही संघर्षों में तपकर स्वर्ण खरा बनता है। वि.सं. 1584 में खानवा के युद्ध में मीरा के पिता रत्न सिंह और बाद में महाराणा सांगा की मृत्यु से मीरा के सिर से पिता और श्वसुर का साया उठ गया। वि.सं. 1588 में चित्तौड़ की राजगद्दी पर हाड़ी कर्मावती का पुत्र विक्रमादित्य आसीन हुआ। यहीं से मीरा के जीवन में सर्वाधिक अपमान, तिरस्कार और यन्त्रणाओं का दौर प्रारम्भ हुआ। मन्दिरों में भजन-कीर्तन, नृत्य, साधु-संगत आदि मीरा की भक्ति साधना के अंग थे जिसे चित्तौड़ के राजपरिवार ने अनुचित मानकर उसे रोकने का प्रयास किया। जब मीरा ने अपने भक्तिसाधना पथ को त्यागना स्वीकार नहीं किया तो सामन्ती व्यवस्था ने उनके जीवन को ही समाप्त करने के उपक्रम किये। फूलों की टोकरी में काला नाग भेजकर, चरणामृत के नाम पर हलाहल विष पिलाकर मीरा को मारने के षड्यन्त्रों का उल्लेख स्वयं मीरा के पदों में और नाभाजी तथा निम्बार्काचार्य परशुराम देवाचार्यजी के समकालीन उल्लेखों में मिलता है। प्रभु के प्रति अटूट विश्वास, श्रद्धा, समर्पण और प्रेमाभक्ति का मीरा का भाव इतना सघन एवं अडिग है कि विष भी अमृत बन जाता है और कालानाग शालिग्राम तथा नौसरहार बन जाता है।

चित्तौड़ की तत्कालीन परिस्थितियों में मीरा को लगा कि जिस धरती पर भक्त, लोकभक्ति और साधुसन्तों के लिए कोई स्थान नहीं है, वह त्यागने योग्य है। मीरा स्पष्ट घोषणा करती है—

नहिं भावै थारो देसड़लो रंगरूड़ो।
इण देसां में राणा साध नहीं छै, लोग बसे सब कूड़ौ।।
गढ़ चित्तौड़े ना रहाँ, नहिं रहण रो जोग।
बसस्याँ रूड़ी द्वारका, जहाँ हरि भगताँ रो भोग।।

भक्तिविहीन चित्तौड़ को त्यागने के बाद मीरा कुछ समय तक अपने पितृ परिवार के साथ मेड़ता, पुष्कर, अजमेर, टोडा आदि स्थानों पर रही। लौकिक सम्बन्धों के अन्तिम सूत्र पीहर पक्ष से भी विदा लेकर मीरा चल पड़ी ब्रज की ओर जो कृष्णभक्तों के लिए रस क्षेत्र है, जहाँ उसके प्रियतम श्रीकृष्ण भावदेह से अलौकिक लीलाएँ करते हैं। *म्हानै लागे वृन्दावन नीको*—इस भावना से मीरा ने वृन्दावन के विभिन्न मन्दिरों में अपने आराध्य बाँके बिहारी, मदन मोहनजी, गोविन्द देवजी के स्वरूपों के दर्शन किये और अपने साँवरे की मुरली की धुन सुनने के लिए कुंजगलियों में बड़े उत्साह से भ्रमण किया। उस काल में वृन्दावन और ब्रज कृष्णभक्ति का सबसे बड़ा केन्द्र था, जहाँ अनेक भक्ति सम्प्रदाय सुस्थापित थे। एक परमभक्त के रूप में मीरा की प्रसिद्धि सुनकर विभिन्न सम्प्रदायों ने मीरा को अपने पन्थ में दीक्षित करने के प्रयास किये। किन्तु मीरा किसी भी भक्ति सम्प्रदाय में बँधना नहीं चाहती थी, परिणामत: मीरा को यहाँ अपमानजनक बोल भी सहन करने पड़े।

मध्यकाल में सामाजिक धरातल पर ही नहीं, भक्ति के क्षेत्र में भी स्त्री-पुरुष का विभेद प्रचलित था। वृन्दावन में मीरा और जीव गोस्वामी का संवाद सुविख्यात है, जिसमें मीरा के तर्कों से पराजित होकर जीव गोस्वामी ने त्रिया-मुख न देखने का प्रण तोड़ा। यह घटना इस बात का प्रमाण है कि मीरा केवल करताल बजाने और गिरिधर के गीत गाने वाली सामान्य महिला नहीं थी। उसके पास भक्ति साधना और मानव मूल्यों की एक सुनिश्चित अवधारणा थी। जीव गोस्वामी के नाम मीरा का सन्देश समाजशास्त्रीय दर्शन के क्षेत्र का एक ऐतिहासिक एवं युग प्रवर्तक वक्तव्य है जो आज भी प्रासंगिक है।

ब्रज के धार्मिक सम्प्रदायों की कट्टरता, संकीर्णता और रागद्वेषमय वातावरण के कारण मीरा ब्रज छोड़कर द्वारका आ गयी। मेवाड़ के महाराणा उदयसिंह ने अपने पुरोहितों को भेजकर मीरा को वापस चित्तौड़ लिवा लाने का प्रयास किया। मीरा पुन: जगत् में लौटना नहीं चाहती थी, किन्तु जब पुरोहितों ने अनशन कर प्राण त्यागने का संकल्प व्यक्त किया तो मीरा के समक्ष धर्म संकट उत्पन्न हो गया। इस धर्म संकट से बचने के लिए मीरा अपने प्रभु के समक्ष इस प्रार्थना के साथ उपस्थित हुई–*सजन सुध ज्यूँ जाणे ज्यूँ लीजे हो। तुम बिन मोरे और न कोई क्रिपा रावरी कीजै हो।... मीरा के प्रभु गिरधर नागर मिल बिछुड़न मत कीजै हो।* मीरा तो अब इस जगत् के सम्बन्धों से परे आनन्दलोक में प्रवेश करना चाहती थी। मीरा के प्रियतम कृष्ण ने अपनी प्रियतमा मीरा की आर्त्त पुकार को सुना और नृत्य एवं भजन के अलौकिक क्षणों में मीरा अपने साँवरिया में एकाकार हो गयी। दर्शन भी इस बात की पुष्टि करते हैं कि मीरा की दिव्य आत्मा का कृष्ण में विलय होने के अतिरिक्त और कोई विकल्प शेष नहीं रहा था। आज का वैज्ञानिक युग मीरा के गिरिधर में एकाकार हो जाने की सांसारिक घटना को भले ही नकारे किन्तु इतना तो सत्य है कि मीरा दिव्य ज्योति बन महाज्योति में मिल गयी।

मीरा की माधुर्य भाव की भक्ति

उज्ज्वल रस, माधुर्य भाव, रागानुराग, मधुराभक्ति–ये सभी शब्द एक-दूसरे के पर्याय हैं। माधुर्य भाव में इष्टदेव के प्रति जितनी घनिष्ठता एवं निकटता का सम्बन्ध स्थापित हो सकता है, उतना दास्य, सखादि इतरभावों में नहीं। पति-पत्नी का प्रेम जैसा गूढ़ होता है, उतना अन्य किसी रिश्ते में नहीं होता है। इस सम्बन्ध में स्वसुखी भाव का सर्वथा विलोप हो जाता है और तत्सुखी सुखित्वं का भाव ही सर्वोपरि रहता है। ईश्वर के प्रति दाम्पत्य भाव की यह वृत्ति ही माधुर्य भाव की उपासना या भक्ति है।

मीरा ने बचपन से ही श्रीकृष्ण के किशोर रूप को अपनी आँखों में बसा लिया था। गिरिधर नागर के लीलामय रूप में ही उन्होंने अपने जीवन साथी की कल्पना की थी। जन्मजात एवं पितृगृह के धार्मिक संस्कारों के फलस्वरूप मीरा ने श्रीकृष्ण को अपनी माधुर्यभावना का आलम्बन बना लिया था। इस प्रकार बाल्यकाल में मीरा के हृदय में जिस माधुर्य भाव का अंकुरण हुआ वह आगे चलकर उत्तरोत्तर दृढ़तर होता गया। विवाह के पश्चात् मीरा ने अपने लौकिक पति भोजराज को भी नटवर नन्दलाल के रूप में ही देखा और उसके निधन के पश्चात् वे अपने प्रियतम कृष्ण के विरह में व्याकुल होकर निरन्तर उनसे मिलने हेतु उत्सुक रहीं।

मीरा के कृष्णप्रेम को गोपीभाव का प्रेम भी कहा जाता है। परन्तु गोपियों के कृष्णप्रेम और मीरा के कृष्णप्रेम में एक मूलभूत अन्तर विद्यमान था। जहाँ गोपियाँ परकीया भाव से कृष्ण की मधुर लीलाओं का रसपान करती थीं, वहीं मीरा ने स्वकीया भाव से कृष्ण की मधुर प्रेम लीलाओं का रसपान किया है। यही कारण है कि मीरा के गीतों में मिलन रस की अपेक्षा विरह रस की तीव्र प्रेमानुभूति है।

मीरा हमारे सम्मुख एक प्रेयसी या मुग्धानायिका के रूप में नहीं आती, अपितु श्रीकृष्ण की सती-साध्वी, भक्ति विह्वला, प्रेम परायण सखी और पत्नी के रूप में ही आती है, जिसने अपनी सारी आकांक्षा, सारी अभिलाषा कृष्णार्पण कर दी है।

मीरा का मिलन राधा और कृष्ण का मिलन नहीं है, स्वयं मीरा और कृष्ण का मिलन है, जिसमें किसी मध्यस्थ की कोई आवश्यकता नहीं है। इसलिए मीरा अपनी तुलना राधा या गोपी से नहीं करती है।

मीरा का विरह

जिनके प्रति अनन्य प्रेम, उत्कट श्रद्धा, अनुराग, गुण विशेष के प्रति आकर्षण और ममत्व हो जाता है, उस व्यक्ति के वियोग में हृदय में जो वेदना और टीस का अनुभव होता है, उस अन्तर्व्यथा के भाव को ही विरह कहते हैं।

प्रेम और विरह का परस्पर घनिष्ठ सम्बन्ध है। जिसने प्रेम के क्षेत्र में पैर रखा उसे विरह की अग्नि में जलना ही होगा। जिस पर प्रेम होता है, हृदय की चाहना बनी रहती है कि वह उसका ही बना रहे। इस चाहना की पूर्ति तक व्याकुल होकर रोना, सिसकना और तड़पना ही साधक की एकमात्र साधना होती है। अपने प्यारे से मिलना ही संयोग है और बिछुड़ना ही वियोग। वियोग की स्थिति ही विरह है। प्रेमी भक्त को विरह के ताप में ही आनन्द की अनुभूति होती है, साथ ही एक विलक्षण रस की प्राप्ति भी होती है। क्योंकि विरह भी मिलन का ही रूप है। विरह और मिलन एक ही प्रेम की दो अवस्थाएँ हैं, संसार के सम्बन्धों में सुख भी दुखरूप है और दुख भी दुखरूप है, परन्तु भगवान के सम्बन्ध में विरह और मिलन दोनों ही आनन्द प्रदान करते हैं।

मीरा की भक्ति अभिव्यक्ति में विरह-वेदना का जो रूप देखने को मिलता है, वह दुर्लभ और अप्रतिम है। मीरा जैसी भक्त के लिए मिलन और विरह के विकल्प में प्रिय का विरह ही श्रेष्ठ है, क्योंकि मिलन में तो वह एक ही दृष्टिगत होता है, किन्तु विरह में तो त्रिभुवन ही तन्मय प्रतीत होता है। विरह में मधुर वेदना और मधुर स्मृति की एक ऐसी सृष्टि का निर्माण होता है जिसमें प्रेम का शुद्ध और सात्विक स्वरूप झलकने लगता है और उस छटपटाहट में एक विलक्षण आनन्द की अनुभूति होती है। विरह में ही प्रेम अधिकाधिक उज्ज्वल होता है और विरह में ही प्रेम की रक्षा होती है। मीरा का सम्पूर्ण जीवन अपने प्रियतम श्यामसुन्दर के विरह में ही व्यतीत हुआ। अर्थात् मीरा की जीवन-साधना का मुख्य अंग विरह ही है। अलौकिक कृष्ण से प्रेम एवं दाम्पत्य की डोर बाँधने पर विरह को ही भुगतना नियति होती है। यही कारण है कि अपने प्रियतम से वियोग की अवस्था में मीरा के नेत्रों से अविरल अश्रुपात होता है, मुख मलिन और शरीर कुम्हलाया रहता है, अपने प्रियतम को वह जगह-जगह ढूँढ़ती है परन्तु उस नटखट निष्ठुर का कहीं पता नहीं चलता है। विरह उनका अपना है जिसे वह छोड़ना नहीं चाहती है, क्योंकि वह जानती है कि जो आनन्द विरह-वेदना में है, प्रियतम की स्मृति में है, वह संयोग में नहीं है। विरहावस्था में वह पल-पल अपने प्रियतम से मानसिक तादात्म्य स्थापित किये रहती है।

मीरा : नारी चेतना की अग्रदूत

मीरा की वाणी में केवल उनकी भक्ति ही नहीं बोलती है, अपितु विश्व की आधी मानवता का दर्द और संत्रास भी बोलता है। मीरा की वाणी में युग की नारी का मूक विद्रोह भी ध्वनित है, और सामाजिक प्रतिरोधों का निडर होकर सामना करने की दृढ़ शक्ति और अटूट संकल्प भी है और साथ ही भक्ति के क्षेत्र में नारी स्वातन्त्र्य की अदम्य और दुर्निवार आकांक्षा भी। मीरा ने सिद्ध कर दिया कि यदि नारी दृढ़ संकल्प कर ले तो अपने विश्वासों

और मूल्यों के अनुसार जीने की राह भी प्राप्त कर सकती है। इसलिए सामन्ती युग की तरह आधुनिक युग में भी मीरा नारी-मुक्ति के स्वर के रूप में प्रासंगिक बनी हुई है।

मीरा मध्यकालीन सामन्ती युग और सामन्ती समाज की प्रथम सात्विक विद्रोहिणी महिला थी। अपने आराध्य के प्रति पूर्ण समर्पण और भक्ति का उनका इतना दृढ़ संकल्प था कि उसके समक्ष स्वजन, परिजन, लोकलाज आदि सब को उसने ठुकरा दिया। सर्वाधिक अपमान, तिरस्कार और घोर यन्त्रणाओं का जहर पीकर भी वह सदैव निर्भय बनी रही, अपने पन्थ से रंचमात्र भी विचलित नहीं हुई। वह न तो झुकी, न मुड़ी, सब कुछ छोड़ दिया किन्तु अपना भक्तिपथ नहीं छोड़ा। कभी भी हिंसा एवं असत का मार्ग नहीं चुना। डॉ. सी.एल. प्रभात ने ठीक ही लिखा है कि मीरा की परमदृष्टि केवल अपने लक्ष्य पर थी, पन्थ की परवाह उन्होंने कभी नहीं की और न किसी संगठित काफिले का आश्रय लिया। भक्ति के ऐकान्तिक पथ पर मीरा अकेली चली, वह न किसी की शिष्य बनी, न किसी से अपने गले में कण्ठी बँधवाई और न किसी सम्प्रदाय की सदस्यता ग्रहण की। मध्यकालीन भक्ति आन्दोलन के इतिहास की यह एक चमत्कारी घटना थी कि एक नारी, वह भी राजकुल की विधवा बिना किसी का आश्रय लिये, सब रिश्ते-नाते तोड़कर अपने आत्मबल, पूर्ण आत्मविश्वास और अपने प्रभु के प्रति पूर्ण समर्पण के भाव से मार्ग की सभी बाधाओं और अवरोधों को दरकिनार कर अपने अन्तिम लक्ष्य को प्राप्त कर लेती है। यही कारण है कि मीरा आज देश और काल की सीमाओं को लाँघकर विश्व मानवता की धरोहर बन चुकी है। शक्तिदान कवि की इन पंक्तियों के साथ मैं अपनी बात को विराम देता हूँ—

घोर कलंक के अंक लगी वह रंक सी मूढ़ जनों को दिखाई।
ठोकर दी जग ने उसको, जग में वह मोदमयी मुस्काई।
प्रेम की प्यासी सुधामयी मीरा, सदा जमुना जल सी लहराई।
चन्द्रमुखी वह कीर्तन-नृत्य की, राधा थी कृष्ण में नित्य समाई।

मीरा : दर्शन एवं भक्ति

(मीरा की भक्ति में दाम्पत्य का अलौकिक स्वरूप)

– डॉ. उमेश चन्द्र शर्मा

भगवान श्रीकृष्ण की आह्लादिनी शक्ति श्रीराधा जी की अवतार मीराबाई जोधपुर के संस्थापक यशस्वी राठौर राजा राव जोधा जी के सुपुत्र राव दूदाजी की पौत्री और दूदाजी के चतुर्थ पुत्र रत्न सिंह जी की एकमात्र दुहिता थीं। रत्न सिंह को बारह गाँव की जागीर प्राप्त हुई। मीरा का जन्म उसी जागीर के अन्तर्गत कुड़की नामक गाँव में संवत् 1555 तदनुसार ई. सं. 1498 में हुआ था।

मीरा की भक्ति के अंकुर—मीरा जी की भक्ति की प्रथम पाठशाला उनके अपने घर का वातावरण था, साथ ही कृष्ण भक्ति की उद्भावना के कारणों में उनके बाल काल की दो घटनाओं का उल्लेख यहाँ समीचीन समझता हूँ। बचपन में एक बार मीरा किसी अतिथि साधु की मूर्ति श्री गिरिधरलाल को प्राप्त करने के लिए मचल गयीं। किन्तु साधु ने अपने इष्ट विग्रह को मीरा को खेलने के लिए देने से मना कर दिया और साधु महाराज अपने इष्ट विग्रह को लेकर वहाँ से अन्यत्र चले गये।[1] मीरा के बालपन को आघात लगा और उसने अन्नजल भी छोड़ दिया[2] लेकिन परिजन अवश थे—*रमता जोगी बहता पानी*—वे उसे कहाँ खोजते। उस अबोध बालिका की पुकार इतनी गहराई से नि:सृत हुई कि उसका संक्रमण साधु के मन को स्पर्श कर गया। साधुजी अन्यमनस्क हो गये और उसी रात स्वप्न में साधु को गिरधरलाल ने आदेशित किया। वह साधु भोरवेला में उठकर यन्त्रचालित की भाँति आया और श्रीविग्रह को मीराबाई के सुकोमल कर कमलों में सौंपते हुए अवाक् देखता रहा। परिजन मीरा की अपरिमित प्रसन्नता को देख विमोहित थे इसी मध्य जब साधु की ओर दृष्टि गयी तो वहाँ कोई न था। द्वितीय घटना के अनुसार पड़ोस में एक मीरा की समवयस्क बालिका के विवाह में मीरा भी उपस्थित होती है। वैवाहिक कार्यक्रम से प्रभावित हो अपनी माँ से उत्सुकतावश प्रश्न करती है कि माँ मेरे दूल्हा कौन हैं? माँ का संकेत मीरा के हाथ में सदैव रहने वाले गिरिधरलाल की ओर होता देख—*मीरा हो गयी मंगन ऐसी लागी लगन*—वह क्षण मीरा के जीवन का अहम क्षण बन गया। ई. सन् 1516 में उनका विवाह मेवाड़ के महाराजा सांगा के ज्येष्ठ पुत्र भोजराज से हुआ। लगभग कुछ सालों के बाद ही वे काल कवलित हो गये। इस प्रकार अल्पवय में ही माता, मातामह, पति, पिता, श्वसुर तथा मेवाड़ और मेड़ता भी उनके न रहे। विरक्ति स्वत:स्फूर्त हो उठी। इसी समय मीरा जी वृन्दावन पहुँचीं। वहाँ से द्वारका धाम चली गयीं, जहाँ रणछोड़ जी में तल्लीन हो गयीं विलय हो गयीं।

दाम्पत्य का अलौकिक स्वरूप—भक्ति वस्तुत: हृदय का अन्तरंग राग है। माधुर्य भाव उस राग की मनोरम भूमि है, माधुर्य में मनोरागों का प्रबल आवेग और अनुराग की अनुभूतियों का समूचा उद्वेलन समाहित

रहता है। भावना की इन उदात्त सरणियों में मीरा की भक्ति शिखरस्थ है। जिस प्रकार लता-पता और बनिता आश्रय की ओर उन्मुख होती हैं उसी प्रकार आत्मा भी किसी अनन्त अन्वीक्षा में युग-युगान्तर से संलग्न रहती है (पुनर्जन्म का यही रहस्य है)। आसक्ति की पराकाष्ठा व्याकुलता में घटित होती है, इसलिए कहा गया है कि जहाँ चाह है वहाँ राह है, प्रेम अमिट है उसे अनन्त जन्मों में भी मिटाया या भुलाया नहीं जा सकता, जिस प्रकार चकमक पत्थर को दीर्घ काल तक जल में ही पड़ा रहने दें किन्तु कभी भी उसके अन्तर की दाहकता विलीन नहीं होती। मीरा बाई स्वयं इसी बात को अपनी सहज समाधि से उद्घोषित करती हैं कि—*पूर्व जन्म की प्रीत पुराणी, सो क्यूँ छोड़ी जाय*[3], *पूरब जन्म की ब्याही, जनम-जनम की कुँवारी, मेरी उनकी प्रीत पुराणी, पूरब जनम कौ कौल, जनम जनम की दासी* आदि पदों के साथ मीरा जी अपने विवाह को स्वीकार नहीं करती हैं, वह तो विवाह अविनाशी वर से करना चाहती हैं और जगत के विवाह को झूठा मानती हैं—

झूठा सुहाग जगत का री सजनी, होय होय मिट जासी।
मैं तो एक अविनासी वरूँगी, जाहे काल नहीं खासी।।[4]

मीरा ने ठाकुर जी को अपने शयन गृह में सिंहासन पर विराजमान कर दिया और कहा कि प्रभो, अपनी दासी को बचाइए। साधारण मनुष्य भी अपनी भार्या की रक्षा करते हैं, आप त्रिलोकीनाथ हैं अपनी प्रतिष्ठा का ध्यान कीजिए। राणा शराब पीकर आये और ठाकुर जी को देखकर लौट गये। इनका सम्भाषण मीरा जी के साथ कभी नहीं हुआ। मीरा जी श्रीकृष्ण को 'सबल धणी' कहकर उनके प्रति पति रूप में अटूट आस्था को व्यक्त करती हैं—

विष का प्याला राणा जी भेज्या, दीजो मेड़तड़ी के हाथ।
कर चरणामृत पी गयी, म्हाँरा सबल धणी का साथ।।[5]

यही नहीं मीरा जी ने अपने एक पद में स्वप्न विवाह की चर्चा भी की है—

मीरा को गिरधर मिला जी पूर्व जन्म के भाग।
सुपने म्हाने परण गया जी, हो गया अचल सोहाग।।

आदि पदों में स्वत: अलौकिक दाम्पत्य द्योतित है। इस सम्बन्ध को अन्तरंगत ही श्रीकृष्ण पर अधिकार मानने लग जाती है। मीरा की समूची काव्य सलिला भाव-सौन्दर्य की प्रवण आत्मीयता से प्रवहमान है, जिसके कल-कल निनाद में परम प्रियतम की अभिसारोनुभूतियों का अक्षय कोष है।

परमात्मा को पति के रूप में अनुभव करते हुए अपने को उसके चरणों में सम्पूर्ण भाव से आत्म-समर्पित करने की भावना को ही परम भाव या मधुर भाव कहा गया है। मीरा काव्य कमण्डलु से नि:सृत ये अशेषभाव—

जोसीड़ा ने लाख बधाई रे, अब घर आयो स्याम।।
आज आनन्द उमंगि भयो है, जीव लहै सुख धाम।
पाँच सखीं मिली पीव परसि कै आनँद ठाँम ठाँम।।
बिसर गयौ दुख निरखि पिया कूँ, सुफल मनोरथ काम।
मीरा के सुख सागर स्वामी, भवन गवन कियो राम।।[7]

वह अनुपम रूप-सौन्दर्य अन्तहीन है। वह नित्य नूतन है। चिर यौवन है। अनन्त उपभोग है। अपरिमित आनन्द बोध है।

इस प्रकार मीरा का पूर्व राग कृष्ण में अचल सुहाग एवं महा मिलन के रूप में पुलकित हो उठा। मीरा का पार्थिव वैधव्य कृष्ण के प्रेम में अपनी प्रगाढ़तम स्मृतियों को सँजोकर एक नूतन उत्साह, उल्लास और उमंग के साथ आलोकित हो गया। उसके अन्तस्तल में ऊर्जस्वित सुकुमार प्रणय-भावना उत्फुल्लित होकर अगाध सरिता की भाँति निनादित होते हुए उसने जय घोष किया।

जाके सिर मोर मुकुट मेरौ पति सोई।

मीरा के पदों में उसकी भावना के सभी स्वर स्पन्दित हो उठे।

स्वानुभूति द्वारा उदित भाव तथा संगीतमय पदों का विशुद्ध स्वरूप मीरा की विकलताओं के लिए सर्वथा उपयुक्त रहा, हिन्दी साहित्य की काव्य परम्परा में यह प्रत्यूष काल से ही विद्यमान है। क्योंकि प्रेमोन्माद के अगाध आवेश की कोमल भावनाओं को अभिव्यक्त करने का काव्य अधिक सुन्दर और सहज साधन रहा है। प्रेम दशा इतनी तीव्रतम व सघन होती है कि जीवन की कोई अन्य स्थिति इतनी व्याकुलता और छटपटाहट को प्राप्त नहीं होती। तीव्रतर आकुलता ही श्रीकृष्ण को प्राप्त करने का एकमात्र साधन है—

सन्तन ढिंग बैठि बैठि लोक लाज खोई।

इस प्रकार कृष्ण भक्ति में पूर्ण रूप से तन्मय होकर मीरा ने अपने को अपने आराध्य में मिला दिया। यही उसकी सबसे बड़ी सफलता है, भक्ति काव्य में मीरा का स्थान सर्वोपरि है। इस तपस्विनी प्रेम साधिका ने अपने जीवन की समस्त आकाक्षाओं की तृप्ति श्रीकृष्ण-प्रेम की पावन पयस्विनी में अपने को निमग्न कर दिया। लय कर दिया। मीराबाई प्रेम-कवियित्रियों में सर्वोत्कृष्ट स्थान रखती हैं, सर्वोत्तम समर्पण की उदात्त भावना को व्यक्त करने में सर्वाधिक सफल मानी जाती हैं।

मीरा का गिरिधरलाल निर्गुण और सगुण दोनों का सामंजस्य स्वरूप है। मीरा स्वयं में एक प्रिया के रूप में ही प्रतिष्ठित हुईं। मीरा की उपासना की भाव भूमि पत्नी भाव की एकान्त प्रतिष्ठा है। गोपियाँ अपनी भाव साधना में निर्गुण से नाराज दिखाई देती हैं किन्तु मीराबाई उदासीन परिलक्षित होती हैं, गोपियाँ कृष्ण की प्राय: सभी लीलाओं का स्मरण करती हैं परन्तु मीरा उनकी रूप माधुरी का वर्णन और उनके साथ अपने तादात्म्य के प्रयत्न में ही मगन रहती है। मीरा के काव्य में उनकी भावाभिव्यक्ति अति सहज है, किसी कल्पना जैसा आभास या प्रदर्शन दिखाई नहीं देता। उनके काव्य में आत्मीयता का सौन्दर्य बोध जिसमें प्रिय मिलन की उत्कट अभिलाषा के साथ भाव विह्वलता अपूर्व है। अतुलनीय है। सर्वथा अनूठी है। जीवनपर्यन्त अद्‌भुत प्रेम की वेदना में अवगाहन करने वाली मीरा का स्वच्छन्द उद्विग्न भाव भरित अनन्यता का पीयूष माधुर्य साधना का अनुपम परिपाक है।

दाम्पत्य जीवन प्रेम की मृदु पूजा का पावन मन्दिर है। दाम्पत्य प्रेम में सम्पूर्ण प्रणयावेग समाहित होकर सुरसरि का रूप ग्रहण कर लेता है, प्रेम धारा इस नूतन रूप में सतत संयत एवं सरल गति से प्रवाहित रहती है। दाम्पत्य प्रेम नर-नारी को परस्पर पूर्णता प्रदान करने वाला है। इस अनिर्वचनीय पूर्णता के प्राप्त होते ही, हृदय के तार झंकृत होने लगते हैं और एकोऽहं का चिरन्तन स्वर गुंजरित होता है।

दाम्पत्य प्रेम का मूलाधार आत्म समर्पण की भावना ही है। यथा—एक दूजे में ओत-प्रोत[8] दोनों में एक समान एक धारा होकर बह रहे, देह दो किन्तु एक प्राण।

सच्चे दाम्पत्य प्रेम में रति भावना भी आत्मसमर्पण भाव की अनुवर्तिनी रहती है। फलत: उसमें कुछ पाने की अभिलाषा तो समाप्त हो जाती है और आत्मत्याग तथा आत्मार्पण के भाव प्रस्फुटित होने लगते हैं अर्थात् अपने को खो देने में ही है स्नेह का तत्त्व। जैसे-जैसे अहं का विगलन अर्थात् अपनेपन का भाव लुप्त होने लगता है। द्वैतभाव भी समाप्त होता जाता है। अपने आदर्श रूप में दाम्पत्य प्रेम अद्वैत की गंगा में अवगाहन कर धन्य हो उठता है। इसकी आदर्श दशा में मैं और तू का द्वैतपरक भाव किंचित भी शेष नहीं रहता।

दाम्पत्यपरक अप्रस्तुत की परम्परा बड़ी दीर्घ और व्यापक है। एक ओर तो इसके द्वारा साधक-साध्य सम्बन्ध व्यक्त किया गया है,[9] दूसरी ओर ब्रह्म और उसकी शक्ति के परस्पर विलास को इसके द्वारा स्पष्ट किया गया है। सृष्टि दर्शन में दाम्पत्य अप्रस्तुत अधिक शक्तिशाली हुआ। रमणेच्छा के कारण ब्रह्म द्विधा विभक्त हुआ और दाम्पत्य रमण सम्पन्न हुआ।[10] दाम्पत्य अप्रस्तुत की परम्परा एक प्रकार से सार्वदेशिका है।[11] पारमार्थिक संयोगेच्छा मिथुन संयोग सुख एवं आनन्द, जैसे दार्शनिक तत्त्व लौकिक काम सुख के अप्रस्तुत को लेकर अभिव्यक्त हुए। सभी भारतीय दर्शनों सांख्य, योग, शैव, शाक्त, तन्त्र आदि में दाम्पत्य का अप्रस्तुत मिलता है और बौद्ध परम्परा में भी दाम्पत्य प्रविष्ट हुआ। ब्रजभाषा के कवियों पर सांख्योक्त दाम्पत्य का प्रभाव रहा।[12]

वेद वेदान्त तथा अन्य दार्शनिक परम्पराओं में जो दाम्पत्य भावना सामान्यत: अप्रस्तुत वस्तु के रूप में मान्य है। वही भक्ति दर्शन और साहित्य में प्रस्तुत वस्तु बन जाती है। भक्ति शास्त्र सम्बन्धी सभी ग्रन्थों[13] में दाम्पत्य जन्य मधुर भाव को सर्वोपरि माना गया है। दार्शनिक प्रतीकत्व मधुर रस के विलास में कहीं बहुत गहरे खो गया। जहाँ योग और शक्ति दर्शन का अप्रस्तुत दाम्पत्य, ब्रजभाषा साहित्य में मूर्त प्रस्तुत हुआ, वहाँ सांख्य दाम्पत्य (प्रकृति+पुरुष) का रूप भी प्रस्तुत बना।

भक्त की नारी रूप आत्मा, पुरुष रूप भगवान की आराधना उपासना करती है। मानव जीवन का समूचा दाम्पत्य स्नेह और उसका आकुल-व्याकुल आकर्षण भक्ति की आत्मा और परमात्मा के मध्य में साकार और सप्रमाण हो उठता है। अतएव भक्ति के इस सोपान पर अनवरत नारी और पुरुष की मनोवांछाओं की अभिनव अभिव्यक्ति होती है। भक्तिमती मीराबाई ने अपनी अन्तरतम की गहराई से सर्वतो भावेन समर्पण की उदात्त भावना के स्नेह से सिंचित श्रीकृष्ण की अनन्य जीवनसंगिनी के रूप में अपने आपको निवेदित किया किंवा समर्पित कर दिया।

लौकिकता और अलौकिकता का संयोग ही कृष्ण काव्य का वैभव है। माधुर्य भाव कान्ताभाव का ही रूपान्तर है; अत: जहाँ भक्त और भगवान के मध्य कान्त-कान्ता का भाव है, वहाँ दाम्पत्य प्रेम का स्थूल रूप दीख पड़ना स्वाभाविक है। आदर्श प्रेमिका राधा ही कृष्ण भक्तों का आदर्श रही है। जब पुरुष भक्त राधा को आदर्श रूप में देखते रहे तब नारी मीरा की राधा बनने की आकांक्षा स्वाभाविक है।

राधा को वैष्णव भावना में आह्लादिनी शक्ति माना है। वह परम भाव स्वरूपा हैं। इस भावना का पल्लवन चैतन्य सम्प्रदाय और वल्लभ सम्प्रदाय में हुआ है। नाभादास जी ने अपने भक्तमाल में लिखा है कि सहज गोपिका प्रेम को प्रकट करने के लिए मीरा का जन्म हुआ था। इसकी स्वयं पुष्टि मीरा के अपने एक पद में भी देखने को मिलती है।

रास पूणो जनमियां री राधिका अवतार।[14]

इस पद के अन्तर्गत *रास पूणो जनमिया री राधिका* अवतार महत्त्वपूर्ण है। रास पूर्णिमा के दिन मीरा का अवतार राधिका के रूप में हुआ। उधर नाभादास जी कहते हैं—*सहज गोपिका प्रगट हि कल जुगहि दिखायौ*—नाभादास जी की इन पंक्तियों में राधिका अवतार में मेल बैठता है। राधा के समान ही वह अपने को—*जनम जनम की क्वारी*—कहती है। स्वकीया का सही स्वरूप यही है कि जो एक को ही अपना सर्वस्व मानकर प्रेम करती हो, मीरा ने भी कृष्ण के अतिरिक्त अन्य किसी को जाना ही नहीं यही राधा का भी रूप है।

कान्ता भाव की जीवन्त मूर्ति है—मीरा। इस भाव में ही सभी भाव निहित हैं। प्रेम की पराकाष्ठा कान्ता भाव में ही होती है, पत्नी पति के सम्पूर्ण प्रेम की अधिकारिणी है, उससे उसकी कोई लाज नहीं, कोई दुराव नहीं, छिपाव नहीं। पत्नी पति के प्यार स्नेहादि की भी अधिकारिणी है, सेवा की भी, पति पत्नी का सखा भी है। प्राणनाथ भी। अवसर पर पत्नी माता के अभाव को भी पूरा करती है। इसी हेतु इस परम भाव में सभी भावों का रसायन तैयार हुआ है।[15] मीरा की भाव धारा गोपी भाव में आकण्ठ अवगाहन करती हुई परिलक्षित होती है—

आली री म्हारे नैना बान पड़ी।
चित्त चढ़ी म्हारे माधुरी मूरत, हिय विच आनि अड़ी
कब सूँ ठाड़ी पन्थ निहारू अपने भवन खड़ी।
भटके प्रान साँवरी सूरत, जीवन मूल जड़ी।
मीरा गिरधर हाथ बिकानी लोग कहें बिगड़ी।[16]

यह गोपी भाव ही प्रिया भाव है कान्ता भाव है। गोपियों ने कृष्ण को ही कान्त माना और अपने कन्त को छोड़कर उस परम प्रेमी रसिक शिरोमणि को कन्त बनाया। गोस्वामी तुलसीदास जी लौकिक कन्त का त्याग कर श्रीकृष्ण को कन्त स्वीकार करने वाली ब्रज वधुओं को मंगलकारी विशेषण से विभूषित करते हैं।[17]

मीरा का काव्य मीरा के यथार्थ जीवन का मूर्त स्वरूप है। वस्तुतः यदि गहनता से देखा जाये तो मीरा का जीवन उनकी कविता काकली का अविभाज्य दर्शन है। उसमें किंचित अभिन्नता नहीं दिखाई देती। उनकी अनुभूति की ही कविता अभिव्यक्ति है, जिसमें भाव की प्रवणता चतुर्दिक दृष्टिगत होती है, यही सौन्दर्य बोध उनके काव्य को महिमामण्डित करता हुआ हिन्दी साहित्याकाश की काव्य माधुरी के रूप में सुशोभित है। यही कारण है कि मीराजी काव्य भक्ति जगत् के स्वर साधकों व सगुण भक्ति के आराधकों का प्रेरणा पुंज बनकर मुखरित हैं। भाव की प्रवणता द्रष्टव्य है—

मैं गिरधर के घर जाऊँ।
गिरधर म्हारौ साँचौ प्रीतम देखत रूप लुभाऊँ।।
रैन पड़े तब ही उठि जाऊँ भोर भये उठि आऊँ।[18]

पावस और वासन्तिक सुषमा को देखकर मीरा मुग्ध भरे नयनों से प्रिय मिलन भावना के अन्त:स्थल में निमग्न दिखती है तो श्रावण और फगुनौटी समीर से विह्वल हो जाती है। फिर मिलन के लिए आतुर हो उठती है, कान्त पाषाणी अभिसार की ओर स्वतः प्रेरित हुई एवं अनूठे आकर्षण को प्राप्त हो रही है। शरद रास की अनुपम उज्यारी में कृष्ण ने रास के लिए गोप बालाओं के साथ नृत्य किया था, मीरा भी रास रचाती है। उस

मनोहर श्याम के साथ। ब्रज वधुओं के साथ कृष्ण ने होली खेली, पकड़ कर रंग में बोर दिया। मीरा भी वैसी ही होली खेलने को उत्सुक ही नहीं उन्मुक्त होकर उसी रंग में विभोर हो उठती है। उस नटवर ने कुंज गलियों में कितनी ही बार राधा के साथ छेड़-छाड़ की बहियाँ मरोरीं, प्रेम पाश के उन क्षणों की अनुभूति मीरा भी कर सिहर उठती है—

आवत मोरी गलियन गिरधारी
मैं तौ छुप गयी लाज की मारी
आवत देखी किसन मुरारी
छिप गयी राधा प्यारी।[19]

यहाँ प्रथम दो चरणों में लाज से अपनी गली में मीरा छिप जाती है और तीसरे चरण में राधा प्यारी कृष्ण मुरारी को देखकर छिप जाती है। कितना भाव साम्य है राधा और मीरा में—

राधा का भी श्याम वो
तो मीरा का भी श्याम
छाँड़ो लंगर मोरी
बहियाँ गहो ना।[20]

परकीया भाव से संवलित यह पद कितना मोहक है। *मैं तो नारि पराये घर की* ब्रज लीला के अन्तर्गत कतिपय स्थलों पर यह भाव द्रष्टव्य होता है कि जब श्रीकृष्ण एक गोपी से प्रेम प्रकाशित करते हैं तो अन्य गोपी पत्नी भाव से मानसिक वेदना में डूब जाती है उस सौभाग्य कांक्षिणी से सौतिया ढाह में जलन और कुढ़न से व्यथित हो उठती है। मीरा की भावानुभूति में यह भाव अभिव्यक्त है—

स्याम मो सूँ एड़ो डोले हो,
और न सूँ खेले धमार मो सूँ मुँह हूँ न बोले हो
मेरी अँगूरी न छूवै बाकी बहियाँ मरोरे हो
मेरी अंचरा न छूवै ताको घूँघट खोलै हो।[21]

ब्रज की रसोपना के अन्तर्गत भक्त ने प्राय: गोपी भाव या सखी भाव से मधुर केलि लीलाओं का रसास्वादन किया है; वहीं मीरा ने अपने को कृष्ण की स्वकीया मानकर कृष्ण की मधुर प्रेम लीला का रस पान किया है। इसीलिए मिलन-रस से विरह-रस अधिक प्रगाढ़ है। संयोग पक्ष से सन्दर्भित पदावली अपनी चरमावस्था को प्राप्त होकर अनन्त विरह कातरता अनन्त संयोग सुख गत हो जाती है। और सर्वत्र परम प्रियतम की पूर्ण माधुरी का साक्षात्कार होने लग जाता है। प्रस्तुत गिरिधर की रूप माधुरी का यह अनुपम चित्र—

मोरन की चित्रकला सीस मुकुट सोहै।
केसर को तिलक भाल तीन लोक मोहै।।
कुण्डल की झलकन कपोलन पर छाई।
मनो मीन सरवर तजि मकर मिलन आई।।
कुटिल भृकुटि तिलक भाल चितवन में टोना।

खंजन अरु मधुप मीन भूले मृग छोना।।
सुन्दर अति नासिका सुग्रीव तीन रेखा।
नटवर प्रभु भेष धरे रूप अति विसेखा।।
अधर विम्ब अरुन नैन मधुर मन्द हाँसी।
दसन दमक दाड़िम दुति चमकै चपला सी।।
छुद्र छंट किंकिनी अनूप धुनि सुहाई।
गिरिधर के अंग अंग मीरा बलि जाई।।[22]

कृष्ण भक्ति साहित्य की माधुर्योपासना की अत्यन्त महत्त्वपूर्ण दाम्पत्य भाव की साधिका कान्त-कान्ता जन्य उपासिका अनन्य प्रेमा भक्ति की अपूर्व पदावली-साहित्य की प्रणेता 15वीं-16वीं सदी की अलौकिक रस-साधना में अनवरत अनेक जन्मों की पिपासु जिसने लोक मानस को अपनी ओर आकृष्ट कर यह कहने के लिए सहज कर दिया कि वह अपने सलोने श्याम से प्रार्थना कर मीरा के लिए विनती करता हुआ गा उठा–

अब तू ही मेरी लाज बचा बंसी बजैया
भगवान किनारे से लगा दे मेरी नैया।
पूजा नहीं है पूरी अधूरी है आरती।
ओ श्याम सलोने तुझे मीरा पुकारती।
कहती है बार बार वो लै लै कै बलैया
भगवान किनारे से लगा दे मेरी नैया। [23]

भक्त अपने भाव को मीरा की भावना से जोड़कर निवेदन कर रहा है—मीरा की भक्ति जनाहार का रूप ग्रहण करती चली गयी। मीरा की साधना और उसके गहन भावोदधि ने सभी को प्रभावित किया अत: जनमानस ने उसे अपना समझा, यही कारण है कि वह विविध सम्प्रदायों की अनुसारिणी मानी जाने लगी।[24] इनकी प्रेम-महिमा का वर्णन करते हुए नाभादास जी की यह रचना देखने योग्य है–

सदरिस गोपिन प्रेम प्रगट, कलिजुगहिं दिखायौ।
निर अंकुश अति निडर, रसिक जास रसना गायौ।।
दृष्टिनि दोष विचारि, मृत्यु को उद्यम कियो।
बार न बाँको भयो, गरल अमृत ज्यों पियो।।
भक्ति निसान बजाय कैं, काहू ते नाय लजी।
लोक लाज कुल श्रृंखला तजि मीरा गिरिधर भजी।।

मीरा की मधुर रस-साधना अन्य ब्रजस्थ मधुरोपासकों से भिन्न है।[25] दार्शनिक ग्रन्थों में शारीरिक तीन स्तर की चर्चा मिलती है स्थूल सूक्ष्म कारण लेकिन भक्ति जगत् में एक और स्तर है उसे भाव शरीर कहते हैं। कतिपय स्थलों पर इसी को सिद्ध देह भी कहा गया है। मीरा जी भी इसी सिद्ध देह में विचरण करती थीं, जितना भी उन्होंने प्रणयन किया है वह सब सहज समाधि की भाषा है, साक्षात् की अभिव्यक्ति है। महाप्रभु चैतन्य भी भाव की प्रगाढ़ता को प्राप्त होकर मूर्च्छित हो जाते थे। मीरा जी के चलने-फिरने, उठने-बैठने, खाने-पीने, समस्त आचरण

में इस भाव-भक्ति का स्फुरण था, इस जगत् को असमोर्ध्व उज्ज्वल प्रेम का सुधा रस अपनी काव्य सरसी में लहराता हुआ सौंपकर सदैव के लिए वह अपने प्रियतम की अंकशायिनी हो गयी।

सन्दर्भ

1. मीरा गीतावली, पृ. 3
2. *मीरा गीतावली,* पृ. 9
3. *रंग रांची* उपन्यास, डॉ. सुधाकर अदीब, पृ. 160
4. *मीरा दर्शन,* प्रो. मुरलीधर श्रीवास्तव पृ. 33 से उद्धृत श्री सकलनारायण शर्मा का आलेख, *श्रीमीरा जी की पराभक्ति*।
5. *मीरा स्मृति* ग्रन्थ, पृ. 50
6. शरीर, मन, प्राण, हृदय, आत्मा। इन सभी से उस परम प्रियतम से मिलने की आनन्दोपलब्धि हुई।
7. *मीराबाई पदावली,* प्रथम भाग, पद सं.-142
8. बालकृष्ण शर्मा नवीन, उर्मिला, पृ. 113 / 3 सर्ग-21
9. बुद्धि-इन्द्र-जाया-पति (ऋग्वेद संहिता 10/43/1)
10. *वृहदारण्यकोपनिषद* 1/4 /31
11. Swisher, religion and the new phychology P. 7
12. *सन्त सुन्दर दास ज्ञान समुद्र* 3/59/7। सूर ने भी परमेश्वर सांख्य के आधार पर सृष्टि क्रम दिया। *सूर सारावली*–3
13. प्रमुख ग्रन्थ ये हैं–*श्रीमद्भावत, ब्रह्मवैवर्त पुराण, विष्णु पुराण, बृहद गौतमीय तन्त्र, पाँचरात्र संहिता, ब्रह्म संहिता, सम्मोहन तन्त्र, गीता, शांडिल्य भक्ति सूत्र, नारद भक्ति सूत्र, भक्ति रसायन, भगवद् भक्ति चन्द्रिका, भक्ति सन्दर्भ, हरिभक्ति रसामृत सिन्धु, उज्ज्वल नीलमणि, रसार्णव सुधाकर, चैतन्य चरितामृत, प्रीति सन्दर्भ* आदि।
14. *मीरा की प्रेम, साधना,* परिशिष्ट पद, 67 ख।
15. *मीरा की प्रेम साधना,* पृ. 6
16. *मीराबाई पदावली,* भाग एक, पद–11
17. *गुरु बलि तज्यो कंत व्रज बनिता में सब मंगलकारी*–गो. तुलसीदास।
18. *मीराबाई की पदावली,* पद सं. 17
19. *मीराबाई की पदावली,* पद सं. 172
20. *मीराबाई की पदावली,* पद सं. 173
21. *ध्रुव दासजी की नामावली,* पृ. 113
22. *मीराबाई की शब्दावली,* शब्द 67, पृ. 29-30
23. *भक्ति दर्शन और साहित्य,* डॉ. उमेश चन्द्र शर्मा, पृ–34
24. *मध्यकालीन प्रेम-साधना*–पं. परशुराम चतुर्वेदी पृ. 130
25. भक्तमाल नाभादास जी कृत *मीरा प्रकरण*।

मीरा के सामाजिक सरोकार

– डॉ. सुधाकर अदीब

सोलहवीं शताब्दी ईसवी की महान विभूति थीं मीराबाई। उन्होंने उस युग में वीरता की प्रतिमूर्ति, अपनी आन-बान-शान के लिए रणक्षेत्र में मर मिटने वाले राजपूतों की धरती राजस्थान में जन्म लिया था। मीरा कोई साधारण स्त्री नहीं थीं। सामन्तों के कुल में जन्मी थीं। वह भी एक राजकुल में। उनका विवाह भी एक और बड़े राजकुल में हुआ था। ऐसा राजकुल जिससे भारतीय इतिहास का गौरव जुड़ा हुआ है। वीरों के कुल में जन्म लेने के कारण स्वाभिमान मीरा के रक्त में था और एक वैष्णव भक्ति सम्पन्न परिवार से सम्बन्धित होने के नाते भक्ति रस मीरा को घुट्टी में मिला था। उनके व्यक्तित्व के विकास में उनके पीहर में उनके पितामह से लेकर माता-पिता सभी ने उनका पूरा साथ दिया। विवाहोपरान्त मीराबाई को उनके ससुराल में मिश्रित अनुभव हुए, जो कि कालक्रम में तीखे होते चले गये। जीवन के मीठे और कड़ुवे अनुभवों के संयोग ने आदर्श और यथार्थ के सम-विषम धरातलों से उन्हें परिचित कराया।

मीरा को जब महलों की घुटन भरी दुनिया ने आक्रान्त किया तो उन्होंने उसके बाहर के संसार पर दृष्टिपात किया। एक राजरानी ने महलों की ऊँचाई से नीचे झाँका तो उसे कोटि-कोटि जन का, वे जिस हाल में भी थे, अपने में मगन एक अनोखा संसार नजर आया। खेती करते किसान, घास का बोझा ढोती औरतें, बैलगाड़ियों और ऊँटगाड़ियों पर यात्रियों और माल-असबाब ले जाने वाले उनके गाड़ीवान, छोटे-बड़े व्यापारी, साधु-सन्त-फकीर, सैनिक और भिखारी। क्या नहीं था इस संसार में? मीरा ने देखा कि लोक के सीने पर बैठा राजतन्त्र राज कर रहा है। सर्वप्रथम मीरा ने अपने आसपास के परिवेश का लोकतांत्रीकरण किया। अपनी दासियों को अपनी सखियों का दर्जा दिया। उन्हें कोई भी प्रश्न पूछने की छूट दी। अपने सेवकों और सुरक्षा-सैनिकों से सद् व्हार किया। हर प्रकार के भेदभाव को समाप्त किया। मीरा अपने अंगरक्षकों, सेवकों, दासियों को पुत्रवत् एवं सखी-सम स्नेह देतीं तथा उन्हें अपने परिवार का सदस्य मानती थीं। उदारहृदया मीराबाई अपने मीरा महल के सभी सदस्यों के मध्य इसीलिए परम आदरणीया थीं। अपने से जुड़े हर व्यक्ति का वह बहुत ध्यान रखतीं। अपनी जागीरों की आमदनी को वह अपने अधीनस्थों के वेतनादि के अतिरिक्त उनके कल्याण के कार्यों यथा–प्रसूति, चिकित्सा, विवाह इत्यादि आवश्यकताओं की पूर्ति में भी व्यय करतीं। धार्मिक कर्तव्यों के निर्वहन और दैनिक हाथखर्च में तो ख़ैर मीराबाई आवश्यक व्यय करती ही थीं।

मीरा पुत्री रत्न सिंह राठौर का विवाह एक कूटनीतिक सन्धि के अन्तर्गत, मेड़ता और मेवाड़ राज्यों में मैत्री-सम्बन्ध और प्रगाढ़ करने हेतु, भोजराज पुत्र सांगावत से हुआ था। मीरा मानसिक रूप से इस लौकिक विवाह बन्धन में बँधने को तैयार नहीं थीं। पर पीहर वालों की प्रबल इच्छा के आगे मीरा को समझौता करना

पड़ा। समाज में वैवाहिक संस्कार किसी भी पारिवारिक कन्या को सामाजिक अनुशासन में आबद्ध करने का सबसे महत्त्वपूर्ण चरण है। मीरा के सामाजिक सरोकार यहीं से नित नवीन रूप धारण करने लगे। मेड़ता से उसकी कुछ सखी सम दासियाँ, थोड़े से सैनिक और सेवक भी राजसी परम्परानुसार उनकी सेवा में चित्तौड़गढ़ साथ में भेजे गये। इन सबका ध्यान रखना मीरा अपना कर्तव्य समझती थीं। साथ आये गुरुवर गजाधर पण्डित के भी रहन-सहन की व्यवस्था मीरा जी ने सुनिश्चित की थी। पति भोजराज के साथ दाम्पत्य जीवन का निर्वाह और अपने गिरिधर नागर के विग्रह के नित्य पूजन-अर्चन के मध्य सन्तुलन बैठाने का कार्य रूपमती और गुणवती मीराबाई सम्यक रूप से करती रहीं। इसमें सौभाग्य से राजकुँवर भोजराज का भी पत्नी मीरा को पर्याप्त सहयोग मिला।

भोजराज की असामयिक मृत्यु के बाद मीराबाई के सामने सती-प्रथा को अपनाने का प्रश्न आया, जिसे मीरा ने दृढ़ता से अस्वीकार दिया। उन्होंने अपने लिए सात्त्विक जीवन युक्त वैधव्य को चुना। उसके बाद देवर विक्रमादित्य के राज्यकाल में मीराबाई पर जो दुख-कष्ट आये, सब बहुत धैर्य एवं साहस के साथ उन्होंने सहे। श्रीकृष्ण की कृपा और उनकी परमसत्ता में मीरा को अटूट विश्वास था। उसी आस्था के फलस्वरूप उन्होंने हँसते-हँसते हर बड़े से बड़े संकट को पार किया।

मीरा चाहे चित्तौड़ में रहीं चाहे मेड़ता में, चाहे वृन्दावन और द्वारका में, जो भी स्त्री-पुरुष उनके सम्पर्क में आये मीरा ने उन्हें ईश्वर भक्ति, स्वयं पर विश्वास रखने, सन्तोष और धैर्य के साथ जीवन जीने, आडम्बरों और पाखण्ड से दूर रहने, संसार की नश्वरता, काम-क्रोध-लोभ-मोह से बचने, अभिमान न करने, अपने हृदय को निर्मल करने जैसे उपदेश अपने सन्त स्वभाव के अनुकूल दिये। जैसा आचरण सन्त मीरा का स्वयं का था वैसी ही शिक्षा वह अपने भजनों के माध्यम से समाज और संसार को देती थीं। ऊँच-नीच-भेदभाव से कोसों दूर इस सामन्ती महिला ने साधन सम्पन्न होते हुए भी पहनने-ओढ़ने और खान-पान विषयक सभी निजी स्तरों पर एक अत्यन्त सादा और साधारण जीवन व्यतीत किया। मीरा स्वयं को श्रीकृष्ण की ब्याहता मानती थीं। अत: कुसुम्बी साड़ी अथवा लहँगा-चोली जैसे फूलदार वस्त्र और दो-एक आभूषणों सहित एक विवाहिता-सा शृंगार प्राय: कर लेती थीं। विरह की अनुभूति जब जोर मारती तो भले ही जोगिया-परिधान कुछ समय को धारण कर लेती हों। ऐसा अनुमान है। परन्तु मीराबाई दीन-दुखी-दलितों और विशेषकर स्त्रियों के लिए सदैव सहज सुलभ थीं। यदि कोई अपनी पारिवारिक या सामाजिक समस्या के लिए मीरा जी से सम्पर्क करता तो उसे यथोचित सलाह वे अवश्य देतीं।

मीराबाई का सम्पूर्ण काव्य उनके सामाजिक सरोकारों का स्पष्ट प्रमाण है। अपने लिए जिन व्यवहारों और निर्देशों को उन्होंने अनुचित माना उनका उन्होंने विरोध ही नहीं किया, अपने अनेक पदों में खुलकर उल्लेख भी किया। इसी तरह मानव समाज को भी मीरा ने अनेक स्थलों पर अपनी कविता के माध्यम से सीख दी है। मीरा की विनम्रता उनकी कविता में प्रबल है। यदि वह लोगों को उपदेश भी देती थीं तो बात को प्राय: स्वयं पर ढाल कर ही कहती थीं—

भज मन चरण कँवल अविनासी।
जेताई दीसे धरनि गगन बिच, तेताई सब उठि जासी।

मीरा कहती हैं—हे मन! अविनाशी श्रीकृष्ण के चरण कमलों का भजन करो। धरती और आकाश के बीच

जो कुछ भी दिख रहा है, सब नष्ट हो जायेगा। मीरा यहाँ संसार की नश्वरता का उल्लेख कर भक्ति-भाव की श्रेष्ठता की ओर लोक का ध्यान आकर्षित करती हैं।

एक कुलीन स्त्री का लोकाचार दुर्लभ अवसरों पर ही सम्भव होता है। परन्तु मन्दिरों में भजन-कीर्तन और साधु-संगत का जो मार्ग मीराबाई ने खोजा, उसके कारण ही वे आमजन के नैकट्य को भी प्राप्त कर सकीं। रही-सही कसर मीरा के ह्रदय की अतल गहराई से निकले पदों ने, उनकी गेयता ने, उनकी सीधी-सरल भाषा ने पूर्ण कर दी। मीरा की भावाभिव्यक्ति को लोक ने हाथों हाथ, बिना किसी कठिनाई के, अपनाया। इसीलिए एक मुख से दूसरे मुख तक मीरा के भजनों का गायन और प्रचार-प्रसार स्वयमेव होता गया। मीरा अपने भक्तिपरक भजनों से जितनी लोकप्रिय हुईं, उन पर हो रहे अन्यायों के प्रतिरोध को व्यक्त करने वाले उनके पदों और उनसे जुड़े चमत्कारों की किंवदन्तियों इत्यादि के कारण भी वे कोई कम चर्चित नहीं हुईं–

राणा जी थें जहर दियो म्हें जाणी।
जैसे कंचन दहत अगिन में, निकसत बाराँवाणी।

राणा जी! तुमने मुझे जहर दिया, यह मैं जान गयी हूँ। विषपान फिर भी किया मीरा ने। वे आगे कहती हैं कि मैं सतायी जाने से वैसे ही खरी हो गयी हूँ जिस प्रकार सोना आग में दहकाये जाने के बाद बारह वाणी का अर्थात् खरा सोना बन जाता है।

निश्चय ही अहिंसक-प्रतिरोध में बड़ी शक्ति है। कदाचित् मीराबाई की इसी आन्तरिक शक्ति को पहचानकर उनकी जीवनलीला के चार सौ वर्ष बाद महात्मा गांधी ने उनके व्यक्तित्व से प्रेरणा ग्रहण की और भारत के स्वाधीनता आन्दोलन के दौरान सत्य और अहिंसा के मन्त्र भारतवासियों को देते हुए मीराबाई को गांधी जी ने *प्रथम सत्याग्रही* कहा था। छायावादी कवयित्री महादेवी वर्मा, जो आधुनिक-मीरा कहलाती हैं, ने मीराबाई को *मध्ययुगीन नारी के विद्रोह का प्रतीक* और *कृष्णभक्ति आन्दोलन की समर्थ नायिका* बताया था। अत: कल्पना की जा सकती है कि अपने युग की जिस असाधारण स्त्री ने अपने जीवनकाल के सैकड़ों साल बाद अपने विचारों से जनमानस को इतना उद्वेलित किया और सत्याग्रह का मार्ग दिखाया, उसने अपने समय में अपने आसपास के व्यक्तियों एवं समाज विशेषकर स्त्री-समाज को कितना प्रभावित किया होगा।

सामाजिक रूढ़ियाँ किसी साहसी व्यक्ति के द्वारा अनवरत झकझोरे जाने पर भले ही तत्कालीन प्रतिक्रियाओं और आलोचनाओं को जन्म दें, परन्तु कालक्रम में वे परिवर्तन का मार्ग अवश्य पकड़ती हैं। मीरा का सती-प्रथा के मुखर विरोध का स्वर राणा कुल के अनेक सदस्यों को भले ही रास न आया हो, परन्तु उसकी गूँज ने चित्तौड़गढ़ की पत्थर की दीवारों को लाँघ कर समस्त वातावरण में एक कालभेदी प्रतिध्वनि अवश्य की। भारत में राजस्थान और बंगाल में ही सती-प्रथा का अमानवीय स्वरूप विशेष प्रचलित था। 16वीं शताब्दी ई. की विभूति मीराबाई की भाँति बंगाल में वहाँ के 19वीं शताब्दी ई. के समाज सुधारक राजा राममोहन राय आगे आये और उन्होंने सती-प्रथा के विरुद्ध एक जोरदार आन्दोलन चलाया। उसको कानूनी तौर पर बन्द कराया।

मीराबाई जैसे दुर्दम्य व्यक्तित्व श्रीराम और श्रीकृष्ण की भाँति सुख-दुख में समान रूप से स्थिर एवं अविचल रहते हैं। महल और वनवास दोनों ही उनके लिए एक समान हैं। धैर्य एवं आत्मसन्तोष ऐसे महान चरित्रों का सच्चा आभूषण होता है। ऐसी ही थीं मीराबाई और जनसाधारण के लिए ऐसा ही था उनका सन्देश भी–

करना फकीरी क्या दिल गीरी,
सदा मगन मन रहना जी।
कोई दिन बाड़ी तो कोई दिन बंगला,
कोई दिन जंगल रहना जी।

मीराबाई लोगों को चेताती हैं कि मनुष्य योनि में जन्म पूर्वजन्म के पुण्यों के प्रकट होने पर ही प्राप्त होता है। ऐसा जन्म बार-बार नहीं मिलता। मीरा इस असार संसार में सत्कर्म कर मनुष्यों को मोक्ष प्राप्त करने की प्रेरणा देती हैं।

मीरा का स्पष्ट मानना था कि मन की मैल धोए बिना, मात्र स्नान तिलक करने से भक्ति का फल प्राप्त नहीं हो सकता। व्यक्ति को काम-क्रोध विषयासक्तियों से बचने का प्रयत्न करना चाहिए। यदि उन्हें ईश्वर के अनुग्रह की प्राप्ति करनी है–

यहि विधि भक्ति कैसे होय।
मन की मैल हिय तैं न छूटी, दियो तिलक सिर धोय।

मीराबाई का आध्यात्मिक ज्ञान विशद था। अपने पूर्वकालीन भक्तों के नाम और सभी वृत्तान्त भक्तिमती मीरा को विदित थे। वह लोक में संकीर्तन करते हुए औरों को भी उनसे परिचित कराती थीं और अपने मुरली मनोहर से उन्हीं की भाँति अपने भी उद्धार की विनती करती थीं। सत्पुरुषों और सन्तों के दृष्टान्त समाज के कल्याण हेतु दिशावाहक होते हैं। मीरा एक पद में कहती हैं–

धना भक्त का खेत जमाया, कबिरा का बैल चराया।
शबरी का जूठा फल खाया, काज किये मन भाया।
सदना औ सेना नाई को, तुम लीन्हा अपनाई।
करमा की खिचड़ी खाई तुम, गणिका पार लगायी।

यह वस्तुतः भक्ति आन्दोलन का ही प्रभाव था जिसने हिन्दू धर्म में व्याप्त जातिगत भेदभावों, ऊँच-नीच, अस्पृश्यता जैसी बुराइयों का विरोध कर सभी भक्तों को भगवान की दृष्टि में समान बताना शुरू किया था। भक्ति-आन्दोलन में एक प्रकार से नवीन सामाजिक चेतना के ही बीज छिपे हुए थे। सच्ची भक्ति मनुष्यों में जाति-वर्ग के भेदभाव की जगह एकता और बन्धुत्व का ही संचार करती है। मीरा जी ने भी जन-जन में एकता का भाव रोपकर उनका आत्मज्ञान ही नहीं, आत्मगौरव भी जगाया। दीन-दरिद्रों में व्याप्त हीनताबोध का परिहार किया। मीराबाई के उपर्युक्त भजन में भी विभिन्न जाति वर्ग के भक्तगण की महिमा का गान हुआ है। ईश्वर की दृष्टि में सभी मनुष्य एक समान हैं।

तीर्थों में भटकने वाले लोग आत्मज्ञान के अभाव में व्यर्थ में सारा जीवन भटकते हैं। मीरा के अनुसार उनके गिरिधर नागर की भक्ति का मार्ग सबसे सहज सुलभ है। श्रीकृष्ण की भक्ति की महत्ता प्रतिपादित करती मीरा कहती हैं–

पानी में मीन पियासी, मोहे सुन-सुन आवत हाँसी।
आत्मज्ञान बिन नर भटकत है, कहाँ मथुरा कहाँ कासी।

अभिमान असफलता का मूल है। व्यक्ति को गर्व नहीं करना चाहिए। उसका गर्व ही उसे ले डूबता है। एक जगह वह रावण, इन्द्र आदि के प्रभु द्वारा गर्व हनन के उदाहरण देती हैं। इसी पद में मीरा सागर का जल खारा हो जाने का पौराणिक दृष्टान्त देती हैं—

हरि से गरब किया सोई हारा।
गरब किया रतनागर सागर, जल खारा कर डाला।

मीरा जब एक हाथ में अपना एकतारा और दूसरे में खड़ताल बजाकर हरि कीर्तन करती तो श्रोताओं की भीड़ उन्हें तन्मय होकर सुनती। लोग अपने दैनिक जीवन के दुख-कष्टों को भूल जाते। एक परम साध्वी के दिव्य सौन्दर्य एवं तेजोमय व्यक्तित्व को सन्मुख पाकर उसकी सिखावन में साधारण नर-नारियों को परम विश्रान्ति का अनुभव होता। मीरा गातीं और वे झूम-झूम के सुनते—

नित न्हाने से हरि मिलै तो, जल जन्तु होई।
फल-फूल खाके हरि मिलै तो, बाँदर-बाँदरा होई।
तिरन भखन से हरि मिलै तो, बहुत मृगी अजा।
स्नेह छोड़के हरि मिलै तो, बहुत वत्स बाला।
मीरा कहै बिन प्रेम के, नहीं मिले नन्दलाला।

मीरा की काव्योक्तियों का अर्थ ग्रहण करना प्रायः सभी के लिए सरल था। वह दूसरे कवियों की तरह कविता में बौद्धिक चमत्कार की पक्षधर न थीं। लक्षणा-व्यंजना से बचकर मीराबाई प्रायः अभिधा शब्दशक्ति में ही सीधे-सीधे अपने उद्‌गार व्यक्त करती थीं। यहाँ भी वह पाखण्डों का उपहास करती दिखती हैं और श्रीकृष्ण को पाने का सरलतम उपाय लोगों को देती हैं—प्रेमाभक्ति। भगवान तो केवल प्रेम के भूखे हैं। अनेक सन्तों की भाँति मीरा ने इस सिद्धान्त का प्रतिपादन भक्तिमार्ग में किया। परन्तु भक्तिमती मीराबाई के अनुसार प्रभु श्रीकृष्ण के माधुर्यमय रूप में अटका प्रेम विह्वल मन भी सम्पूर्ण समर्पण माँगता है।

मीरा जैसी आस्था, मीरा जैसी भक्ति, मीरा जैसी करुणा और मीरा जैसा प्रेमभाव जिस मनुष्य में जग जाये वह मनुष्य जीते-जी जीवन मुक्त हो सकता है। मीरा आजन्म इसी प्रयत्न में लगी रहीं। स्त्री-मुक्ति और सामाजिक समरसता ये दो प्रमुख लक्ष्य मीरा जी के सामाजिक सरोकारों का हिस्सा थे। कृष्ण-भक्ति उन सरोकारों की सूत्रधार थी।

सन्त मीरा अपने महागान के माध्यम से आज जन-जन में व्याप्त हैं। स्त्री-अस्मिता के लिए उनका प्रतिरोध और समाज उत्थान के प्रति मीरा का दिव्य-भाव आज और अधिक प्रासंगिक है। मीराबाई का जीवन-संघर्ष अद्‌भुत एवं अनुपमेय था। उनका अमर काव्य साहित्यपर्यन्त संसार और समाज को प्रेरणा देता रहेगा।

भवसागर सब सूखि गयो है

—उमेश प्रसाद सिंह

भवसागर में डूबते भक्तों की चीख-पुकार आपने सुनी होगी। डूबने-उतराने की दुर्दान्त दुर्दशा से दुष्क्रान्त लोगों की पार लगाने की पुकार भी आपने सुनी होगी। ग्लानि में गरती हुई गुहार भी आपके कान में जरूर पड़ी होगी। संसार सागर को तर जाने की कातर पिपासा से भक्ति साहित्य का गरगराना किसने न सुना होगा। मगर यह सब मीरा की कविता में नहीं है। मीरा की कविता प्रेम की कविता है।

मीरा के लिए प्रार्थना भिखमंगों का कारोबार नहीं है। भिखमंगे केवल वे ही नहीं होते जो कटोरा लेकर सड़क पर पेट के लिए कुछ माँगते फिरते हैं। भिखमंगों की बिरादरी में ये सबसे छोटे भिखमंगे हैं। भिखमंगे वे भी हैं जो राजा की शक्ल में हैं मगर वे भी अस्त्र-शस्त्र की भाषा में सैनिकों के हाथ से पड़ोसी राज्य पर अपना अधिकार माँगते हैं। भिखमंगे वे भी हैं, जो अपनी विद्वत्ता और कला की श्रेष्ठता सिद्ध करने के लिए अपने मन में पुरस्कार की याचना पालते हैं। भिखमंगे वे भी हैं जो दुनिया की भयावहता से भयभीत होकर उससे मुक्ति के लिए भगवान से कृपा की भिक्षा माँगते हैं। यह सब स्वार्थ है, भयानक स्वार्थ। यह सब क्षुद्रता है। यह सब भक्ति नहीं है। प्रेम नहीं है। प्रेम और भक्ति के वेश में क्षुद्रता का स्वाँग है।

प्रेम विराट है। किसी भी तरह की लघुता का, रिक्तता का विलोप ही प्रेम है। प्रेम, प्यास नहीं है। प्रेम परितोष की पुलक है। भरे होने का भाव ही प्रेम है। भरे होने के कारण जो छलक छलक पड़ता है, वही प्रेम की व्यंजना है। जहाँ कुछ लेने का अवकाश ही नहीं है, वहीं प्रेम है। किसी भी तरह की चाह प्रेम नहीं है। प्रेम का प्रतिभास है। प्रतिभास हमेशा अवास्तविक होता है। चाह चाहे जितनी भी बड़ी हो, वाचक तो रिक्तता की ही है। रिक्तता हमेशा लघुता में होती है। मुक्ति की भी चाह महिमामय भले लगे मगर वह भी तो लघुता में होती है। मुक्ति की भी चाह महिमामय भले लगे मगर वह भी तो लघुता की ही व्यंजना है। मुक्ति अहं की ही हो सकती है। अस्तित्व की मुक्ति का सवाल ही नहीं उठता है। अस्तित्व सनातन है। उसके लिए मुक्ति का सवाल ही नहीं उठता है। अस्तित्व सनातन है। उसके लिए मुक्ति एक बेमतलब का शब्द है, जिसका कोई अर्थ नहीं होता। अहं क्षुद्र है। अस्तित्व विराट है। अहं की उपासना लघुता की उपासना है। अस्तित्व की उपासना विराट की उपासना है। लघुता की उपासना लेन-देन का व्यापार है। विराट की उपासना प्रेम है। मीरा की कविता में प्रेम है। मीरा की आँखों में प्रेम है, वाणी में प्रेम है, नृत्य में प्रेम है। मीरा प्रेममय है। मीरा अस्तित्व में विलीन है। मीरा प्रेम में विलीन हैं। मीरा नहीं है, कहीं भी अपनी कविता में, प्रेम है। मीरा नहीं है इसलिए प्रेम है। प्रेम ने ही अपना नाम मीरा रख लिया है। मीरा ने प्रेम को पा लिया है। कुछ पाकर छिपाया नहीं है। जो पाया है, उसे ही गाया है—*पायो जी, मैंने राम रतन धन पायो।*

मीरा ने रतन धन पा लिया। जितने भी तरह के धन हैं, उनमें जो सबसे श्रेष्ठ है, उसे पा लिया। मीरा ने वह पा लिया, जिसको पाकर कुछ भी पाना शेष नहीं रह जाता। वह धन क्या है? वह धन राम रतन धन है। राम, जो सबमें है। जो समस्त जड़-चेतन, जीव-जगत् में है, राम है। राम अविनाशी अस्तित्व का पर्याय है। मीरा ने राम को पा लिया। मीरा ने अपने को पा लिया। अपने अस्तित्व को पा लिया। मीरा अस्तित्व में स्थित हो गयीं। अस्तित्व में होने का मतलब समस्त जीव-जगत् में होना। सम्पूर्ण जगत् मीरा का अपना हो गया। कुछ भी दूसरा नहीं, दूसरे का नहीं रह गया। द्वैत का न रह जाना ही सबसे बड़ी उपलब्धि है। अद्वैत ही सबसे श्रेष्ठ धन है। एक रियासत नहीं, एक राज्य नहीं, एक राष्ट्र नहीं, समूचे जगत् का अपना हो जाना सचमुच कितना स्पृहणीय है। इसीलिये मीरा इसे 'अमोलक' कहती हैं। जिसका कोई मूल्य है ही नहीं। जो संसार के सारे मूल्य के मानकों का अतिक्रमण कर जाता है, वह अमूल्य धन मीरा को प्राप्त है।

मीरा सबमें हैं और सब मीरा में है, इसलिए मीरा का कहीं आना-जाना नहीं है। कुछ लेना-देना नहीं है। द्वैत की पूरी तरह से निरस्ति की स्थिति को मीरा की कविता व्यंजित करती है। अपने प्रेम की प्रकृति को मीरा कविता में इतने सहज, सरल और संक्षिप्त रूप में व्यक्त कर सकीं हैं कि मन उनके अभिव्यंजना कौशल पर लुब्ध हो जाता है—

सबके पिया परदेस बसत हैं, लिखि-लिखि भेजत पाती।
मोरे पिया मोरे हिय में बसत हैं, ना कहुँ आती न जाती।।

कहीं आना-जाना नहीं है। मीरा अपने प्रिय में हैं। अपना प्रिय अपनी मीरा में है। प्रिय और प्रेमी जब एक ही जगह हो जाते हैं तो दो नहीं रह जाते। दोनों जब नहीं रह जाते, सिर्फ प्रेम रह जाता है। मीरा की कविता अद्वैत प्रेम की कविता है।

मीरा की कविता में प्रार्थना, अभ्यर्थना है। अर्चना है। आनन्द के आन्दोलन की अभिव्यक्ति है। मीरा की प्रार्थना प्रिय में प्रेमी के समाहित हो जाने की प्रार्थना है। दृश्य में द्रष्टा के विलीन हो जाने की प्रार्थना है। मीरा की प्रार्थना नन्दलाल के आँखों में बस जाने की प्रार्थना है। आँखों में नन्दलाल के होने का मतलब बड़ा विलक्षण है। आँखों में नन्दलाल के होने का अर्थ, सब कुछ का नन्दलाल ही हो जाना है। आँखों में जो है, वही सब जगह, सबमें दिखाई देता है। देखने वाला भी वही है, दिखने वाला भी वही। मीरा की आँखों के आगे संसार है मगर मीरा की आँखों में संसार नहीं है। मीरा संसार में हैं मगर मीरा में संसार नहीं है।

संसार भेद में है। संसार द्वैत में है। स्त्री-पुरुष, सबल-निर्बल, धनी-गरीब, बड़ा-छोटा, दुखी-सुखी के द्वैत में संसार की अस्मिता है। संसार की अस्मिता अहं के साम्राज्य में है अस्तित्व के साम्राज्य में संसार की अस्मिता नहीं है। अस्तित्व में सिर्फ प्रेम की अस्मिता है। अस्तित्व में जब अहं डूब जाता है संसार नहीं रह जाता, सब कुछ सिर्फ प्रेम हो जाता है।

मीरा में संसार के न होने के कारण ही सांसारिक मर्यादाओं का अभाव हो जाता है। सामाजिक मर्यादाओं का उनमें कोई भाव ही नहीं है। उनका कोई अर्थ ही नहीं है उनके लिए।

कुछ लोग कहते हैं, मीरा ने सामाजिक मर्यादाएँ तोड़ दीं। कुछ कहते हैं, मीरा ने सामाजिक रीतियों पर कुठाराघात किया। कुछ कहते हैं, मीरा की कविता में विद्रोह है, सामाजिक मूल्यों के प्रति। जब लोग कहते हैं, इसके पीछे जरूर उनके तर्क होंगे। तथ्य होंगे।

मगर जो मुख्य बात है प्राय: उसकी तरफ हमारा ध्यान नहीं जाता। मीरा ने जब अस्तित्व के सच को जान लिया, जब उन्होंने प्रेम के स्वरूप को पहचान लिया, जब उन्होंने आन्तरिकता की तह में स्थित जीवन सत्य को आत्मसात कर लिया तो पूरा लोक जीवन और लोक जीवन के व्यवहार का समूचा झूठ व्यर्थ हो गया। समूचा झूठ उनकी नजर के सामने भहराकर गिर गया। मिट गया। जिसका वजूद ही नहीं उसकी परवाह ही क्या? जिसका वजूद ही नहीं, उसकी उपेक्षा कैसी? उसका उपहास क्या?

प्रेम को पाते ही मीरा के लिए संसार नहीं रह गया। मगर संसार के लिए मीरा रह गयी। लोगों ने कहा, मीरा पागल हो गयी। मीरा की सास ने कहा, मीरा कुलनाशिनि हो गयी। मीरा ने कुछ नहीं कहा। उन्होंने न पागल कहने वाले लोगों को कुछ कहा न सास को कुछ कहा। मीरा पैरों में घुँघरू बाँधकर नाचती रहीं, असीम आनन्द के आँगन में। उनके नृत्य से अगर कोई कुल नाश को प्राप्त हो इसमें मीरा का क्या दोष। मीरा कहतीं भी तो क्या कहतीं। जो कुछ वे नहीं कर रही थीं उसे लोग कह रहे थे कि कर रही हैं। जो कुछ वे कर रही थीं, उसे लोग देख ही नहीं रहे थे। समझ ही नहीं रहे थे। उसे समझने में उनकी रुचि ही नहीं थी। मीरा सब सुन-सुन कर हँसती रहीं।

मीरा की कविता में उपहास नहीं है। परिहास नहीं है। मीरा की कविता में केवल हास है। वे कहती हैं—*सुन-सुन आवत हाँसी*। मूर्खता को समझदारी की तरह बोलते देखकर हँसी आती है। न समझे जाने की पीड़ा को पचाकर हँस भर देना मामूली कलेजे के दम का नहीं है। यह अद्भुत साहस और अडिग संयम मीरा की कविता में विलक्षण व्यंजना का श्रृंगार करता है। मीरा की कविता में व्यंजना शब्दों में नहीं है। वह शब्दों से ध्वनित होने वाले अर्थ में भी नहीं है। मीरा की कविता की व्यंजना अर्थप्रभाव के सुदूर उपान्त इलाके के सन्नाटे में गूँजती है, जो प्राय: आवाजाही से अछूता है। मीरा बोध की उस जमीन में कविता के बीज बोती हैं, जिसे बंजर समझकर दुनिया ने छोड़ रखा है। मीरा की कविता परती प्रदेश में हरीतिमा के अकल्पित वैभव की कविता है। यह कविता औचक में अचम्भित करती है। जो कविता अचम्भित और स्तम्भित करती है उसका प्रभाव धीरे-धीरे होता है। जब होता है तो उसकी प्रगाढ़ता इतनी प्रगल्भ और निर्विकल्प होती है कि अपने से अलग नहीं होने देती।

मीरा की कविता प्रयत्न की नहीं, परिणाम की कविता है। उसमें जटिलता के ताने-बाने नहीं हैं, सादगी की शुभ्रता है। उसमें राग के अद्वेलन की हलचल नहीं है, रसतोष का आह्लाद है। मीरा आह्लाद की प्रतिमूर्ति हैं। आह्लाद उनमें सजता है, उनकी वाणी में बजता है। उल्लास की तरंगें आनन्द की क्रीड़ा में इतनी तल्लीन हैं कि उसमें पड़कर विषाद का सारा अवसाद घुलकर चमक उठता है। मीरा के आनन्दपूत जीवन बोध में कुछ भी विषैला नहीं बचा था। कुछ भी विषैला बचा न होने के कारण ही मीरा पर विष का कुछ भी प्रभाव नहीं हो सका था। मीरा की कविता बोध के धरातल पर किसी भी तरह के विष के प्रभाव से अप्रभावित कविता है। जीवन में व्याप्त विष के प्रभाव को निरस्त करने की शक्ति मीरा की कविता की शक्ति है।

मीरा की भक्ति बड़ी अद्भुत भक्ति है। मीरा का प्रेम बड़ा अनोखा प्रेम है।

जिस सागर में डूब जाने के डर से जाने कितनों का हलक सूख जाता है। जिस सागर की भयावहता से भयभीत होकर बड़ों-बड़ों का कलेजा काँप जाता है। जिस सागर के समक्ष खड़े होने से जाने कितने घिघियाने लगते हैं। गिड़गिड़ाने लगते हैं। बिलबिलाने लगते हैं। जाने कितने तर जाने की आकुलता से आक्रान्त न मालूम किसके किसके पाँव पड़ने लगते हैं। पाँव पूजने लगते हैं। अनगिनत लोग सागर में डूबने से पहले घबराहट में डूब जाते हैं। जाने कितने अपने प्रकाण्ड प्रयत्न में डूब जाते हैं, जो तैरने का हौसला नहीं रखते, वे नाव ढूँढ़ने

लगते हैं। नाविक ढूँढ़ने लगते हैं, बहुतेरे नाविक पर ही अपने को पूरा-पूरा ढाह देते हैं। पूरे-पूरे ढह जाते हैं, नाविक पर ही। वे नाविक की स्तुति गाने लगते हैं। प्रार्थना करने लगते हैं, याचना करने लगते हैं। अपनी अक्षमता को उजागर न होने देने के लिए तारनहार के ऊपर अपना सारा दायित्व डाल देते हैं। बड़े सस्ते में ऊबर जाने की तरकीब ढूँढ़ लेते हैं। अपने को भक्त घोषित कर देते हैं। मीरा की भक्ति ऐसी भक्ति नहीं है। मीरा विभक्ति में भक्ति नहीं देखतीं। मीरा वैसी भक्त नहीं हैं।

मीरा की भक्ति मुक्ति के लिए नहीं है। मीरा जानती हैं विभक्ति के बीच मुक्ति सम्भव नहीं है। द्वैत के रहते मुक्ति केवल कल्पना है। भक्ति में मुक्ति अन्तर्मुक्त है। मुक्ति के बाद ही भक्ति का उदय होता है। भक्ति प्रयत्न नहीं है। परिणाम है। भक्ति एक स्थिति है। चेतना की एकदशा है। चेतना के सनातन प्रवाह का अवबोध है। अस्तित्व के अभिज्ञान का अभिधान है। भक्ति घटित होती है। प्रेम का उदय होता है। प्रेम का प्रकाश अस्तित्व की सम्पूर्ण अस्मिता को प्रकाशित करता है। प्रेम अनन्त अस्तित्व की अभ्यर्थना का मन्त्र है। अहं का मिट जाना ही मुक्ति है। अहं ही सागर है। अहं ही संसार है। संसार सागर के ही पार जाना है।

संसार सागर तभी तक है, जब तक अहं है। जब तक अस्तितत्व का बोध नहीं है। अहं का मिट जाना ही मुक्ति है। अहं का मिट जाना ही संसार का मिट जाना है। अहं का मिट जाना ही सागर का सूख जाना है। सागर को पार करना एक परिकल्पना है। एक सम्भावना है। सागर का सूख जाना सचाई है। सचाई का बोध है।

जिस सागर को सामने गरगराते देखकर औरों का कलेजा फटने लगता है, वह सागर मीरा के सामने सूखा पड़ा है। सूख गया है। वह है ही नहीं। मीरा कहती है—*भव सागर सब सूख गयो है।*

संसार सूख गया है। सागर सूख गया है। सागर है मगर उसमें जल नहीं है। संसार है अपनी जगह पर मगर उसमें कोई रस नहीं है। रस ही लगाव पैदा करता है। संसार से रस ग्रहण की वृत्ति ही, सागर में जल है। इसी में डूबने का डर है। खतरा है। सागर में जल ही नहीं है, तो डूबने का क्या डर। तरने का, तैरने का, पार जाने का क्या प्रयोजन। बिना जल के तैरना कभी हो सकता है, क्या? यह सब मिथ्या का पचड़ा है। मीरा कहती हैं—*आस नहीं मोंहि तरनन की।*

मीरा को पार जाने की कोई फिक्र ही नहीं है। सागर सूख गया है। वे जहाँ है, अनन्त की अस्मिता में हैं। अछोर का, असीम का कोई पार है क्या? कोई किनारा है क्या? असीम के पार कुछ और है क्या? नहीं। और कुछ नहीं है, वही है। वही इस पार भी है। वही उस पार भी है। वही यहाँ भी है, वही वहाँ भी है। फिर कहाँ जाना है? दुनिया नाहक हलकान हो तो हो मीरा को तरने की आस ही नहीं है। भक्ति की शक्ल में पार जाने की, तर जाने की भ्रान्ति जहाँ न जाने कब से खड़ी है, मीरा कब की उसके पार है। मीरा की भक्ति भय की भक्ति नहीं है, भ्रान्ति की भक्ति नहीं है। मीरा की भक्ति, प्रेमभक्ति है।

प्रेम का मतलब सम्पूर्ण का समाहन। जब सम्पूर्ण अपने में समा आता है, प्रेम हो जाता है। प्रेम होने का मतलब पूर्ण हो जाना है। पूरी तरह भर जाना ही प्रेम है। किसी भी तरह के अभाव का अभाव ही प्रेम है। अभाव से ही आशा उपजती है, इच्छा जनमती है। मीरा का प्रेम भरा हुआ प्रेम है। भरे हुए होने का प्रेम है। भरा हुआ, खाली को समझ सकता है। मगर खाली-खाली भरे का भाव नहीं समझ सकता। मीरा की कविता के साथ यही असुविधा है। भरे हुए के बोध को, खाली मन से समझने की मुश्किल मीरा की कविता को समझने की मुश्किल है। मीरा की कविता खालीपन को मेटने के आमन्त्रण की कविता है।

प्रेम वह है, जो अपने से पल भर भी बाहर जाने का अवकाश नहीं देता। प्रेम वह है, जो हमेशा अपने में ही रहने की प्रफुल्लता को सींचता रहता है। सींच-सींचकर पलुहित करता रहता है। मीरा की कविता प्रेम में होने की कविता है।

मीरा कविता की राजरानी हैं। महारानी हैं। कुछ भी होने का, कुछ भी पाने का भाव मीरा की कविता में किंचित भी नहीं है। याचना का मन्द-से-मन्द स्वर भी मीरा की कविता में कहीं नहीं है। किसी तरह की दीनता, किसी तरह की दासता से मीरा की कविता विमुख है। मीरा की कविता में जो दमकता हुआ आत्मदर्प है, वह भारतीय जाति के सनातन आत्मदर्प का आलोकित प्रतीक है। मीरा की कविता में प्रार्थना की गरिमा का शृंगार है। पूजा की मौलिक सुगन्धि है। प्रेम के गौरव की अभ्यर्थना है।

मीरा की भक्ति भय से उपजी हुई भक्ति नहीं है। मीरा की भक्ति भ्रान्ति से उपजी हुई भक्ति नहीं है। मीरा की भक्ति क्लान्ति से उपजी हुई भक्ति नहीं है। भय की सारी वजहों के होते हुए भी भय न होना मीरा की कविता की सबसे बड़ी शक्ति है। समूचे भक्ति काव्य में ज्ञान के आलोक का प्रेम के रंग में घुल जाना मीरा की कविता की विलक्षण मौलिकता है।

भक्ति काव्य के महिमामय विस्तार में मीरा का अलग रंग अलग से मोहित करता है। संसार सागर में जलपोत में बैठकर यात्रा करके पार पहुँच जाने की इच्छा रखने वाले बहुतेरे हैं मगर अपने पाँवों में घुंघरू बाँधकर सूखे सागर के तल में नृत्य का अनुष्ठान रचने वाली मीरा अकेले हैं।

हिन्दी आलोचना एवं इतिहास ग्रन्थों में मीरा

—अरविन्द सिंह तेजावत

मध्यकाल में मीरा की भूमिका को एक भक्त कवयित्री के रूप में सीमित करना मीरा के साथ अन्याय करने जैसा है। मीरा के व्यक्तित्व को केवल भक्त एवं कवयित्री की सीमा में बाँधना सम्भव नहीं है। मीरा ने न केवल मध्यकालीन सतीप्रथा के विरुद्ध प्रतिरोध का स्वर बुलन्द किया था वरन् तत्कालीन महाराणा के अत्याचारों के विरुद्ध सक्रिय आन्दोलन भी चलाया था। मेवाड़ के आरम्भिक इतिहासवेत्ता इस तथ्य से परिचित थे फिर भी यदि उन्होंने अपने इतिहास ग्रन्थों में इस सत्य की जानकारी नहीं दी तो इसके मूल में अनेक कारण विद्यमान थे जिनकी चर्चा यहाँ की जायेगी, परन्तु सबसे पहले यह जानना उचित होगा कि इतिहास ग्रन्थों में मीरा का क्या स्थान है एवं इतिहासवेत्ताओं ने उसे किस रूप में याद किया है।

वैसे तो मेवाड़ से सम्बन्धित प्रत्येक इतिहास ग्रन्थ में मीरा का जिक्र मिलता है परन्तु इन इतिहास ग्रन्थों में पाया जाने वाला मीरा सम्बन्धी विवरण प्रमाण और परिमाण दोनों ही दृष्टियों से अपूर्ण है। इस अपूर्णता की वजह जहाँ एक तरफ इतिहासवेत्ताओं पर उनके संरक्षकों का दबाव व भय था तो दूसरी वजह पुष्ट प्रमाणों का अभाव था। यहाँ पर केवल उन्हीं इतिहास ग्रन्थों की चर्चा की गयी है जिनका राजपूताने के इतिहास निर्माण में न केवल महत्त्वपूर्ण स्थान है वरन् जो राजपूताने के इतिहास की प्रामाणिक जानकारी भी उपलब्ध करते हैं।

इतिहास ग्रन्थों में मीरा का प्रथम उल्लेख मुंहता नैणसीरी ख्यात में मिलता है जिसमें मीरा के सम्बन्ध में कहा गया है—*भोजराज सांगावत्त। इणनुं, कहे छै मीराबाई राठोड़ परणाई हुती।*[1] ऐसा लगता है नैणसी मीरा के सम्बन्ध में और अधिक लिखना चाहते थे, विशेषत: महाराणा के विरुद्ध मीरा के प्रतिरोध के सम्बन्ध में, परन्तु वे ऐसा कर नहीं सके जिसके मूल में दो कारण विद्यमान थे। प्रथम कारण तो यही था कि उनका उद्देश्य मेवाड़ का विस्तृत इतिहास लिखना न होकर केवल मेवाड़ के इतिहास की जानकारी मात्र देना था। दूसरा नैणसी का सम्बन्ध मेवाड़ राज्य से न होकर मारवाड़ राज्य से था अत: उनकी रुचि मारवाड़ का विस्तृत इतिहास प्रस्तुत करने में थी, न कि मेवाड़ का इतिहास। ऐसा प्रतीत होता है कि नैणसी मीरा के पति भोजराज को मेवाड़ का पाटवी कुँवर न मानकर छोटा कुँवर ही मानते थे।[2] यह भी अनुमान होता है कि तत्कालीन मेवाड़ के सम्बन्ध में नैणसी के पास आधार सामग्री का अभाव था। दुर्भाग्यवश हमारे पास मेवाड़ क्षेत्र से ऐसी कोई ख्यात या अन्य इतिहास सम्बन्धी सामग्री नहीं मिलती जिससे मीरा के जीवन पर विस्तृत प्रकाश पड़ सके। मेवाड़ के इतिहास सम्बन्धी ग्रन्थ 'राणाजी री वात' से भी इस बारे में कोई विस्तृत जानकारी नहीं मिलती है।[3] यह बात गौर करने लायक है कि जहाँ नैणसी ने मेवाड़ की अन्य किसी कुँवराणी का जिक्र तक करना उचित नहीं समझा वहीं उसे मीरा का

जिक्र करना आवश्यक प्रतीत हुआ तो इसके मूल में कुछ कारण अवश्य ही विद्यमान रहे होंगे। प्रसंगवश यहाँ यह बता देना उचित होगा कि मेवाड़ की किसी ऐतिहासिक कृति में मीरा का उल्लेख करना सम्भव नहीं था क्योंकि ऐसा करने पर कृतिकार को महाराणा का कोपभाजन बनना पड़ता, परन्तु मारवाड़ के किसी कृतिकार द्वारा ऐसा करना सम्भव था क्योंकि महाराणा के प्रभाव की सीमाएँ मेवाड़ तक सीमित थीं न कि मारवाड़ तक विस्तृत।

मीरा कृष्ण की अनन्य भक्त के रूप में प्रसिद्ध थी। परिणामत: मेवाड़, मारवाड़ व गुजरात के लोगों ने उसे प्यार दिया, यह सत्य का केवल एक पक्ष है। मीरा की लोकप्रियता की और भी अनेक वजहें थीं जिनमें से प्रमुख वजह थी मीरा का प्रतिरोधी व्यक्तित्व। 'मीरा काव्य' से इस सम्बन्ध में हमें विस्तृत सामग्री प्राप्त होती है। मीरा में आम जनता के साथ घुलने-मिलने एवं उनका सहज साहचर्य प्राप्त कर लेने की अपूर्व क्षमता थी। मीरा आम जनता की भावनाओं से अवगत थी वह जनता के साथ मिलकर सत्ता प्रतिष्ठान के विरुद्ध मोर्चा लेना जानती थी। मेवाड़ क्षेत्र में प्रचलित अनेक किंवदन्तियाँ मीरा की इस प्रवृत्ति के सम्बन्ध में पुष्ट प्रमाण उपलब्ध करती हैं।

यह महज संयोग नहीं था कि मेवाड़ के आधुनिक इतिहासकार श्यामलदास ने चार खंडों में प्रकाशित 'वीर विनोद' (मेवाड़ का इतिहास) के दूसरे खंड की शुरुआत 'मीराबाई का हाल' नामक अध्याय से की है।[4] सूचना मिलती है कि श्यामलदास ने मीराबाई का विस्तृत जीवन परिचय एवं महाराणा के विरुद्ध उनके कार्यों के बारे में विस्तार से लिखना चाहा था परन्तु मेवाड़ के तत्कालीन महाराणा सज्जन सिंह के रुष्ट होने एवं दरबार में उनके प्रवेश पर प्रतिबन्ध लगने के बाद[5] उन्होंने 'वीर विनोद' के अन्य अनेक अध्यायों के समान मीरा सम्बन्धी अध्याय मात्र दो पृष्ठों तक सीमित कर दिया था। श्यामलदास ने मेवाड़ के इतिहास सम्बन्धी विभिन्न ग्रन्थों एवं मारवाड़ की ख्यातों का विस्तृत अध्ययन किया था।

मीरायुगीन इतिहास के सन्दर्भ में श्यामलदास के पास विस्तृत जानकारियाँ उपलब्ध थीं परन्तु उनकी मृत्यु के साथ ही वे समस्त जानकारियाँ काल-कवलित हो गयीं। 'वीर विनोद' से मीरा के सम्बन्ध में जो जानकारियाँ मिलती हैं वे इस प्रकार हैं। श्यामलदास ने ही पहली बार यह बताया था कि मीरा का पति भोजराज मेवाड़ का पांटवी कुँवर था।[6] उन्होंने मीरा द्वारा चित्तौड़ में मन्दिर निर्माण की भी बात कही है।[7] इन दो बातों से चित्तौड़ दुर्ग में मीरा के प्रभाव का अनुमान लगता है। साथ ही यह भी स्पष्ट होता है कि मीरा की रुचि काव्य रचना तक सीमित न होकर स्थापत्य व कला के अन्य क्षेत्रों तक विस्तृत थी। इसमें मीरा के बहुमुखी व्यक्तित्व का पता चलता है। इस बात के भी पुष्ट प्रमाण मिलते हैं कि मीरा मेवाड़ राज्य में स्थित पुर व माँडल परगनों के राजस्व का उपभोग करती थी।[8] इस राजस्व राशि से ही उसने 'मीरा मन्दिर' का निर्माण करवाया था। पुर एवं माँडल से प्राप्त राजस्व के कारण ही वह अपनी सार्वजनिक गतिविधियों का सुचारु रूप से संचालन कर सकी थी। प्रसंगवश उल्लेखनीय है कि श्यामलदास ने मीरा को धार्मिक एवं साधुसन्तों का सम्मान करने वाली माना जो विराग के गीत बनाती एवं गाती थी।[9] नैणसी ने मीरा को भक्त नहीं माना था, बस इतना कहा था कि वह मेवाड़ कुँवर भोजराज की पत्नी थी जबकि श्यामलदास ने मीरा की केवल धार्मिक प्रवृत्तियों की चर्चा की, तो इसके मूल में अनेक कारण विद्यमान थे। श्यामलदास पूर्ववर्ती इतिहासकारों के 'दुस्साहस' का दण्ड एवं उनकी प्रशंसा प्रवृत्ति का पुरस्कार जानते थे। वे मीरा के सम्बन्ध में लेखन की सीमा से परिचित थे, अत: इस बात की सम्भावना कम ही थी कि वे मीरा सम्बन्धी किसी 'विद्रोही' सत्य का उद्घाटन करते, वह भी तब जबकि उनके पास आवश्यक पुष्ट प्रमाणों का अभाव था।

कर्नल टॉड ने Annals and Antiquities of Rajasthan में मीरा के सम्बन्ध में अत्यन्त संक्षिप्त चर्चा की है।[10] यह ग्रन्थ 'नैणसी री ख्यात' के बाद एवं 'वीर विनोद' की रचना से पूर्व लिखा गया था। टॉड मीरा के कृतित्व से परिचित थे एवं उन्होंने मीरा के पदों की हस्तलिखित पाण्डुलिपियों को देखा था। वे मीरा के 'कवि–कर्म' से इतने अधिक प्रभावित थे कि उन्होंने मीरा के शेष कार्यों को पूर्णत: नजरअन्दाज कर दिया। किसी प्राच्यवादी इतिहासकार द्वारा ऐसा करना स्वाभाविक था। टॉड का इतिहास लेखन अनुमान एवं सुनी-सुनाई बातों पर आधारित था, अत: मीरा के सन्दर्भ में उनकी गम्भीर ऐतिहासिक भूलें[11] क्षम्य हैं। टॉड ने यदि मीरा के व्यक्तित्व के केवल एक पक्ष का साक्षात्कार किया तो विशेष आश्चर्य नहीं होना चाहिए वरन् उनकी इतिहास लेखन सम्बन्धी सीमाएँ समझने योग्य हैं।

मीरा के परवर्ती आलोचकों ने कर्नल टॉड एवं श्यामलदास द्वारा दी गयी मीरा विषयक जानकारियों का ही अनुसरण किया अत: इन आलोचकों की नजर में मीरा कृष्णासक्त भावुक भक्त ही बनी रही वे मीरा के क्रांतिकारी व्यक्तित्व का साक्षात्कार नहीं कर सके। उल्लेखनीय है कि मीरा काव्य के अधिकांश संग्रहकर्ता मीरा की कविता से तो परिचित थे; किन्तु उन्हें मेवाड़ के इतिहास की जानकारी नहीं के बराबर थी; फिर यह कैसे सम्भव था कि वे मीरा की कविता के बाहर व्याप्त ऐतिहासिक सत्य के आलोक में मीरा के व्यक्तित्व का साक्षात्कार कर पाते।

मीरा सम्बन्धी उपर्युक्त लेखन ने लगभग यह तय कर लिया था कि भविष्य में मीरा चरित्र की 'निर्मिति' किस रूप में होने वाली है। बाद की घटनाओं से यह स्पष्ट हो गया कि 'ऐतिहासिक भूलें' एवं दबाव में लिखा गया इतिहास ही मीरा के जीवन का वास्तविक इतिहास होने जा रहा था। रही-सही कसर मुंशी देवीप्रसाद ने पूरी कर दी। उपर्युक्त इतिहासकारों की मीरा सम्बन्धी अवधारणाओं के आधार पर मुंशी देवीप्रसाद ने मीराबाई का जीवन चरित्र लिखा।[12] इससे पहले यह स्पष्ट कर देना आवश्यक है, कि कर्नल टॉड ने मीरा-काव्य की उपलब्ध हस्तलिखित पांडुलिपियों के आधार पर मीरा को एक Romantic Poetess तथा श्यामलदास ने दबाव में आकर मीरा को बड़ी धार्मिक और साधुसन्तों का सम्मान करने वाली जो विराग के गीत बनाती थी, घोषित कर दिया था। जो वस्तुत: सत्य होते हुए भी अर्द्धसत्य ही था। मीरा के व्यक्तित्व के दूसरे पक्ष की चर्चा किसी ने नहीं की, न कर्नल टॉड ने एवं न ही श्यामलदास ने।

मुंशी देवीप्रसाद कृत 'मीराबाई का जीवन चरित्र' 1897 तक छपकर तैयार हो गया था।[13] जैसा कि उन्होंने स्वयं लिखा है यह पुस्तिका मारवाड़ और मेवाड़ में की गयी दरियाफ्त, भक्तमाल, टॉड के 'राजस्थान' और मीराबाई के जीवन चरित्र से जो ज्यादा सही बातें मालूम हुईं उसके आधार पर लिखी गयी थी।[14] अतर मीरा के सम्बन्ध में उनके द्वारा किसी नवीन तथ्य की जानकारी दिये जाने की सम्भावना कम ही थी। उन्होंने श्यामलदास से प्राप्त मीरा सम्बन्धी सूचनाओं को ही अपनी उक्त पुस्तिका में प्रस्तुत कर दिया था।[15] मुंशी देवीप्रसाद राजस्थान के प्रमुख इतिहासकारों में गिने जाते थे अत: मीरा के परवर्ती आलोचकों ने उनके मीरा सम्बन्धी विवरण को ही अन्तिम प्रमाण माना। इस प्रकार कर्नल टॉड एवं श्यामलदास द्वारा तैयार की गयी मीरा चरित्र की 'निर्मिति' को मुंशी देवीप्रसाद ने मजबूती प्रदान की।

महाराणा फतहसिंह ने जब 'वीर विनोद' की एक हजार मुद्रित प्रतियों को राजमहल के एक कक्ष में बन्द करवा कर कक्ष को सील करवा दिया था तब गौरीशंकर हीराचन्द ओझा ने चुपके से 'वीर विनोद' की एक प्रति को अपने पास रख लिया था। इस प्रकार 'वीर विनोद' को आधार बनाकर उन्होंने 'उदयपुर राज्य का

इतिहास' नामक ग्रन्थ दो खंडों में प्रकाशित करवाया। इस ग्रन्थ में उनके अपने शोध निष्कर्ष एवं इतिहास की विभिन्न पुस्तकों से प्राप्त जानकारियाँ भी सम्मिलित थीं। उक्त ग्रन्थ में ओझा द्वारा दिया गया मीरा सम्बन्धी विवरण, श्यामलदास द्वारा 'वीर विनोद' में दिये गये मीरा सम्बन्धी विवरण से केवल इस अर्थ में भिन्न था कि इसमें मुंशी देवीप्रसाद से उपलब्ध मीरा सम्बन्धी सूचनाओं को भी सम्मिलित कर लिया गया था, जैसा कि उक्त ग्रन्थ के 'कुँवर भोजराज और उनकी स्त्री मीराबाई' नामक अध्याय में प्रयुक्त शब्दावली से स्पष्ट होता है।[16] इस प्रकार पूर्ववर्ती इतिहासकारों द्वारा तैयार की गयी मीरा चरित्र की 'निर्मिति' को ओझा ने और भी अधिक मज़बूती प्रदान की।

1990 में डॉ. गोपीनाथ शर्मा ने 'भक्त मीराबाई' नामक पुस्तिका का प्रणयन किया था।[17] इस पुस्तिका में चित्तौड़ दुर्ग के तत्कालीन वातावरण एवं मेड़तिया–हाड़ा संघर्ष के आलोक में मीरा के जीवन चरित्र को समझने का प्रयास किया गया था।[18] 'वीर विनोद' के प्रणयन से लेकर 'भक्त मीराबाई' के प्रणयन तक सौ वर्षों का लम्बा समय बीत चुका था। इन सौ वर्षों में भूल-गलतियों एवं भ्रामक सूचनाओं पर आधारित मीरा का जीवन चरित्र इतना स्थिर हो चुका था कि किसी इतिहासकार या आलोचक में वह साहस शेष नहीं रह गया था कि वह मीरा के जीवन की नये सिरे से व्याख्या करता एवं उसके जीवन के उन अँधेरे कोनों पर प्रकाश डालता जो रोशनी में आने से बचे रह गये थे। गोपीनाथ शर्मा ने मीरा के समय के चित्तौड़ दुर्ग के वातावरण को भली-भाँति समझ लिया था परन्तु उन्हें इतना अवकाश नहीं था कि वे मीरा के जीवन पर विस्तृत शोध कर पाते एवं मीरा के जीवन की नये सिरे से सप्रमाण व्याख्या कर पाते। इस प्रकार इतिहास ग्रन्थों में मीरा के चरित्र की जो 'निर्मित' हुई वह सत्य से परे थी।

आरम्भ से ही हिन्दी आलोचना एवं आलोचकों ने मीरा के प्रति उपेक्षा का व्यवहार किया है। इस सदी के सातवें दशक से पूर्व तो स्थिति यह थी कि इस देश का कोई भी विश्वविद्यालय एवं उनके विभाग मीरा पर शोध की अनुमति तक देने के लिए तैयार नहीं थे।[19] आज जब स्त्री आन्दोलन लगातार मजबूत होता जा रहा है एवं स्त्रियों के विद्रोही स्वर लगातार तीव्र होते जा रहे हैं तब मध्यकालीन प्रेरणा के रूप में मीरा लगातार आलोचना एवं इतिहास के केन्द्र में आती जा रही है। मीरा के सन्दर्भ में वर्तमान हिन्दी आलोचना के किसी भी पक्ष पर चर्चा करने से पहले यह जान लेना उचित होगा कि मध्यकालीन भक्तों, सन्तों, वार्ताकारों एवं कवियों ने मीरा के व्यक्तित्व एवं कृतित्व को किस रूप में ग्रहण किया है।

नाभादास ने संवत् 1642 में भक्तमाल का प्रणयन किया था। संवत् 1769 में प्रियादास ने इस पर टीका लिखी। उनकी टीका का उनके पौत्र वैष्णवदास ने संवत् 1842 में भावार्थ किया। संवत् 1717 में राघौदास ने नाभादास के भक्तमाल पर आधारित एक अन्य भक्तमाल की रचना की जिस पर आगे चलकर संवत् 1857 में छत्रदास ने टीका लिखी। इन भक्तमालों में मीरा का पूर्ण जीवनवृत्त नहीं है, केवल मीरा के सम्बन्ध में महिमासूचक बातें हैं। भक्तमाल के रचयिताओं का उद्देश्य भक्तों के प्रति जनता में पूज्यबुद्धि का प्रसार करना था। नाभादास के भक्तमाल में 200 भक्तों के चमत्कारपूर्ण चरित्र 316 छप्पयों में लिखे गये हैं[20] जिसमें मीरा पर भी एक छप्पय है। मीरा ने सती होने से बचने के लिए स्वयं को कृष्ण की पत्नी घोषित किया था अत: भक्तों ने मीरा को कृष्ण भक्त के रूप में स्वीकार किया। भक्तमालों के मीरा सम्बन्धी विवरण में कहीं भी मीरा को सती किये जाने के प्रयासों एवं चित्तौड़ दुर्ग की राजनीति के सम्बन्ध में खास नहीं लिखा गया है। इस प्रकार भक्तमालों में मीरा का

महिमामण्डन ब्राह्मणीय आस्थाओं के अनुरूप ही है। मीरा द्वारा लोकलाज त्याग कर महाराणा से झगड़ा करने का तो उल्लेख मिलता है परन्तु मीरा द्वारा किये गये वृहत् विद्रोह का वर्णन भक्तमालों में नहीं मिलता। इस प्रकार मीरा के प्रश्न पर भक्तमालाकारों की दृष्टि एकांगी ही थी।

वार्ता साहित्य का सम्बन्ध वल्लभ सम्प्रदाय से है। 'चौरासी वैष्णवन की वार्ता'[21] एवं 'दो सौ बावन वैष्णवन की वार्ता'[22] में मीरा का उल्लेख मिलता है। वल्लभ सम्प्रदाय मेवाड़ के महाराणाओं से दान ग्रहण करता था। उदयपुर के निकट 'नाथद्वारा' नामक स्थान पर महाराणा की ओर से वल्लभ सम्प्रदाय को कर मुक्त भूमि आवंटित थी, अत: अनुमान लगाया जा सकता है कि महाराणाओं को प्रसन्न करने के लिए इस सम्प्रदाय से सम्बन्धित 'वार्ता ग्रन्थों' में मीरा के प्रति अपमानसूचक बातें होनी चाहिए। 'चौरासी वैष्णवन की वार्ता' से परवर्ती समय में लिखा गया 'दो सौ बावन वैष्णवन की वार्ता', 'चौरासी वैष्णवन की वार्ता' की अपेक्षा मीरा के प्रति कम कटु है। ऐसा लगता है कि बाद के समय में जब मीरा की ख्याति चारों तरफ फैल गयी थी तो वल्लभ सम्प्रदाय को मीरा के प्रति अपने विचारों में बदलाव करना आवश्यक प्रतीत हुआ। ऐसा लगता है मीरा को 'महाप्रभु' का शिष्यत्व मंजूर नहीं था, अत: वार्ताकार मीरा से अप्रसन्न थे। मीरा के लिए भक्ति साधन थी न कि साध्य। वल्लभ सम्प्रदाय मीरा की भक्ति के स्वरूप को भी नापसन्द करता था। मीरा का उद्देश्य प्रभु लीला का गायन एवं वर्णन करना नहीं था। मीरा ने कृष्ण को पति मानकर विरह के गीत गाये तो इसका कारण स्वयं को सधवा घोषित करना था ताकि वह सतीप्रथा जैसी बुराई से लोहा ले सके।

मीरा द्वारा रचित पदों से प्राप्त अन्त:साक्ष्य को छोड़ दें तो मीरा को सती किये जाने के प्रयासों का प्रथम ऐतिहासिक साक्ष्य नागरीदास द्वारा रचित 'श्रृंगार सागर' के अन्तर्गत 'पद प्रसंग माला' में मिलता है।[23] नागरीदास ने यदि मीरा को सती किये जाने के प्रयासों के सम्बन्ध में कुछ विशेष नहीं लिखा होता तो सम्भवत: हम मीरा के व्यक्तित्व का इतना व्यापक मूल्यांकन नहीं कर पाते जो आज पुष्ट साक्ष्यों की प्राप्ति के कारण सम्भव है। मुगलों के संसर्ग ने नागरीदास के मन में सती प्रथा के विरुद्ध भावना उत्पन्न कर दी थी। नागरीदास ने मीरा के सम्बन्ध में जो कुछ लिखा वह मील का पत्थर है। उनके मीरा सम्बन्धी विवरण की एकमात्र सीमा यह है कि उन्होंने अन्तत: मीरा को कृष्ण भक्त ही माना एवं उसी रूप में उसका वर्णन किया। ऐसा करने का कारण मेवाड़ के इतिहास सम्बन्धी उनकी आधी-अधूरी जानकारियाँ थीं जो उन्होंने मारवाड़ के चारणों द्वारा रचित विभिन्न ग्रन्थों से प्राप्त की थीं। ऐसा नहीं होता तो नागरीदास यह नहीं कहते कि मीरा राणा के छोटे भाई से ब्याही थी।

विभिन्न भाषाओं में रचे गये मीरा से सम्बन्धित परचई ग्रन्थ मीरा के प्रति मध्यकालीन आलोचना का व्यवस्थित नमूना प्रस्तुत करते हैं। साथ ही ये ग्रन्थ मीरा के सम्बन्ध में अनेक महत्त्वपूर्ण सूचनाएँ देते हैं। इन ग्रन्थों की रचना मीरा की मृत्यु के अनेक वर्षों पश्चात् तब हुई जब मीरा का पूरी तरह से ब्राह्मणीय आस्थाओं के अनुरूप आत्मसातीकरण किया जा चुका था, अत: इन ग्रन्थों में मीरा का वर्णन भक्त रूप में किया गया वर्णन है। साथ ही उन तमाम किंवदन्तियों को कथारूप में पिरोया गया है जिनका सम्बन्ध मीरा से है। यह दुर्भाग्यपूर्ण है कि किसी भी परची ग्रन्थ में मीरा को सती किये जाने के प्रयासों का संकेत तक नहीं है[24] एवं न ही मीरा द्वारा महाराणा के प्रति किये गये विद्रोह का वर्णन है। सुखसारण विरचित 'मीराबाई री परची' इन परची ग्रन्थों में प्रतिनिधि परची ग्रन्थ माना जाता है। इस ग्रन्थ की रचना समाज में व्याप्त मीरा की छवि की सही तस्वीर प्रस्तुत

करता है। इस समय तक लोग वो सब कुछ भूल चुके थे जो चित्तौड़ दुर्ग में महाराणा एवं मीरा के मध्य घटित हुआ था।

नाभादास के भक्तमाल में मीरा से सम्बन्धित छप्पय से लेकर सुखसारण द्वारा रचित 'मीराबाई री परची' में आये मीरा सम्बन्धी विवरण का अध्ययन करें तो जो बात स्पष्ट रूप से लक्षित होती है वह है मीरा के प्रति भक्त-कवियों एवं उनके प्रभाव से जन सामान्य का बदलता हुआ दृष्टिकोण। नाभादास की नजर में जहाँ मीरा *लोकलाज कुल शृंखला तजि मीरा गिरधर भजी* है वही मीरा, सुखसारण कृत 'मीराबाई री परची' में कहती है *पतव्रता कै एक पति होई, विभचारण जुग सुणी न कोई।* अर्थात् विद्रोहिणी मीरा शुचितावादियों के हाथों में पड़कर एक पतिव्रता स्त्री बन जाती है। मीरा के पूर्ण आत्मसातीकरण का इससे उपयुक्त उदाहरण और क्या हो सकता है।[25]

मेवाड़ प्रदेश को छोड़कर देश के शेष भागों में मीरा एवं मीरा काव्य से सम्बन्धित हस्तलिखित पांडुलिपियाँ इतनी अधिक संख्या में मिलती हैं कि मध्यकालीन साहित्य के किसी भी आलोचक द्वारा मीरा की पूर्ण उपेक्षा असम्भव थी, अत: आधुनिक हिन्दी आलोचना में मीरा का जिक्र तो मिलता है परन्तु उसके अवदान की विस्तृत चर्चा नहीं मिलती। मीरा के सम्बन्ध में आलोचकों ने जो कुछ अभी तक लिखा है वह न केवल अपर्याप्त है वरन् अधिकांश आलोचकों द्वारा मीरा के सन्दर्भ में गम्भीर तथ्यात्मक भूलें भी हुई हैं। यह भी सत्य है कि मीरा के अधिकांश आलोचकों के पास इतिहास दृष्टि का अभाव था एवं वे मेवाड़ के तत्कालीन इतिहास एवं मीरा के समय के चित्तौड़ दुर्ग के वातावरण से अनभिज्ञ थे। यह भी देखा गया है कि आलोचकों ने उन विवरणों को दोहरा दिया है, जो उन्हें विभिन्न भक्तों एवं भक्तमालों के मीरा सम्बन्धी विवरणों एवं परवर्ती मेवाड़ के इतिहास ग्रन्थों से प्राप्त हुए थे।

फॉर्बस के अलावा हिन्दी साहित्य के आरम्भिक इतिहासकारों गार्सां द तासी, शिवसिंह सेंगर एवं जार्ज ग्रियर्सन ने अपने इतिहास ग्रन्थों में मीरा का उल्लेख किया है। मीरा सम्बन्धी उपर्युक्त उल्लेख भक्तमालों एवं भक्त-कवियों द्वारा दिये गये मीरा सम्बन्धी विवरणों एवं कर्नल टॉड की पुस्तक Annals and Antiquities of Rajasthan पर आधारित है, अत: प्राय: उन्हीं बातों को दोहरा दिया गया है जो भक्तमालों में मिलती है। साथ ही कर्नल टॉड की तरह इन लेखकों ने भी मीरा को महाराणा कुम्भा की रानी बताया जो ऐतिहासिक रूप से असत्य है।[26]

मीरा सम्बन्धी उपर्युक्त उल्लेखों के पश्चात् के. एम. झवेरी ने Mile Stone in Gujarati Literature में मीरा का उल्लेख किया था।[27] तत्पश्चात् मिश्रबन्धुओं ने अपने इतिहास ग्रन्थ 'मिश्रबन्धु विनोद' में मीरा का महत्त्वपूर्ण उल्लेख किया है उनका मीरा सम्बन्धी विवरण मुंशी देवीप्रसाद विरचित 'महिला मृदुवाणी' एवं एनी बेसेंट द्वारा मीरा पर लिखे गये एक आलेख पर आधारित है।[28] आचार्य रामचन्द्र शुक्ल ने 'हिन्दी साहित्य का इतिहास' में मीरा का जो वर्णन दिया है वह 'मिश्रबन्धु विनोद' पर ही आधारित है।[29] इस प्रकार जो गलतियाँ मुंशी जी ने कीं, वे ही गलतियाँ मिश्रबन्धुओं एवं इसके पश्चात् आचार्य रामचन्द्र शुक्ल ने दोहरा दी थीं। मिश्र बन्धुओं ने मुंशी जी का अनुसरण करते हुए मीरा को भक्त बताया। इससे पूर्व हम मुंशी जी के मीरा सम्बन्धी विवरणों के आधार स्रोत की जानकारी प्राप्त कर चुके हैं। शुक्ल जी ने मिश्रबन्धुओं के मीरा सम्बन्धी विवरण में अतिरिक्त बात यह जोड़ी कि उन्होंने मीरा को रहस्यवादी कवयित्री घोषित किया। उन्हें मीरा की विरह वेदना सूफी कवियों के समतुल्य

लगती थी, अत: उन्होंने मीरा पर सूफ़ी कवियों का प्रभाव खोज निकाला। शुक्ल जी की नज़र में मीरा एक गौण भक्त कवयित्री ही बनी रही जो अनेक अर्थों में दक्षिण भारत की भक्त कवयित्री 'आण्डाल' से साम्यता रखती थी।[30] मीरा के अनेक पद रामकाव्य धारा तथा योग मार्ग के अन्तर्गत वर्गीकृत किये जा सकते हैं परन्तु शुक्ल जी ने मीरा को सगुण भक्ति की कृष्ण काव्य धारा के अन्तर्गत रखना ही उचित समझा। आचार्य रामचन्द्र शुक्ल यद्यपि मीरा-विशेषज्ञ नहीं थे तथापि उनकी आलोचना दृष्टि इसलिए महत्त्वपूर्ण है कि आगे आने वाले समय में मीरा के अध्येताओं एवं आलोचकों ने शुक्ल जी की मीरा सम्बन्धी आलोचना दृष्टि को बीज रूप में ग्रहण किया। यहाँ यह बता देना उचित होगा कि शुक्ल जी द्वारा 'हिन्दी शब्द सागर की भूमिका' प्रकाशित होने से पूर्व ऐसे अनेक काव्य-संग्रह प्रकाशित हो चुके थे जिनमें मीरा के पद संग्रहित थे। संग्रहकर्त्ताओं ने मीरा के पदों के संग्रहण, संकलन एवं सम्पादन के दौरान अपनी व्यक्तिगत काव्य रुचियों एवं आलोचनात्मक मान्यताओं का परिचय तो दिया था किन्तु किसी प्रकार के आलोचनात्मक सामर्थ्य का परिचय नहीं दिया था। इस प्रकार मुंशी देवीप्रसाद, मिश्रबन्धु एवं आचार्य रामचन्द्र शुक्ल वे आलोचक थे जिन्होंने मीरा के सम्बन्ध में आरम्भिक आलोचनात्मक स्थापनाएँ दी थीं। इनमें मुंशी देवीप्रसाद का नाम सर्वप्रमुख है। इसी दौरान वियोगी हरि ने मीराबाई, सहजोबाई व दयाबाई के पदों का संग्रह प्रकाशित करवाया था।[31] यह संग्रह काफी लोकप्रिय रहा जिसने अनेक काव्य रसिकों का परिचय मीरा-काव्य से करवाया। वियोगी हरि का आलोचनात्मक अवदान पूर्ववर्ती आलोचकों से इस रूप में भिन्न था कि उन्होंने मीरा-काव्य का सम्बन्ध आंशिक रूप से निर्गुण निराकार से जोड़ा, जो निश्चय ही मीरा-काव्य का एक महत्त्वपूर्ण पक्ष है। पूर्ववर्ती आलोचकों ने इस तथ्य की उपेक्षा की थी।

मेवाड़ के नरोत्तमदास स्वामी ने 1930 में 'मीरा मन्दाकिनी' नामक मीरा के पदों का संग्रह प्रकाशित करवाया था। इसका संक्षिप्त रूप 'मीरा मुक्तावली' नाम से 1973 में प्रकाशित हुआ था। 'मीरा मन्दाकिनी' के आरम्भ में स्वामीजी ने एक संक्षिप्त भूमिका लिखी थी जिससे ध्वनित होता है कि स्वामी जी मीरा को एक उच्च कोटि की भक्त कवयित्री मानते थे। उन्होंने मीरा एवं मीरा-काव्य के सम्बन्ध में किसी प्रकार की कोई नवीन स्थापना नहीं दी थी वरन् पूर्ववर्ती आलोचकों की आलोचना दृष्टि का ही अनुसरण किया था। उनकी मीरा सम्बन्धी आलोचना दृष्टि पर आचार्य रामचन्द्र शुक्ल का गहरा असर दिखाई देता है यद्यपि उन्होंने मीरा-काव्य पर निर्गुण भक्ति के प्रभाव को स्वीकार किया है। उनके अनुसार मीरा की साधना पद्धति में सगुण और निर्गुण साधना पद्धतियों का मेल दिखाई देता है।[32] नरोत्तम स्वामी की आलोचना दृष्टि की न्यूनता यह है कि वह सामन्ती मूल्यों एवं दबाव से अनुप्राणित है अत: वे मीरा-काव्य के विद्रोही स्वरों को स्पष्टतापूर्वक नहीं देख सके हैं।

आचार्य परशुराम चतुर्वेदी ने 'मीराबाई की पदावली' का सम्पादन किया था, जो हिन्दी साहित्य सम्मेलन प्रयाग से प्रकाशित हुई थी। इसके आरम्भ में उन्होंने चार पृष्ठ की संक्षिप्त प्रस्तावना के अलावा पचहत्तर पृष्ठ की विस्तृत भूमिका लिखी थी। चतुर्वेदी जी की आलोचना दृष्टि पर शुक्ल जी एवं स्वामी जी के आलोचना कर्म का प्रभाव दिखाई देता है। उन्होंने मीरा की कविता पर रहस्यवाद का प्रभाव देखा एवं मीरा के इष्टदेव को 'सगुनहि अगुनहि नहिं कुछ भेदा' के समतुल्य बताकर कहा कि मीरा के इष्टदेव के सगुण या निर्गुण रूपों में वस्तुत: कोई भेद नहीं है। नरोत्तमदास स्वामी के समान परशुराम चतुर्वेदी ने मीरा के सामाजिक अवदान की विशेष चर्चा न करके मीरा के कविकर्म एवं उसकी कविता के छन्दों एवं उनमें उपस्थित अलंकारों पर ही अधिक ध्यान दिया है। वे मीरा की कविता के विद्रोही स्वरों को न जानकर केवल उसके मर्यादित रूप का ही गुणगान करते रहे।[33]

इस समय तक मीरा एवं मीरा-काव्य की भविष्यगत आलोचना का रूप स्थिर हो चुका था अत: परवर्ती आलोचकों के लिए मीरा की बनी-बनायी निर्मिति को तोड़ना तभी सम्भव था जब वे मीरा के जीवन व काव्य का विस्तृत अध्ययन करते एवं पूर्ववर्ती परम्परा से कुछ खास ग्रहण नहीं करते। दुर्भाग्यवश ऐसा नहीं हो पाया एवं मीरा के परवर्ती आलोचक पूर्ववर्ती आलोचकों के मार्ग का ही अनुसरण करते रहे। इसी बीच भुवनेश्वरनाथ मिश्र 'माधव' एवं प्रो. मुरलीधर श्रीवास्तव के आलोचना ग्रन्थ प्रकाश में आये। दोनों ही आलोचकों का आलोचना-कर्म अपने पूर्ववर्ती आलोचकों के आलोचना-कर्म से केवल परिमाण में अधिक था अन्यथा विचार के धरातल पर वे कोई विशेष परिणाम नहीं दे सके थे। मुरलीधर श्रीवास्तव का आलोचना ग्रन्थ मीरा सम्बन्धी पूर्ववर्ती आलोचना ग्रन्थों से केवल इस अर्थ में भिन्न था कि इसमें मीरा के जीवन से सम्बन्धित स्रोत सामग्री का स्वतन्त्र रूप से उल्लेख किया गया था।[34]

विष्णु कुमारी श्रीवास्तव 'मंजु' मीरा की स्त्री अध्येता थीं परन्तु उनकी आलोचना दृष्टि परम्परागत ही बनी रही। उनका काव्य-संग्रह 'मीरा-पदावली' उनके सम्पादन कौशल के कारण चर्चा में था, परन्तु उनके आलोचना-कर्म पर किसी ने भी विशेष ध्यान नहीं दिया। मीरा के आलोचकों व अध्येताओं में विष्णु कुमारी श्रीवास्तव का नाम इसलिए उल्लेखनीय है कि वे मीरा की स्त्री अध्येता थीं यद्यपि उनकी विचार प्रक्रिया युगीन मानसिकता का ही प्रतिनिधित्व करती थी। श्रीमती मंजु मीरा के सम्बन्ध में कोई नवीन विचार नहीं दे सकी थीं।

ब्रजरत्नदास मीरा के पूर्ववर्ती आलोचकों से इस अर्थ में भिन्न थे कि उन्होंने मीरा सम्बन्धी आलोचना किसी साहित्यिक-अकादमिक उद्देश्य से प्रेरित होकर नहीं की थी, वे मीरा के प्रति श्रद्धा रखते थे अत: मीरा के जीवन व काव्य के सम्बन्ध में बहुत सारी बातें लिख गये। यही वजह है कि उनकी पुस्तक 'मीरा माधुरी' में थोड़े-बहुत सन्दर्भ व टिप्पणियाँ तो हैं, परन्तु अपनी बात को उन्होंने पुष्ट प्रमाणों व सन्दर्भों के साथ स्पष्ट नहीं किया है।[35] मीरा के प्रति श्रद्धा व रुचि होने के कारण वे मीरा के अनेक अध्येताओं से व्यक्तिगत रूप से सम्पर्क में थे। साथ ही उन्होंने पूर्ववर्ती आलोचकों के मीरा सम्बन्धी आलोचना-कर्म का अध्ययन-मनन किया था अत: पूर्ववर्ती आलोचकों के आलोचना-कर्म का उन पर प्रभाव होना स्वाभाविक था। ब्रजरत्नदास ने इतिहास ग्रन्थों में उपलब्ध मीरा एवं मीरा के परिवार के विवरणों की सविस्तार व्याख्या की है एवं उन भक्त-कवियों के कवि-कर्म की भी विस्तृत चर्चा की है जिन्होंने मीरा के बारे में लिखा था।[36] वे मीरा के कृष्ण प्रेम एवं भक्ति पर रहस्य का आरोपण भी करते हैं।[37] प्रसंगवश यहाँ यह बता देना रुचिकर होगा कि पीताम्बरदत्त बड़थ्वाल ने सरस्वती पत्रिका में मीरा नाम की व्युत्पत्ति पर एक बहस प्रारम्भ की थी, जिसे उनके गुरुभाई नरोत्तमदास स्वामी, शिष्य चन्द्रबली पाण्डेय, हरिनारायण पुरोहित, के. का. शास्त्री व ललिताप्रसाद सुकुल ने आगे बढ़ाया था।[38] ब्रजरत्नदास ने 'मीरा माधुरी' में उक्त बहस की चर्चा की है।[39] जिस वर्ष ब्रजरत्नदास ने मीरा सम्बन्धी उक्त पुस्तक का प्रणयन किया था उसी वर्ष महावीर सिंह गेहलोत ने भी 'मीरा : जीवनी और काव्य' नामक पुस्तक का प्रणयन किया था जिसमें मीरा के जीवन से सम्बन्धित घटनाओं का क्रमवार विवरण प्रस्तुत किया गया था।

बंगीय हिन्दी परिषद कलकत्ता से प्रकाशित 'मीरा स्मृति ग्रन्थ' एक सम्पादित ग्रन्थ है जिसमें उस समय के विभिन्न विद्वानों के मीरा सम्बन्धी आलेख संकलित हैं। अलग-अलग विद्वानों के मानस पटल पर मीरा की जैसी छवि अंकित थी वैसी ही उन्होंने अपने आलेख में मीरा के सम्बन्ध में लिखी है। ग्रन्थ में संकलित आलेख वैसे तो किसी उपयोगी आलोचना का परिचय नहीं देते तथापि संकलित आलेखों में प्रो. शिवाधर पाण्डेय का

'मिस्टिक, लिपस्टिक और मीरा', परशुराम चतुर्वेदी का 'सन्तमत और मीरा', डॉ.जी. रायचौधरी का 'मीराबाई का ऐतिहासिक जीवनवृत्त', प्रो. रामेश्वर शुक्ल का 'मीरा की वेदना', कुमारी जगदीश्वरी सिंह का 'मीरा के पदों में सांस्कृतिक चित्रण', कुमारी शिवानी बसु का 'बंग हृदय में मीरा', प्रो. कमला देवी गर्ग का 'गेय पद परम्परा में मीरा की देन', आचार्य ललिता प्रसाद सुकुल का 'कृष्ण भक्ति परम्परा में मीरा' एवं प्रो. तारकनाथ अग्रवाल का 'लोकमत और मीरा की भक्ति' का उल्लेख किया जा सकता है।

मीरा के अब तक जितने भी आलोचकों एवं उनके आलोचना-कर्म की हमने चर्चा की है उनमें सबसे व्यवस्थित आलोचना मीरा की स्त्री अध्येता श्रीमती पद्मावती शबनम ने दी है। उन्होंने मीरा के जीवन एवं काव्य पर कुछ महत्त्वपूर्ण आलोचनात्मक पुस्तकों का प्रणयन किया था। उन्होंने मीरा के जीवन व काव्य से सम्बन्धित स्रोत सामग्री का विस्तारपूर्वक अध्ययन एवं विश्लेषण किया था अत: मीरा के जीवन से सम्बन्धित उनके विश्लेषण परिपक्व बन पड़े हैं।[40] उदाहरणस्वरूप उनका मानना है कि अकबर का मीरा को मिलने आना नितान्त असम्भव घटना नहीं प्रतीत होती। पद्मावती शबनम ने मीरा काव्य में प्रतिरोध व संघर्ष के स्वरों की पहचान की थी, दुर्भाग्यवश वे उनका व्यवस्थित प्रस्तुतीकरण नहीं कर सकीं। उनके आलोचना-कर्म की न्यूनता यह है कि उन्होंने मीरा के काव्य व जीवन का विवरण प्रस्तुत करते समय मीरा के आलोचकों के परम्परागत ढाँचे का ही अनुसरण किया अत: आलोचनात्मक निष्कर्षों की नवीनता के बावजूद वे आकर्षक नहीं रहे।

स्वामी आनन्द स्वरूप की दृष्टि भक्तिस्नात है अत: उन्हें ब्रजरत्नदास की परम्परा का आलोचक माना जा सकता है। स्वामी जी मीरा माँ के सम्बन्ध में जो कुछ जानते थे, वो उन्होंने कथारूप में उनके विशद ग्रन्थ 'मीरा सुधा सिन्धु' एवं उसके संक्षिप्त संस्करण 'मीरा सुधा लहरी' में प्रस्तुत कर दिया है। मीरा के सम्बन्ध में दिये गये विवरणों का सन्दर्भ सहित प्रमाणीकरण करने की परवाह उन्हें नहीं थी क्योंकि उपर्युक्त कथालेखन एवं घटना वर्णन वे किसी अकादमिक उद्देश्य से प्रेरित होकर नहीं कर रहे थे वरन् वे ऐसा पुण्य प्राप्ति के उद्देश्य से कर रहे थे।[41] स्वामी जी का रचनाकर्म मीरा के अध्येताओं के लिए इसलिए उपयोगी है कि उन्होंने अपनी संग्राहक प्रवृत्ति के कारण मीरा के सम्बन्ध में प्रचलित किंवदन्तियों का विशद खजाना शोधार्थियों को प्रदान कर दिया है।

मीरा के जीवन से सम्बन्धित विवरणों एवं काव्य के संग्रहकर्ताओं में हरिनारायण पुरोहित का नाम विशेष उल्लेखनीय है। वे बहुत लम्बे समय तक स्रोत सामग्री का एकत्रण करते रहे ताकि वे मीरा पर एक व्यवस्थित ग्रन्थ का प्रणयन कर सके। दुर्भाग्यवश जब उन्हें लगा कि वे मीरा पर कुछ लिख सकते हैं तब तक वे वृद्ध हो चुके थे एवं उनकी स्मृति रेखाएँ धुँधली हो गयी थीं।[42] पुरोहित जी किसी आलोचनात्मक ग्रन्थ का प्रणयन नहीं कर सके परन्तु उन्होंने मीरा के सम्बन्ध में कुछ उपयोगी आलेखों का प्रणयन किया था। उन्हीं आलेखों में से एक आलेख 'मीरा बृहत्पदावली' पहला भाग के आरम्भ में प्रकाशित हो चुका है। पुरोहितजी के संग्रह[43] में उपलब्ध उनका पत्र-साहित्य भी मीरा के सम्बन्ध में अनेक महत्त्वपूर्ण जानकारियाँ देता है। पत्रों के अध्ययन से ऐसी आशंका होती है कि पुरोहितजी का आलोचना-कर्म भी सम्भवत: अपने पूर्ववर्ती आलोचकों से विशेष भिन्न न होता।

मीरा के सन्दर्भ में महत्त्वपूर्ण आलोचकों एवं उनकी आलोचना दृष्टि पर चर्चा करने के पश्चात् अब उन आलोचकों की चर्चा करना उचित होगा जिनका सम्बन्ध एक वर्ग विशेष से है। ऐसे आलोचकों की आलोचना दृष्टि पर सामन्तवाद का प्रभाव परिलक्षित होता है। इन आलोचकों का आलोचना-कर्म विशेष रूप से मीरा

के जीवन के अध्ययन हेतु इसलिए उपयोगी है उन्होंने मीरा के जीवन से सम्बन्धित कुछ उपयोगी व अनेक अनुपयोगी सूचनाएँ प्रदान की हैं। ऐसा इसलिए सम्भव हो पाया कि मेवाड़ व मारवाड़ के राजघरानों एवं पोथीखानों की इतिहास सम्बन्धी स्रोत सामग्री इन्हें सहज उपलब्ध थी।

20वीं सदी के अन्तिम दशकों में जब स्त्री आन्दोलन एवं स्त्री स्वरों ने जोर पकड़ा तब मध्यकालीन प्रेरणा के रूप में मीरा एक बार पुन: विचार और बहस के केन्द्र में आयी। इसी समय मीरा के साहित्यिक एवं सामाजिक अवदान पर कुछ स्त्री लेखिकाओं ने कलम चलाई जिनमें प्रमुख हैं–कुमकुम संगारी, परिता मुक्ता, मधु किश्वर एवं रूथ वनिता। इन स्त्री लेखिकाओं के लेखन पर शहरी परिवेश का गहरा असर दिखाई देता है जो इनके मीरा सम्बन्धी आलोचना-कर्म में भी परिलक्षित हुआ है। इनका सम्पूर्ण आलोचना-कर्म अंग्रेजी भाषा में है एवं मीरायुगीन समाज एवं चित्तौड़ दुर्ग की तत्कालीन राजनीति की उपयुक्त समझ से विहीन है। कुमकुम संगारी मीरा को पैदायशी विद्रोहिणी मानती हैं एवं उसके पति को एक दुष्ट आत्मा[44] जो ऐतिहासिक रूप से निराधार है। परिता मुक्ता की आलोचनात्मक दृष्टि लोकानुवर्ती रही है अत: उन्होंने मेवाड़, मारवाड़ एवं गुजरात के अनेक प्रदेशों में घूम-घूम कर मीरा के जीवन व काव्य सम्बन्धी अध्ययन के लिए आधार सामग्री प्राप्त की परन्तु मीरा के सम्बन्ध में उनकी आलोचनात्मक समझ भी विशेष परिपक्व नहीं समझी जायेगी। यही हाल मीरा की शेष स्त्री अध्येताओं का है। प्रसंगवश यहाँ सौभाग्य कुँवरी राणावत का उल्लेख करना आवश्यक है जिन्होंने शोध के आधुनिक प्रतिमानों के अनुसार भले ही किसी ग्रन्थ या आलेख का प्रणयन नहीं किया हो तथापि मीरा से सम्बन्धित अनेक किंवदन्तियों का कथा प्रस्तुतीकरण उन्होंने अपनी पुस्तक 'मीरा चरित्र' में किया है। श्रीमती राणावत का सम्बन्ध ग्रामीण परिवेश से है एवं सामन्ती सोच का सीधा दुष्परिणाम उन्होंने महसूस किया है।

अब उन विद्वान आलोचकों का नामोल्लेख करना आवश्यक है जिन्होंने मीरा के सम्बन्ध में भले ही कोई महत्त्वपूर्ण आलोचनात्मक स्थापनाएँ नहीं दी हैं परन्तु मीरा को लगातार हिन्दी आलोचना के केन्द्र में बनाये रखा। मीरा के ऐसे अध्येताओं में कृष्णलाल, कृष्णदेव झारी, कृष्णदेव शर्मा, चुन्नीलाल 'शेष', आलमशाह खान, हीरालाल माहेश्वरी, रामगोपाल शर्मा 'दिनेश', राजेन्द्र मोहन भटनागर, डॉ. सी. एल. प्रभात, विश्वनाथ त्रिपाठी, देवकिशन राजपुरोहित एवं नन्द चतुर्वेदी के नाम विशेष उल्लेखनीय हैं। डॉ. सी. एल. प्रभात ने बहुत मेहनत से मीरा के सम्बन्ध में अनेक महत्त्वपूर्ण तथ्य व प्रमाण एकत्र किये थे यद्यपि वे उनका समुचित उपयोग करने में असफल रहे। डॉ. प्रभात का शोध प्रबन्ध भी मीरा के जीवन व काव्य से ही सम्बन्धित था। आलमशाह खान, नन्द चतुर्वेदी एवं विश्वनाथ त्रिपाठी की आलोचना दृष्टि यद्यपि सामन्त विरोधी मूल्यों से अनुप्राणित है किन्तु इनमें से कोई भी मीरा काव्य के सामन्त विरोधी स्वरों को स्पष्ट करने में सफल नहीं हो सका। विश्वनाथ त्रिपाठी का तो सम्पूर्ण मीरा सम्बन्धी आलोचना-कर्म केवल दो लेखकों की मीरा सम्बन्धी पुस्तकों पर आधारित है। अन्त में यह बता देना आवश्यक है कि कुछ अपवादों को छोड़कर मीरा के सभी आलोचकों का सम्बन्ध भारतीय समाज के उस वर्ग से है, जो वर्णाश्रम व्यवस्था के ऊपरी पायदान पर है। निश्चय ही उनके सांस्कृतिक-सामाजिक परिवेश ने उनकी आलोचना दृष्टि के निर्माण में महत्त्वपूर्ण भूमिका निभायी है।

मीरा के प्रकाशित काव्य-संग्रहों को दो भागों में विभाजित किया जा सकता है। प्रथम वे जिनका आधार लिखित परम्परा है एवं द्वितीय वे जिनका आधार मौखिक परम्परा है। लिखित परम्परा में मीरा के उन काव्य-संग्रहों को सम्मिलित किया जायेगा जिसमें संग्रहकर्त्ता ने मीरा के उन पदों का प्रकाशन करवाया है, जो उसे अनेक हस्तलिखित पाण्डुलिपियों के रूप में प्राप्त हुए थे। मौखिक परम्परा में मीरा के वे काव्य-संग्रह सम्मिलित

किये जायेंगे जिनमें आधार सामग्री के रूप में प्रचलित लोकगीतों एवं लोकसंग्रह से प्राप्त मीरा के पदों का उपयोग किया गया है। मीरा के अधिकांश प्रकाशित काव्य-संग्रह लिखित एवं मौखिक परम्परा का मिश्रित रूप प्रस्तुत करते हैं। 'गुरुग्रन्थ साहिब' के तीन संस्करण मिलते हैं। पहला संस्करण गुरु अर्जन देव ने संकलित किया था और भाई गुरुदास ने इसकी प्रति तैयार की थी दूसरा संस्करण भाई बानों ने उस समय तैयार किया था जब वो गुरु अर्जन देव की प्रति की एक प्रतिलिपि को जिल्द बनवाने के लिए लाहौर ले गये थे उस समय उसने स्वयं एक प्रति तैयार की थी एवं उसमें मीरा व सूरदास के भजन जोड़ दिये थे।[45] तीसरा संस्करण वह है जो वर्तमान समय में उपलब्ध है। आदिग्रन्थ के दूसरे संस्करण अर्थात् भाई बानों द्वारा संकलित संस्करण में 'राग मारू' के अन्तर्गत मीरा का एक पद मिलता है। इस पद में मूलत: कृष्ण के प्रति मीरा की विरह वेदना को अभिव्यक्ति मिली है। यह पद मीरा के सर्वप्राचीन पदों में से एक है तथा इसका महत्त्व इसी से सिद्ध है कि इसे आदिग्रन्थ के भाई बानों संस्करण में स्थान मिला। प्रसंगवश उल्लेखनीय है कि मैकॉलिफ ने अपने ग्रन्थ 'सिख रिलीजन' में गुरुग्रन्थसाहब में संकलित मीरा के एक प्राचीन पद का अनुवाद किया है जिसमें अकबर का उल्लेख है।[46] मीरा के कुल छह पदों का संग्रह नागरीदास कृत श्रृंगार सागर के अन्तर्गत 'पद प्रसंग माला' में देखने को मिलता है।[47] नागरीदास द्वारा किये गये छह पदों का यह संग्रह इसलिए महत्त्वपूर्ण है कि नागरीदास का यह ग्रन्थ मीरा की मृत्यु से लगभग दो सौ वर्ष पश्चात् ही रच लिया गया था। नागरीदास मेड़ता के राजा राव दूदा के सगे भाई राव सूजा का वंशज था। इस प्रकार नागरीदास उसी राठौड़ वंश का था जिस वंश की मीरा थी। नागरीदास द्वारा संगृहीत मीरा के ये छह पद विश्वसनीय कहे जा सकते हैं। नागरीदास के इन छह पदों में से तीन पदों में मीरा के जीवन की तीन प्रमुख घटनाओं–सती न होना, विषपान एवं द्वारिकावास तथा शेष तीन पदों में कृष्ण के प्रति उसके आत्मा निवेदन एवं विरह वेदना का वर्णन है। नागरीदास की दृष्टि में मीरा द्वारा सती होने से इनकार किये जाने की घटना मीरा के जीवन की सर्वप्रमुख घटनाओं में से एक थी। यही वजह है कि नागरीदास द्वारा 'पद प्रसंग माला' में इस घटना से सम्बन्धित दिया गया पद न केवल अन्य पदों से अपेक्षाकृत अधिक लम्बा है वरन् प्राथमिकता के साथ उद्धृत है। नागरीदास अनेक वर्षों तक मुगलों की शाही चाकरी में था,[48] अत: सतीप्रथा से उसका वैचारिक विरोध स्वाभाविक था। मुगलों के संसर्ग ने नागरीदास में ब्राह्मणीय आस्थाओं के प्रति आलोचनात्मक दृष्टि उत्पन्न कर दी थी। यह अत्यन्त आश्चर्य का विषय है कि जहाँ भक्तमाल के रचयिताओं तथा वार्ताकारों ने मीरा को सती किये जाने की घटना का उल्लेख तक नहीं किया वहीं नागरीदास ने इस घटना का उल्लेख प्राथमिकता के साथ करना उचित समझा। नागरीदास ही वह प्रथम कृतिकार था जिसने अपने ग्रन्थ 'श्रृंगार सागर' में मीरा द्वारा सती होने से इनकार किये जाने की घटना का उल्लेख किया था। मीरा द्वारा सती होने से इनकार किये जाने की घटना के पश्चात् नागरीदास ने मीरा द्वारा विषपान की घटना को द्वितीयक महत्त्व दिया है। यहाँ नागरीदास द्वारा संकलित पदों में मीरा की दो चरित्रगत विशेषताएँ उभर कर सामने आती हैं–प्रथम मीरा के संघर्षशील व्यक्तित्व का साक्षात्कार होता है एवं द्वितीय मीरा एक भावुक कृष्णार्पित विरहिणी लगती है। संकलित पदों की भाषा पर मेवाड़ी, मारवाड़ी एवं खड़ी बोली का प्रभाव देखा जा सकता है। पदों में अनेक मेवाड़ी शब्दों का प्रयोग किया गया है। नागरीदास द्वारा उद्धृत इन छह पदों का महत्त्व इसी से स्थापित हो जाता है कि आधुनिक युग में मीरा-काव्य के अनेक संकलनकर्त्ताओं ने अपने संकलित काव्य-संग्रहों में नागरीदास के इन छह पदों को महत्त्वपूर्ण स्थान दिया है।

मीरा के पदों का प्रथम मुद्रित रूप 1842 में देखने को मिला जब संगीत कला से सम्बन्धित ग्रन्थ 'संगीत-राग-कल्पद्रुम' का प्रकाशन हुआ था। इस ग्रन्थ के प्रणेता उदयपुर नगर के कृष्णानन्द व्यास देव रागसागर थे। इन्होंने विभिन्न रागों के उदाहरण स्वरूप मीरा के पदों का उल्लेख किया था। इस ग्रन्थ में मीरा के 43 पद दिये गये थे जिनका उपयोग परवर्ती साहित्य के इतिहासकारों एवं मीरा के अध्येताओं द्वारा किया गया। संगीत-राग-कल्पद्रुम में संगृहीत मीरा के पदों को मौखिक परम्परा के अन्तर्गत वर्गीकृत किया जा सकता है।

संगीत-राग-कल्पद्रुम के प्रकाशन के कुछ दशकों पश्चात् प्रकाशित 'वृहत्-काव्य-दोहन' नामक गुजराती भाषा के ग्रन्थ के प्रणेता इच्छाराम सूर्यराम देसाई थे। इनके व्यक्तिगत संग्रह में अन्य मध्यकालीन भक्त-कवियों के काव्य की हस्तलिखित पाण्डुलिपियों के साथ मीरा-काव्य की भी हस्तलिखित पाण्डुलिपियाँ उपलब्ध थीं। इन हस्तलिखित पाण्डुलिपियों का प्रकाशन उक्त ग्रन्थ में हुआ था। जिनमें मीरा के 159 पद सम्मिलित थे। 'वृहत्-काव्य-दोहन' में प्रकाशित मीरा के पदों का आधार गुजरात क्षेत्र से प्राप्त मीरा-काव्य की हस्तलिखित पाण्डुलिपियाँ थीं, अतः इस ग्रन्थ को लिखित परम्परा के अन्तर्गत वर्गीकृत किया जायेगा।

1897 में 'मीराबाई के भजन' नामक पुस्तिका का प्रकाशन मेरठ नगर से हुआ था जिसका प्रणयन पं. ईश्वरी प्रसाद रामचन्द्र ने किया था। इसमे मीरा के 20 भजन प्रकाशित थे जिनका संग्रहण मौखिक परम्परा से हुआ था। इसके पश्चात् 1901 में 'मीराबाई ऑव उदेपूर' नामक पुस्तक का बंगाली भाषा में प्रकाशन हुआ। इसके लेखक उपेन्द्रनाथ मुखोपाध्याय थे। उक्त पुस्तक में मीराबाई के भजनों का बंगाली अनुवाद प्रस्तुत किया गया था। यह भी सूचना मिलती है कि कार्तिक प्रसाद खत्री ने 'मीराबाई का जीवन चरित्र' नामक पुस्तक का प्रणयन किया था जिसका प्रकाशन काशी से हुआ था। इस पुस्तक में मीरा के 21 पद दिये गये थे। दुर्भाग्यवश पुस्तक का प्रकाशन समय एवं मीरा के प्रकाशित पदों की स्रोत सामग्री दोनों के सम्बन्ध में कोई विशेष सूचना उपलब्ध नहीं हुई।[49]

'महिला-मृदुवाणी' का प्रकाशन नागरी प्रचारिणी सभा, काशी द्वारा सन् 1905 में हुआ था। इस पुस्तक के लेखक मुंशी देवीप्रसाद थे जिन्होंने काव्य कुशला कवियाकान्ताओं की काव्य रचना और जीवन चरित्रों का अत्यन्त सुरुचिपूर्ण वर्णन पुस्तक में किया है। महिला-मृदुवाणी में कुल 35 महिला भक्त कवयित्रियों का अत्यन्त संक्षिप्त जीवन परिचय एवं उनकी कविता के नमूने प्रस्तुत किये गये हैं। इन भक्त कवयित्रियों में मीरा भी सम्मिलित है जिसका कुल 12 पृष्ठों में वर्णन किया है।[50] आरम्भ के दो पृष्ठों में मीरा के जीवन से सम्बन्धित जानकारी दी गयी है जब कि शेष दस पृष्ठों में मीरा की कविता के नमूने प्रस्तुत किये गये हैं। उक्त पुस्तक में दिये गये मीरा के पदों का आधार लिखित स्रोत सामग्री बताया जाता है।[51] इससे पूर्व 1897 में देवीप्रसाद ने 'मीराबाई का जीवन चरित्र' नामक स्वतन्त्र पुस्तक का प्रणयन भी किया था। इस पुस्तक के अन्त में मीराबाई की कविता के तीन नमूने प्रस्तुत किये गये है।[52] इसका परवर्ती संस्करण बंगीय हिन्दी परिषद, कलकत्ता द्वारा प्रकाशित हुआ था।

विश्वेश्वर प्रेस बनारस से 1905 में 'श्री भक्ति शिरोमणि मीराबाई के भजन' नामक पुस्तिका का प्रकाशन हुआ था। इस पुस्तिका में मीरा के 34 भजन संकलित थे जिनका आधार लोक संग्रह में व्याप्त [illegible] थे। भजनों की भाषा पर खड़ी बोली का प्रभाव दृष्टिगत है। उक्त पुस्तिका को हम मौखिक परम्परा के अन्तर्गत रख सकते हैं। नवलकिशोर प्रेस लखनऊ से भी 1905 में एक ऐसी ही पुस्तिका का प्रकाशन हुआ था। पुस्तिका जिसे 'मीराबाई के भजन' नाम से प्रकाशित किया था, में संकलित मीरा के पदों का आधार भी मौखिक परम्परा

से संगृहीत पद ही थे। इसके कुछ वर्षों पश्चात् 1908 में त्र्यंबक हरी आप्टे द्वारा मराठी भाषा में 'गाथा पंचक' नामक पुस्तक का प्रणयन हुआ। पुस्तक में अन्य भक्त-कवियों के समान मीरा के भी 153 पद संकलित थे। ये पद सम्भवत: महाराष्ट्र में उपलब्ध मीरा-काव्य की हस्तलिखित पाण्डुलिपियों से प्राप्त किये गये थे। बाद में 1909 में बेलवेडियर प्रेस, प्रयाग से 'सन्तवाणी-पुस्तक-माला' का प्रकाशन हुआ जिसके अन्तर्गत 'मीराबाई की शब्दावली' नामक पुस्तक का भी प्रकाशन हुआ। उक्त पुस्तक में मीरा के 38 पद संकलित हैं जिन्हें 'शबद' कहा गया है। पुस्तक में आधार सामग्री के रूप में, उपलब्ध हस्तलिखित पाण्डुलिपियों का उपयोग किया गया था। 'मीराबाई की शब्दावली' में संगृहीत मीरा के पदों की विषयवस्तु का अध्ययन करने पर ये पद सन्तमत से प्रभावित जान पड़ते हैं। यह पुस्तक उस समय काफी चर्चा में रही थी तथा मीरा के अध्येताओं के लिए आकर्षण का केन्द्र थी।

गोविराव मोरावा कार्लेकर ने जगदीश छापाखाना, गिरगाँव, बम्बई से 1922 में 'मीराबाई-भजन-भांडार अर्थात् मीराबाई 'कृत पद-रत्न संग्रह' नामक ग्रन्थ का प्रकाशन करवाया था। इस ग्रन्थ में मीरा के 352 पद संगृहीत हैं। संकलनकर्ता का दावा है कि मीरा के ये पद उसे कठिन शोध के पश्चात् प्राप्त हुए थे। ग्रन्थ में संगृहीत पदों की भाषा को संकलनकर्ता द्वारा हिन्दुस्तानी व गुजराती बताया गया है। इस ग्रन्थ की विशेष बात यह है कि इस ग्रन्थ के प्रकाशन से पूर्व इतनी बड़ी संख्या में मीरा के पद एक जगह उपलब्ध नहीं थे। ऐसा लगता है कि संकलनकर्ता को जहाँ कहीं से मीरा के पद उपलब्ध हुए उन्हें उसने ग्रन्थ में शामिल कर लिया था जिनमें से अधिकांश पद मीरा-काव्य के पूर्व प्रकाशित ग्रन्थों से प्राप्त किये गये थे और प्रसंगवश यहाँ यह स्पष्ट कर देना उचित होगा कि उक्त ग्रन्थ के प्रकाशन के पश्चात् परवर्ती समय में प्रकाशित होने वाले मीरा-काव्य के अधिकांश ग्रन्थों में पूर्व-प्रकाशित ग्रन्थों की सामग्री का ही उपयोग किया गया। यह सिलसिला अब भी जारी है परिणामस्वरूप मीरा-काव्य के ऐसे संग्रह कम ही देखने को मिलते हैं जिनमें मीरा के अप्रकाशित पदों को प्रकाश में लाया गया हो, फिर चाहे वे पद लिखित अथवा मौखिक किसी भी परम्परा से प्राप्त किये गये हों।

'प्राचीन काव्य सुधा' नामक ग्रन्थ 1922 के लगभग पाँच खण्डों में प्रकाशित हुआ था, जिसके संकलनकर्ता छगनलाल विद्याराम रावल थे। उक्त ग्रन्थ में मीरा के कुल 33 पद संकलित थे। मीरा-काव्य के सन्दर्भ में यह ग्रन्थ इसलिए उल्लेखनीय है कि इस ग्रन्थ में मीरा-काव्य की कुछ अप्रकाशित हस्तलिखित पाण्डुलिपियों का प्रथम बार प्रकाशन हुआ था, यद्यपि मीरा के शेष पद पूर्वोक्त 'वृहत्-काव्य-दोहन' से ही प्राप्त किये गये थे। उक्त ग्रन्थ के प्रकाशन के कुछ समय पश्चात् 'सिलेक्शंस फ्रॉम क्लैसिकल गुजराती लिटरेचर' नामक ग्रन्थ का प्रकाशन हुआ जिसके संकलनकर्ता एच. जे. जे. तारा पोरवाला थे। इस ग्रन्थ में मीरा के 106 पद संकलित हैं जिन्हें पूर्वोक्त 'वृहत्-काव्य-दोहन' से उतारा गया था। ऐसा प्रतीत होता है कि 'वृहत्-काव्य-दोहन' में संकलित पदों का विद्वत् समाज में काफी सम्मान था, यही वजह थी कि परवर्ती संकलनकर्ताओं ने 'वृहत्-काव्य-दोहन' की सामग्री का भरपूर उपयोग किया।

वियोगी हरि द्वारा प्रणीत पुस्तक 'मीराबाई सहजोबाई दयाबाई का पद संग्रह' में मीरा के 36 पद संकलित हैं। यह पुस्तक 1930 में गांधी हिन्दी पुस्तक भण्डार प्रयाग से प्रकाशित हुई थी। उक्त पुस्तक में मीरा के उन पदों को सम्मिलित किया गया था जो काव्य-रसिकों द्वारा सहज स्वीकार्य एवं चर्चित थे। आधार सामग्री के रूप में पूर्व प्रकाशित काव्य-संग्रहों का ही उपयोग किया गया था। बाद में उन्होंने 'मीराबाई के सुबोध पद' नामक

मीरा काव्य की स्वतन्त्र पुस्तिका का भी प्रणयन किया, जिसका प्रकाशन सस्ता साहित्य मण्डल, नयी दिल्ली द्वारा किया गया। इस पुस्तिका में मीरा के पदों का संकलन करने एवं पदों के शब्दार्थ हेतु आचार्य परशुराम चतुर्वेदी द्वारा सम्पादित 'मीराबाई की पदावली' नामक पुस्तक से सहायता ली गयी थी। वियोगी हरि के अनुसार मीरा के संकलित पदों की भाषा 'मेवाड़ी-राजस्थानी' है जिसमें गुजराती, ब्रजभाषा, खड़ी बोली व उर्दू-फारसी के भी शब्द मिल जाते हैं।[53] सस्ती एवं सुलभ होने के कारण वियोगी हरि की पुस्तक 'मीराबाई के सुबोध पद' लोकप्रिय रही एवं पुस्तक के अनेक संस्करण मुद्रित हुए। जहाँ तक वियोगी हरि की आलोचना दृष्टि का प्रश्न है उन्होंने मीरा को कृष्णासक्त भक्त ही माना है न कि विद्रोहिणी स्त्री।

मीरा सम्बन्धी उपर्युक्त काव्य-संग्रहों के पश्चात् जिस काव्य-संग्रह ने मीरा के अध्येताओं का ध्यान खींचा, वह था नरोत्तमदास स्वामी द्वारा संकलित 'मीरा मन्दाकिनी' जिसका आगरा से 1930 में प्रकाशन हुआ था। यह संग्रह विद्वत् समाज में अत्यन्त लोकप्रिय रहा एवं मीरा-काव्य के परवर्ती संग्रहकर्ताओं ने नरोत्तमदास स्वामी की इस पुस्तक को सन्दर्भ ग्रन्थ के रूप में ग्रहण किया। इस पुस्तक में मीरा के कुल 161 पद संकलित थे जिनकी आधार सामग्री राजस्थान के विभिन्न भागों से प्राप्त मीरा-काव्य की हस्तलिखित पाण्डुलिपियाँ थीं। ये हस्तलिखित पाण्डुलिपियाँ नरोत्तमदास स्वामी के व्यक्तिगत संग्रह में संगृहीत थीं। इन हस्तलिखित पाण्डुलिपियों के लिपि समय के बारे में निश्चित रूप से कुछ नहीं कहा जा सकता किन्तु इतना तय है कि इनका लिपि स्थान अवश्य ही कोई 'रामद्वारा' रहा होगा। उस समय के मीरा-काव्य के अन्य संग्रहकर्ताओं की तरह नरोत्तमदास स्वामी ने भी मीरा को कृष्णासक्त भक्त ही माना। उनके अनुसार मीरा की भक्ति कांता भाव की थी जिसमें विरह, प्रेम, ज्ञान एवं वैराग्य के भाव निहित थे। नरोत्तमदास स्वामी का मानना था कि मीरा के पद सगुण एवं निर्गुण का सुन्दर मेल है जिनकी भाषा ब्रजभाषा से मिश्रित राजस्थानी है।[54] 'मीरा मन्दाकिनी' का प्रकाशन 1930 में हुआ था इसके अनेक वर्षों पश्चात् 1973 में 'मीरा मुक्तावली' का आगरा से प्रकाशन हुआ जिसमें मीरा के 101 पद संगृहीत थे। यह वस्तुत: नरोत्तमदास स्वामी द्वारा प्रणीत 'मीरा मुक्तावली' का ही संक्षिप्त रूप था अत: पदों की संख्या के अलावा दोनों पुस्तकों में सम्पादन सम्बन्धी कोई विशेष भेद देखने को नहीं मिलता।

हिन्दी साहित्य सम्मेलन, प्रयाग से 1932 में आचार्य परशुराम चतुर्वेदी द्वारा सम्पादित 'मीराबाई की पदावली' का प्रकाशन हुआ जिसमें मीरा के कुल 201 पद संकलित थे। संकलन का आधार मीरा-काव्य के पूर्व प्रकाशित संग्रहों के अलावा लेखक द्वारा संगृहीत किये गये कुछ अन्य पद भी थे।[55] ऐसा प्रतीत होता है कि 'मीराबाई की पदावली' में आये हुए अधिकांश पद नरोत्तमदास स्वामी द्वारा प्रणीत 'मीरा-मन्दाकिनी' तथा बेलवेडियर प्रेस से प्रकाशित मीराबाई की शब्दावली से लिए गये हैं। यह पुस्तक मीरा के अध्येताओं एवं काव्य-रसिकों के मध्य अत्यन्त लोकप्रिय रही जिसकी मुख्य वजह चतुर्वेदीजी की सम्पादन कुशलता के साथ-साथ इस पुस्तक का हिन्दी साहित्य सम्मेलन, प्रयाग से प्रकाशित होना था। 'मीराबाई की पदावली' मीरा-काव्य के अन्य संग्रहों की तुलना में सर्वाधिक लोकप्रिय रही जिसका अन्दाज इसी बात से लगाया जा सकता है कि अब तक इसके इक्कीस से भी अधिक संस्करण प्रकाशित हो चुके हैं। यहाँ यह उल्लेख करना उचित होगा कि 'मीराबाई की पदावली' के परवर्ती संस्करणों का रूप ठीक-ठीक वही नहीं रह गया था, जो इसके प्रथम संस्करण का रूप था। परवर्ती संस्करणों में सम्पादक ने जहाँ अनेक नवीन पदों को पुस्तक में स्थान दिया वहीं अनेक पूर्व प्रकाशित पदों को निकाल बाहर किया। सम्पादक द्वारा ऐसा किये जाने की मूल वजह उनके मीरा काव्य सम्बन्धी विचारों में होने

वाला परिवर्तन था। चतुर्वेदीजी यह विश्वास करने लगे थे कि मीरा के वे पद जो विभिन्न संवादों के रूप में हैं तथा जहाँ मीरा की गर्वोक्ति प्रकट होती है प्रामाणिक नहीं हैं।[56] मीरा के वे पद, जिन पर सन्तमत एवं नाथ सम्प्रदाय का प्रभाव दृष्टिगोचर होता है, को भी चतुर्वेदीजी ने अप्रामाणिक माना एवं ऐसे पदों को 'मीराबाई की पदावली' से निकाल बाहर किया।[57] उनके द्वारा अन्तिम रूप से सम्पादित संग्रह में मीरा के कुल 202 पद संकलित थे जिनमें मीरा के वे पद अनुपस्थित थे जिनका सम्बन्ध सन्तमत, नाथपन्थ अथवा लौकिक परम्परा से था।

नरोत्तमदास स्वामी का काव्य-संग्रह 'मीरा-मन्दाकिनी' एवं परशुराम चतुर्वेदी का काव्य-संग्रह 'मीराबाई की पदावली' जैसे मीरा-काव्य के महत्त्वपूर्ण काव्य-संग्रहों के पश्चात् साहित्य भवन लिमिटेड, प्रयाग से 1934 में प्रकाशित मुरलीधर श्रीवास्तव का काव्य-संग्रह 'मीराबाई का काव्य' एवं ग्रन्थवाणी मन्दिर प्रेस, छपरा से 1934 में ही प्रकाशित भुवनेश्वरनाथ मिश्र माधव का काव्य-संग्रह 'मीरा की प्रेम साधना' में प्रकाशित मीरा के पद चर्चा का विषय रहे। उक्त दोनों ही मीरा सम्बन्धी काव्य-संग्रहों में प्रकाशित मीरा के पदों की आधार सामग्री मीरा-काव्य के पूर्व प्रकाशित वे काव्य-संग्रह ही थे जिनकी चर्चा आरम्भ में की जा चुकी है, अत: संगृहीत पदों पर और अधिक चर्चा करना अनुपयोगी होगा। यहाँ यह जानकारी देना प्रासंगिक होगा कि भुवनेश्वरनाथ मिश्र 'माधव' के काव्य-संग्रह 'मीरा की प्रेम साधना' के आरम्भ में आचार्य रामचन्द्र शुक्ल ने एक संक्षिप्त प्रस्तावना लिखी थी जिससे यह आभास मिलता है कि उस समय के आलोचक मीरा को एक भावुक भक्त स्त्री कवयित्री से अधिक कुछ और मानने के लिए तैयार नहीं थे।[58] प्रसंगवश उल्लेखनीय है कि 1956 में मुरलीधर श्रीवास्तव ने 'मीरा दर्शन' नामक पुस्तक का प्रणयन किया था जिसके अन्त में मीरा के 103 पद दिये गये हैं। मीरा के ये पद 'मीरा स्मृति ग्रन्थ' में प्रकाशित 'मीरा पदावली' से लिए गये थे।[59] 1938 में सत्संग मण्डल नरनारायण मन्दिर, बम्बई से 'मीराबाई' नामक मीरा-काव्य का संग्रह प्रकाशित हुआ जिसमें मीरा के हिन्दी व गुजराती पद संकलित थे। उपर्युक्त दोनों काव्य-संग्रहों के समान मीरा-काव्य के इस संग्रह की आधार सामग्री भी पूर्व प्रकाशित काव्य-संग्रहों से ही ग्रहण की गयी थी जिनमें 'वृहत् काव्य-दोहन' एवं 'प्राचीन काव्य सुधा' का नाम विशेष रूप से उल्लेखनीय है। इन दोनों ही काव्य-संग्रहों की चर्चा प्रस्तुत अध्याय में की जा चुकी है।

इस लेख में अभी तक जितने भी मीरा-काव्य के संग्रहों की चर्चा की गयी है, उन काव्य-संग्रहों के संकलनकर्ता पुरुष ही थे। श्रीमती विष्णु कुमारी श्रीवास्तव 'मंजु' मीरा-काव्य की ऐसी संकलनकर्ता थीं जो स्त्री थीं। उनका काव्य-संग्रह 'मीरा-पदावली' हिन्दी भवन लाहौर से प्रकाशित हुआ था। जिसमें मीरा के कुल 201 पद संगृहीत थे। विष्णु कुमारी श्रीवास्तव 'मंजु' का यह काव्य-संग्रह मीरा के पदों के उपयुक्त सम्पादन के कारण विद्वानों द्वारा पसन्द किया गया। जहाँ तक मीरा पदावली में आये मीरा के पदों की आधार सामग्री का प्रश्न है तो उन्होंने स्वयं ही यह स्पष्ट कर दिया था कि 'मीरा पदावली' में संकलित मीरा के पदों का आधार कोई हस्तलिखित पाण्डुलिपि नहीं है। वस्तुत: श्रीमती विष्णु कुमारी श्रीवास्तव 'मंजु' ने 'मीरा पदावली' में मीरा के पदों के संकलन हेतु मीरा-काव्य के पूर्व प्रकाशित काव्य-संग्रहों का ही सहारा लिया था।

हिन्दी साहित्य कुटीर, बनारस से 1945 में 'मीरा माधुरी' नामक पुस्तक प्रकाशित हुई थी, जिसके सम्पादक ब्रजरत्नदास थे। इस पुस्तक में मीरा के जीवन एवं काव्य पर विस्तार से चर्चा की गयी है एवं साथ ही मीरा के नाम पर प्रचलित 469 पद भी दिये गये हैं। इससे पहले मीरा-काव्य के किसी भी संग्रह में मीरा के पद इतनी बड़ी संख्या में एक साथ प्रकाशित नहीं हुए थे। 'मीरा माधुरी' में प्रकाशित मीरा के पद मौखिक काव्य परम्परा

में प्रचलित मीरा के पदों का उचित प्रतिनिधित्व करते हैं। ब्रजरत्नदास के उक्त काव्य-संग्रह में विषयवस्तु की विविधता के साथ–साथ विभिन्न भाषाओं में प्रचलित मीरा के पदों के दर्शन होते हैं। मीरा के ब्रज, डिंगल व पिंगल साहित्य में प्रचलित पदों को ही नहीं वरन् गुजराती एवं जन मीरा छाप के तथा पंजाबी-बिहारी भाषा मिश्रित 'संदिग्ध' पदों को भी सम्मिलित किया गया है।[60] ब्रजरत्नदास के उक्त संग्रह की विशेषता मीरा के पदों के साथ–साथ सम्बन्धित पदों की राग-रागिनियों का उल्लेख कर देना है, जो मीरा के पदों को लोकगीतों की परम्परा से गहरे रूप में सम्पृक्त कर देता है। प्रसंगवश यहाँ इसी वर्ष बनारस से प्रकाशित महावीर सिंह गहलोत की पुस्तक 'मीरा : जीवनी और काव्य' का उल्लेख करना उचित होगा जिसमें मीरा के 108 पद संगृहीत हैं। संगृहीत पदों का आधार अज्ञात है तथापि कहा गया है कि पुस्तक में संगृहीत 108 में से 40 पद पूर्व में अप्रकाशित थे।[61]

1946 में बंगीय हिन्दी परिषद, कलकत्ता द्वारा मीरा-स्मृति-ग्रन्थ प्रकाशित किया गया था जिसके अन्त में ललिताप्रसाद सुकुल द्वारा संकलित व सम्पादित मीरा के 103 पद 'मीरा पदावली' शीर्षक के अन्तर्गत प्रकाशित थे। मीरा के ये संकलित पद शुद्ध रूप से लिखित काव्य परम्परा का प्रतिनिधित्व करते हैं। 1934 के अन्त में सुकुल जी जब पश्चिमी भारत के भ्रमण के दौरान गुजरात के डाकोर नगर गये हुए थे तब वहाँ उनकी भेंट गोवर्द्धन दास भट्ट एवं उनकी पत्नी से हुई थी। भट्ट दम्पति के संग्रह से उन्हें दो पोथियाँ मीराबाई के पदों की देखने को मिलीं जो कि देवनागरी मिश्रित गुजराती लिपि में थीं। 'मीरा स्मृति ग्रन्थ' के अन्तर्गत 'मीरा पदावली' में प्रकाशित आरम्भिक 69 पद इन्हीं भट्ट दम्पति की पोथियों से थे जब कि अन्य पद काशी के सेठ लाला गोपालदास के संग्रहालय से प्राप्त किये गये थे। डाकोर से प्राप्त मीरा के पद 'मीरा पदावली' में संगृहीत अन्य पदों से अधिक प्राचीन हैं।[62] यहाँ डॉ. जगदीश गुप्त के मीरा सम्बन्धी उन 8 पदों का उल्लेख करना उपयुक्त होगा जिन्हें 'मीरा स्मृति ग्रन्थ' में प्रथम बार प्रकाशित किया गया था। मीरा के ये पद भोलाभाई जयसिंह भाई विद्यासभा अहमदाबाद से प्राप्त हस्तलिखित पाण्डुलिपियों पर आधारित थे।[63]

मीरा की स्त्री अध्येता पद्मावती शबनम का 'मीरा वृहत् पद संग्रह' 1952 में लोक सेवक प्रकाशन, बनारस से प्रकाशित हुआ था। जिसमें मीरा के 490 पद संकलित हैं। मीरा वृहत् पद संग्रह में संकलित मीरा के पदों को भाषा एवं विषयवस्तु के आधार पर वर्गीकृत किया गया है, जो एक सराहनीय प्रयास था। मीरा के पदों का ऐसा वर्गीकरण मीरा-काव्य के अध्ययन को सुगम बना देता है। पद्मावती शबनम के उक्त काव्य-संग्रह के प्रकाशन से पूर्व वे मीरा की एक गम्भीर अध्येता के रूप में स्थापित हो चुकी थीं अत: 'मीरा वृहत् पद संग्रह' का विद्वानों एवं मीरा के अध्येताओं द्वारा व्यापक स्वागत हुआ। उनके उक्त पद संग्रह का आधार मौखिक परम्परा से प्राप्त मीरा के पदों के अलावा पूर्व में प्रकाशित व अप्रकाशित मीरा के विभिन्न काव्य-संग्रह थे। जिनमें परशुराम चतुर्वेदी, ब्रजरत्नदास, सूर्यनारायण चतुर्वेदी व मुरलीधर श्रीवास्तव के मीरा-काव्य से सम्बन्धित संग्रह विशेष उल्लेखनीय हैं।[64]

आज तक मीरा के पदों के जितने भी प्रकाशित काव्य-संग्रह उपलब्ध हैं उनमें परिमाण की दृष्टि से सर्वाधिक विशाल काव्य-संग्रह स्वामी आनन्द स्वरूप द्वारा प्रणीत 'मीरा सुधा सिन्धु' ही है। स्वामी जी का यह ग्रन्थ 1957 में श्री मीरा प्रकाशन समिति भीलवाड़ा (राजस्थान) द्वारा प्रकाशित हुआ था जिसमें मीरा के नाम पर प्रचलित 1312 पदों का विशद संग्रह है। इस ग्रन्थ के साथ ही 'मीरा सुधा लहरी' नामक एक छोटी पुस्तक भी प्रकाशित की गयी थी जो वस्तुत: 'मीरा सुधा सिन्धु' का ही संक्षिप्त रूप है। मीरा एवं मीरा-काव्य के अध्ययन के लिए

स्वामी जी ने देश के विभिन्न भागों का भ्रमण किया था। भ्रमण के दौरान स्वामी जी को जहाँ कहीं भी मीरा-काव्य से सम्बन्धित पद प्राप्त हुए उन्हें उन्होंने 'मीरा सुधा सिन्धु' में संगृहीत कर लिया था।[65] इस प्रकार स्वामी जी द्वारा संगृहीत पद लिखित एवं मौखिक दोनों ही परम्पराओं का प्रतिनिधित्व करते हैं। उल्लेखनीय है कि 'मीरा सुधा सिन्धु' में संगृहीत अधिकांश पद राजस्थान, गुजरात, ब्रजमण्डल एवं महाराष्ट्र से संगृहीत किये गये थे।

अन्त में हरिनारायण पुरोहित द्वारा सम्पादित 'मीरा बृहत्पदावली', पहला भाग का उल्लेख करना उचित होगा जिसका प्रकाशन राजस्थान प्राच्यविद्या प्रतिष्ठान, जोधपुर द्वारा 1968 में किया गया था। इस समय तक पुरोहित जी का स्वर्गवास हो चुका था। वैसे यह ग्रन्थ 1958-59 में ही प्रेस को दे दिया गया था जिसका मुद्रण 1962 तक हो चुका था।[66] पुरोहित जी के संग्रह में मीरा के कुल 662 पद संगृहीत हैं जिसमें पद के साथ-साथ उसकी राग, ताल एवं वर्ण्य विषय का उल्लेख किया गया है। साथ ही पाद-टिप्पणियाँ जोड़ी गयी हैं जिससे पद की आधार सामग्री एवं उसके पाये जाने वाले अन्य पाठान्तर का ज्ञान होता है। पुरोहित जी के संग्रह में प्राप्त मीरा के पदों को लिखित एवं मौखिक दोनों ही परम्पराओं से जोड़ा जा सकता है जिसकी आधार सामग्री पूर्व में प्रकाशित मीरा-काव्य के ग्रन्थों के अलावा कुछ अप्रकाशित हस्तलिखित पाण्डुलिपियाँ भी थीं, जो उन्हें विभिन्न विद्वत्जनों से प्राप्त हुई थीं। पुरोहित जी ने ब्रज, डिंगल, पिंगल, गुजराती व बंगाली साहित्य में उपलब्ध मीरा के पदों का ही नहीं वरन् अन्य भाषाओं में उपलब्ध मीरा के पदों का भी अध्ययन किया था अत: स्रोत सामग्री की उपलब्धता की दृष्टि से हरिनारायण पुरोहित की मीरा बृहत्पदावली, पहला भाग समृद्ध मानी जायेगी।

संगीत-राग-कल्पद्रुम से लेकर अब तक मीरा काव्य के सैकड़ों संग्रह हिन्दी एवं अन्य भाषाओं में प्रकाशित हो चुके हैं किन्तु इस अध्याय में मुख्यत: हिन्दी भाषा में प्रकाशित मीरा के केवल उन्हीं काव्य-संग्रहों की चर्चा की गयी है जो किसी न किसी रूप में मीरा काव्य के अध्ययन में महत्त्वपूर्ण रहे हैं अथवा चर्चा के केन्द्र में आये थे। स्थानाभाव के कारण मीरा के अब तक प्रकाशित सभी काव्य ग्रन्थों की चर्चा असम्भव है तथापि मीरा-काव्य के मुख्य-मुख्य काव्य-संग्रहों का संक्षिप्त विवरण इस अध्याय में दिया जा चुका है। इसके बावजूद मीरा-काव्य के कुछ और संग्रहों का नामोल्लेख करना उपयुक्त रहेगा जिनमें मीरा के कुछ अप्रकाशित पद सम्मिलित थे अथवा सम्पादन कुशलता व संग्राहक की भिन्न काव्य दृष्टि के कारण विशिष्ट बन पड़े हैं। मीरा-काव्य के ऐसे संग्रहों में कृष्णलाल, चुन्नीलाल 'शेष', लाल सिंह शक्तावत, कृष्णदेव शर्मा, कृष्णदेव झारी, नारायण सिंह, शम्भु सिंह मनोहर, कल्याण सिंह शेखावत, राजेन्द्र मोहन भटनागर, विश्वनाथ त्रिपाठी, नन्दकिशोर आचार्य, नन्द चतुर्वेदी एवं मीरा स्मृति संस्थान के मीरा सम्बन्धी काव्य-संग्रह विशेष रूप से उल्लेखनीय हैं। यह बता देना आवश्यक है कि हरिनारायण पुरोहित के 'मीरा बृहत्पदावली' पहला भाग के प्रकाशन के पश्चात् प्रकाशित होने वाले मीरा काव्य के अधिकांश संग्रह पूर्व प्रकाशित काव्य–संग्रहों की ही अनुकृति थे एवं विश्लेषण–शक्ति से हीन थे अत: मीरा सम्बन्धी ऐसे काव्य–संग्रह मीरा के अध्येताओं के मन में उनके प्रति विशेष आकर्षण उत्पन्न करने में सर्वथा असफल रहे।

सन्दर्भ

1. *नैणसी री ख्यात,* बदरीप्रसाद साकरिया (सं.), पृ. 21
2. वही, पृ. 21
3. राजस्थान प्राच्यविद्या प्रतिष्ठान, उदयपुर, ग्रन्थांक-2685

4. श्यामलदास, *वीर विनोद (भाग-2)*, पृ. 01
5. डॉ. जी.एन. शर्मा (उद्धृत), *'हिटोरियन्स एण्ड हिस्टोरियोग्राफी इन मॉडर्न इंडिया*, पृ. 281-90
6. श्यामलदास, *वीर विनोद (भाग-1)*, पृ. 362
7. वही, (भाग-2), पृ. 01
8. हरिनारायण पुरोहित, *मीरा बृहत्पदावली (भाग-1)*, पृ- 05
9. श्यामलदास, *वीर विनोद (भाग-2)*, पृ. 01
10. कर्नल टॉड, *एनल्स एण्ड एण्टीक्विटीज ऑफ राजस्थान (भाग-1)*, पृ. 232
11. टॉड ने मीरा को महाराणा कुम्भा की पत्नी तथा राव दूदा की बेटी बताया था।
12. मुंशी देवीप्रसाद, *मीराबाई का जीवन चरित्र*, पृ. 02
13. मुंशी देवीप्रसाद, *मीराबाई का जीवन चरित्र*, पृ. 02
14. वही, पृ. 02
15. वही, पृ. 02
16. गौरीशंकर हीराचन्द ओझा, उदयपुर राज्य का इतिहास (भाग-1), पृ. 358
17. यह पुस्तिका मीरा कला मन्दिर, उदयपुर से प्रकाशित है।
18. डॉ. गोपीनाथ शर्मा, *भक्त मीराबाई*, पृ. 14
19. डॉ. सी. एल. प्रभात, *मीरा जीवन व काव्य*, पृ. 1 (भूमिका)
20. आचार्य रामचन्द्र शुक्ल, *हिन्दी साहित्य का इतिहास*, पृ. 80
21. *चौरासी वैष्णवन की वार्ता* (वेंकटेश्वर प्रेस), पृ. 163, 207, 342
22. *दो सौ बावन वैष्णवन की वार्ता (भाग-2)*, (पूजा प्रकाशन), पृ. 62
23. *नागरीदास नागर समुच्चय*, पृ. 193
24. राजस्थान प्राच्य विद्या प्रतिष्ठान, जोधपुर में उपलब्ध *मीराबाई री परची* की हस्तलिखित प्रति में मीरा को सती करने का उल्लेख है। (ग्रन्थांक-12585, पृ. 342)
25. सुखसारण, *मीराबाई री परची* (परम्परा), पृ. 40
26. जॉर्ज ग्रियर्सन, *द मॉडर्न वर्नाक्यूलर लिटरेचर ऑफ हिन्दुस्तान*, पृ. 13
27. के. एम. झवेरी, *माइल स्टोन इन गुजराती लिटरेचर*, पृ. 30-33
28. मिश्रबन्धु, *मिश्रबन्धु विनोद*, पृ. 237
29. आचार्य रामचन्द्र शुक्ल, *हिन्दी साहित्य का इतिहास*, पृ. 101
30. आचार्य रामचन्द्र शुक्ल, उद्धृत *मीरा की प्रेम साधना* (भुवनेश्वरनाथ मिश्र माधव) पृ. 02 (प्रस्तावना)।
31. यह ग्रन्थ गांधी हिन्दी पुस्तक भण्डार से 1930 में छपा था।
32. नरोत्तमदास स्वामी, *मीरा मुक्तावली*, भूमिका
33. परशुराम चतुर्वेदी, *मीराबाई की पदावली*, पृ. 13-87 (भूमिका)
34. मुरलीधर श्रीवास्तव, *मीरा दर्शन*, पृ. 11-26
35. ब्रजरत्नदास, *मीरा माधुरी*, भूमिका
36. वही, पृ. 186
37. वही, पृ. 126
38. *मीरा महोत्सव*-96 (पत्रिका), पृ. 11
39. ब्रजरत्नदास, *मीरा माधुरी*, पृ- 86
40. पद्मावती शबनम, *मीरा : व्यक्तित्व और कृतित्व*, पृ. 10-77

41. स्वामी आनन्द स्वरूप, *मीरा सुधा सिन्धु*, पृ. च
42. हरिनारायण पुरोहित, *मीरा बृहत्पदावली*, पृ. 01
43. हरिनारायण पुरोहित का यह संग्रह अब राजस्थान प्राच्य विद्या प्रतिष्ठान, जयपुर में सुरक्षित है।
44. कुमकुम संगारी, उद्धृत *जेंडर एण्ड नेशन*, पृ. 26
45. डॉ. सुरिन्दर सिंह कोहली, *द क्रिटिकल स्टडी ऑफ आदि ग्रन्थ*, पृ. 16
46. डॉ. सी. एल. प्रभात, *मीरा : जीवन और काव्य* (भाग-2), पृ. 223
47. नागरीदास, *नागर समुच्चय*, पृ. 193-197
48. ब्रजरत्नदास, *मीरा माधुरी*, पृ. 33
49. डॉ. सी. एल. प्रभात, *मीरा : जीवन और काव्य*, पृ. 217
50. मुंशी देवीप्रसाद, *महिला मृदुवाणी*, पृ. 59
51. वही, पृ. 63
52. मुंशी देवीप्रसाद, *मीराबाई का जीवन चरित्र*, पृ. 30
53. वियोगी हरि, *मीराबाई के सुबोध पद*, पृ. 06
54. नरोत्तमदास स्वामी, *मीरा मुक्तावली*, भूमिका
55. परशुराम चतुर्वेदी, *मीराबाई की पदावली*, पृ. 04
56. वही, पृ. 06
57. वही, पृ. 07
58. भुवनेश्वरनाथ मिश्र 'माधव', *मीरा की प्रेम साधना*, प्रस्तावना
59. प्रो. मुरलीधर श्रीवास्तव, *मीरा दर्शन*, पृ. 100-108
60. ब्रजरत्नदास, *मीरा माधुरी*, भूमिका
61. महावीर सिंह गेहलोत, *मीरा : जीवनी और काव्य*, भूमिका
62. ललिताप्रसाद सुकुल, उद्धृत *मीरा स्मृति ग्रन्थ*, पृ. क-झ
63. जगदीश गुप्त, उद्धृत *मीरा स्मृति ग्रन्थ*, पृ. 141
64. पद्मावती 'शबनम', *मीरा बृहत् पद संग्रह*, पृ. 01
65. स्वामी आनन्द स्वरूप, *मीरा सुधा सिन्धु*, पृ. ट-ण
66. हरिनारायण पुरोहित, *मीरा बृहत्पदावली*, पृ. 02

मीरा की प्रासंगिकता

–प्रज्ञा त्रिवेदी शुक्ला

मीराबाई का जन्म मेड़ता के निकट कुड़की गाँव में सन् 1498 में राठौड़ वंश की मेड़तिया शाखा में हुआ था। राव दूदा इस शाखा के प्रवर्तक थे। मीरा उन्हीं के पुत्र राव रत्न सिंह की पुत्री थीं। उनके जीवन में दुखों का पहला दौरा तब शुरू होता है, जब वह मात्र दो वर्ष की थीं, उनकी माता की मृत्यु के पश्चात। बड़ी होने पर उनका विवाह राणा सांगा के ज्येष्ठ पुत्र भोजराज के साथ हुआ। किन्तु यहाँ भी नियति को कुछ और ही स्वीकार था और उनके पति का एक वर्ष पश्चात परलोक गमन हो जाता है। वहीं से उनके जीवन में दुखों का दूसरा दौर शुरू होता है जो मृत्यु तक चलता रहता है। सिर्फ हम ही जिन्दगी नहीं जीते हैं, जिन्दगी भी हमें जीती है।

मीराबाई सामन्ती परिवार की बेटी होने के साथ-ही-साथ सामन्ती परिवार की बहू बनीं। यहाँ ध्यान रखने वाली बात है कि यह वही सामन्ती व्यवस्था थी जहां पति के वीर गति को प्राप्त होने पर स्त्रियों को जौहर के लिए मजबूर कर दिया जाता था। मीराबाई के पति वीरगति को प्राप्त नहीं हुए थे फिर भी सामन्ती मूल्यों और रूढ़ियों का जितना अधिक प्रभाव हिन्दी प्रदेशों में देखने को मिलता है, उतना देश के किसी अन्य भाग में शायद ही कहीं हो। इसलिए स्त्रियों पर सदैव रूढ़ियों और सामन्ती मूल्यों की तलवार लटकती रही। स्त्री-जीवन दुरूह होता गया। मीराबाई के जीवन और काव्य में जो संयमित विद्रोह के बिन्दु प्रकट होते हैं, वे स्वर उसी व्यवस्था का विरोध करते हैं। मीरा के पदों में उस समय-समाज की स्त्री-छवि और उसके प्रति समाज की अवहेलना स्पष्ट दिखाई देती है। देखा जा सकता है कि स्त्री-व्यक्तित्व पुरुष रूपी वटवृक्ष तले कितना सुरक्षित एवं पल्लवित-पुष्पित हो सकता था। उनके पद स्त्री-अस्मिता की तमाम सम्भावनाओं और सीमाओं को खँगालते हैं। मीरा एकनिष्ठ सम्भावनाओं की तलाश और सीमित सीमाओं का अतिक्रमण अपने जीवन में करती रहीं। सम्भावनाएँ और सीमाएँ इसलिए कि स्त्री-चेतना के दोनों मूलभूत तत्वों, पराधीनता का बोध और उस पराधीनता से मुक्ति के लिए आजीवन संघर्ष से जहाँ मीरा की कविता आलोकित है वहीं स्वचेता होते ही उसका परिवार और समाज प्रतिपक्ष की भूमिका में चले जाते हैं; यही स्त्री-चेतना की सबसे बड़ी समस्या है और यदि स्त्री-चेतना किसी विधवा या परित्यक्ता के मन में स्थान प्राप्त कर लें तो दुनिया का सबसे बड़ा पाप सम्भवत: हो जाये। मीरा का वैधव्य उनके जीवन में घुन की तरह चिपका हुआ है। पति के सहयोगी रूप में खड़े होने पर ही स्त्री का अस्तित्व साबित होना, यह एक जीती-जागती मानवी के लिए त्रासदी के समान है। मीरा राजकुल से थीं तब उनकी अवहेलना में कोई कोर-कसर बाकी नहीं रही तो फिर सामान्य स्त्री की दशा की कल्पना ही की जा सकती है। स्त्री का वैधव्य ही उसके प्रति सदैव अभिशाप बना रहता। वह युग सती-प्रथा का युग था। लेकिन मीरा ने सती होने से अस्वीकार

कर दिया और स्वयं को चिर सुहागिनी मानती रहीं :

जग सुहाग मिथ्या री सजनी हांवा हो मिट जाती।
वरना कर्'यां हरि अविनाशी म्हारो काल-ब्याल न खाँसी।।

मीराबाई का संघर्ष अन्य भक्त कवियों से कहीं अधिक कठिन रहा। इनका संघर्ष आन्तरिक एवं बाह्य दोनों स्तरों पर था। इस बात की सिर्फ कल्पना की जा सकती है। कबीर ने ईश्वर की भरतार के रूप में कल्पना की थी। वे ईश्वर से मिलन की कामना *तन-रति मन-रति* के माध्यम से व्यंजित करते हैं जबकि मीरा में काम-वासना का लेशमात्र भी कहीं दिखाई नहीं देता। उनकी कामना में 'मेरो तो गिरधर गोपाल दूसरो न कोय' की भावना निरन्तर बनी रही। इसी बात को रामचन्द्र शुक्ल अपने हिन्दी साहित्य के इतिहास में रखते हैं, ''मीराबाई की उपासना 'माधुर्य' भाव की थी अर्थात् वह अपने इष्टदेव श्रीकृष्ण की भावना प्रियतम या पति के रूप में करती थीं। पहले कहा जा चुका है कि इस भाव की उपासना में रहस्य का समावेश अनिवार्य है। इसी ढंग की उपासना का प्रचार सूफी भी कर रहे थे। अत: उनका संस्कार भी इन पर अवश्य कुछ पड़ा। जब लोग इन्हें खुले मैदान मन्दिरों में पुरुषों के सामने जाने से मना करते, तब ये कहतीं कि 'कृष्ण के अतिरिक्त और पुरुष है कौन जिसके सामने लज्जा करूँ?'' मीराबाई का नाम भारत के प्रधान भक्तों में है और इनका गुणगान नाभा जी, ध्रुवदास, व्यास जी, मलूकदास आदि सब भक्तों ने किया है। इनके पद कुछ तो राजस्थानी मिश्रित भाषा में हैं और कुछ विशुद्ध साहित्यिक ब्रज भाषा में। पर सब में प्रेम की तल्लीनता समान रूप से पायी जाती है।''

1. *कैसे प्राण पिया बिनु राखूं जीवन मूल जड़ी*
   मीरा गिरधर हाथ बिकानी लोग कहें बिगड़ी
2. *मीरा व्याकुल बिरसणी, सुध-बुध बिसरानी हो*
3. *सास बुरीरे ननद हटेली, देवर देवे मोको गारी*
4. *बीख कटोरा राजाजी ने भेजो तो सतसंग मीरा हटकी*
   ले चरणामृत पी गयी मीरा जैसे शीशी अमृत की
5. *मीरा कहै प्रभु कब रे मिलोगे*
   चेरी भै हूँ तेरे दांवन की
6. *स्याह म्हाने चाकर राखो जी*
   गिरधारी म्हाने चाकर राखो जी
7. *मेरे तो गिरधर गोपाल दूसरो न कोई*
   जाके सिर मोर मुकुट मेरो पति सोई

उपर्युक्त पदों में मीरा की गिरधर से याचना, प्रार्थना, अनुनय-विनय के साथ मिलन की कामना है और अपनी आपबीती की भी संक्षिप्त कहानी प्रस्तुत है। ऐसी ही कहानियाँ हमें 'थेरी गाथा' स्त्रियों द्वारा रचित 'स्त्री-विमर्श' में भी देखने को मिलती हैं, जिसमें 522 श्लोकों (गाथाओं) में बौद्ध भिक्षुणियों के उद्‌गार सन्निहित हैं। मीरा की बात करते हुए स्त्री-विमर्श पर बात ना हो, ऐसा सम्भव नहीं है। मीरा से पहले पन्द्रहवीं शताब्दी में सूरदास के यहाँ स्त्री-विमर्श गोपियों के माध्यम से मौजूद है। उनसे पहले चौदहवीं शताब्दी में विद्यापति के यहाँ और

उससे भी पहले वाल्मीकि के यहाँ रामायण के युद्ध काण्ड में सीता-राम संवाद में देख सकते हैं। उसी विरासत में हम मीरा को पाते हैं। मीरा के पदों में अहम् का कोई टकराव देखने को नहीं मिलता है। ये उन स्त्रियों का प्रतिनिधित्व करती प्रतीत होती हैं, जो परतन्त्रता से उत्पन्न पीड़ा को भोग रही थीं। पीड़ा की संवेदना रचनाकार ही महसूस कर सकता है। मीरा व्यष्टि-पीड़ा की अनुभूति को कविता में लाकर समष्टि की अनुभूति बना देती है:

लोक-लाज कुल कानि जगत् की दई बहाय जस पानी
अपने घर का परदा कर ले मैं अबला बौरानी

अपनी बात कहने का जो साहस मीरा में यहाँ दिखता है, वह प्रशंसनीय है। जिस लोक-लाज की रक्षा के लिए उनके पदों में कृष्ण से निरीह गुहार है, उसी लोक-लाज कुलकानि के प्रति जो बेपरवाही यहाँ दिखती है, वही स्त्री-विमर्श का अहम् मुद्दा है। विरोधियों को बता देती हैं कि मेरे बस में अब कुछ नहीं है तुम्हें शर्म लगे तो पर्दा कर लो। मैनेजर पाण्डेय ने मीरा के लिए उचित ही कहा है कि *मीरा के काव्य में राजसत्ता, पुरुषसत्ता, लोकरूढि और कुलीनता के विरुद्ध विद्रोह का स्वर जैसा प्रखर है, वैसा उस काल के किसी अन्य कवि के यहाँ नहीं है, यही कारण है कि राजस्थान में दिवराला के सतीकाण्ड के बाद इस नृशंस सामन्ती प्रथा के विरुद्ध जो आवाज उठी और आन्दोलन चला, उसमें मीराबाई को बार-बार याद किया गया। यह स्वाभाविक और जरूरी भी था। आज भी भारतीय नारी को गुलाम बनाये रखने में राजसत्ता, पुरुषसत्ता, लोकरूढ़ि और कुलकानि की बहुत बड़ी भूमिका है।* मीरा का विरोध आगे आने वाली पीढ़ियों का पथ-प्रदर्शन करता है। भक्त कवियों में मीरा का अध्ययन और शोध उतना नहीं हुआ है जितना हो सकता था और आज जब सम्भावनाएँ बन रही है तो विवाद भी बनते जा रहे हैं। विवादों से घिरी मीरा का काव्य उनकी जीवनी और दर्शन के साक्षात् प्रमाण हैं। साहित्य अध्येताओं को ज्ञात है कि साहित्य अपने मूल चरित्र में प्रारम्भ से ही स्त्री विरोधी रहा है। स्त्री की शक्ति और सम्भावनाएँ, समस्याएँ, उत्पीड़न, आकांक्षाएँ तथा सार्थकता को मीरा ने अपने पदों में गम्भीर रूप से प्रत्यक्ष-अप्रत्यक्ष रेखांकित किया है। मीरा उच्च वर्ग से थीं लेकिन हमारे समाज का कटु सत्य है कि स्त्री निम्न जन की परिधि में ही आती है, भले ही उच्च वर्ग से क्यों न हो, उसकी हैसियत निम्न जाति से बेहतर कभी नहीं रही। प्रेम का वास्तविक अर्थ मुक्ति में है बन्धन में नहीं। मीरा कृष्ण प्रेम के माध्यम से सहज-सरल स्वतन्त्र जीवन जीने की कामना करती हैं।

जुग जुग पीर हरि भगतन की, दीनी मोच्छ समाज
मीरा सरण गही चरणन की, लाज रखो महाराज
साधु संग बैठ-बैठ लोक लाज खोई
सन्त देख दौड़ आई जगत् देख रोई

हरि तुम हरो जनकी पीर
द्रौपदी की लाज राखी तुम बढ़ायो चीर
भगत कारण रूप नरहरी धरयो आप सरीर
बूढ़तो गजराज राख्यो काटी कुंजर पीर
दासी मीरा लाल गिरधर हरो म्हारी पीर

उस समय नारी की स्थिति क्या थी समाज में, इसका अन्दाजा तुलसी की इस पंक्ति से लगाया जा सकता है:

कत विधि सृजी नारि जग माहीं। पराधीन सपनेहुं सुख नाहीं

इसी पराधीनता से मीरा जीवन-पर्यन्त जूझती रहीं। यह पितृसत्तात्मक व्यवस्था का विरोध था। इनका संघर्ष सहज नहीं था। एक ओर परिवार का विरोध सहना पड़ रहा था तो दूसरी ओर समाज की अवहेलना। अधिकांश पदों में माता-पिता भाई-बन्धु का साथ न देना भी मीरा के कष्ट का कारण बनता है। आज जब हिन्दी क्षेत्र में ही नहीं विश्व भर में स्त्री न सिर्फ कविता के क्षेत्र में अग्रसर है, बल्कि साहित्य शिक्षण में भी अपना दखल दे रही है, तब फिर से स्थापित मूल्यों के पुनर्मूल्यांकन की आवश्यकता महसूस होती है। हिन्दी साहित्य में आदिकाल से लेकर आधुनिक काल तक पुरुष वर्चस्व कायम रहा। अण्डाल, अक्का महादेवी, ललद्दद, मीराबाई आदि को कितना स्थान प्राप्त हुआ और फिर करीब चार सौ बरसों के अन्तराल पर सुभद्रा कुमारी चौहान और महादेवी वर्मा के नाम आते हैं, तो क्या इन चार सौ वर्षों के बीच में स्त्री की साहित्य में उपस्थिति मौजूद नहीं थी! इन तमाम बातों के प्रश्न हमारे सामने प्रस्तुत होते हैं। जन-मन में शताब्दियों की स्मृति की व्याख्या जरूरी नहीं है। रचनाकार रचना के बाहर अपने विषय में न भी कहे तो खास फर्क नहीं पड़ता। मीरा के पदों में कृष्ण के प्रति एकनिष्ठ माधुर्य प्रेम अवश्य देखने को मिलता है पर कहीं भी परकीया भाव परिनिष्ठित नहीं होता है। कृष्ण के प्रति एकनिष्ठ प्रेम, गंगा के जल-सा पवित्र। वासना लेशमात्र भी कहीं दिखाई नहीं देती। उसके बावजूद कहीं न कहीं एक स्त्री की बेचैनी अवश्य है :

घर आंगण न सुहावै, पिया बिनु मोहि न भावे
दीपक जोय कहा करूँ सजनी, पिय परदेस न रहावै
सूनी सेज जहर ज्यूं लागे, सिसक-सिसक जिया जावे
नैन निंदरा नहिं आवै
कल की ऊभी मैं मग जोऊँ, निस दिन बिरह सतावै

जीवन पर्यन्त वे अपने गिरधार नागर का ही स्मरण करती रहीं। भारतीय परम्परा में स्त्री का घर-परिवार में स्थान सदैव गरिमामय रहा है किन्तु तभी तक जब तक वह परिवार के मुखिया (पिता, पति, पुत्र) की छत्रछाया में चुपचाप चलती रही है, जहाँ उसने इनसे परे अपना अस्तित्व खोजने का प्रयास किया, उसका बहिष्कार किया जाने लगता है। चरित्र ही चित्र बनने लगता है। क्या कारण रहे होंगे कि मीरा कृष्ण की भक्ति में लीन रहीं, जबकि भारतीय परम्परा में देवियों का स्थान देवताओं से कहीं ऊपर रहा है। हो सकता है कि यह *लरकाई को प्रेम* हो या भी हो सकता है कि पराधीन स्त्री (मीरा) को कहीं-न-कहीं यह विश्वास अवश्य बना रहा होगा कि पुरुष (कृष्ण) ही उसके 'कुल-कानि', 'लोक-लाज' की रक्षा करने में समर्थ हैं, जैसे उन्होंने अन्य स्त्रियों (द्रौपदी एवं गोपियों) की मर्यादा की रक्षा की। एक कमजोर मानसिकता वाले समाज में स्त्री अपनी मर्यादा की रक्षा का उत्तरदायित्व स्वयं कैसे ले सकती है। अपनों का विरोध ही 'साइलेंट किलर' के रूप में काम करता है। मीराबाई का काव्य आज के सन्दर्भ में भी प्रासंगिक है क्योंकि सवाल कमोबेश आज भी जब के तस हमारे सामने मौजूद हैं। मीरा के पदों की भाषा उपेक्षित स्त्री के जीवन से रची-बसी है जिसमें एक ओर एक स्त्री की समस्त सम्वेदनाएँ हैं दूसरी ओर उसका संघर्ष।

मैं तो साँवरे के रंगराची

–डॉ. मधुरानी शुक्ला

भारत की पावन धरती पर ऐसी अनेक नारी रत्नों ने जन्म लिया है जो भारतीय धर्म, संस्कृति, अध्यात्म और ईश्वरीय प्रेम आराधना की संवाहक बनी हैं। संत मीराबाई उन्हीं महान नारी रत्नों में से एक थीं, वे सगुण ईश्वर की उपासक थीं। भगवान श्रीकृष्ण को उन्होंने अपना इष्ट, आराध्य और परमेश्वर माना। सोलहवीं शताब्दी में सामाजिक विषमताओं से विद्रोह करती मीरा का उद्‌भव एक कवयित्री, गायिका एवं सन्त के रूप में हुआ। राजघराने में जन्मी एवं पली-बढ़ी मीरा, अपनी माँ से प्राप्त प्रेरणा के कारण बचपन से ही कृष्ण प्रेम में अपना सर्वस्व न्योछावर कर विवाहोपरान्त सन्त बनीं। जिस कीर्ति स्तम्भ को वर्तमान में 'मीराबाई' के नाम से जाना जाता है। उनका जीवन अत्यन्त संघर्षपूर्ण था। मेवाड़ की पावन धरा पर जन्मीं मीरा के लिए तत्कालीन समाज में नवीन विचारधारा को स्थापित करना आसान न था। समाज में व्याप्त कुरीतियों एवं बुराइयों का तिरस्कार मीरा ने भक्तिमार्ग अपनाकर दृढ़ता से किया। कृष्ण को अपने जीवन की डोर सौंप, स्वयं को कृष्ण की दासी नियुक्त कर वे लेखन, गायन, वादन एवं भक्ति की पराकाष्ठा को प्राप्त हो गयीं।

कृष्ण की प्रेमिका तथा पत्नी के रूप में स्वयं को समर्पित कर देने वाली मीरा ने कृष्ण को कब अपना माना इसके दिन, तिथि, काल, खण्ड, कहानियाँ, जनश्रुति भिन्न-भिन्न हो सकते हैं, किन्तु एक बात तो निश्चित रूप से कही जा सकती है कि समर्पण किस स्तर तक हो सकता है और वह भी एक नारी का तो पूरे इतिहास के पन्नों को पलट कर देख लें तो मीरा से बड़ा कोई भी उदारहण नहीं मिलता है। जिस काल, समय, परिस्थिति की हम चर्चा कर रहे हैं, वह पुरुष प्रधान समाज था। पिता व भाई, ससुर, जेठ, देवर के रहते मीरा राजघराने की मर्यादा की सीमा को लाँघ कर किसी अन्य पुरुष जो 'देव रूप' में ही क्यों न हो उसे स्वीकारना, उसके प्रति स्वयं को समर्पित करना आसान न था। मीरा अद्‌भुत थीं, कभी गिरधर को मोल लेने की बात कहतीं–*माई री मैंने लीन्हो गोविन्दा मोल* तो कभी स्वयं को बेचने की बात कहतीं–*मीरा गिरधर हाथ बिकानी लोग कहे बिगरी...* ''मीरा की जीवनी शक्ति अपार थी। वे स्थितियों से विचलित नहीं हुई बल्कि स्वयं के निर्णय से खुद को चलाती रहीं, लौकिक प्रेम का अन्त होने पर पारलौकिक प्रेम की ओर उन्मुख हुई, वे भक्ति-भावना से ओत-प्रोत थीं। स्त्री-पुरुष, ऊँच-नीच, जाति-धर्म का बन्धन उनके मन में था ही नहीं, अत: संकीर्ण मर्यादाओं को तज वे साधु, सन्तों के संग बैठीं मीरा ने स्वयं कहा–*तज कुसंग सत्संग बैठ नित हरि चर्चा सुन लीजै, मनवा राम नाम रस पीजै।*

कृष्ण की अनन्य भक्त मीरा के पदों में भाषा सौष्ठव सुन्दर है, अलंकार, छन्द, रस, बिम्ब, रूपकों, लोकोक्तियों, मुहावारों से सजे ये पद व्याकरण को ध्यान में रखकर नहीं रचे गये वरन् स्वत: ही समायोजित हैं। भक्त मीरा के गीतों में कलात्मक चातुर्य न होकर सहजता, भाव प्रवणता तथा भावातिरेक है, जो मन को स्पर्श

करती हैं। मीरा के पदों में गुजराती गरबा तथा ब्रज के रास नृत्य के छन्द भी मिलते हैं, जिसमें मनमोहक नृत्य होता था। उनके पदों में राजस्थानी, मारवाड़ी, ब्रज, गुजराती, पंजाबी भाषा (के कुछ शब्द) मिलते हैं एवं उनकी रचनाओं में वहाँ के लोक संगीत का प्रभाव भी पाया जाता है।

मीराबाई का सम्पूर्ण व्यक्तित्व ही संगीतमय है, एक हाथ में एकतारा तो दूसरे हाथ में करताल तथा पाँव में घुँघरू, वह कृष्ण प्रेम में विह्वल हो पदों को गाती थीं एवं मग्न होकर नृत्य करती थीं। मीरा जिस कृष्ण की आराधना करती थीं, वे तो 16 कलाओं से परिपूर्ण कलाधर थे, मधुर मुरली की धुन के रसास्वादन से चर-अचर को सम्मोहित करने वाले, लौकिक व पारलौकिक संगीत के अधिष्ठाता थे, तो भक्त मीरा पर यह प्रभाव कैसे न आता। ध्रुवदास ने अपनी 'भक्ति-बावली' में मीरा के संगीत को विशेष महत्त्व देते हुए लिखा है–

नृत्यत नूपुर बाँध के, गावत ले करताल
विमल हियो भक्तिनि मिली, तृणसन गन्यो संसार

इस पद की प्रथम पंक्ति से ही स्पष्ट हो जाता है कि मीरा संगीत एवं नृत्य कुशल थीं। वे पैरों में नूपुर बाँध, हाथों में करताल ले नृत्य करते हुए अपने पदों को कृष्ण के सम्मुख गाती थीं। जिस समय मीरा का जन्म हुआ था, उस समय राजकुल में राजकुमारियों को संगीत की शिक्षा दी जाती थी तथा नृत्य एवं संगीत का ज्ञान आवश्यक होना चाहिए था। अत: राजकुल में जन्मी, कृष्ण प्रेम में पगी मीरा, संगीत के प्रभाव से कैसे अछूती रह सकती थीं।

मीरा के पदों में गीतितत्त्व–मीरा के पदों में कुछ प्रमुख गीतितत्त्व मिलते हैं, जैसे सहज आत्माभिव्यक्ति, संगीतात्मकता, अनुभूति की पूर्णता तथा सहज भाषा एवं संछिप्तीकरण दिखाई देता है। गीति काव्य का प्रमुख तत्त्व है–आत्माभिव्यांजना तथा संगीत।

संगीत, गीत का प्राण है, यदि गीति शब्द की रचना के लिए भाव अनिवार्य है, तो उसे प्रभावोत्पादक बनाने के लिए संगीत भी उतना ही आवश्यक है। संगीतात्मकता, गीतिकाव्य की अनन्यतम कसौटी है, मीरा के गीतों में संगीतात्मकता पूर्ण रूप से समाविष्ट है, उसमें भावों के अनुरूप ही संगीत की योजना है। मीरा का युग गीतिकाव्य की धारा से परिपूर्ण था, उस समय लोक संगीत की परम्परा भी विद्यमान थी। मीरा ने स्वयं लिखा–

मैं तो साँवरे के रंग राची, साज सिंगार बाँध पग घुँघरू लोक लाज तज नाची

उनके काव्य का संगीत आत्मध्वनि का द्योतक है, मीरा के पद गेय और कीर्तन प्रधान हैं, अत: उनमें स्वर, ताल, लय, गति, राग-रागिनी आदि संगीतात्मक उपादानों की सिद्धि पायी जाती है। साथ ही उनमें छन्द विधान की तुलना में राग विधान प्रमुख रूप से विद्यमान है। इस प्रकार मीरा के पद, भक्तों की पुकार तो हैं ही, वे संगीतज्ञों के लि[illegible] रागों की पावन धरोहर भी हैं–

मैं गिरधर आगां नाच्या री
गाय-गाय म्हा रसिक रिझाँवा, प्रीत पुरातन जांच्या री

[illegible] के पद संगीतज्ञों की वाणी का श्रृंगार और जन-जन का प्रिय काव्य हैं। गीतिकाव्य में अनुभूति, घनीभूत होकर झलकती है। मीरा का काव्य अनुभूति से सराबोर है, वह कृष्ण के लिए अपना जीवन न्योछावर कर चुकी थीं, भावावेश में उनके पदों की प्रत्येक पंक्ति रसासिक्त हो उठती है–

जोगी मत जा, मत जा, मत जा
पाँय परूं मैं तेरी चेरी हूँ

मीरा के पदों में संगीत-संगीत में नृत्य, वाद्य और गीत इन तीनों का समावेश होता है और मीरा का भक्ति संगीत इस दृष्टि से परिपूर्ण है। मीरा ने स्वयं स्वीकार किया है–*पग घुँघरू बाँध मीरा नाची* रे।

मीरा ने अपने पदों की रचना लगभग 60 राग-रागिनियों में की है, उनके पद से ज्ञात होता है कि उस समय 6 राग 36 रागनियों की चर्चा थी। मीरा ने स्वयं लिखा है–*बिनु सुर राग छत्तीस गावे, रोम-रोम रंग सार* रे। *मीरा की मल्हार* नाम से भी राग प्रचलित है, मीरा पदों में मुख्य राग-रागिनियों के नाम इस प्रकार हैं–ललित, हमीर, कान्हड़ा, तिलंग, गुर्जरी, नीलान्बरी, मुल्तानी, मालकौंस, कामोद, सोरठ, पटमंजरी, मल्हार, जोगिया, श्याम कल्याण, नट बिलावल, तिलक कामोद, खमाज, धनाश्री, शुद्ध सारंग, सिन्दूरा, पूरिया, पीलू, बरवा, पहाड़ी, मारू, दरबारी कान्हड़ा, सूर मल्हार, देस, मारवा, भीमपलासी, बागेश्वरी, आसावरी, मिश्र काफी, आनंद भैरव, हंसनारायणी व कुछ लोक धुनों को भी पाया जाता है जैसे- होरी, कजरी, चैती, मांड, रास एवं गरबा आदि। मीरा के कुछ पदों में रागों के नाम इस प्रकार हैं–

- राग ललित – म्हारो प्रणाम बांके बिहारी जी
- राग हमीर – बस्या म्हारे नैनन माँ नन्दलाल
- राग मल्हार – झुक आई बदरिया सावन की
- राग तिलंग – मन रे परस हरि रे चरण
- राग कान्हड़ा – तनक हरि चितवौ जी मोरी ओर
- राग कल्याण (यमन) – पायो जी मैंने, राम रतन धन पायो
- राग तोड़ी – हे री मैं तो प्रेम दिवानी, मेरा दरद न जाने कोय
- राग पीलू – पग घुँघरू बाँध मीरा नाची रे
- राग भैरवी – आली री मेरे नैना बाण पड़ी
- राग काफी – अब ना रहूँगी श्याम अटकी, म्हारो मन लाग्यो गिरधर से
- राग सारंग – आवो-आवो जी रंगभीना म्हारै म्हैल
- राग आसावारी – कोई कहियौ रे प्रभु आवन की, आवन की मन भावन की
- राग कालिंगड़ा – तुम बिन स्याम सुने (गो) कौ (न) मेरी

मीरा ने पदों को रागों के अनुरूप रचा। कुछ उदाहरण हैं, जैसे–राग सावनी कल्याण में निबद्ध *पपैया रे पिव की वाणी न बोल, सुणी पावेली विरहणी रे, थारो राखेलह पाँख मरोड़*। इसी प्रकार मल्हार राग में अपनी मनोदशा वर्णित करते हुए कहती हैं– *बरसाँ री बदरिया, सावण री, सावन री मन भावन री। सावन मां उमग्यो म्हारा मण री, भणक सुण्या हरि आवण री*। इसी प्रकार होली के पदों को काफ़ी तथा देश राग में रचा है–*होली पिया बिना लागा री खारी, सूनों गाँव सेज सब सूनों, सूनी सेज अटारी*।

मीरा के पदों में वाद्य- मीरा के पदों में पखावज, मुरली, वंशी, घुँघरू, ढोल, झांझ, मृदंग आदि वाद्यों का उल्लेख मिलता है, जैसे–

1. चंग, मृदंग, डफा, महर बाजे, बाजै बेनू रसाल
2. संख, झालरी, झाँझ बाजे, सदा सुख की रास

3. बिनु करताल पखावज बाजे

4. झाँझ, मृदंग, मुरलिया बाजै रही इकतारी

मीरा के *कमण दण दोचणाँ थे नाथयाँ काण भुजंगा* पद में ताडंव नृत्य के भाव दिखाई देते हैं तथा *सावरियो रंग राँचा राणा, सावरियो रंग राँचा* में लास्य नृत्य भाव दिखाई देता है।

मीरा के काव्य में छन्द वैविध्य-मीरा के पद पिंगल शास्त्र की गणना के आधार पर तो नहीं रचे गये पर भावानुरूप छन्दों का मनमोहक प्रयोग दिखाई देता है–

करूँ सुणी स्याम तेरी, में तो होइ रही चेरी तेरी,
दर्शण करण भइ बावरी, विरह विथा तन होरी,
तेर कारण जोगण होंगी, दूँगी नग विग फेरी, कुंज सब हरि फेरी

मीरा के काव्य में लय और ताल का समन्वय-लय संगीत का प्राण है तथा भाव और लय का अनन्योन्याश्रित सम्बन्ध है। लय की गति में परिवर्तन, भाव की गति को परिवर्तित कर देता है। प्रत्येक लय का अपना अलग भाव होता है, कुशल संगीतकार भावानुसार लय का प्रयोग कर भावों की गति को और अधिक बोधगम्य बना देता है। विलम्बित लय में गम्भीर और वैराग्यपूर्ण भावों का प्रदर्शन उत्तम है, वहीं कोमल और आह्लाद के समय मध्य तथा गतिपूर्ण संयोग के समय द्रुत लय उपयुक्त समझी गयी है। मीरा के काव्य में सर्वत्र भावानुकूल योजना के दर्शन होते हैं। वैसे तो मीरा के पदों में विरह की प्रचुरता होने के कारण मध्य एवं विलम्बित लय की योजना दृष्टिगोचर होती है, वहीं संयोग के क्षणों में जहाँ कृष्ण के प्रेम अनुराग में पगी मीरा अपनी उमंग और उल्लास अभिव्यक्त करती हैं, उन पदों को द्रुत लय में बाँधा जा सकता है, जैसे–*ए री मैं तो प्रेम दीवानी, मेरो दर्द ना जाने कोई।* मीरा के आधे से अधिक पदों में मध्य लय का प्रयोग होता है तथा कुछ पदों में विलम्बित लय का भी प्रयोग दिखाई देता है। मीरा के पदों में रागों के साथ-साथ 24 मुख्य तालों का प्रयोग पाया जाता है, जिनमें सर्वाधिक त्रिताल, कहरवा, दादरा, रूपक ताल आदि प्रयुक्त हुए हैं।

अन्ततः कह सकते हैं नारी-व्यथा-अभिव्यक्ति की पर्याय मीरा ने जाति-प्रथा, मांसाहार, पारिवारिक उपेक्षा, जौहर, पराधीनता, रंगभेद, अर्थभेद एवं मानव में लघु चेतना का दृढ़ता से विरोध किया। अपने चिन्तन एवं तर्कों से मीराबाई ने समाज में व्याप्त अनेक तुच्छ प्रवृत्तियों का दृढ़ता से विरोध किया और मानव का नैसर्गिक गुण 'मानवता' सिखाया। जीवन की विसंगत एवं विषमतम परिस्थितियों में भी, सत्य के साथ सम्पूर्ण स्थिरता उन्हें श्रीकृष्ण की भक्ति से प्राप्त हुई, ना-ना प्रकार की यातनाएँ, प्रताड़नाएँ सहर्ष सहन करती मीरा संसार के उत्कर्ष शिखर पर महानक्षत्र के रूप में सदा के लिए विद्यमान हो गयीं तथा उनके संगीतमय पद अनन्त काल तक धरा पर गुंजित होते रहेंगे।

संदर्भ ग्रन्थ-

- *भक्त नामावली*
- *मीरा की पदावली*–आचार्य परशुराम चतुर्वेदी
- *कृष्ण भक्त मीरा और उनका काव्य*–डॉ. आर.पी. वर्मा

- *हिन्दी साहित्य का इतिहास*–आचार्य रामचन्द्र शुक्ल
- *भक्तिकालीन संत साहित्य*–प्रोफेसर वीरेन्द्र नारायण यादव
- *मीराबाई की सम्पूर्ण पदावली*–सम्पादक रामकिशोर शर्मा
- *आधुनिक हिन्दी गीत काव्य में संगीत तत्त्व*– डॉ. मीना अग्रवाल
- *हिन्दी के कृष्ण भक्ति कालीन साहित्य में संगीत*–उषा गुप्ता
- *मीरा माधव* (राग सम्बन्धित पद)–सम्पादक नन्दकिशोर आचार्य
- *मीरा पदावली भाग -एक*
- *सन्त मीराबाई और उनकी पदावली*–सम्पादक बादल देव वंशी
- *मीरा का काव्य*–विश्वनाथ त्रिपाठी
- *मीराबाई की जीवनी एवं भजन*–विक्रम सिंह राठौड़
- *मीराबाई और उनकी उपासना*–महन्त मुरली मनोहर शास्त्री
- *स्त्री चेतना और मीरा का काव्य*–पूनम कुमारी

मीराबाई

-अंजु सूद

परमभक्तिमती श्री मीराबाई जी के जीवन की एक-एक श्वास शरीर की एक-एक चेष्टा, चिन्तन का एक-एक कण, उनके मुखारविन्द के स्वर सब प्रेम पूरित हृदय की प्रभु गिरधर गोपाल के लिए व्याकुल पुकार है।

श्याम मोरी बाहड़ली गहो।
या भवसागर मँझधार में, थे ही निभावण हो।।

मीरा के जीवन आराध्य श्री गिरिधर गोपाल, जिनकी भक्ति और प्रेम में पूर्णत: रंगकर सर्वस्व जीवन न्योछावर कर, मीराबाई ने भारतवर्ष को पावन और धन्य किया है। मीराबाई का जन्म सम्वत् 1561 (सं 1504) में राजस्थान के मेड़ता के रावदूदा जी के पुत्र रत्नसिंह के घर हुआ। रावदूदा जी अत्यन्त वीर और पराक्रमी थे। वह जितने तलवार के धनी थे, उतने ही भक्तिरस से ओत-प्रोत थे। उन्होंने जितने युद्ध लड़े उन सभी में विजयश्री प्राप्त की। उसके राज्यकाल में सदा ही सन्त सेवा, पुराण कथा तथा प्रवचन चलते रहते थे। जब मीराबाई का जन्म हुआ। उन्होंने जन्मपत्रिका में ग्रह-नक्षत्र ही गणना। तब ज्ञात हुआ कि यह पुत्री मानव जीवन का चरम फल भगवत् साक्षात्कार प्राप्त करेगी। इसे अनोखी मृत्यु प्राप्त होगी। यह भक्ति का सूर्य बनकर प्रकाशित होगी। उन्होंने कन्या का नाम 'मिहिरा' रखा।

मीरा का लालन-पालन दूदा जी की देखरेख में होने लगा। एक बार एक सन्त राजमहल के समीप ठहरे। उनकी पूजा-पद्धति और विग्रह को देखकर मीरा अत्यन्त प्रभावित हो गयी। मीरा ने सन्त से अनुनय-विनय करते हुए कहा कि यदि यह मूर्ति आप मुझे बख्श दें, तो मैं भी इनकी पूजा करूँगी। सन्त ने कहा नहीं बेटी, भगवान किसी को नहीं देना चाहिए। मीरा की आँखें भर आयी उसने मन-ही-मन मूर्ति को देखते हुए कहा यदि तुम स्वयं ही न आ जाओ। तो मैं तुम्हें कहाँ से पाऊँ। कौन लाकर देगा तुम्हारा प्रतीक। मैं नन्ही बालिका कौन सुनेगा मेरी और फफक-फफक कर रोने लगी। दूसरे दिन सन्त के निवास स्थान पर पहुँच गयी। सन्त पूजा कर रहे थे, मीरी ने प्रणाम किया। सन्त ने प्रसाद देते हुए पूछा–'तुम ठाकुर को पाना चाहती हो', वह बोली–'हाँ बाप जी'! सन्त ने मूर्ति की ओर इशारा करते हुए कहा–''रात स्वप्न में इन्होंने मुझसे कहा कि मुझे मीरा को दे दो। मैं उसके पास रहूँगा। इनको नहलाना, धुलाना, वस्त्र पहनाना, श्रृंगार करना, खिलाना-पिलाना, आरती और धूप भी करना।'' मीरा ने कहा–''मुझे आप जैसे मन्त्र नहीं आते।'' सन्त ने उत्तर दिया–''पुत्री! यह मन्त्रों के वश नहीं रहते है यह तो मन की भाषा समझते है। इनके सम्मुख तो हृदय खोलकर रखना पड़ता है। इन्हें छल, कपट, दिखावा पसन्द नहीं है। यह अन्तर्याम हैं। इनसे कुछ भी छिपाया नहीं जा सकता। इन्हें ख़ूब संभालकर रखना। यह धातू के दिखते

हैं। पर है नहीं, इन्हें अपने जैसे मानना और समझना।'' मीरा ने सन्त के चरणों में प्रणाम कर ठाकुर को सीने से लगाकर महल की ओर चलती चली गयी। शृंगार कर सजाया और दूदा राव से कहा–बाबो सा! इनका नाम बताइए। बाबो सा ने कहा–"मनुष्य का एक ही नाम होता है और यह तो अनन्त नाम रूप और गुण के स्वामी है जो नाम प्रिय लगे वहीं चुन लो।" "ठीक है आप नाम बोलते जाइए बाबो सा! मुझे जो अच्छा लगेगा वहीं आपको बता दूँगी।" बाबो सा ने कहा "कृष्ण, गोपाल, गोविन्द, माधव, मुरलीधर, केशव, गिरिधर" बस-बस बाबो सा गिरिधर नाम सबसे अच्छा है।

मेरे तो गिरधर गोपाल दूसरा न कोई।
जाके सिर मोर मुकुट मेरो पति सोई।।

कहते है बाल्यावस्था में बारात में जा रहे दूल्हे को देखकर मीरा ने माँ से पूछा था कि माँ ! मेरा दूल्हा कौन है? माँ ने इस मासूम प्रश्न पर कृष्ण की मूर्ति की ओर इशारा कर कहा था "यह है तेरा दूल्हा।" और मीरा ने खेल-खेल में भगवान के साथ फेरे ले लिये। सचमुच हृदय से भगवान को अपना प्राणेश्वर, भरतार, पति और जीवनसाथी मान लिया।

"पायो जी मैने राम रतन धन पायो।"

राव दूदा की मृत्यु के बाद उनके बड़े पुत्र विक्रमदेव गद्दी पर बैठे। लोकलाज के भय से उन्होंने 11 वर्ष की अवस्था में मीरा का विवाह मेवाड़ के महाराणा के बड़े पुत्र कुँवर भोजराज के साथ कर दिया। पर मीराबाई को राजसुख और ऐश्वर्य नहीं बाँध सका। वह तो पहले की तरह आठों पहर भजन, नृत्य और प्रभुभक्ति में विलीन रहती। विवाह के दूसरे वर्ष कुँवर भोजराज की मृत्यु हो गयी। राजमहल और रनवासे में मीराबाई के विरुद्ध षड्यन्त्र रचे जाने लगे। ऐसी योजना बनायी कि मीराबाई सती हो जाये। पर मीरा ने स्पष्ट शब्दों में कहा कि मैंने अपना सर्वस्व गिरिधर को समर्पित किया है और सती होने से इंकार कर दिया। भोजराज की मृत्यु के पश्चात् छोटे भाई रत्न सिंह गद्दी पर बैठे। इनके राज्य में मीरा को भजन की पूरी स्वतन्त्रता रही। इनकी मृत्यु के बाद विक्रमादित्य राजगद्दी पर बैठे। यह अपने पूर्वजों की भाँति उदार, वीर, भक्तिमय नहीं थे। जब रानियों ने विक्रमादित्य राणा के कान भरे कि मीरा हमारी आन-बान-शान को कलंक लगा रही है मेवाड की मर्यादा मिट्टी में मिला रही है। तब मीरा को मारने के लिए राणा ने एक डिबिया में काला नाग बन्द मीरा के पास भेजा और कहलवाया कि इसमें सुन्दर-सी शालिग्राम की मूर्ति हैं। यह मेरी ओर से भेंट है। मीरा ने सहज स्वीकार कर कीर्तन करते हुए सबके सामने उस डिबिया को खोला। सचमुच उसमें सुन्दर शालिग्राम की मूर्ति निकली। न जाने उसमें से काला नाग कहाँ चला गया। षड्यन्त्रकारियों की आँख खुली-की-खुली रह गयी। कृष्ण भगवान के जयकारों से आकाश गूँजने लगा।

भक्तमाल का प्रसंग है कि अकबर और तानसेन राजपूताना वेश में सज-धजकर मीराबाई की ख्याति सुन-देखने और भक्ति संगीत सुनने चित्तौड़ जा पहुँचे। मीरा पाँव में घुंघरू बाँधे, संसार की सुध-बुध बिसार कर नाच रही थी। सभी भक्तिभाव से झूम रहे थे, यह दृश्य देख सम्राट अवाक् कर गया। उसका हृदय भक्तिरस प्रेम में डूब गया। उसने एक बहुमूल्य हीरों का हार मीरा को भेंट किया और वापस चला गया किन्तु ईर्ष्यावश विक्रमादित्य को लोगों ने कहा कि मीरा के पास तो अकबर आता है, जिससे विक्रमादित्य क्रोध से भड़ककर नंगी तलवार लेकर मीरा को मारने चला। मीरा अपने भक्तिरस भरे भजनों में खोयी थी। विक्रमादित्य ने बलपूर्वक मीरा को मारने हेतु तलवार चलायी पर उसका हाथ मीरा तक पहुँच न सका, हिल न सका और वह वापस चला गया। इस घटना

को बीते कुछ समय ही हुआ था कि मीराबाई को समाप्त करने हेतु पुन: एक और कुचक्र चलाया गया भगवान के चरणामृत के नाम पर हलाहल विष का प्याला पुरोहित के हाथों मीरा की सेवा में पहुँचाया गया। मीरा ने सरल हृदय और भोले-भाले भाव से उस पात्र को मुँह से लगाया और घटाघट पी गयी। भक्त मीरा के मुँह के स्पर्श होते ही विष अमृत बन गया और मीरा नाचने लगी।

मीरा अपने समकालीन भक्तिरस के कवि तुलसीदास से सम्पर्क में रहीं।

सन्त रैदास जी को अपना गुरु बनाने के लिए उनके पास गयी और कहा कि मुझे कुछ ज्ञान दीजिए। इस पर रैदास जी हँसते हुए कहा कि 'भक्ति कम है जो ज्ञान माँग रही हो।' ऐसा कहकर एक तारा भेंट में दिया।

एक प्रसंगानुसार जब एक महान् सन्त के द्वारा अपनी कुटिया पर स्त्री का आना सुना तब उन्होंने कुटिया का द्वार बन्द कर दिया। इस पर मीरा ने कहा कि जीवात्मा न स्त्री है या न पुरुष यह तो शरीर का खोल है।

मीराबाई वृन्दावन में पाँच से छ: वर्ष रुकी। फिर द्वारिका की ओर प्रस्थान किया। वहाँ उन्होंने प्रभुभक्ति की ऐसी गंगा बहायी कि हर कोई गद्‌गद हो गया। हर घर कीर्तन की गंगा बही। भक्ति की बाढ़ आ गयी।

विक्रम सम्वत 1603 में मीराबाई के जीवन की अन्तिम बेला में वे अपने बयालीसवें वर्ष में पहुँच गयी थी। वे रणछोड़ जी के मन्दिर में नृत्य कर रही थीं और भजन गा रही थीं। भक्ति आनन्द का सागर हिलोरे ले रहा था।

नैया मोरी हरि तुम खिवैया।
तुमरी कृपा पार लगैया।।
गहरी नदिया नाव पुरानी।
पार करो मेरे कृष्ण कन्हैया।।

श्रोतोओं की आँखें खुली की खुली रह गयीं। किसी को अपनी आँखों पर विश्वास नहीं हो रहा था। मीराबाई देखते-ही-देखते अदृश्य हो गयीं। उनका शरीर अपने प्रियतम में जा समाया। वे अपने परम प्रिय प्रियतम के हृदय में जा छिपीं।

लोग व्याकुल हो उठे, वे दहाड़ मार-मारकर रो पड़े। सबकी आँखों से सावन-भादो की तरह जल बरसने लगा। श्रीकृष्ण अनुराग में पूर्णात्मोत्सर्ग का एक अलबेला उदाहरण श्री मीराबाई का जीवन प्रवाहा–

हे री मैं तो दरद दिवानी
मेरा दरद न जाने कोई।

भावुकभक्तों का रसिक हृदय मीराबाई के चरित्र से श्री गिरिधर गोपाल का अनुग्रह भजन तरीका प्राप्त कर सकेगा।

मीरा का काव्य और जाम्भोजी की सबदवाणी

–डॉ. कृष्णलाल बिश्नोई

हिन्दी शब्दसागर के अनुसार अवतार का अर्थ है–'प्रादुर्भाव, अवतरण, उतरना, नीचे आना, जन्म ग्रहण, शरीर धारण करना।' पुराणों के अनुसार देवताओं का मानव शरीर धारण करना अवतार है।ईश्वर का पृथ्वी पर अवतरण अथवा उतरना को अवतार कहते हैं। हिन्दुओं का विश्वास है कि ईश्वर यद्यपि सर्वव्यापी, सर्वदा, सर्वत्र वर्तमान है, तथापि समय-समय पर आवश्यकतानुसार पृथ्वी पर विशिष्ट रूपों में स्वयं अपनी योगमाया से उत्पन्न होता है। परमात्मा या विष्णु के मुख्य अवतार दस हैं–मत्स्य, कूर्म, वराह, नृसिंह, वामन, परशुराम, राम, कृष्ण, बुद्ध एवं कल्कि। इनमें मुख्य, गौण, पूर्ण और अंश रूपों के और भी अनेक भेद हैं।

विशेष रूप से मत्स्य, कच्छप, वराह एवं नृसिंह ये चार अवतार भगवान विष्णु के प्रारम्भिक रूप के प्रतीक हैं। पाँचवें अवतार वामनरूप में विष्णु ने विश्व को तीन पगों में नाप लिया था। इसकी प्रशंसा ऋग्वेद और ब्राह्मणों में की है, यद्यपि वामन नाम नहीं लिया गया है। भगवान विष्णु के आश्चर्य से भरे कार्य स्वाभाविक रूप में नहीं, किन्तु अवतारों के रूप में ही हुए हैं। वे रूप धार्मिक विश्वास में महान विष्णु से पृथक नहीं समझे गये।

अन्य अवतारों में हैं–परशुराम, राम, कृष्ण, बुद्ध। ये विभिन्न प्रकार एवं समय के हैं तथा भारतीय धर्मों में वैष्णव परम्परा का उद्घोष करते हैं। आगे चलकर राम और कृष्ण की पूजा वैष्णवों की दो शाखाओं के रूप में मान्य हुई।

अवतारवाद का सर्वप्रथम उल्लेख वेद में है, जिनके अनुसार–परमात्मा स्थूल गर्भ में उत्पन्न होते हैं, कोई वास्तविक जन्म न लेते हुए भी अनेक रूपों में उत्पन्न होते हैं। ऋग्वेद में अवतारवाद के विषय में कहा है–"रूपं रूपं प्रतिरूपों बमूव तदस्य रूपं प्रतिचक्षणाय। इन्द्रो मायाभि: पुरुरूप ईयते युक्ता ह्यास्य हरय: शता दश।"

इस प्रकार निखिल शास्त्र स्वीकृत अवतार ईश्वर के होते हैं, जो अपनी कुछ कलाओं से सुशोभित होते हैं, जिन्हें आंशिक अवतार एवं पूर्ण अवतार की संज्ञा दी है। पूर्ण अवतार षोडशकला सम्पन्न माना जाता है। सोलह कलाओं में एक कला अन्न में मिलकर अन्नमश कोष के द्वारा प्रकट होती है। उद्भिज्ज योनि द्वारा ईश्वर की एक कला का विकास होता है। जीवयोनि स्वेदज में ईश्वर की दो कला, अण्डज में तीन और जरायुज के अन्तर्गत पशु योनि में चार कलाओं का विकास होता है। जरायुज मनुष्ययोनि में पाँच कलाओं का विकास होता है। यह साधारण मनुष्य तक ही सीमित है। जिन मनुष्यों में छह से आठ तक कलाओं का विकास होता है वे विभूत कोटि में परिगणित होते हैं। इस प्रकार एक से आठ कला तक शक्ति का विकास लौकिक रूप में होता है। नवम् कला से षोडश कला तक का विकास अलौकिक विकास है, जिसे जीवकोटि नहीं अपितु अवतार कोटि कहते हैं। इनमें नवम् कला से पन्द्रहवीं कला तक का विकास अंशावतार कहलाता है एवं षोडश कला केन्द्र पूर्ण अवतार का केन्द्र है।

स्वामी रामा कृष्णानन्द के अनुसार–'दुनिया की बुराइयों को दूर करने के लिए जब भगवान मांसयुक्त रूप में आता है तब हम उसे अवतार कहते हैं।'

श्रीमद्भगवद्गीता में भगवान श्रीकृष्ण अर्जुन से कहते हैं–"जब जब धर्म का ह्रास होता है, उसका बल क्षीण हो जाता है, अधर्म सिर उठाता है और अत्याचार करता है तब-तब अवतार आते हैं और धर्म को फिर शक्तिशाली बनाते हैं।"

अवतार के कार्य– (1) अवतार आत्मानुशासन का धर्म बताते हैं जिससे मनुष्य निम्नतर जीवन से उच्चतर जीवन में सम्बन्धित हो। (2) अवतार एक संघ की स्थापना करते हैं। संघ से तात्पर्य उन लोगों के संख्य और एकत्व से है जो अवतार के व्यक्तित्व और शिक्षा के कारण एक सूत्र में बँध जाते हैं। (3) अवतार बाह्य संग्राम में प्रत्यक्ष या अप्रत्यक्ष रूप में सहायता करते हैं और व्यक्तिगत मानव सत्ता के अन्दर स्वर्ग राज्य का निर्माण करते हैं।

निर्गुण ब्रह्म अपनी ही इच्छा से आकार-प्रकार में उतरकर जन्म लेते हैं और उसी आकार-प्रकार के अन्दर रहकर ही कर्म करते हैं किन्तु वे उसके अन्दर भागवत चेतना और भागवत शक्ति के द्वारा वे शरीर के अन्दर होने वाले प्रकृति के कार्यों का नियमन करते हैं और तद द्वारा सारी प्रकृति का भी शासन करते हैं। इस प्रकार अवतार ब्रह्म का ही कार्य करता है किन्तु स्वयं छिपे हुए रहकर। भक्ति भावना में भगवान के विविध अवतारों की कल्पना की गयी है, जिनके साथ व्यक्तिगत सम्बन्ध स्थापित किया जा सके।

पौराणिक आख्यान

हिन्दी शब्दकोश के अनुसार पुराण का अर्थ है–प्राचीन अथवा पुरातन। प्राचीनकालीन कोई घटना, अतीतकाल की कथा, प्राचीन आख्यान अथवा पुरानी कथा को भी पुराण कहते हैं। हिन्दुओं के वे अठारह धार्मिक आख्यान या धर्मग्रन्थ जिसकी रचना वेद व्यास ने की थी, उन्हें भी पुराण कहते हैं। इनमें सृष्टि की उत्पत्ति, लय तथा प्राचीन ऋषियों और राजवंशों आदि के वृत्तान्त तथा देवी-देवताओं, तीर्थों आदि के माहात्म्य हैं। इन पुराणों की संख्या अठारह है।

वैदिक साहित्य के उपरान्त हिन्दू धर्म को जिन ग्रन्थों ने सर्वाधिक प्रभावित किया उनमें पुराणों का स्थान अग्रगण्य है। इन ग्रन्थ विशेषों को यह नाम मिलने के दो कारण हैं–या तो ये अत्यन्त प्राचीनता के कारण पुराण कहलाये या प्राचीन कथाओं का संकलन होने से उन्हें पुराण कहा गया। विभिन्न स्थलों पर पुराण शब्द की अनेक भिन्न व्युत्पत्तियाँ प्राप्त होती हैं। सायण ने संसार की उत्पत्ति और विकास क्रम के बोधक ग्रन्थों को पुराण कहा हैं। तो महाभारत में प्राचीन आख्यानों को पुराण कहा गया है। वायु पुराण ने पुराण के दो अर्थ प्रस्तुत किये हैं–पुराण वह है जो प्राचीन समय से सजीव था तथा प्राचीन परम्परा का कथन करने वाले ग्रन्थ पुराण हैं।

पुराण शब्द वाङ्मय विशेष का द्योतक है। पुराण शब्द का सामान्य अर्थ है–प्राचीन। यह हिन्दी के 'पुराना' शब्द का संस्कृत रूप है। निरुक्त के अनुसार पुरानी बात को नवीन ढंग से कहने के कारण पुराण नामकरण हुआ। पदमपुराण के अनुसार प्राचीन परम्परा को कहने के कारण पुराण नाम पड़ा।

भारतीय परम्परा के अनुसार पुराणों के पाँच लक्षण बताये गये हैं–सृष्टि विस्तार एवं प्रलय, वंशावली, मनुष्यों का समय एवं उनकी घटनाएँ तथा विशेष वंशों के राजाओं का चरित्र, ये जिनमें हो उसे ही पुराण कहते हैं। इन पंच लक्षणों के अन्तिम लक्षण से पुराणों में इतिहास के अस्तित्व का ज्ञान होता है। इससे स्पष्ट है कि पौराणिक साहित्य में इतिहास अपेक्षाकृत अधिक परिमाण में उपलब्ध होता है, जबकि रामायण तथा महाभारत में इसका अस्तित्व अति प्रच्छन्न है।

पुराण भारतीय इतिहास तथा भूगोल के भी प्रामाणिक विश्वकोष हैं। विभिन्न पुराणों में दी गयी वंशालियाँ, प्राचीन भारतवर्ष के राजनैतिक इतिहास के लिए प्रचुर सामग्री प्रस्तुत करती है। पुराणों में किये गये विभिन्न तीर्थ स्थलों, प्रदेशों तथा नगरों के वर्णन से भारत की तत्कालीन भौगोलिक स्थिति का भी उचित परिज्ञान हो जाता है।

पुराण और इतिहास को वेद के समकक्ष माना गया है। छान्दोग्य उपनिषद् में स्पष्ट आया है कि नारद मुनि के सनत्कुमार से ब्रह्मविद्या सीखते समय अपनी अधीत विद्याओं में इतिहास-पुराण को पंचम् वेद कहा है। निरुक्तकार ने स्पष्ट कहा है कि ऋक् संहिता में ही इतिहास से मिश्रित मन्त्र है। वेदार्थ का निरूपण करने वाले विभिन्न सम्प्रदायों में ऐतिहासिकों का भी एक अलग सम्प्रदाय था।

अवतारवाद पुराणों का प्रधान अंग है। प्राय: सभी पुराणों में अवतार प्रसंग दिया हुआ है। शैवमत परिपोषक पुराणों में भगवान शंकर के नाना अवतारों की चर्चा है। इसी तरह वैष्णव प्रणाली में भी विष्णु के अगणित अवतार बताये गये हैं। अन्य पुराणों में अन्य देवों के अवतारों की चर्चा है। यह अवतार वर्णन वैदिक सूत्रों पर अवलम्बित है।

ऐतरेय ब्राह्मण में राम-भार्गवावतार का, छान्दोग्योपनिषद (3-17) देवकी पुत्र कृष्ण का और तैत्तिरेय आरण्यक में (10.1.6) वासुदेव कृष्ण का वर्णन है। अधिकांश वैदिक ग्रन्थों के मत से कूर्म, वराहादि अवतारों की जो कथा कही गयी है वह ब्रह्मा के अवतार की कथा है। वैष्णव पुराण इन्हीं अवतारों को विष्णु का अवतार बताते हैं। भविष्य जैसे कई पुराण सौर पुराण हैं। उनमें सूर्य के अवतार गिनाये गये हैं। मार्कण्डेय आदि शाक्त पुराणों में देवी के अवतारों का वर्णन है।

हमारे पुराणों ने सनातन धर्म को कोट्यावधिदेव-देवियों का उपहार दिया है। नये-नये देव-देवियों को भी हमारे यहाँ काफी जगह खाली है। अवतारवाद चलाकर हमने इन देवी-देवताओं के लिए तात्विक चिन्तन का दरवाजा खुला कर दिया है। हमारे पुराणों ने देवी-देवताओं के लिए एक विशाल पंचायन बना दिया है–शिव, विष्णु, गणपति, सूर्य और देवी। हमारी धार्मिक दृष्टि से चाहे जितने भी देव-देवियाँ आ जायें उन सबको इस पंचक के अन्दर कहीं न कहीं बैठा ही देंगे।

जब यह पंचक बनाया तब प्रथम स्थान दिया शिव को। शाक्त लोग माताजी को ही प्रथम स्थान देंगे। अपने इष्ट देव को प्रथम स्थान देने का सबको हक है। किन्तु अत्यन्त उत्कटता से प्रचार करने का सामर्थ्य इस पंचायतन में विष्णु भक्तों ने ही बता दिया है। आज सनातन धर्म में अधिक लोकप्रिय और व्यक्त साहित्य वैष्णवों का है। विष्णु सहस्रनाम की तरह शिव भक्तों ने भी शिव सहस्रनाम भी बना दिया है, लेकिन सारे सनातन धर्म ने विष्णु सहस्रनाम की ही अनुकूलता बतायी है। अब हम विष्णु नाम से प्रारम्भ करेंगे। यहाँ विष्णु केवल पंचायतन के एक देव नहीं है। गरुड़ को वाहन बनाकर शंख, चक्र, गदा, पद्म चारों हाथों में लेकर लक्ष्मी के साथ गृहस्थाश्रम चलाने वाले पौराणिक विष्णु से यहाँ हम प्रारम्भ नहीं कर रहे हैं। हम तो प्रत्यक्ष परमात्मा को ही विष्णु कहकर उनकी भक्ति से प्रारम्भ कर रहे हैं। हालाँकि स्तोत्र के रचयिता के मन में गरुड़वाहन विष्णु भी है और अशरीर परमात्मा भी है। ऐसा नहीं होता तो इस स्तोत्र में गरुड़ध्वज नाम न आता।

विष्णु नाम विष् धातु पर से आया है। इस पर से विष्णु सर्वव्यापी, सर्वत्र पहुँचने वाला और सबका रक्षण कर्त्ता है। वैदिक साहित्य में जहाँ इन्द्र और वरुण सबसे श्रेष्ठ देव हैं, वहाँ विष्णु को इन्द्रकर्मा और उपेन्द्र कहा है। विष्णु के दस अवतारों की कल्पना हमारे स्तोत्र को अमान्य नहीं दीख पड़ती।

भारतीय धर्म साधना में भगवान विष्णु का स्थान सर्वप्रमुख है। वैदिक देवताओं में विष्णु प्रमुख देव हैं। ऋग्वेद में विष्णु देवता के रूप में ग्रहण किये गये हैं। वहाँ यज्ञ रूप विष्णु की पूजा होती है। विष्णु दिनज्ञ का

बल धारण कर मेघ का आच्छादन हटाते हैं। विष्णु मनुष्यों को अन्न देकर हर्षित करते हैं। विष्णु ने अकेले ही धातुगण, पृथ्वी, द्युलोक और समस्त भवनों को धारण कर रखा है। जैसा कि वैदिक आर्य प्राकृतिक शक्तियों की पूजा करते थे, वह स्थूल प्राकृतिक रूप की पूजा न होकर उसकी अधिष्ठात्री मूल चेतन शक्ति की पूजा थी। ब्राह्मणयुग में विष्णु की एकता यस के साथ की गयी–'पज्ञोवै विष्णुः' ब्राह्मण ग्रन्थों में विष्णु असुरों से पृथ्वी तथा सर्वशक्तिमता छीननेवाले देव के रूप में प्रतिष्ठित होते हैं। पुराणों में विष्णु एवं विष्णु के नाना अवतारों की कथा (आख्यान) दी गयी है।

कालिदास ने अपने काव्य 'मेघदूत' में गोपीधारी विष्णु का स्मरण किया है। गोपीधारी विष्णु भगवान श्रीकृष्ण ही हैं। विष्णु ने ही कृष्ण रूप अवतीर्ण होकर कंस का वध किया था।

गुरु जाम्भोजी की सबदवाणी में विभिन्न प्रसंगों में पौराणिक नामों, घटनाओं और कथाओं के उल्लेख-संकेत मिलते हैं। ऐसे में दशरथ, राम, सीता, लक्ष्मण, हनुमार, रावण, कुम्भकर्ण, महिरावण, सीता स्वयंवर एवं हरण, लंका, परशुराम, कर्ण, दुर्योधन, युधिष्ठिर, कृष्ण, गोपी, रुक्मिणी, कौरव-पांडव, देवकी, कंस, विदुर, हस्तिनापुर, सुकेशी, चाणूर, दधीचि, शिवि, बलि, शंकर, पार्वती, प्रह्लाद, हरिश्चन्द्र, समुद्र-मन्थन, सुमेरु, उदयगिरि, गंगा आदि हैं।

गुरु जाम्भोजी ने अपनी वाणी में कहा–'अहं ब्रह्मास्मि' (मैं ब्रह्म हूँ) तथा 'सोहमस्मि' (मैं वही हूँ)। उन्होंने प्रकारान्तर से इन दोनों का उल्लेख किया और अपने उपदेश मानने को कहा। ऐसे कथन शीघ्र ही लोगों का ध्यान आकर्षित करते हैं। अन्य सन्तों से उनके ये कथन अलग हैं। ऐसे ही उनके कथन देखें–

मैं जगत का आदिकर्त्ता हूँ, मैं अनादि हूँ, मैं स्वयंभू हूँ, मेरा सृजनकर्त्ता कोई नहीं। हम सृष्टि की उत्पत्ति से पहले भी थे, अब भी हैं और भविष्य में भी होंगे। परमतत्व विष्णु के नौ अवतार हुए हैं, नवों हमारे ही रूप थे। हमने किसी से धर्मग्रन्थ नहीं पढ़े हैं और न ही किसी से शिक्षा-दीक्षा ली है, फिर भी निरति और सुरति को जान लिया है। अनन्त युगों में मैं एक स्वरूप रहता हूँ और मेरे माता-पिता नहीं हैं। हमारे देखते-देखते देव-दानव, सुर-नर सब नष्ट हो गये। यदि मैं चाहूँ तो कुछ देर तक उदय होता हुआ सूर्य भी रोक सकता हूँ। मैं जोगी हूँ, मैं जती हूँ, मैं सत्यवादी हूँ और चित्त को मैंने बस में कर रखा है। छोटी-मोटी जितनी भी जीव-योनियाँ हैं, उनकी उत्पत्ति से क्षय तक मैं क्षणमात्र में ही सँभाल लेता हूँ। दयालु होकर मैं स्वयं ही जीवन दान देता हूँ और संहारक रूप में मैं स्वयं ही मारता हूँ। मैं किसी को मारता हूँ, किसी का उद्धार करता हूँ, किसी सत्कर्म रहित पुरुष की जीवात्मा को भी सँभाल लेता हूँ। यदि हम स्वयं को प्रकाशित करें तो चारों दिशाएँ और नवों द्वीप थरथराने लगें। यदि हमारे सोते हुए रात्रि व्यतीत हो जाये तो बहुत देर हो जाये, अनर्थ हो जाये। मैंने अनन्त अनन्त युगों तक शून्य मण्डल का राज भोगा है। हम क्षणमात्र में ही समस्त जीव योनियों समेत तीनों भुवनों का पोषण करते हैं। हमारी आदि मूल का रहस्य कोई इन्द्रियजीत और ज्ञानी ही जानते हैं। इससे परे कुंडलिनी द्वारा निरन्तर इस अमृत पान किये जाने की स्थिति है, मैं उसकी बात कहता हूँ। इस समय संसार में आदि-अनादि, अपरम्पर विष्णु जाम्भोजी के रूप में है। मैं अपरम्पर अपने आप ही उत्पन्न हुआ हूँ। सिद्ध लोग सच्ची साधना से इस तत्व को पा सकते हैं, मुझे केवल्यज्ञानी के लिए भी यह तत्त्व अनिर्वचनीय है। मैं उसी शून्यमण्डल का स्वामी (शिव) हूँ।

गुरु जाम्भोजी ने इस संसार में आने का कारण वर्णन करते हुए लिखा है–सत्ययुग में मैं भक्त प्रह्लाद के उद्धार के लिए नृसिंह रूप धारण करके आया। उस समय तैंतीस कोटि जीव प्रह्लाद के अनुयायी थे। इनमें से पाँच कोटि अनुयायियों की हत्या हिरण्यकश्यपु ने कर दी थी। हिरण्यकश्यप के मरणोपरान्त प्रह्लाद ने इन तैंतीस कोटि अनुयायियों के उद्धार का वचन भगवान विष्णु से माँगा था। उन्होंने चारों युगों–सत्य, त्रेता, द्वापर, कलि में ऐसा

करने का वचन दिया। फलस्वरूप, क्रमश: पाँच कोटि जीव प्रह्लाद के साथ, सात कोटि जीव राजा हरिश्चन्द्र के साथ तथा नौ कोटि जीव धर्मराज युधिष्ठिर के साथ तरे। इस प्रकार तीनों युगों में इक्कीस कोटि जीवों का उद्धार हुआ। शेष बारह काटि जीवों के उद्धारार्थ कलियुग में गुरु जाम्भोजी का अवतार हुआ। विष्णु के गुरु जाम्भोजी के रूप में कलियुग में अवतार लेने की यह मान्यता नवीन है। इसका उल्लेख स्वयं गुरु जाम्भोजी ने अपनी वाणी में और जांभाणी कवियों ने भी यथास्थान किया है। गुरु जाम्भोजी के सबदों में यह उल्लेख देखें–

गुरु जाम्भोजी अपनी बात की पुष्टि करते हुए कहते हैं कि 'तैंतीस कोटि जीवों के उद्धार के लिए हमारा इस संसार में आना हुआ है। इस बार मैं शेष बारह कोटि जीवों के उद्धार के लिए आया हूँ। बारह कोटि जीव बिछुड़े हुए हैं, यह सुन-सुन कर मैं दुखी होता हूँ। इस समय तैंतीस कोटि पार पहुँचने वाले हैं। पूर्व में इक्कीस कोटि पहुँच चुके हैं और इस समय बारह कोटि को पहुँचाने की हमारी बारी है। भक्त प्रह्लाद ने मुझसे-नृसिंह से अपने भक्तों तैंतीस कोटि जीवों के उद्धार का वचन लिया था। उस वचन को मुझे पूरा करना है। मैं उनको भली-भाँति पहचानता हूँ। उनके आवागमन को भली-भाँति जानता हूँ। भक्त प्रह्लाद ने बहुत ही श्रेष्ठ कमाई की क्योंकि उन्होंने पाँच कोटि जीवों के साथ मुक्ति प्राप्त की। महाराजा हरिश्चन्द्र ने सात कोटि जीवों के साथ मुक्ति प्राप्त की। इसके लिए उन्हें, उनकी पत्नी तारादेवी एवं पुत्र रोहिताश को काशी के बाजार में बिकना पड़ा। महाराजा युधिष्ठिर ने नौ कोटि जीवों के साथ मुक्ति प्राप्त की, उनकी माता कुन्ती धन्य है। इस तरह पाँच, सात एवं नौ कोटि जीवों का उद्धार हो चुका है। अब मैं बारह कोटि जीवों के उद्धारार्थ आया हूँ क्योंकि मैं भक्त प्रह्लाद से वचनबद्ध हूँ। इसी तरह का उनका एक मूल सबद देखें–

बारा काजै हरकति आई, अधविच माण्ड्यौ थाणौ।
खेत मुकति ले पाँच करोड़ी सूं, महराजा गुरु की वाचा बहियौ।
खेत मुकति ले सात करोड़ी, फरसराम कै हुकम ज भूवा।
से तो किसन पियारा, तांह को तो बैकूण्ठै वासो।
खेत मुकति ले नवै करोड़ी सूं राव दहूठळ।
से तो किसन पियारा, ताहको तो वैकूण्ठे वासो।

विष्णु और दशावतार के सम्बन्ध में उक्त परिप्रेक्ष्य में यदि जाम्भाणी पर विचार करें तो यह स्पष्ट होता है कि जाम्भाणी में अवतारवाद की तथा दशावतार की जो अवधारणा है वह सर्वथा मौलिक है तथा ऐसी अवधारणा न तो किसी वाङ्मय में है और न ही किसी अन्य सन्तवाणी में है। जाम्भाणी में उन्हीं अवतारों का उल्लेख किया गया है जो गीत-गोविन्द में है। जाम्भाणी में राम व लक्ष्मण को एक ही अवतार माना है तथा कल्कि के स्थान पर स्वयं गुरु जाम्भोजी अवतरित हुए हैं। जाम्भाणी में विष्णु को ही सर्वोपरि माना गया है और सर्वत्र उनके अवतार का उद्घोष है। विभिन्न सबदों में भगवान गुरु जाम्भोजी एक ओर अपने निर्गुण स्वरूप का आख्यान करते हैं वहीं दूसरी ओर वे दशावतार के सगुण स्वरूपों की भी व्याख्या करते हैं।

विष्णु भगवान के अवतारवाद की भावना को परिपुष्ट करता हुआ गुरु जाम्भोजी की वाणी का यह सबद देखें–

सहंस्र नांम सांई भळ सिंभू उपनां आदि मुरारी।
तदि म्हे रह्या निरालंभ होय करि उतपति धंधूकारी।
ना मेरे बंस न बाप न माई अपणी काया आप संवारी।
जुग छतीसां सुन्य वरत्या सतजुग मांड सिरजी सारी।

त्रंभा विसन महारुद थरम्या दीवी करामति केति वारी।
चाँद सूरज दोय साखी थरम्या पूण पुंणेसरी पुवण आधारी।
तदि म्है रूप कियौ मैणावतियौ, सतवृत को ग्यान उचारी।
तदि म्है रूप रच्यौ कामठियौ, तेतीसूं कोड़ि हकारी।
जदि म्है रूप रच्यौ वाराहि, धरती दाढ चढाई सारी।
नारसिंघ होय हिरणाकस व्रधियौ, महराज रहियौ सरण्य हमारी।
बावन होय बळिराव चितायौ, तीन मैंड कीवी संसारी।
परसराम होय छत्रायण साझ्या, गरभ न छूट्यौ नारी।
श्रीराम सिर मौड़ बंधायौ सीता कइ हंकारी।
कन्हड़ होय धरती छेदी वासिग नाथ्यौ मेर अधार्‌यौ असर किया खयकारी।
बुधरूपी गयासर मार्‌यौ, खाफर मारि किया वेगारी।
पंथ चलाया राह बताया, नव विरियाँ विजै हमारी।
विसन झांभराय आप अपरम्पर, अपल दिन ते कहियै।

नेतायुग का वर्णन करते हुए गुरु जाम्भोजी कहते हैं–

फेरी सीत लई जद लंका तद म्हे ऊथे थायो।
दहसरि का दस मस्तक छेदूया, बाण भला निरतायो।

गुरु जाम्भोजी अपने चारों युगों में अवतार लेने का वर्णन करते हुए कहते हैं कि–

त्रेता जुग मां हीरा विणज्या, दवापुर गऊ डंवाळी।
वनरावन मां बंस बजायो, कळिजुग चारी छाळी।

वे पुन: कहते हैं कि कृष्ण ने एक बीज रूपी माया से इस जगत को पसारा है। वे स्वयं एक कृषक हैं। गीता के ज्ञान को उन्होंने सर्वश्रेष्ठ बताया–*गीता नाद कविता नाऊं, रंग फटारस टारूं*। वे पुन: कहते हैं–निष्काम भाव से सत्यकर्म करते हुए कर्मक्षेत्र में मरना मुक्तिदायक है। इसके लिए काया का नाश होता है तो होने दे।'

कवि हरजी बैणिवाल ने अपनी साखी में बताया है कि गुरु जाम्भोजी द्वापुर युग के किसन भगवान ही हैं, देखें–

संभराथळ अवतार, गोवळ रमंतो डावड़ो।
किसन सही करतार, नन्दघर होतो छावड़ो।
नन्दघर होतो छावड़ो, नै डावड़ो रणधीर।
बांकी वेला सदा आवै, भक्त भंजण भीर।
गज को ग्राह घेरियो, जल डूबत सुणी पुकार।
गरुड़ छोड़ प्यादै भयै, गज को लियो उबार।।

गुरु जाम्भोजी ने अपनी वाणी में किसन चिरत का वर्णन करते हुए लिखा हैं–'हम खोजी है, आज्ञानी और अनजान नहीं हैं, जो जैसा होता है हम उसके साथ वैसा ही दाँव लगाते हैं। हमने कंस के साथ ऐसा ही जूवा खेला और सहज ही कृष्ण के रूप में नन्द के घर आ गये। कुन्ती की कौमार्यावस्था में कर्ण जन्मे थे परन्तु फिर भी मैंने

उनका मान रखा और इस बात का पर्दा रखा था। मैंने कंस, नन्द और कुन्ती के साथ उनकी वृत्तियों के अनुसार व्यवहार किया था।

कवि साहब रामजी राहड़ ने अपनी साखी में किसन-चिरत और विसन-चिरत (गुरु जाम्भोजी) की तुलना की है, देखें–

लोहट नन्दराय, हांसा जसोदा भई।

मरुस्थळ है बिरज भौम, पीपासर गोकळ सही।
पीपासर गोकळ सही नै, वचन के प्रतिपाल कर।
किसन कवळ कै कारणै, गुरु जम्भ लियो अवतार।
सतलोक को छोड़ कै, गुर किया भगवां भेस।
जेठ वदि नौमि दिनै, गुरु कियो नन्द उपदेस।।

गुरु जाम्भोजी अपनी वाणी में कहते हैं कि इससे पूर्व मैंने नौ अवतार रूपों में दानवों को समूल नष्ट किया है। द्वापर में मैंने कृष्णावतार के समय कौरवों को समूल नष्ट किया था। इसी समय रूप-रंग वाली, भोली-भाली, सोलह सहस्त्र गोपियों से सामूहिक और पृथक रूप से मैंने अनेक प्रकार से विहार किया तथा बालयोगी ही रहा। मेरी इन लीलाओं को कोई नहीं जानता है। यदि मैं किसी की रक्षा करना चाहूँ तो नष्ट होते हुए को भी सहज रूप में बचा सकता हूँ–जैसे वनस्पति में स्वाभाविक रूप में पत्ते रहते हैं।

गुरु जाम्भोजी की वाणी में किसन-चिरत और विसन-चिरत का बार-बार उल्लेख हुआ है, उसे हमें ठीक से समझना होगा। यह अवतारवाद का प्रतीक है, जिसमें विष्णु के दस अवतारों का उल्लेख है। उनकी वाणी में अनेक पौराणिक आख्यानों का वर्णन भी प्रसंगवश किया गया है। गुरु जाम्भोजी ने जहाँ द्वापरयुग के सन्दर्भ में कहा है, वे सभी बातें उनकी किसन-चिरत के रूप में विसन की ही हैं। सतयुग में प्रह्लाद से सन्दर्भित, त्रेतयुग में राम से सन्दर्भित और कलयुग में उनके स्वयं से सन्दर्भित उल्लेख से विसन-चिरत ही हैं। किसन-चिरत, किसनी माया, किसन सभा, किसन पुराणै आदि शब्दों का प्रयोग द्वापरयुग के किसन के सन्दर्भ में ही समझना चाहिए। वहाँ प्रसंग के अनुसार विसन भी हो सकता है। कन्हड़बाणी, कन्हड़ होयकर, कान्ह चराई, कान्ह दिसावर आदि शब्दों का प्रयोग किसन के लिए ही किया गया है। गुरु जाम्भोजी ने एक शब्द में किसन और विसन को ही बताया है। देखें–

अरण विवाणै रे खि भाणै, देव दिवाणै विसन पुराणै।
बिम्बा बाणै सूर उगाणै, विसन बिवाणै किसन पुराणै।
कांय झंख्यौ सै आल पिराणी।

कवि वील्होजी ने अपने एक हरजस में कहा है–

विसन कहूँ जांकौ विस्तार, किसन सोई सिरज्यो संसार।
गोम्यंद सो ब्रह्मंडा गहै, सोई सामी जुगे जुग्य रहै।।

गुरु जाम्भोजी की अवतार कथा में भी कवि वील्होजी ने लोहटजी को एक योगी को कहते बताया है–

किसन चिरत एक होयसी सही, संक न मानी दिढ मन रही।
इचरज देख मत ओदरै, मनै अंदेसो मत कोई करै।।

भादो वदि अष्टमी का दिन भारत के इतिहास में खास महत्त्व रखता है। आज के दिन इस धरती पर दो महान आत्माओं ने अवतार लिया था, जिन्हें लोग भगवान मानते हैं। एक थे भगवान श्रीकृष्ण, जिनका अतवार द्वापर में मथुरा में हुआ था। उन्होंने गीता का सन्देश दिया और लोगों को कर्म द्वारा मुक्ति का रास्ता बताया। भादो वदि अष्टमी के दिन ही मरुस्थल में, कलियुग में गुरु जाम्भोजी ने पीपासर (नागौर) में अवतार लिया, वि.सं. 1508 में। वही दिन, वार, घड़ी, पल मुहूर्त्त था जो भगवान श्रीकृष्ण का था। आप सात वर्ष तक मौन रहे, सत्ताईस वर्ष गायें, भेड़, बकरियाँ चरायीं। इक्यावन वर्ष तक ज्ञान कथन किया। वि.सं. 1542 में उनतीस धार्मिक नियमों की आचार-संहिता बनायी। इस तरह लोगों को भलाई के कार्य करते हुए मिंगसर वदि नवमी वि.सं. 1593 को निर्वाण प्राप्त किया था। गुरु जाम्भोजी ने अपनी वाणी में कहा है–"जब-जब शैतान अंहकार के वशीभूत होकर अनुचित कार्य करते हैं और साधुजनों को तंग करते हैं, तब-तब महान आत्माओं का प्रादुर्भाव होता है।" यह सन्देश भगवान कृष्ण के 'यदा यदा हि धर्मस्य' से कितना मिलता है।

इस कालखण्ड में जो भी राजा-महाराजा एवं प्रसिद्ध पुरुष थे वे सभी गुरु जाम्भोजी के सम्पर्क में आये थे। उनमें प्रसिद्ध थे–चित्तौड़ के महाराणा सांगा और उनकी माताश्री झालीरानी, मारवाड़ के राव जोधा और उनका पुत्र। जैसलमेर का रावळ जैतसी, दिल्ली का बादशाह सिकन्दर लोदी, नागौर का मुहम्मद खाँ नागौरी। मेड़ता का राव दूदा, बीदासर का राव बीदा और बीकानेर का राव लशकरण। इन राज्यों की स्थापना बाद में हुई थी। इसी कालखण्ड में मेड़ता की भक्त कवयित्री मीरा हुई है, लेकिन उनका सम्पर्क गुरु जाम्भोजी से हुआ या नहीं, इसका कोई पक्का प्रमाण नहीं मिलता है। परन्तु चारों ओर की परिस्थितियाँ यही कहती हैं कि उनका सम्पर्क अवश्य हुआ होगा।

मीरा का जन्म वि.सं. 1561 में मेड़ता में हुआ था। उनके पिता का नाम राव रत्न सिंह था। वह राव दूदा का चतुर्थ पुत्र था। उनकी माता कृष्ण भक्त थी, जिनका देहान्त मीरा के बाल्यकाल में हो गया था। राव दूदा वैष्णव भक्त थे। वे उस समय प्रसिद्ध सन्त जाम्भोजी से मिल चुके थे। वि.सं. 1573 में 12 वर्ष की आयु में मीरा का विवाह चित्तौड़ के महाराणा सांगा के ज्येष्ठ पुत्र भोजराज से हुआ। वि.सं. 1572 में राव दूदा की मृत्यु हो चुकी थी। कुँवर भोजराज की भी शादी के 5-6 वर्ष पश्चात् मृत्यु हो गयी। मीरा ने राजपरिवार की सती प्रथा को दरकिनार करते हुए, वे कुंवर के साथ सती नहीं हुईं और अपनी कृष्ण भक्ति जारी रखी। मेवाड़ के शासक एकलिंग धर्म को मानते थे और शक्ति के उपासक थे। लेकिन उन्होंने किसी अन्य धर्म के अनुयायी को संकट में नहीं डाला। इसलिए मीरा की कृष्ण भक्ति बराबर चलती रही। जनश्रुति से यह भी पता चहता है कि मीरा बचपन में चारभुजानाथ के मन्दिर में जाती थीं।

बात जो भी हो मीरा ने बाद में अपना सारा ध्यान भगवान श्रीकृष्ण पर केन्द्रित किया और उसे अपना पति स्वीकार किया। महाराणा सांगा और उनकी माताश्री झालीरानी का सम्पर्क भी गुरु जाम्भोजी से पूर्व में हो चुका था। अत: यह सम्भव लगता है कि मीरा पर गुरु जाम्भोजी की शिक्षाओं का प्रभाव अवश्य पड़ा होगा। ऐसा मीरा के पदों में आये गुए पौराणिक आख्यानों के प्रसंगों और सबदवाणी के अंशों से चलता है। वि.सं. 1584 में महाराणा सांगा की खानवा के युद्ध में मृत्यु हो गयी। इससे मीरा की कृष्ण भक्ति पर बहुत प्रभाव पड़ा। मेवाड़ में राज्य प्राप्ति के लिए षड्यन्त्र होने लगे। वे लागे मीरा को भी तंग करने लगे।

यह भी किंवदन्ती चलती है कि रैदास मीरा के गुरु थे। परन्तु रैदास के जीवनकाल को देखने से यह नहीं लगता। क्योंकि रैदास का स्वर्गवास वि.सं. 1563 में हो गया था। उस समय मीरा दो वर्ष की थी। आचार्य परशुराम चतुर्वेदी ने कहा है कि कोई रैदास पन्थी सन्त मीरा के गुरु थे। इधर यह भी एक प्रसंग आता है कि झाली रानी

का गुरु रैदास से सम्पर्क रहा था और वह उन्हें अपना गुरु मानती थी। परन्तु यह बात मुझे भ्रान्तिपूर्ण लगती है, क्योंकि जांभाणी साहित्य में भी झाली रानी का उल्लेख है और गुरु जाम्भोजी ने उनके प्रसंग में एक शब्द भी कहा था। जांभाणी साहित्य में कवि रैदास धत्तरवाल हुए हैं, जिनके कई हरजस और साखियाँ मिली हैं। उनके हरजस भगवान श्रीकृष्ण से सम्बन्धित हैं।

सम्भवत: ये मीरा के गुरु हो सकते हैं। ये अभी खोज का विषय है। इन रैदास का समय वि.सं. 1530-1600 है। मीरा ने वि.सं. 1590 के अन्तिम माह में मेवाड़ छोड़ दिया और वह मेड़ता आ गयी। मीरा वि.सं. 1595 में मेड़ता-अजमेर अपने पीहरवालों के पास रही। इस अवधि में वीर जैमल जो मीरा का भतीजा लगता था, उसने यहीं मीरा का सत्संग प्राप्त किया। मीरा वि.सं. 1595 के पश्चात वृन्दावन चली गयी और अपने अन्तिम समय में द्वारिका चली गयी, वहीं वि.सं. 1603 में श्रीकृष्ण भगवान की मूर्ति में विलीन हो गयी।

मीरा के काव्य में हम देखते हैं कि निर्गुण उपासना चाहे दार्शनिक धरातल से शुरू हुई थी, सैकड़ों वर्षों के लोक सम्पर्क ने उसका साधारणीकरण इस स्तर तक कर दिया था कि उसमें ब्रह्म का स्वरूप तो अलख, निरंजन, अनाम, विराट, अजन्मा, अज्ञेय, अमूर्त, घट-घट व्यापी, अनन्त, अविनाशी, अनादि बना रहा, किन्तु वह साधक आत्मा का अप्राप्त लक्ष्य भी बन गया। लोकमानस में वह ब्रह्म साधक आत्मा का चिरपरिचित पति बन गया, उसके साथ विरह और संयोग की भावनाएँ जुड़ गयी। देखें–

माई मेरा पिया बिन अलूणो देस।
राग रंग सिंणगार न भावै, खुलि रहे सिरकेस।।
सावण आया साहिब दूरे, जाइ रहे परदेस।
सेज अलूणी भवन अकेली, रैण भयंकर भेस।।
आव सलूणे प्रीतम प्यारे, बीते जीवन बेस।
मीरा के प्रभु हरि अविनासी, तन मन करु सब पेस।।

मीरा के पदों में पौराणिक आख्यान हैं। यह पद देखें जिसमें आदि विसन और किसन को एक बताया़ है–

मन रे परस हरि के चरण।।
शीतल सुभग कमल तै कोमल, त्रिविध ज्वाला हरण ।। टेक।।
येहि चरण प्रहलाद परसे, मिटे जामण मरण।
येहि चरण ध्रू अटल कीन्हे, रास अपनी शरण।।
येहि चरण ब्रह्मादि परसे, तहाँ सुरसरि झरण।
येहि चरण गजराज उबर्यो, नारि गौतम धरण।।
येहि चरण बन गऊ चराई, गोपी लीला करण।
येहि चरण काली के फन पर, कुबजा के अघ हरण।।
येहि चरण बलि पताल पठये, विप्र रूप हरि धरण।
येहि चरण मीरा के हिरदै, अधम तारण तरण।। 16।। 1।।

मीरा के पदों में कर्मगति पर लिखा है। अच्छे कर्मों का अच्छा फल मिलता है। ऐसे उदाहरण गुरु जाम्भोजी की वाणी में भी मिलते हैं। राजा हरिश्चन्द्र ने सत्य के बल पर सप्त कोटि जीवों का उद्धार किया। मीरा

का पद देखें–

करम गति टारी नीं री टरे।।
सतवादी हरिचन्द राजा, डोम घर नीर भरे।
पाँच पाण्डु री राणी द्रुपतां, हाड हिमाले गरे।
जग्ग कियो बलि लेण इन्द्रासण, जाय पताल परे।
मीरा रा प्रभु गिरधर नागर, विख कूं अमरित करे।

मीरा की प्रीत कान्हा से लगी है। यह प्रीत कोई लौकिक नहीं है अलौकिक है। और यह जन्म-जन्मान्तर की प्रीत है। ऐसी प्रीत जीव की भगवान से ही हो सकती है। गुरु जाम्भोजी ने भी अपनी वाणी में जीव और प्रभु के प्रेम और वियोग की बातें बतायी हैं। मीरा का पद देखें–

लगन म्हारी श्याम सूं लागी, नैण निरख सुख पाय।
सज्यो सिंगार सुहाग सजनी, प्रीतम मिलियो धाय।
वर नीं बरहूँ बापुरो, जनमें जनम नसाय।
बरियो साजन साँवरो, म्हारो चुड़लो अगर जो जाय।
जनम जनम रो कान्हड़ो, म्हारी प्रीत बुझाय।
मीरा रा प्रभु हरि अविनाशी, कब रे मिलस्यो आय।। 91।।

मीरा प्रभु से मिलने के लिए बहुत बेचैन है। योग भेस में जो योगी घूम रहे हैं उनमें ही मीरा प्रभु के दर्शन करना चाहती है। गुरु जाम्भोजी ने योगी के बाह्य भेस एवं उसके पाखण्ड पर अनेक शब्द कहे हैं। मीरा का मूल पद देखें–

जोगिया कूं कहियो जी आदेश।
आऊँगी में ना रहूँगी, करि जटाधर भेरा।। टेक।।
चीर फाड़ कंथा पहँरूगी, लेस्यूं जी उपदेस।
गणताँ गणताँ घस गई म्हारी, आंगळिया री रेख।।
मुदरा माळा मेखला, खप्पर लूँगी हाथ।
जोगणि होय जग ढूँढस्यूँ, म्हारा रामजी की साथ।।
प्राण हमारो वहाँ बसत है, यहाँ है खाली खोड़।
मात पिता परिवार सूं, रही तिणा ज्यूं तोड़।।
पाँच पचीसू बस किया, म्हारा पला न पकड़े कोय।
मीरा व्याकुल विरहनी कोइ, राम मिलावै कोय।। 5।।

मीरा ने अपने पदों में वर्णन करते हुए लिखा है कि मेरे प्रभु आज मेरे अतिथि बर कर आयेंगे। ये वही प्रभु हैं जो त्रेतायुग में रावण को मारने आये थे। वही प्रभु जो द्वापर में कंस को मारने आये थे। मूल पद देखें–

आज सखी जानो मेरे प्रभु आवै पाहवना।
तन मन धन जाकी करहूँ बधावना।।
घिस घिस चन्दण अंग लिपटाऊँ स्याम।

क्रिया कर आवो राम तपति बुझावना।।
मथुरा में कंस मार्‍यौ लंकापति आप गार्‍यौ,
सोहि रूप बलि छल्यौ भेष धर्‍यौ बावना।
द्रोपदी की लाज काज द्वारिका सूं ध्याए नाथ,
मीरा तो तिहारी दासी प्रभु बेग आवना ।।2।39।।

गुरु जाम्भोजी ने भी अपने एक सबद (27) में कहा है–

फेरी सीत लई जद लंका, तदि म्है ओथे भायो।
दहसिर का दस मसतग छेद्‌या, बाण भला निरतायो।।
म्है खोजी छां विड़ होजी नाहीं, लहि लहि खेलंत डायो,
कंसासुर सूं जूवै रमिया, सहजै नंद हरायो।।

पौराणिक आख्यान का मीरा का एक पद और देखिये–

बेग चल आजोजी जादूवीर, म्हारो तो दुसासन खैंच चीर ।। टेक।।
नहीं मामौं मौसाल मायरौ, नहीं सासरौ पीर।
असुरन जायौ खड़ौ सभा में, देख्यौ चहत सरीर।।
दुष्ट दुर्योधन खड़ौ सभा में, खैंचे म्हारो चीर।
खैंचत चीर फटत मोरि छतिया, नैनां में बरसत नीर।।
अर्जुन भीम करण से ठाडे, कुन जाने पर पीर।
कै तो जानैं मेरी आत्मा, कै तुम जानौं रघुवीर।।
द्रुपदसुता कूँ भीर भई है, ठाडे रहिए नरधीर।
मीरा के प्रभु बेग पधारो, अनपीरा के पीर ।।6।3।।

गुरु जाम्भोजी के शब्दों में द्वापर युग से सम्बन्धित अनेक पौराणिक आख्यान आये हैं। अनेक शब्दों में राव युधिष्ठिर, पाँचों पाण्डव, कुन्ती, द्रौपदी, कर्ण, विदुर, किसन आदि के नाम आये हैं।

मीरा के पदों में योग सम्बन्धित काफी शब्दावली मिलती है, जैसे–गगन मण्डल बिच डोरी लागी, रसना मेरी राम रटत है, नाभी नगर में बास, बंकनालि में मुरली बाजै, कायानगर में रास रच्यो है, सुरति सुहागण नार, इंगला, पिंगला सुषमणि नारी, कानां मुद्रा गल बिच झेली, अंग विभूति गले मृगछाला, सेली, सींगी अरु मृगछाला आदि। गुरु जाम्भोजी ने भी नाथ योगियों के सन्दर्भ में अनेक शब्द कहे हैं, देखें एक शब्द–

खरतर झोळी खरतर कंथा कांध सहो दुख भारूं।
जोग तणी थे खबरि न पाई, कांय तज्या घर बारू?
ले सूई धागा सींवण लागा, करड़ कसीदी मेखळियौ।
जड़ जटधारी लंघै न पारी, वाद विवादे वेकरणौ।
थे वीर जपौ वैताळ धियाऔ, कांय न खोजो तंत कणौ?
आयसा डंडत डंडू मुंडत मुंडूं, मुंडत माया मोह किसूं?
भरमी वाद विवादे भूला, कांय न पाळी जीव दयूं?।।44।।

मीरा के एक पद में हरि नाम का अमल लेने की बात है। और किन-किन ने यह अमल आरोगा और मुक्ति प्राप्त की, देखें–

मैं अमली हरि नाम की, मुझ बायड़ आवै।
पिया पियाला प्रेम का, कछु और न भावै ।। टेक।।
पा तन की कूंडी करूं, मन पोसत भेऊं।
ग्यान गळणिया हाथ ले, इम्रत रस पीऊं।।
पीया जोगी भरथरी, गुरु गोरख पावै।
धनि माता मैणावती, सुत ये राज छुड़ावै।।
और अमल किस काम का, चढ ऊतर जावै।
अमल करो हरि नाम का, अमरापुर पावै।।
अमल किया मावाथया, सुख रैण बिहावै।
अमल नुकल हरि पूरवै, जस मीरा गावै।। 1।। 59।।

हरि नाम के अमल का रसपान का उल्लेख जाम्भाणी साहित्य में अनेक जगहों पर हुआ। शब्दवाणी के प्रसंगों में भी गुरु जाम्भोजी ने गोपीचन्द, भरथरी और गोरख का उल्लेख किया है। कवि वील्होजी ने भी ऐसा एक पद लिखा है, देखें–

अमली रे भइया अमल चढावौ, अपणां अपणां संत बुलावौ।। 1।। टेक।।
वाड़ी न नीपनां मोल न लिया, सतगुरु ले संतन कूं दीया।। 2।।
पोता खोल्या संतन कै आगै, ल्यौह मेरे वीर जितो तन्य लागै।। 3।।
भिळै नहीं अमल है चोखा, ल्यौह मेरे वीर हरे सब धोखा।। 4।।
वील्हाजी अमल विसन लिव लागी, बोहत दिनां की वायड़ भागी।। 5।।

मीरा का एक पद देखिये, जिसमें उन्होंने स्वीकार किया है कि घनस्याम आपने कलियुग में अवतार ले लिया है। आप मुझे मुक्ति प्रदान करना भूल मत जाना। मूल पद देखें–

म्हारा पहला भव की प्रीतड़ी हो, निभाज्यो जी रामा ।। टेक।।
कलजुग में औतार लियो है, भूलि बिसरि मत जाज्यो।
मेरा औगण मत चित धारो, थारे हिबड़ै दया निभाज्यो।
प्रेम प्रीतसूं पतिया भेजूं, बांचत ढील मत लीज्यो।
मीरा के प्रभुजी घनस्यामा, वेहि रस आप रमाज्यो।। 1।। 11।।

गुरु जाम्भोजी ने अपनी वाणी में और जांभाणी सन्तों ने बार-बार लिखा है कि कलयुग में जिसका अवतार हुआ है, वह गुरु जाम्भोजी ही है। द्वापर युग के भगवान कृष्ण ने ही पुन: अवतार लिया है। कवि वील्होजी कथा अवतारपात में कहते हैं–

दुनी वर्णनऊं दस अवतार, जांह हाथ खड़ग ले कियो संघार।
असुर मार किया पक भंग, वासदेव बळ जीता जंग ।। 4।।
कोटि रूप करि धारी कया, जोग रूप आयौ जग मया।

ग्यान खड़ग पायौ प्रहार, जीता काम क्रोध अंहकार ।। 5।।

भागोत कह्यो किसन दीवाण्य, सतगुर कह्यौ स साच करि जाण्य।

सतगुर पाखो मुगतिन होय, कूड़ कथन जै न रीझै कोय ।। 7।।

कवि सुरजनदास जी पूनिया एक साखी में गुरु जाम्भोजी के अवतार (वि.सं. 1508) लेने के सम्बन्ध में कहते हैं–

पनरासै अवतार लियो, आहमि सोम अठोतरै।

छापर नींबी दूणपुर, आसा तीसना न करै।।

कथाधड़ाबन्ध चौहजुगी में कवि वील्होजी गुरु जाम्भोजी के अवतार लेने के सम्बन्ध में लिखते हैं–

पंदरा सै अठोतरै, गुर आयो कर भाव।

कुपरि पलटण परे करण, थापणि निरति नियाव ।। 50।।

जंबूदीप भरथ खण्डै, संभराथळ परगास।

आयौ बारां कारणै, कोड़्यां पूरण आस ।। 51।।

चौथे गुग मां जोग पुरि, जुगते जुगति मिलाहि।

सतजुग की पर्म वापरि, कूड़ै कलजुग मांहि ।। 52।।

जिंह परि आयो जगत गुर, सापरि कहूँ विचार।

वील्ह कहै अवतार को परचो आलिंगार ।। 53।।

सन्दर्भ-सूची

1. *नालन्दा विशाल शब्द सागर*–सम्पा.नवलजी, आदीश बुक डिपो, नयी दिल्ली, सन् 1978, पृ. 96
2. *हिन्दू धर्मकोश*–डॉ. राजबली पाण्डेय, उत्तर प्रदेश हिन्दी संस्थान, लखनऊ, सन् 1988, पृ. 54-55
3. God and Divine Incarnations, S.R.K. P. 70
4. *श्रीमद्भगवद्गीता*, अध्याय-4, श्लोक-7
5. *सूरसागर में प्रतीक योजना*–डॉ. बी.लक्ष्मय्या सेट्टी, रिसर्च पब्लिकेशंस दरियागंज, नयी दिल्ली, 1972, पृ. 40
6. *नालदा विशाल शब्द सागर*–सम्पा.नवलजी, आदीश बुक डिपो, नयी दिल्ली, सन् 1978, पृ. 857
7. *संस्कृत साहित्य का इतिहास*–डॉ. प्रीति प्रभा गोयल, राजस्थान ग्रन्थागार, जोधपुर, 1987, पृ. 68
8. *सायण, ऐतरेय ब्राह्मण भूमिका*–जगत: प्रागवस्थामनुक्रम्य सर्गप्रतिपादकं वाक्यजातं पुराणम्।
9. *महाभारत*–पुराणम् आख्यानं पुराणम्।
10. *वायु पुराण 1/203*–यस्यात् पुराहि अनति इंद पुराणम्।
11. *वायु पुराण 1/2/53*–पुरा परम्परा वक्ति पुराण तेन वै स्मृतम्।।
12. *निरुक्त : 3/18/24*–'पुराणं कस्मात् पुरानवं नवति'।
13. *पदम पुराण 1/2/53 तथा अमरकोष* : 'पुराणे प्रतन प्रत्न पुरातन चिरन्तना:' 3/75
14. *संस्कृत साहित्य का इतिहास*–डॉ. प्रीति प्रभा गोयल, राजस्थान ग्रन्थागार जोधपुर, 1987, पृ. 28
15. *हिन्दी धर्मकोश*–डॉ. राजबली पाण्डेय, उत्तर प्रदेश हिन्दी संस्थान, लखनऊ सन् 1988, पृ. 405-07
16. वही।
17. *विष्णु सहस्रनाम एक दार्शनिक विवेचन*–काका साहेब कालेलकर, साहित्य प्रकाशन, दिल्ली प्र.सं. 1989
18. अष्टक-1, अध्याय-2, सूत्तक-22

19. वही 2-2, 156-4
20. वही 2-2, 154-4
21. पं. रामगोविन्द त्रिवेदी, हिन्दी ऋग्वेद की भूमिका
22. *मेघदूत* 1/15
23. *मीरायन*–सम्पा. सत्यनारायण समदानी, मीरा स्मृति संस्थान, चित्तौड़गढ़, वर्ष-8, अंक-1, मार्च-मई 2014, पृ. 11-33
24. वही, वर्ष-8, अंक-4, दि. 2014-फर. 2015, पृ. 10-20
25. वही, वर्ष-9, अंक-1, मार्च-मई 2015, पृ. 9-17
26. वही, वर्ष-9, अंक-2,जून-अगस्त 2015, पृ. 11-19
27. वही, वर्ष-11, अंक जून-अगस्त 2017, पृ. 12-16
28. वही, वर्ष-12, अंक जून-अगस्त 2018, पृ. 11-27

सन्दर्भ-ग्रन्थ

1. *मीरा वृहत् पदावली (प्रथम भाग)*–स्व. श्री हरिनारायण पुरोहित, रा.प्रा.वि.प्रतिष्ठान, जोधपुर, 1968
2. *मीरा वृहत् पदावली (द्वितीय भाग)*–डॉ. कल्याणसिंह शेखावत, रा.प्रा.वि.प्रतिष्ठान, जोधपुर, 1975
3. *मेरे तो गिरधर गोपाल*–ब्रजेन्द्र कुमार सिंहल, भारतीय विद्या मन्दिर, बीकानेर 2008
4. *मीरा का लोकतात्विक अध्ययन*–डॉ. आलमशाह खान, संघी प्रकाशन, जयपुर, 1989
5. *साहित्य की लोकधर्मिता*–डॉ. मदन सैनी, हाड़ौती प्रकाशन, जयपुर, 2010
6. *राजस्थानी भाषा और साहित्य*–डॉ. मोतीलाल मेनारिया, राजस्थानी ग्रन्थागार, जोधपुर, 1999 (सं.सं), पृ. 93
7. *हिन्दी साहित्य का इतिहास*–डॉ. नगेन्द्र, नेशनल पब्लिशिंग हाउस, नयी दिल्ली, 1985, पृ. 250-252
8. *उत्तरी भारत की सन्त परम्परा*–परशुराम चतुर्वेदी, साहित्य भवन, प्रा.लि. जीरो रोड, इलाहाबाद, 2010 (सं.सं) पृ. 187-190
9. *राजस्थान का संत साहित्य* (राष्ट्रीय संगोष्ठी-1993)–रा.प्रा.वि.प्र., जोधपुर-2002, पृ. 1-12
10. *जाम्भोजी, विष्णोई सम्प्रदाय और साहित्य*–डॉ. एच.एल.माहेश्वरी बी.आर.पब्लिकेशन्स, कलकत्ता-1970
11. *राजस्थानी भाषा और साहित्य (वि.सं. 1500-1650)*–डॉ. एच.एल. माहेश्वरी आधुनिक पुस्तक भवन, कलकत्ता-7, 1960, पृ. 295-233
12. *मीराबाई*–डॉ. सी.एल. प्रभात, हिन्दी ग्रन्थ रत्नाकर प्रा.लि. हीराबाग बम्बई-4, जनवरी 1965 (मीरा जाम्भोजी संवाद-पृ. 83-84)
13. *राजस्थान की सांस्कृतिक परम्परा*–डॉ. जससिंह नीरज, डॉ. बी.एल. शर्मा राजस्थान हिन्दी ग्रन्थ अकादमी, जयपुर, 1989, पृ. 27-28, 205
14. *मीराबाई* (ऐतिहासिक व सामाजिक विवेचन)–डॉ. हुकमसिंह भाटी, राजस्थानी साहित्य संस्थान, जोधपुर, 1987
15. *मीरा का काव्य*–विश्वनाथ त्रिपाठी, वाणी प्रकाशन, नयी दिल्ली, 1989
16. *मीरा का गीतिकाव्यात्मक विवेचन*–डॉ. माधुरीनाथ, सत्यम् प्रकाशन, 6-A तुलाराम बाग, इलाहाबाद, 1990 (प्र.सं)
17. *राजस्थान की भक्ति परम्परा तथा संस्कृति*–डॉ. ओंकारनारायण सिंह, डॉ. डी.सी.शुक्ल, राजस्थानी ग्रन्थागार, जोधपुर, 1992, पृ. 53-55
18. *मध्यकालीन राजस्थान में धार्मिक आन्दोलन*–डॉ. येमाराम, ज्ञान विज्ञान महाविद्यालय, वनस्थली, 1977, पृ. 171-186
19. *भक्त चरितांक* (कल्याण), वर्ष-26, संख्या-1, गीता प्रेस, गोरखपुर, पृ. 638-643
20. *भक्तमाल-राघवदास, टीका*–चतुरदास, रा.प्रा.वि.प्रतिष्ठान, जोधपुर, 1965, पृ. 99-100

मीरा के गिरधर गोपाल

–कमला बिश्नोई

भक्ति की अजस्त धारा प्रारम्भ से बहती रही है परन्तु यह एक आन्दोलन के रूप में दक्षिण से उभर कर सामने आयी। दूसरे शब्दों में हम कह सकते हैं कि भक्ति का उद्गम स्थान दक्षिण है। यह प्रसिद्ध है कि दक्षिण से इसके कई नये पक्ष सामने आये और ये सारे भारत में फैल गये। दक्षिण में भक्ति के बड़े प्रचारक आलवार भक्तों को माना जाता है। वहाँ आण्डाल नाम की एक बड़ी भक्त कवयित्री हुई है। राजस्थान में मध्यकाल भक्ति आन्दोलन के पहले प्रणेता गुरु जाम्भोजी (वि.सं. 1508-1593) थे। उन्होंने अपने शब्दों से निर्गुणों-सगुण भक्ति का पदेश यिा। राजस्थान में सगुण भक्ति की प्रथम कवयित्री मीराबाई थीं।

भक्ति साहित्य को दो भागों में बाँटा जा सकता है–सगुण और निर्गुण। सगुण भक्ति के दो भाग हैं–राम भक्ति और कृष्ण भक्ति। राजस्थान में कृष्ण भक्ति की प्रथम कवयित्री मीरा थीं। मीरा ने अपने सभी पद हिन्दी-राजस्थानी में लिखे थे। उनके पद आज गुजराती, ब्रज, पंजाबी, बंगला आदि भाषाओं में भी मिलते हैं। मीरा की मातृभाषा राजस्थानी थी। उनके आज जो पद अन्य भाषाओं में मिलते हैं वे उनके मूल पदों का रूपान्तर, पाठान्तर एवं प्रतिलिपिकरण है।

हिन्दी और राजस्थानी साहित्य के भक्ति-काल के भक्त कवियों में एकमात्र महिला भक्त-कवयित्री मीरा का नाम बड़े सम्मान से लिया जाता है। मीराबाई का नाम जब ही जुबान पर आता है तो उसके साथ ही गिरधर गोपाल का नाम भी अपने आप ही मन में आ जाता है। क्योंकि मीरा के जीवन में जो-जो कठिनाइयाँ आयीं उनसे बचाने वाले उनके गिरधर गोपाल भगवान कृष्ण ही थे।

मीरा मेड़ता के राठौड़ रत्न सिंह की बेटी और मेड़ता के संस्थापक राव दूदा की पौत्री थी। यह प्रसिद्ध है कि मीरा की माँ का स्वर्गवास उसके बाल्यकाल में हो गया था, इस कारण उस पर राव दूदा का वृहदहस्त रहा। दूदा भगवान विष्णु के भक्त थे। मीरा पर अपने दादा की भक्ति का काफ़ी असर पड़ा। कहते हैं–एक बार मीरा ने किसी साधु के पास कृष्ण भगवान की मूर्ति देखी तो उसे लेने की जिदद की परन्तु उस साधु ने वह मूर्ति नहीं दी। रात्रि को भगवान ने उसे स्वप्न में दर्शन देकर वह मूर्ति मीरा को देने को कहा। तब मूर्ति को साधु ने मीरा को दे दिया। उस दिन के पश्चात् मीरा ने वह मूर्ति अपने पास रखी और उसकी पूजा में मन लगाया।

उन्हीं दिनों एक बार मीरा ने किसी बरात को जाते हुए देखा। घोड़ी पर सजे हुए बैठे दूल्हे को देखकर अपनी माँ से पूछा ये कौन है? मीरा की माँ ने बताया ये दूल्हा है। मीरा ने पुनः पूछा–म्हारा दूल्हा कौन है? तब माँ ने कहा–तुम्हारा दूल्हा तो गिरधर गोपाल है। उसी दिन से मीरा भगवान कृष्ण को अपना पति मानने लगी।

मीरा का जन्म श्रावण सुदी एकम शुक्रवार वि.सं 1561 को मेड़ता में रत्न सिंह दूदावत के घर उनकी पत्नी वीर कुँवरी की कोख से हुआ। मीरा का विवाह मेवाड़ के राणा सांगा के पुत्र भोजराज से संवत् 1573 में हुआ परन्तु विवाह के थोड़े समय बाद संवत् 1579 उसके पति भोजराज का स्वर्गवास हो गया। वि सं. 1584 में खानवा के युद्ध में मीरा के पिता रत्न सिंह का स्वर्गवास हो गया और कुछ दिनों पश्चात् उसके ससुर राणा सांगा का स्वर्गवास हो गया। मीरा पर विपत्तियों का पहाड़ टूट पड़ा। ऐसे कठिन समय में उसे अपने साँवरिये की याद आयी। उसने हाथों में कठताल लिये, पैरों में घुँघरू बाँधे और अपने गिरधर गोपाल को रिझाने के लिए नाचने लगी। उसने खुले शब्दों में कहा–

म्हारो तो गिरधर गोपाल, दूसरो न कोई।
दूसरो न कोई साधां, सकल लोक जोई।
जिण रे सिर मोर मुकट मेरो पति सोई।
भाई छोड्या बंधु छोड्या, छोड्या सगा सोई।
साधां संग बैठ बैठ लोक लाज खोई।
भगत देख्यां राजी हुई, जगत देख्या रोई।
छाड़ दीवी कुल री काण, कोई करेला रोई।
असपां जल सींच सींच, प्रेम बेल बोई।
राणो विष रो प्यालो भेज्यो पीय मगन होई।
अब तो बात फैल पड़ी जाण्या सब कोई।
मीरा री लगन लागी, होणी हो जो होई।।

मीरा की ऐसी घोषणा सुनकर उसका देवर विक्रमादित्य बहुत नाराज हुआ। उस समय राज परिवार की स्त्रियाँ पर्दे में रहती थीं। परन्तु मीरा ने इस सांसारिक लोक-लाज की कोई परवाह नहीं की। मीरा ने कहा–

पग घुँघरू बाँध मीरा नाची री।
मैं सपने तो नारायण की हो गयी आप ही दासी रे।
विष का प्याला राणाजी ने भेज्या पीवत मीरा हांसी रे।
लोक कहै मीरा भई बावरी, सास कहै कुलनासी रे।
मीरा के प्रभु गिरधर नागर, हरि चरणों की दासी रे।।

मीरा साधु-सन्तों की संगत करने लगी। इससे विक्रमादित्य के मन में अनेक विचार आने लगे। उसने क्रोधित होकर कहा–'मीरा तू साधु-सन्तों से मिलना छोड़ दे इससे पीहर-सासरा दोनों लज्जित होते हैं–

मीरा साधां रो संग छोड़ो अै
लाजै पीहर सासरो, मेवाड़ लाजै अे।
लाजै आखो मेड़तो, मारवाड़ लाजै अै।

मीरा तो अपने गिरधर गोपाल के ध्यान में मगन हो गयी थी। उसने राणा की चेतावनी की ओर कोई ध्यान नहीं दिया। इससे राणा और अधिक क्रोधित हुआ। वह मीरा से पिंड छुड़ाना चाहता था। एक दिन मीरा तो अपने

गिरधर गोपाल के गुणगान में मगन थी। राणाजी ने एक जहर का प्याला भिजवाया और कहा– यह ठाकुरजी का चरणामृत है, इसे पी लो।' मीरा अपने ठाकुर को याद करते हुए वह प्याला पी गयी। गिरधर गोपाल की कृपा से वह विष का प्याला मीरा के लिए अमृत बन गया।

जैर प्याला राणाजी भेज्या, देवो मीरा रे हाथ।
कर चरणामृत पीयगी बाँरी साय करी रघुनाथ।।

इस घटना से राणाजी सचेत हुए और उन्होंने एक साँप का पिटारा मीरा के पास भेजा। राणा का सोचना था कि जैसे ही मीरा पिटारी को खोलेगी उसे साँप काट लेगा। परन्तु जैसे ही मीरा ने पिटारी खोली तो उसमें एक 'नवलख' हार पाया। मीरा ने उस हार को अपने गले में डाल लिया।

साँप पिटारो राणाजी भेज्यो, दयो मेड़तणी गल डार।
हँस हँस मीरा कंठ लगायो, बण गयो नौसर हार।।

राणाजी मीरा को अधिक कष्ट देकर सत्य करना चाहता था परन्तु वह उसका कुछ भी न बिगाड़ सका। क्योंकि मीरा को अपने गिरधर गोपाल पर पूर्ण विश्वास था। मीरा का सच्चा साथी तो वही है। राणाजी उसका क्या बिगाड़ लेगा। मीरा ने कहा–

म्हारे सिर पर साँवरियै रो हाथ,
राणांजी म्हारो कांई करसी?

परन्तु फिर भी राणाजी अपनी हरकतों से बाज नहीं आया। उसने मीरा को सूलों की सेज पर सोने के लिए मजबूर किया। जब सायं को मीरा उस पर सोयी तो वह फूलों की सेज बन गयी।

सूक सेज राणाजी भेजी, देवो मीरा सुवाय।
साँझ भई मीरा सोवण लागी, मानो फूल बिछाय।।

मीरा के पदों के अध्ययन से उसके जीवन से जुड़े हुए अनेक प्रसंगो का पता चलता है। इससे यह भी पता चलता है कि राणाजी के अत्याचार भी दिन-दिनों बढ़ते गये। मीरा के चचेरे भाई जैमल के मन में उसके प्रति बहुत आदर भाव था। इस कारण वह संवत् 1589 में मेड़ता आ गयी। इस समय में ही जोधपुर के राव मालदेव ने वीरमदेव से मेड़ता छीन लिया। मीरा इससे अधिक दुखी हुई और वह गिरधर गोपाल के चरणों में वृन्दावन चली गयी। वहाँ रहते हुए मीरा ने अनेक पदों की रचना की।

मीरा के गिरधर गोपाल अब वहाँ नहीं थे। इस कारण मीरा ने वृन्दावन छोड़कर द्वारका में शरण ली। और आजीवन (व.सं. 1603) तक वहीं रही। इस बीच वि.सं. 1593 में विक्रमादित्य की मृत्यु हो गयी। बाद में उदयसिंह वहाँ के (चित्तौड़) राणा बने। चितौड़ के लोग भी मीरा को वहाँ बुलाने लगे लेकिन मीरा ने अपने गिरधर गोपाल की द्वारका नगरी नहीं छोड़ी। वह वहीं रणछोड़जी के मन्दिर में रही और गिरधर के गुणगान करते हुए वहीं गिरधर की मूर्ति में समा गयी।

मीरा की रचनाओं में उसके पद ही हैं जिनकी संख्या हजार से ऊपर है। ये पद राजस्थान और गुजरात में बड़े चाव से गाये जाते हैं। मीरा के सभी पदों का संकलन मीरा वृहत पदावली में है। मीरा की पदावली मीरा की

प्रसिद्धि का आधार है। आज भी मीरा के अनेक पद लोक में प्रचलित हैं, जिनके संकलन की बहुत आवश्यकता है। संकलन के अभाव में मीरा के अनेक पद काल-कवलित हो गये हैं।

मीरा की भक्ति को दाम्पत्य-भाव की मधुरा भक्ति कहा जाता है। मीरा अपने पति परमेश्वर गिरधर गोपाल से जिस प्रकार का अनुराग रखते हुए एकमेक हुई वैसी भक्ति अन्य भक्तों में हमें देखने को नहीं मिलती है।

मीरा के पदों को भाषा की दृष्टि से देखा जाये तो राजस्थानी, ब्रज, और गुजराती के अनेक पद मिले हैं, क्योंकि मीरा ने अपना जीवन राजस्थान, ब्रज और गुजरात में गुजारा था। पंजाबी में भी मीरा के कुछ पद मिलते हैं। इन पदों के रचनाकर्त्ता मीरा की छाप से रचना करने वाले कुछ अज्ञात सृजन् भी है। मीरा वृहत् पदावली के सम्पादक श्री हरिनारायण पुरोहित ने ऐसे पदों को क्षेपक मानते हुए अलग रखा था परन्तु फिर भी कुछ पद उस संग्रह में शामिल हो गये।

मीरा के गुरु कौन थे। इस विषय में सभी पन्थों के लोग मीरा को अपने पन्थ का मानते हैं। रैदास पन्थी मीरा का गुरु रैदास को बताते हैं। विश्नोई पन्थ के लोग जम्भोजी को मीरा का गुरु मानते हैं। रामभक्त तुलसीदास को मीरा का गुरु कहते हैं। इसी तरह हरिदास कोष भी मीरा का गुरु बताते हैं। वल्लभ सम्प्रदाय के लोग भी कुछ इससे मिलती कथा कहते हैं। अत: हम कह सकते हैं कि मीरा ने किसी सन्त या ब्राह्मण से कान नहीं फुँकवाये। उसका गुरु जगद्गुरु गिरधर गोपाल था जो गुरुओं का गुरु था। सच तो यह है कि मीरा अपनी पूर्व परम्परा से चले आ रहे सन्तों-भक्तों और गुरुओं का हमेशा सम्मान रखती थी। वह तो अपने गिरधर गोपाल की अनन्य भक्त थी। गिरधर ही उसका सच्चा प्रेमी, पति और सत्‌गुरु था। मीरा जैसे भक्त कई सदियों बाद ही प्रकट होते हैं जो सबको सच्चा मार्ग दिखाते हैं।

मीरा के पदों में 'राम' का भी वर्णन हुआ है। उसे रघुवर और माधो की सूरत में कुछ भी फर्क नज़र नहीं आता। उसने अपने पदों में कहा है–

रघुवर माधों री मुरत, रघुवर मोहि परणाई अमां मोरी,
मेरो मन राम ही राम रटै, मैं तो रामा दरद दीवानी,
मन्दिर पोढियौ रघुराई, रामईया बिना नींद न आवै,
माई म्हानै राम मिलण कब होय आदि।

वैष्णव सम्प्रदाय में श्रीकृष्ण के जिरा विरद का गान पुराणादि ग्रन्थों में हुआ है वही विरद मीरा के 'जोगी' सम्बन्धित पदों में हुआ है। वह चतुर सुजान श्रीकृष्ण ही दूसरा और कोई नहीं। उसका ध्यान ब्रह्मा और विष्णु करते हैं। मीरा के पदों का वह जोगी अविनाशी है, जिसके दर्शनों की वह प्यासी है। उस सांवरिये के लिए मीरा 'जोगनिया' बनने को तैयार है, जिसके माथे पर मोर-मुकट है, शरीर पर पीताम्बर है और वह श्याम वर्ण है। वह महायोगी है, वह बड़भागी है। वह मीरा का जन्म-जन्मान्तारों का साथी है। मीरा की उससे लौ लगी है। वह योगी श्रीकृष्ण है और कोई नहीं, जो यमुना तट पर रास-रचाता था। उससे मिलने का वचन पूर्व जन्म में मीरा ने किया था। अपने पदों में मीरा ने पूर्व जन्म की गोपिका कहा है।

मीरा के पदों में जोगी, प्रियतम, साध, नाथ, कृष्ण, गिरधर नागर, राम, श्रीपत, श्री भगवान, हरि गोपाल, साहिब, श्याम, घनश्याम साँवरियो, पति, गोपाल, हरि, जोगी जोगेसर, गोपेसर आदि शब्दों का प्रयोग हुआ है। इसलिए हम कह सकते हैं कि मीरा का जोगी कोई लौकिक जोगी नहीं है। वह तो आध्यात्मिक अलौकिक पूर्ण

ब्रह्म श्रीकृष्ण ही है। मीरा से पूर्व भी निर्गुणवादी कबीर ने राम-भक्ति का वर्णन करते हुए कहा है–'मैं राम की बहुरिया। इसी तरह बंगाल के प्रसिद्ध कृष्ण-भक्त चैतन्य महाप्रभु ने भी स्त्री भाव से श्रीकृष्ण की भक्ति की थी।

तमिल साधिका आण्डाल की मीरा से तुलना की जाती है परन्तु आण्डाल प्रभु के सगुण रूप में रमी हुई थी। मीरा के गिरधर गोपाल तो सूली ऊपर शून्य गगन में उसके लिए सेज बिछाते हैं। ऐसे गिरधर गोपाल को मीरा बार-बार कहती है–

हरि थे हरो जण री पीर।
द्रोपदी री लाज राखी, आप बधायों चीर
भगत कारण रूप नरहरि धरयों आप शरीर।
हिरणाकुश मार लीये धरयों नाहीं धीर।
बूडतो गजराज राख्यो आप काढ्यों नीर।
दासी मीरा लाल गिरधर हरो म्हारी भीर।।

मीरा के ऐसे ही गिरधर गोपाल हैं। वह पूर्ण ब्रह्म हैं। उसके श्याम-साँवरिया है, पति परमेश्वर हैं, श्रीकृष्ण हैं। इसलिए ही मीरा ने कहा है– मेरे तो गिरधर गोपाल, दूसरो न कोई। भला मनुष्य का भी उस परम ब्रह्म परमेश्वर के सिवाय और कौन हो सकता है। मीरा के पद हिन्दी और राजस्थानी साहित्य की अमर थाती हैं, जिन्हें सहेज कर रखने की जरूरत है। अभी इन पदों के संकलन, सम्पादन और शोध की अधिक आवश्यकता है। कहीं ये लौकिक पद काल-कवलित न हो जाये।

सन्दर्भ

1. *मीरा वृहत् पदावली, भाग-1,* सम्पा. पुरोहित हरिनारायण, प्रकाशक राजस्थान प्राच्य विद्या प्रतिष्ठान, जोधपुर।
2. *मीरा वृहत् पदावली, भाग-2* सम्पा. डॉ. कल्याण सिंह शेखावत, प्रकाशक रा.प्रा.वि.प्रा. जोधपुर।
3. *मारवाड़ रा परगनी री विगत–भाग-2,* सम्पा. नारायण सिंह भाटी, प्रकाशक रा.प्रा.वि.प्रा. जोधपुर।
4. *वीर विनोद*–कविराजा श्यामलदास।
5. *उदयपुर राज्य का इतिहास*–महामहोपाध्याय गौरीशंकर हीराचन्द ओझा।
6. *मारवाड़ राज्य का इतिहास*–जगदीशसिंह गहलोत।
7. *भक्तमनाल-ब्रह्मदास*–रा.प्रा.वि.प्रा. जोधपुर।
8. *मीरा पदावली*–प्रो. देशराज सिंह भाटी, अशोक प्रकाशन, नयी दिल्ली।
9. *बांकीदास री ख्यात,* भाग-1, रा.प्रा.वि.प्रा., जोधपुर।
10. *राजस्थानी भाषा साहित्य एवं व्याकरण*–सीताराम लालस
11. *वैणसी री ख्यात, भाग-1,* रा.प्रा.वि.प्रा., जोधपुर।
12. मरदमशुमारी राज मारवाड़, 1891
13. *जयमलवंश प्रकाश*–गोपाल सिंह मेड़तिया।
14. *हिन्दी साहित्य कोश, भाग-2,* डॉ. माताप्रसाद गुप्त।
15. *रामचरित मानस*–तुलसीदास–गीता प्रेस गोरखपुर।
16. *कबीर* -आचार्य हजारी प्रसाद द्विवेदी।

17. *रैदास*–धर्मपाल नैनी, साहित्य अकादेमी, दिल्ली

18. *श्रीगुरु ग्रन्थ साहिब*, शिरोकमणी गुरुद्वारा प्रबन्धक कमेटी, अमृतसर।

19. *गुरु जाम्भोजी एवं बिश्नोई पन्थ का इतिहास*–डॉ.कृष्णलाल बिश्नोई, सम्भराथल प्रकाशन, 2000

20. *हिन्दी साहित्य का इतिहास, भाग-2*, डॉ. विजयेन्द्र स्नातक

21. *कल्याण*–भक्तचरितांक, गीता प्रेस, गोरखपुर।

22. *मीरा सुधा सिन्धु*।

23. *मीरा लोकतात्त्विक अध्ययन*–डॉ.आलमशाह खान, संधी प्रकाशन, जयपुर-1989

24. *मीरा, काव्य का गीतीकाव्यात्मक विवेचन*–डॉ.माधुरी नाथ, सत्यम् प्रकाशन, इलाहाबाद, 1990

25. *मीरा का काव्य*–विश्वनाथ त्रिपाठी, वाणी प्रकाशन, नयी दिल्ली–1989

26. *मीरा का प्रभु गिरधर नागर*–डॉ. भूपतिराम साकरिया, सुविज्ञ प्रकाशन, वल्लभविद्यानागर (गुजरात) 2000

27. *मेरे तो गिरधर नागर*–ब्रजेन्द्र कुमार सिंहल, भारतीय विद्या मन्दिर, बीकानेर, 2008

28. *परिग्रहाणांक*–10457, 12808, 19773, 4657, 2632 राजस्थान प्राच्य विद्या प्रतिष्ठान, बीकानेर।

मीरा के पदों का वेदना पक्ष

–डॉ. देवेन्द्र कुमार सिंह

मन के कारुणिक भाव को वेदना की संज्ञा दी गयी है। इसके प्रकार हैं– शारीरिक वेदना और मानसिक वेदना। शरीर के किसी अंग-प्रत्यंग में चोट, ज्वर, रोग आदि से उत्पन्न पीड़ा शारीरिक वेदना का स्वरूप है। इसी प्रकार जो मन के भाव से पीड़ित हो, मानसिक वेदना होती है। कविता में भाव पक्ष प्रबल होता है, इसलिए कविता में निहित वेदना मानसिक वेदना की प्रतिरूप होती है। इसे अनुभूतिपरक वेदना भी कहते हैं। आदिकवि वाल्मीकि के मुख से निकली वेदनाभूति सर्वविदित है–

मा निषाद प्रतिष्ठां त्वमगमः शाश्वतीः समाः।
यत्क्रौंचमिथुनादेकम् अवधीः काममोहितम्।।

वेदनानुभूति को महाकरुणा कहते हैं। मीरा की वेदना भी मानसिक और शारीरिक थी। उनका जीवन वेदनामय ही था। बाल्यावस्था में कृष्ण के प्रति अनुराग और वर के रूप में श्रीकृष्ण का वरण करना उनके पदों में दिखाई देता है।

भाई म्हाँणे सुपणा माँ परण्याँ दीनानाथ।
छप्पण कोटाँ जणाँ पधारयाँ दुल्हो सिरी ब्रजनाथ।
सुपणा माँ तोरण बँध्यारी सुपणा माँ गह्या हाथ।
सुपणा माँ म्हारे परण गया पायाँ अचल सोहाग।
मीरा रो गिरिधर मिल्यारी पुरब जणम रो भाग।।[1]

मीरा के वेदना का मूल आधार अल्पायु में माता-पिता और पति का स्वर्गवासी होना, परिवार के लोगों द्वारा उन्हें प्रताड़ित करना, तत्पश्चात् उनकी भक्ति विषयक रुचि ही है। पति के निधन के पश्चात् सबसे ज्यादा यातना उनके परिवार के लोगों ने दी। यही यातना उनके भक्ति मार्ग को प्रशस्त कर दिया। जिस मार्ग का उन्होंने स्वयं चयन किया। उनकी स्पष्ट घोषणा थी कि– *लोक लाज, कुल की मरजाद, या मैं एक न राखूँगी* आगे चलकर उन्होंने और स्पष्ट कर दिया है– *वरजी मैं काहूँ की न रहूँ।* इसी को कहते हैं वास्तविक जिन्दगी को जीना। मीरा ने यह निर्णय स्वयं लिया था और इसी को जिया भी।''[2] मीरा की वेदनानुभूति उनको विषपान कराने पर तीव्र हो जाती है, किन्तु श्रीकृष्ण के प्रति अगाध विश्वास होने पर विष का प्रभाव शून्यवत् हो जाता है। अनाथों के नाथ, ब्रजनाथ उनकी निरन्तर रक्षा करते हैं।

राणोजी थें जहर दियो म्हें जाणी।टेक।।
जैसे कंचन दहत अगिन में निकसत वाराँवाणी।

लोक लाज कुल काण जगत् की, दइ बहाथ जस पाणी।
अपने घर का परदा करले, मैं अबला बौराणी।
तरकस तीर लग्यों मेरे हियरे, गरक गयो सनकाणी।
सब सन्तन पर तन मन वारों चरण कँवल लपटाणी
मीरा को प्रभु राखि लई है, दासी अपणी जाणी। [3]

मीरा के जीवन की यातनाएँ उन्हें प्रबल वैराग्य की ओर प्रेरित करती गयीं। मीरा के पदों की भाव धारा विवेचनात्मक अथवा उपदेशपरक नहीं, बल्कि यथार्थ के सन्निकट है। उनके पदों का जीवन सापेक्ष महत्त्व है। वे अनेक पौराणिक उद्धरणों को आधार मानकर बड़े विश्वास के साथ ईश्वर अर्थात् श्रीकृष्ण से कहती हैं कि आपने द्रौपदी की लाज बचायी, भक्त के कारण नरहरि रूप धारण किया, गजराज को बचाया, इन्हीं विश्वास के कारण मैं आपके शरणागत हूँ। कृपया मेरी वेदना का हरण करें।

हरि थें हरया जण रो भीर।टेक।।
द्रोपती री लाज राख्याँ थे बढ़ायाँ चीर।
भगत कारण रूप नरहरि धरया आप शरीर।
बूड़ता गजराज राख्याँ, कट्याँ कुंजर भीर।
दासि मीरा लाल गिरधर, हराँ म्हारी पीर।। [4]

श्रीकृष्ण के साथ आनन्दानुभूति की प्राप्ति के लिए वे निरन्तर आशान्वित हैं। उनके जीवन में नैराश्य भाव कहीं नहीं है। प्रिय श्रीकृष्ण के दर्शन की लालसा में उनका भावुक मन प्रफुल्लित रहता है। प्रियतम से मिलने हेतु अनुनय-विनय का भी मार्ग अपनाती हैं।

गिरधर रीसाणा कोन गुणाँ।टेक।।
कछुक ओगुण हम पै काढ़ो म्हें भी कान सुणाँ।
मैं तो दासी थाराँ जनम जनम की, थे साहब सगुणाँ।
मीरा कहे प्रभु गिरधर नागर, थारोई नाम भणाँ।। [5]

मीरा की वेदना उनके हृदय के उद्गार सरल से सरलतम दीखते है। इनकी वेदना एक अथाह शक्ति के साथ उद्वेलित होकर दृढ़ विश्वास में समाहित होती है। प्राकृतिक सौन्दर्य अनुकूल है, उसकी मादकता सर्वत्र व्याप्त हो गयी है लेकिन मीरा की एकाग्रता और धीरता के समक्ष वह भी शून्यवत् हो जाती है–

नन्दनन्दन मण भायाँ बादला णभ छायाँ।टेक।।
इत घण गरजा उत घण लरजाँ चमका विज्जु डरायाँ।
उमण घुमण घण छायाँ पवण चल्यां पुरवायाँ।
दादुर मोर पपीहा बोलाँ, कोयल सबद सुणायाँ।
मीरा रे प्रभु गिरधर नागर, चरण कँवल चित लाया।। [6]

मीरा की जीवनानुभूति निरन्तर दृढ़ से दृढ़तम होती गयी। जैसा कि वैष्णव भक्ति में वेदना के स्वरूप को महत्त्व दिया है क्योंकि यही वेदना विरह उत्पन्न करती है और विरह से ही इष्ट की सन्निधि होती है। यही स्थिति

मीरा के वेदना की भावभूमि है, जिसमें अनेक अजस्र धाराओं का प्रवाह है। इसीलिए मीरा के पदों में विरह के वेदना की अभिव्यक्ति परिलक्षित होती है। मीरा की भावधारा का प्रबल पक्ष सुख:दुख के विषाद से परिपूर्ण है। जिसका लोक सिद्ध नियम से आबद्ध सुख अथवा दुख दोनों लौकिक अनुभूति पर अवलम्बित होते हैं।

बोध्यनिष्ठा यथास्वं ते सुखदुःखादिहेतवः।
बोदधृनिष्ठास्तु सर्वेऽपि सुखमात्रैकहेतवः।।

मीरा की भक्ति का एक तटस्थ पक्ष उनकी सेवा संगति है, जहाँ परम आराध्य की प्राप्ति के लिए लोक मर्यादा की सीमा से ऊपर उठकर संगति का तादात्म्य स्थापित होता है। मीरा की संगति श्रीकृष्ण के गुणानुवाद माहात्म्य में श्रद्धा के साथ होती है तभी उनके गिरधर से प्रेम होता है, जो शनैःशनैः परम निष्ठा में परिवर्तित होकर आनन्द की अनुभूति का रूप धारण कर लेता है। मीरा का गिरिधर से अनुभवजन्य आत्मनिवेदन होता है। इसलिए मीरा गिरिधर में तल्लीन होकर सम्पूर्ण जगत् में उन्हीं का अनुभव करती है। अर्थात् गिरिधर में तल्लीन होने का उनका आचरण अथवा स्वभाव बन जाता है, उनके हृदय की संदेह ग्रंथियाँ मिट जाती है और गिरिधर के गुणों से आकृष्ट चित्त 'मेरो तो गिरधर गोपाल दूसरो न कोई' में समर्पित हो जाता है।

मीरा की भक्ति भावधारा श्रीकृष्ण के बीच आश्रय के रूप में दिखाई देती है, वे उनके आश्रय में रहकर अनेक संकटों का प्रत्यक्ष सामना करते हुए उससे निरन्तर बचती चली जाती है। सार्वभौम सत्य है कि मीरा श्रीकृष्ण के प्रेम की पात्र है। लोक और शास्त्र में 'कष्टं कर्मः' की उक्ति में लोक स्थापित मीरा का कष्ट भी एक माहात्म्य-सा हो गया है। ''भाव की उत्कट लगन से धीरे-धीरे विषय विकार क्षीण हो जाते हैं। प्रभु मिलन की अभिलाषा प्रबल हो जाती है, हृदय द्रवित हो जाता है, नयनों से प्रेमाश्रु बहने लगते हैं। हृदय में विरह-ताप बढ़ जाता है। श्वास की गति अवरुद्ध होने लगती है, प्राण जीव में व जीव परम प्रभु का सान्निध्य पाने को विकल हो जाता है।''[8] यही विरह विकलता 'कष्टं कर्मः' की ओर संकेत करती है, जो मीरा की वेदना का पक्ष है।

मीरा के आराध्य निरभ्र आकाश की तरह सर्वत्र व्याप्त है, उनका आधार व्यापक है। मीरा को यह आभास था कि श्रीकृष्ण की गाथाएँ, लीलाएँ, कीर्तन आदि आत्मिक शुद्धता के द्योतक हैं। परम पुरुषार्थ को प्राप्त करने में सहायक है। मीरा की भक्ति-वेदना अथक परिश्रम करके चित्त के दोषों से मुक्त दीखती है अर्थात् उनके मन में निश्चयकारक यतमान वैराग्य है। तदनतर उनमें लोक लाज के दोष को निरन्तर दूर करने की भावाभिव्यक्ति है, जिसे व्यतिरेक संज्ञक वैराग्य कहा जाता है। मीरा में कहीं विषयगत प्रवृत्ति नहीं थी इसलिए उनमें एकेन्द्रिय संज्ञक वैराग्य था। इन तीनों वैराग्य के आभास के उपरान्त लौकिक विषयों (दृष्ट) से ऊपर उठकर आनन्दमय चित्तवृत्ति को अंगीकार कर मीरा का वैराग्य वशीकार वैराग्य* को प्राप्त था।

मीरा की निःश्रेयसात्मा भगवान श्रीकृष्ण में दृढ़ थी, अतएव लौकिक विषद् बन्धन की सीमा से ऊपर थी। उनके अन्तर्मन गिरिधर सत्य, स्वयं प्रकाश, परमानन्द स्वरूप, नित्य के रूप में विराजमान थी। मीरा अभिमान शून्य होने से अलौकिक हो गयी। मीरा की वेदना आत्मा को समन्वित करते हुए दिव्य और यथार्थ के फलक पर अवलोकित होती है।

मीराबाई के पदों की वेदना पार्थिव यथार्थ के धरातल पर है। उनकी वेदना हृदयगामिनी है, जिसका स्वरूप हार्दिक है। वे अपने आराध्य गिरधर पर सम्पूर्ण अस्तित्व और व्यक्तित्व को न्यौछावर कर देती हैं। वे साम्प्रदायिक सीमा से ऊपर उठकर अपने आराध्य के प्रति 'सुषमण सेज' पर विहार करने वाला 'अमरपुर' तक पहुँच जाती हैं। जहाँ पहुँचकर 'राम रतन धन' की प्राप्ति कर अपनी वेदना को शान्त करती हैं।

सदर्भ-सूची

1. *मीराबाई की पदावली* : सं. परशुराम चतुर्वेदी, पद-27, हिन्दी साहित्य सम्मेलन, प्रयाग, संस्करण बाइसवाँ 2008, पृ. 104
2. *हिन्दी साहित्य का दूसरा इतिहास* : बच्चन सिंह, राधाकृष्ण प्रकाशन, नई दिल्ली, तृतीय संस्करण 2009, पृ. 134
3. *मीराबाई की पदावली* : सम्पादक–परशुराम चतुर्वेदी, पद संख्या- 38, पृ. 107
4. *मीराबाई की पदावली* : सम्पादक–परशुराम चतुर्वेदी, पद-61, पृ. 114
5. पूर्वोक्त, पद संख्या– 60, पृ. 113
6. *मीराबाई की पदावली* : सम्पादक- परशुराम चतुर्वेदी, पद संख्या– 141, पृ. 137
7. *श्रीभगवद्भक्ति रसायन* : मधुसूदन सरस्वती, तृतीय उल्लास, श्लोक-5, अनुवादक एवं विवृत्तिकार जनार्दन शास्त्री पाण्डेय, संस्करण– 2033, पृ. 173
8. *मीरा की भक्ति परम्परा का समालोचनात्मक अध्ययन* : रामस्वरूप गौड़, सनातन ज्ञान प्रकाशन, मोखमपुरा, बिचून, जयपुर, संस्करण 1999, पृ. 40

* वशीकार वैराग पर और अपर दो प्रकार के कहे गये हैं। पर वैराग्य प वर्ग से सम्बन्धित है अर्थात् प=पाप पुण्य, फ=कर्मों का फल, ब=बंधन, भ=भेद, म=मोह। यह प वर्ग जिस साधक में नहीं है, वह अपर वैराग्य है।

मीराबाई के महत्त्वपूर्ण पद

1

चालो अगम के देस
काळ देखत डरै
वहाँ भरा प्रेम का हौज, हंस केला सै
ओढण लज्जा चीर, धीरज को घाघरो
छिमता कांकण हाथ, सुमत को मूँदसो
दिल दुलड़ी दरियाव, साँच को दोवड़ो
उबटण गुरु को ग्यान, ध्यान को धोवणो
कान अखोटा ग्यान, जुगत को झूटणो
बेसरि हरि को नाम, चूड़ो चिंत ऊजळो
जीहरि सील-सन्तोष, निरत का घूँघरो
बिन्दली गज और हार, तिलक गुरु ग्यान को
सजि सोलह सिणगार, पहरि सोनै राखड़ी
साँवलिया सूँ प्रीत, औराँ सूँ आखड़ी

2

लागी मोहि राम-खुमारी हो !
रिमझिम वरसै मेहड़ा, भीजै तन सारी हो
चहुँदिस चमकै दामणी, गरजै घ्रन भारी हो
सतगुर भेद बताइया, खोली भरम-किंवारी हो
सब घट दीसै आतमा, सबही सूँ न्यारी हो
दीपग जोऊँ ग्यान का, चढूँ अगम अटारी हो
मीरा दासी राम की, इमरत बलिहारी हो

3

नहिं असो जनम बारम्बार
का जानूँ, कछु पुण्य प्रगटे, मानुसा अवतार
बधत छिन-छिन, घटत पल-पल, जात न लागै वार
बिरछ के ज्यों पात टूटे, बहुरि न लागै डार
भौसागर अति जोर कहियै, अनंत ऊंडी धार
राम-नाम का बाँध बेड़ा, उतर परले पार
ग्यान-चौसर मण्डी चोहटै, सुरत पासा पार
या दुनिया में रची बाजी, जीत भावैं हार
साधु सन्त महन्त ग्यानी, चलत करत पुकार
दासि मीरा लाल गिरधर, जीवणो दिन च्यार।

4

मेरो मन राम-हि-राम रटै
राम-नाम जप लीजै प्राण, कोटिक पाप कटै
जनम जनम के खत जु पुराने, नामहि लेत फटै
कनक-कटोरै इमरत भरियो, पीवत कूण नटै
मीरा के प्रभु हरि अविनासी तन-मन ताहि पटै।

5

बाला! मैं बैरागण हूँगी
जिहि-जिहि भेख मेरो साहब रीझै, सोइ सोइ भेख करूँगी
सील सन्तोस धरूँ घर भीतर, समता पकड़ रहूँगी
प्रेम-प्रीति सूँ हरि-गुण गाऊँ, चरणन लिपट रहूँगी
या तन की मैं करूँ किंगरी, रसना राम कहूँगी
मीरा के प्रभु गिरधर नागर, साधाँ संग रहूँगी

6

राम नाम रस पीजै,
मनवा ! राम-नाम-रस पीजै
तजि कुसंग सतसंग बैठि नित हरि-चरचा सुणि लीजै

काम क्रोध मद मोह लोभ कँ, चित से वहाय दीजै
मीरा के प्रभु गिरधर नागर, ता के रंग में भीजै

7

मैंने राम रतन धन पायो
वसत अमोलक दी मेरे सतगुर, करि किरपा अपणायो
जनम-जनम की पूँजी पायी, जग में सबै खोवायो
खरचै नहिं कोई चोर न लेवै, दिन-दिन वधत सवायो
सत की नाव खेवटिया सतगुर, भवसागर तरि आयो
मीरा के प्रभु गिरधर नागर, हरखि-हरखि जस गायो

8

मेहा! वरसबो कर रे
आज तो रमइयो म्हारै घर रे
नान्ही नान्ही बूँदन मेहा वरसै, सूखे सरवर भर रे
बहुत दिनन पै प्रीतम पायो, बिछुड़न को मोहि डर रे
मीरा कह अति नेह जुड़ायो, मैं लियो पुरवलो वर रे ।

9

भज मन ! चरण-कँवल अविनासी
जेताइ दीसै धरणि-गगन विच तेताई सब उठ जासी
इस देही का गरब न करणा, माटी में मिल जासी
यो संसार चहर की बाजी, साँझ पड़याँ उड़ जासी
कहा भयो है भगवा पहूरयाँ, घर तज भये संन्यासी
जोगी होइ जुगति नहिं जाणी, उलटि जनम फिर आसी
अरज करूँ अवळा कर जोरे, स्याम ! तुम्हारी दासी
मीरा के प्रभु गिरधर नागर। काटो जम की फाँसी।